国家社科基金特别委托项目
西夏文献文物研究（批准号：11@ZH001）

U0553344

"西夏文献文物研究丛书"编委会

主　编：史金波

副主编：杜建录（常务）　孙继民　李华瑞　沈卫荣

编　委：（按姓氏笔画排序）

史金波　刘庆柱　孙宏开　孙继民

杜建录　李华瑞　李进增　沈卫荣

俄　军　高国祥　塔　拉

中国社会科学院创新工程学术出版资助项目

西夏文献文物研究丛书
史金波 主编

武威出土西夏文献研究

A Study of
Xixia Documents in Wuwei

梁继红◎著

社会科学文献出版社
SOCIAL SCIENCES ACADEMIC PRESS (CHINA)

总　序

近些年来，西夏学发生了两项重大变化。

一是大量原始资料影印出版。20 世纪 90 年代以来，在西夏学界的不懈努力下，我国相继出版了俄、中、英、法、日等国收藏的西夏文献。特别是《俄藏黑水城文献》刊布了 20 世纪初黑水城遗址出土的大量文献，其中包括涵盖 8000 多个编号、近 20 万面的西夏文文献，以及很多汉文及其他民族文字资料，实现了几代学人的梦想，使研究者能十分方便地获得过去难以见到的、内容极为丰富的西夏资料，大大改变了西夏资料匮乏的状况，使西夏研究充满了勃勃生机，为西夏学的发展开辟了广阔的前景。此外，宁夏、甘肃、内蒙古等西夏故地的考古工作者不断发现大量西夏文物、文献，使西夏研究资料更加丰富。近年西夏研究新资料的激增，引起学术界的重视。

二是西夏文文献解读进展很快。自 20 世纪 70 年代以来，经过国内外专家们的努力钻研，已经基本可以解读西夏文文献。不仅可以翻译有汉文文献参照的文献，也可以翻译没有汉文资料参照的、西夏人自己撰述的文献；不仅可以翻译清晰的西夏文楷书文献，也可以翻译很多难度更大的西夏文草书文献。翻译西夏文文献的专家，由过去国内外屈指可数的几位，现在已发展成一支包含老、中、青在内的数十人的专业队伍。国内外已有一些有识之士陆续投身到西夏研究行列。近几年中国西夏研究人才的快速成长，令学术界瞩目。

以上两点为当代的西夏研究增添了新的活力，带来了难得的发展机遇。西夏文献、文物研究蕴藏着巨大的学术潜力，是一片待开发的学术沃土，成为基础学科中一个醒目的新学术增长点。

基于上述认识，我于2011年初向中国社会科学院科研局和陈奎元院长呈交了“西夏文献文物研究”重大项目报告书，期望利用新资料，抓住新的机遇，营造西夏研究创新平台，推动西夏学稳健、快速发展，在西夏历史、社会、语言、宗教、文物等领域实现新的突破。这一报告得到奎元院长和院科研局的大力支持，奎元院长批示“这个项目应该上，还可以考虑进一步作大，作为国家项目申请立项”。后经院科研局上报国家社会科学基金办公室，被国家社会科学基金领导小组批准为国家社会科学基金特别委托项目，责任单位为中国社会科学院科研局，我忝为首席专家。

此项目作为我国西夏学重大创新工程，搭建起了西夏学科学研究、人才培养、学术交流、资料建设的大平台。

项目批准后，我们立即按照国家社科规划办“根据项目申请报告内容，认真组织项目实施，整合全国相关学术力量和资源集体攻关，确保取得高质量研究成果”的要求，以中国社会科学院西夏文化研究中心和宁夏大学西夏研究院为基础，联合国内其他相关部门专家实施项目各项内容。宁夏大学西夏学研究院院长、中国社会科学院西夏文化研究中心副主任杜建录为第二负责人。为提高学术水平，加强集体领导，成立了以资深学者为成员的专家委员会，制定了项目管理办法、项目学术要求、子课题中期检查和结题验收办法等制度，以“利用新资料，提出新问题，凝练新观点，获得新成果”为项目的灵魂，是子课题立项和结项的标准。

本项目子课题负责人都是西夏学专家，他们承担的研究任务大多数都有较好的资料积累和前期研究，立项后又集中精力认真钻研，注入新资料，开拓新思路，获得新见解，以提高创新水平，保障成果质量。

这套“西夏文献文物研究丛书”将发布本项目陆续完成的专著成果。

社会科学文献出版社社长谢寿光、人文分社社长宋月华了解了本项目进展情况后，慨然将本研究丛书纳入该社的出版计划，中国社会科学院创新成果出版计划给予出版经费支持，国家社会科学基金办公室批准使用新公布的国家社会科学基金徽标。这些将激励着我们做好每一项研究，努力将这套大型研究丛书打造成学术精品。

衷心希望通过国家社会科学基金特别委托项目的开展和研究丛书的出版，能够进一步推动西夏学研究，为方兴未艾的西夏学开创新局面贡献力量。

史金波

2012年8月11日

目 录

图版目录

绪　论

一　武威西夏文献的发现

武威是西夏故地，西夏遗存非常丰富。继清代嘉庆九年（1804 年）西夏碑发现之后，又陆续发现了大量西夏文献和文物，在国内的收藏中占据重要地位。从 20 世纪 50 年代以来，在武威地区先后发现了多处西夏文化遗址，其中四处遗址中不仅出土了数量众多的西夏文物，还出土了许多西夏文献。这四处遗址分别是新华乡亥母洞石窟遗址、天梯山石窟遗址、张义乡小西沟岘修行洞遗址、景泰县五佛寺石窟遗址（今属白银市）。西夏遗址、文物、文献的陆续发现、研究和解读，为我们了解西夏时期武威的政治、经济、文化、宗教、社会生活等各个方面都提供了重要的实物和文献研究资料，学界对武威的历史、西夏文化的研究，越来越走向深入。

1952 年在武威天梯山石窟发现的西夏文献，是新中国成立以来西夏文献的首次重大发现，也是武威西夏文献面世的开始。

天梯山石窟（图版 1）位于武威城南 50 公里的中路乡灯山村。石窟创建于北凉沮渠蒙逊时期，北魏、隋唐、宋、元、明、清各代都有重修和扩建，规模宏大。据明代正统十三年（1448 年）《重修凉州广善寺碑铭》记载："郡东南百三十里，地名黄羊川，有古刹遗址，中有石佛像，高九丈，为菩萨者四，金刚者二，诸佛之龛二十有六。"① 由于战乱和自然灾害，特

① 王其英主编《武威金石录》，兰州大学出版社，2000，第 104、105 页。

图版 1　天梯山石窟

别是地震灾害的影响，明代时多达 26 窟的天梯山石窟，现仅存 18 窟。石窟自创建以来，就成为弘扬佛法、高僧修行和讲经译经的地方，从石窟中发现的北凉时期的壁画、唐代佛造像、西夏时期的佛经等文物遗存及碑记、文献记载可知，这里的佛事活动历代延续不断，非常兴盛。

1952 年，原天梯山小学教师杨子元在大佛洞木建椽孔里发现了一批西夏文文献。1958 年，因兴建黄羊水库之故，石窟中的佛像、壁画等其他文物被搬迁到甘肃省博物馆保存，在搬迁石窟的过程中，又发现了三件西夏文文献。天梯山石窟发现的西夏文文献共有 10 种 36 面，文献现存甘肃省博物馆，陈炳应先生著文进行了较为详尽的介绍和考释。[①] 这批文献分别是《妙法莲华经》2 面、《大方广佛华严经》4 面、《金刚经疏颂》1 面、《佛母大孔雀明王经》13 面、《佛说圣曜母陀罗尼经》2 面、《圣胜慧到彼岸功德宝集偈》7 面、《圣观自在大悲心总持功德依经录》3 面、《阿弥陀佛心咒》1 面、《佛说无量功德陀罗尼经》1 面、《十二因缘咒》2 面。西夏时期天梯山

① 陈炳应：《天梯山石窟西夏文佛经译释》，载《考古与文物》1983 年第 3 期。

石窟的佛事活动，文献缺乏记载，但是从石窟中发现的西夏文物和文献证明，这一时期，石窟佛事活动兴盛。最为难得的是，在刊本佛经《圣胜慧到彼岸功德宝集偈》（下卷）的残页中，有仁孝皇帝的题款，内容为“奉天显道耀武宣文圣智惇睦懿恭皇帝重验”，题款中的仁孝皇帝尊号，无“制义去邪”和“神谋”六字，这是仁孝早期的尊号，由此可知此刊本是仁孝早期的版本。另外，在刊本佛经《圣观自在大悲心总持功德依经录》的残页上，有明确的题款，内容为“显密法师功德司副授利益沙门周慧海奉敕译”，从题款可知，该佛经的翻译者是西夏佛教高僧周慧海，他不仅翻译、刊印和抄写佛经，很有可能还曾在这里驻锡，主持寺院的佛事，弘传佛法。

张义乡小西沟岘西夏修行洞，位于武威城南60公里处的观音山（图版2）。1972年，当地村民在山中挖药材“五灵脂”时，在山坡塌陷后形成的山隙中部发现了两个山洞，洞中埋藏着众多文物，当地村民立即汇报。经省、地两级文物部门共同清理发掘，在这两个洞中，共发现各类西夏文物和文献百余件。这批文物不仅数量多，且内容丰富，除了西夏文和汉文文献外，还有众多生活用品和佛教用品，生活用品有纺线用的石纺轮和木打纬刀，写字用的竹笔，有毛毡片、生牛皮鞋，佛教用品有小泥佛塔和佛画等。最为难得的是，在其中一个有门的洞中，还发现了佛座、小土塔、壁画、题记、残毁的佛像等。洞中还发现了铜质和泥质的两尊苦修像，一张有西夏文字的纸条上，有“换身弟子嵬名善积、嵬名善势等”题记内容。题记和各类文物、文献都表明，这里曾经是西夏僧人修行的地方，大量珍贵的西夏文物和文献，具有重要研究价值。文物和文献现存甘肃省博物馆，俄军先生曾著文论述。①

张义修行洞出土的西夏文献数量多达72种，共计有144面。文献有汉文的，也有西夏文的，有刊本的，也有写本的，有佛教文献，也有世俗文献，内容非常丰富。修行洞出土的西夏社会文书数量众多，价值重大。其中的西夏文文献有天庆寅年会款单1面、光定巳年告牒残页1面、光定午年告牒残页1面、无年款告牒残页1面、光定午年文书残页1面、午年文书残页1面、无年款文书残页10种10面、人员账和物品账3种3面。汉文文献有

① 俄军：《甘肃省博物馆馆藏西夏文献述略》，载《考古与文物》2006年第6期。

图版 2　张义修行洞

光定二年公文残页 1 面、“经略司”文书残页 1 面、布告残页 1 面、请假条残页 2 面、文书残页 1 面、欠款条 1 面等。修行洞出土的其他世俗文献，西夏文的有医方残页 1 面、占卜辞残页 2 面、《三才杂字》残页 2 面、劝世诗残页 3 面，汉文文献有历书残页 1 面等。修行洞出土的西夏佛教文献，全部都是西夏文文献，有印本和写本的佛经及佛教发愿文，其中有题记 1 面，《金刚般若波罗蜜多经》4 面、《佛说圣佛母般若波罗蜜多经》2 面、《妙法莲华经》2 面、《大方广佛华严经普贤行愿品》2 面、《佛说决定毗尼经》2 面、《现在贤劫千佛名经》5 面、《佛说观弥勒菩萨上升兜率天经》24 面、《普贤广大愿王清净偈等偈颂》1 面、《乾祐乙巳年施经愿文》2 面、《圣观自在大悲心总持功德依经录》2 面、《妙法莲华心经和龙树菩萨发愿颂》32 面、《德王圣妙吉祥增智慧觉之总持》1 面、刻本佛经残页 13 种 13 面、写本佛经残页 16 种 16 面。修行洞还出土了一件木牍，正反两面书写西夏文字，内容是施食放生，以及放生时念诵的陀罗尼咒，非常罕见。

修行洞出土的多件文献，都有明确纪年，特别是社会文书，虽然大多为残页，但也保存了不少西夏纪年，如“天庆寅年（1194 年）”“光定二年（1212 年）”“光定巳年（1221 年）”“光定午年（1222 年）”等。部分佛教文献上也保存有明确年款，如“乾祐乙巳年（1185 年）”“天盛己巳元年

(1149 年)” 等。文献上的年号，最早的是 1149 年，最晚的是 1222 年，距离西夏灭亡只有几年，说明它们都是属于西夏中晚期的遗物。

亥母洞石窟遗址（图版 3)，位于武威市城南 15 公里的新华乡缠山村西的祁连山北麓，祁连山在这里呈南北走向并列分布，石窟就开凿在缠山村七组西南祁连山半山腰上。石窟共四座，坐西向东并列建造，均为穹隆顶式，各窟之间的距离从 6 米到 20 米不等。窟前为寺院遗址，现在地面上还保留部分方砖。石窟创凿于西夏正德年间（1127 ~ 1134 年)，清乾隆十四年(1749 年）编修的《武威县志》中有记载：“亥母洞，城南三十里，山上有洞，深数丈，正德四年修。”[①] 石窟自创建以来，历代都有重修。因石窟所在的山体为疏松的红砂岩石结构，在多次地震的破坏下，现已塌陷。从遗址特点和出土文物、文献可知，亥母洞石窟是西夏时期开凿的一座藏传佛教寺院遗址，也是我国现存较早的一座藏传佛教遗址，是我国现存唯一的、最原始的金刚亥母洞遗址。

图版 3　亥母洞石窟

1987 年，当地群众挖开 1 号洞窟，在洞中搞佛事活动时，发现了一大批古代遗物，有西夏文和藏文文献、唐卡、绣花鞋等。1989 年 8 月，当地文物

① 张克复等校注《五凉全志校注》，甘肃人民出版社，1999，第 48 页。

部门对暴露的洞窟及窟前寺庙遗址进行了初步清理，又发现了另外三个洞窟，每个洞窟中都有藏文经卷残页、泥佛塔、瓦当等文物出土。保存相对完整的1号洞窟，高约3.2米，宽约3米，深约9米。窟室内壁尚存少量壁画，窟内保存有四座藏式喇嘛塔，塔高约2米。另外还有被掩埋的木梯、人骨架等。经清理发现，窟中遗物多达上百件，遗物多散布在塔周围铺地砖下，除了各类泥石造像、瓷器、铁器、藏文石碣、残碑、泥陶范、壁画残片、丝织物等文物外，还出土了西夏文文献共32种计有287面，文物和文献现存武威市博物馆。

亥母洞出土的西夏文献中，以佛教文献居多，其中有《金刚般若波罗蜜多经》17面、《佛说决定毗尼经》4面、《维摩诘所说经》下卷54面、《佛说维摩诘所说经》上卷残页2面、《佛说解百生冤结陀罗尼经》5面、《毗卢遮那法身顶相印轮文众生三灾怖畏令物取作恶业救拔经》14面、《净国求生礼佛盛赞颂》7面、《金刚经疏颂》2面、《志公大师十二时歌注解》1面、《五更转》1面、《佛说大白伞盖陀罗尼经》12面、《大千守护经中说五种守护吉祥颂》等经颂106面、《佛说圣曜母陀罗尼经》1面、《圣胜慧到彼岸功德宝集偈》22面，刻本佛经残页9面、写本佛经残页2面、考古所藏写本佛经残页21面。亥母洞遗址中出土有6件社会文书，保存相对完整，有明确的纪年，具有重要文物和文献研究价值。其中有一式两份的乾定酉年（1225年）增纳草捆文书2面、乾定申年（1224年）典糜契约1面、乾定酉年卖牛契约1面、乾定戌年（1226年）卖驴契及账1面、移合讹慧宝文书1面。有明确纪年的几份社会文书，反映了西夏社会后期国力衰微和贫苦百姓的生活状况，特别是乾定酉年一式两份的增纳草捆的纳税凭证，与出土的西夏法典《天盛律令》中记载的内容互为印证，也反映了西夏社会经济和法律制度的执行情况，此种形式的西夏文书，在目前存世的西夏文献中非常罕见。亥母洞还出土了西夏世俗文献《音同》1面，内容是西夏文韵书《音同》中的喉音八品，为同类存世文献增添了新的版本，文献价值也非常高。

景泰县位于甘肃省中部，东临黄河，西接武威，南邻白银、兰州，北依宁夏、内蒙古，地处黄土高原与腾格里沙漠过渡地带，为河西走廊东端门户。景泰在西汉时即设县称“媪围”，归武威郡管辖，西夏时为党项统治，是一个有古老历史和悠久文明的城镇。现景泰县隶属白银市，面积5432平方千米，辖3个镇11个乡，总人口23万。

景泰县西夏文献的发现共有两次，分别发现了刊本西夏文佛经和写本西夏文佛经 2 种 27 面。这些文献在《中国藏西夏文献》中均未收录。

1983 年在景泰县五佛寺石窟（图版 4）发现印本佛经《金光明最胜王经》及流传序。五佛寺石窟位于距县城东 20 公里处的景泰县五佛乡，始建于北魏时期。石窟坐西面东，依山临河而建。寺南约 100 米处建有观河楼，登楼俯视，滔滔黄河，尽收眼底。寺内有大雄宝殿、三清殿、财神阁等文物古迹，享有中华之最的景电一期工程泵站就坐落在这里。五佛寺石窟进深 9 米，宽 7 米，中有空心塔柱，直抵窟顶。窟室内各个角落塑等身泥像，南北两壁各有模制影塑小佛像七排至九排，共计有佛像千尊，故该寺又称千佛寺。窟内中心塔柱呈方形，四面合龛，龛内各塑佛像一尊，其中一尊较为完整的，是西夏时期的佛像（图版 5），高 1.2 米，跏趺坐于莲座上，佛像后背饰有圆形火焰背光。1983 年，维修石窟时，在石窟北壁发现了西夏木蜡台一个，和木版活字印刷的西夏文《金光明最胜王经》及流传序残页 11 面，《礼佛大忏悔文》1 面。文献和文物现保存在景泰县文化馆，该馆研究人员沈渭显、寇宗栋曾著文论述。①

图版 4　景泰县五佛寺石窟

① 沈渭显、寇宗栋：《西夏文化在景泰的遗存》，载《景泰与丝绸之路历史文化》，甘肃文化出版社，2008，第 112 ~ 114 页。

图版5 五佛寺西夏佛像

写本西夏文文献的发现是一次偶然，但是能够得以保护和保存，却经历了一个特殊的过程。1976 年 9 月，景泰县芦阳镇东关村 8 岁男孩马兰堂，在村北的拉牌湾（当地方言，意思是形状似山洞模样的山崖，有大小拉牌之分）玩耍时，在一个拉牌石缝中捡到几页纸的一个小本，觉得很好奇便交给父亲马世魁。马世魁不识字，但是也觉得诧异，便悄悄藏在墙缝中保存。2000 年 7 月的一天，马世魁的同学石海云来马家聊天，马拿出小本让石海云看。石细心辨认，感觉像是西夏字。数日后，又相邀县文联的闫致祥一同来到马家。写本西夏文献原件是一个长宽各 12 厘米的方形小本，双面书写文字，共 15 面（1 面缺失），封面页面绘有似蛇似麦穗的图案。因为年代久远，已经粘结成块。闫致祥、石海云等人就用揭裱字画的方法，喷水剥离使其舒展，又分别用宣纸衬底、装裱后保存。装裱后的文献共 4 页，每页文献呈方形，文献正中有上下、左右对折后留下的十字形折痕，折痕把每页文献又分成四个小的页面，每个页面上分段书写文字或绘制图案，上下折痕分成的两个页面上，文字方向两两相对。从此种形式的书写方式分析，该文献版本应当属于缝缋装。闫致祥、石海云等人把文献装裱好后，同时复印了几份，在景泰县档案馆的协助下，请当时在武威文化馆工作的孙寿岭先生翻译。2003 年 1 月，这份写本西夏文文献的原文和译文，被整理收录于《皋兰县红水分县采访事略》，内部出版发行。同年 3 月 18 日，马世魁将原件捐献给景泰县档案馆。

二 武威西夏文献研究回顾

武威西夏文献自发现和面世以来，国内专家就开始进行研究，且研究成果颇丰。

天梯山石窟出土的西夏文献，全是佛教典籍，陈炳应先生最先进行翻译、研究。陈先生在《天梯山石窟西夏文献译释》[1] 一文中，对佛经及发愿文的版本、名称、内容和价值做过介绍，并有初步的考释研究，特别是对佛经的刊写时间和刊写佛经的主持人做了考证，认为这批佛经刊写于西夏仁宗元年至三年间（1140～1142 年），负责刊写佛经的是西夏高僧周慧海。文章中指出，《圣胜慧到彼岸功德宝集偈》经名下的题款中，有西夏皇帝仁宗仁孝的尊号“奉天显道耀武宣文圣智惇睦懿恭”，仁孝早期尊号中无“制义去邪”和“神谋”六个字，从 1141 年 8 月始，仁孝尊号增加为二十字，即“奉天显道耀武宣文神谋圣智制义去邪惇睦懿恭”，据此可知这批佛经（或者其中的一部分）刊印的时间是在仁孝早期。《佛母大孔雀明王经》是译自藏文的佛经，该佛经北京国家图书馆中也有收藏，王静如先生曾考证研究。[2] 二者的不同之处在于，北图藏本中所译“种咒王阴大孔雀”一词，在天梯山出土佛经中已经翻译为“明咒王阴大孔雀”，说明该佛经在后期的又一次刊印时进行过详细的校勘。该经虽没有明确记载是译自藏文的佛经，但据王静如先生考证，译文中诸多词汇和语句与藏文相合，这种独特的藏文用语，说明了该佛经译自藏文，也说明藏传佛教对西夏产生过很大的影响。另有一件西夏文献《圣观自在大悲心总持功德依经录》刻本，残存一页，有如下题款：“……沙门拶也阿难捺传，显密法师功德司副授利益沙门周慧海奉敕译。”功德司是西夏设立的专门的佛教管理机构，负责管理全国的佛教事务。据《天盛改旧新定律令》（以下简称《天盛律令》）记载，在西夏中央机构中设有三个功德司，分别是僧人功德司、道士功德司和出家功德司。

---

① 陈炳应：《天梯山石窟西夏文佛经译释》，载《考古与文物》1983 年第 3 期。

② 王静如：《佛母大孔雀明王经夏梵藏汉合璧校释》，载王静如《西夏研究》第 1 辑，第 181～250 页。

此机构仅次于掌管全国行政和军事的中书、枢密而位居二等。功德司设功德司正，另设功德司副使辅佐。① 能够担任功德司正和司副使的都是德高望重的高僧，通常由帝师、国师担任，他们是西夏僧人和佛教事务的组织者与管理者。此资料显示周慧海的封号是“法师”，职务是佛教管理机构功德司的副职，地位很高。

张义乡修行洞西夏文物和文献出土后，甘肃省博物馆撰写发表了考古发掘报告《甘肃武威发现一批西夏文物》，文中对这批文物和文献做了介绍。②之后，王静如、史金波、黄振华、陈炳应等先生，对修行洞出土的西夏文献做了专门的译释、研究和探讨。诸位先生对该遗址出土的草书西夏文文献“天庆寅年会款单”“占卜辞”“药方”“三才杂字”，以及汉文文献“请假条”“历书”等都做了重点研究和探讨，更加令人敬佩的是，他们对这批文献的研究并没有止步，新的研究成果不断发表，在他们的引导下，后学对于这批文献内容及其价值的了解更加深入。③

亥母洞文献发现后，孙寿岭先生首先选择具有重要价值的西夏文文献进行译释研究。孙先生撰写的文章《西夏乾定申年典糜契约》，释读了文献内容，并对西夏末期凉州社会经济状况和寺院僧人发放高利贷的情况进行了论述。④ 孙先生对该遗址出土的泥活字版西夏文佛经《维摩诘所说经》（下卷）的发现、实验和论证研究，引起了学界的高度关注，具有更加重要的意义。文献发现后，他提出了“维摩诘所说经是泥活字版本”的观点，对于他的观点，学界众说纷纭，但是大多数人持不同意见。为了证实自己的看法，在牛达生、史金波等先生的鼓励和支持下，他按照宋人沈括《梦溪笔谈》中关于泥活字制作的记载，潜心研究，亲自实践，经过三年的反复试验，在极其艰苦和简陋的条件下，制作出西夏泥活字印本，并与出土文献比较，得出武威出土的西夏文《维摩诘所说经》（下卷）是泥活

① 史金波、聂鸿音、白滨译注《天盛改旧新定律令》，法律出版社，2000，第 363、367 页。

② 甘肃省博物馆：《甘肃武威发现一批西夏文物》，载《考古学报》1974 年第 1 期。

③ 王静如：《甘肃武威发现的西夏文考释》，载《考古》1974 年第 3 期；史金波：《甘肃武威发现的西夏文考释质疑》，载《考古》1974 年第 6 期；黄振华：《读者来信》，载《考古》1974 年第 6 期；史金波：《西夏社会》，上海人民出版社，2007，第 486、780、816、824 页；陈炳应：《西夏探古》，甘肃文化出版社，2002，第 96、102、117、124 页。

④ 孙寿岭：《西夏乾定申年典糜契约》，载《中国文物报》1993 年第 5 期。

字版本的结论，并撰文论述。[①] 史金波、牛达生等先生也先后发表文章，对其结论给予了肯定，并对该泥活字文献做了更加深入的研究。[②] 史金波先生先后撰写数篇文章考证，肯定了武威西夏文《维摩诘所说经》（下卷）是我国迄今为止发现的年代最早的泥活字版本实物，有重要文献和版本研究价值。

此后，孙先生又撰文《武威亥母洞出土的一批西夏文物》，对亥母洞出土文献进行全面介绍和报道。[③] 在此基础上，笔者也撰写《武威亥母洞石窟遗址调查报告》，详细介绍该遗址及遗址中发现的文物和文献。[④] 俄军先生《甘肃省博物馆馆藏西夏文献述略》[⑤]、史金波先生《中国藏西夏文文献新探》[⑥]，对武威各个西夏遗址中出土文献的介绍更为详细。文章中，史金波先生在以前考释的基础上，又识别出草书西夏文“乾定戌年卖驴契及账”“乾定酉年文书”等，指出这些西夏晚期的社会文书对研究当时民间的经济关系、社会习尚、政治制度都具有重要意义。

学界对于武威西夏文献的大规模研究，得益于《中国藏西夏文献》的出版。该书以图版形式全面公布了国内收藏的西夏文献。该书甘肃卷中，公布了武威出土的大部分西夏文献的图版。[⑦] 同时，宁夏大学杜建录先生关于中国藏西夏文献的叙录也随后发表。[⑧] 文献图版的公布、文献叙录的发表，为学界研究提供了极大的便利。此前，武威西夏文献多为缺头少尾的残页，无法确认内容，因此在《中国藏西夏文献》中，文献名称多以“佛经残页”来暂命名。文献图版公布后，国内西夏学学者陆续考证出部分文献的内容，

---

① 孙寿岭：《西夏泥活字版佛经》，载《中国文物报》1994 年 3 月 27 日。

② 牛达生：《西夏泥活字印本〈维摩诘所说经〉及其学术价值》，载《中国印刷》2000 年第 12 期；史金波、雅森·吾守尔：《中国活字印刷术的发明和早期传播——西夏和回鹘活字印刷术研究》，社会科学文献出版社，2000，第 47 ~ 49 页；史金波：《现存世界上最早的印刷品——西夏活字印本考》，载《北京图书馆馆刊》1997 年第 1 期。

③ 孙寿岭：《武威亥母洞出土的一批西夏文物》，载《国家图书馆学刊增刊》（西夏研究专号），2002，第 173 ~ 175 页。

④ 梁继红、高辉：《武威亥母洞石窟遗址调查报告》，载《陇右文博》2010 年第 2 期。

⑤ 俄军：《甘肃省博物馆馆藏西夏文献述略》，载《考古与文物》2006 年第 6 期。

⑥ 史金波：《中国藏西夏文文献新探》，载《西夏学》第 2 辑，宁夏人民出版社，2007。

⑦ 史金波、陈育宁主编《中国藏西夏文献》，甘肃人民出版社、敦煌文艺出版社，2005。

⑧ 杜建录主编《西夏学》第 3 辑，中国藏西夏文献出版纪念专号，宁夏人民出版社，2008，第 72 页。

并重新定名、释读研究，研究成果不断涌现，宁夏大学段玉泉老师的研究成果颇丰，也最为深入。①

三 武威西夏文献研究的意义

武威出土西夏文献数量多，内容丰富，版本类型多。它们是我国珍贵的西夏历史文献资料的重要组成部分，是西夏民族历史文化的沉淀，它所涉及的政治、经济、文化、宗教、印刷技术、医疗等社会生活各个方面的内容，能够让我们较为清晰地透视西夏社会的历史文化面貌，补充长期以来对西夏社会认识的不足。因此，研究武威西夏文献具有深远的历史意义。

我国自古以来就是一个多民族的大家庭，每个民族都有各自珍爱的语言文字和历史文化，不同的民族历史文化构成了异彩纷呈的华夏文化。尊重并研究利用民族文献，有利于增强民族团结，增强各民族间的凝聚力、向心力。从这一点来说，研究武威西夏文献也具有重大的现实意义。

所幸由中国社会科学院民族研究所西夏研究中心史金波先生主持的国家重点社科基金项目《（中国藏）西夏文献文物研究》全面开展，借此项研究之东风，本课题确立研究目标，积极准备，力争做好基础研究工作，为深化我国西夏历史文化研究尽绵薄之力。

本课题研究的对象是武威出土的西夏文和汉文文献。其中的大多数文献已经以图版形式公布在《中国藏西夏文献》一书中。在课题研究的过程中，我们通过实地走访和考古调查了解，全面搜集整理武威西夏文献，并调查西

① 段玉泉：《甘藏西夏文佛说解百生冤结陀罗尼经考释》，载《西夏研究》2010年第4期；段玉泉：《中国藏西夏文文献未定名残卷考补》，载《西夏学》第3辑；于光建、黎大祥：《武威市博物馆藏西夏文维摩诘所说经上集残叶考释》，载《西夏研究》2010年第4期；崔红芬：《武威博物馆藏西夏文金刚经及赞颂残经译释研究》，载《西夏学》第8辑，上海古籍出版社，2011；于光建、黎大祥：《武威市博物馆藏6746号西夏文佛经〈圣胜慧到彼岸功德宝集偈〉考释》，载《敦煌研究》2011年第5期；梁继红、陆文娟：《武威藏西夏文〈志公大师十二时歌注解〉考释》，载《西夏学》第8辑；高辉：《武威市博物馆藏西夏文献的装帧》，载《版本目录学研究》（第3辑），国家图书馆出版社，2012；梁继红：《武威出土的西夏文韵书〈同音〉》，载《陇右文博》2006年第1期。

夏文献出土地的现状和特点。这期间，又搜集到了一些尚未公布过的西夏文献，如景泰县出土的印本佛经《金光明最胜王经》和流传序、写本缝缋装佛经，张义乡小西沟岘西夏修行洞出土的佛经残页，亥母洞出土、收藏于武威市文物考古研究所的缝缋装写本佛经残卷，还有最近几年武威西夏墓葬出土的随葬器物上的西夏文字等。这些文物、文献的图版，在本书研究部分一一附上，以飨读者。[①] 这一次全面搜集存世的武威西夏文献，补充和丰富了研究西夏历史文化的新资料。

本课题研究的主要内容，是把搜集到的所有武威西夏文献进行整合、分类和录文、翻译，同时也对文献做了必要的题解和注释，通过对文献内容的解读，对文献所反映的西夏社会、法律等相关问题也作了专题研究。

武威出土的西夏文献，内容多为佛经，佛经内容有译自汉文的，也有译自藏文的。本课题在诸多专家学者对武威西夏文献研究的基础上，将不同出土地点、不同版本，但是相同内容的文献整合在一起，再录文、翻译，使得残存文献的内容变得更加完整。这一特点，在释录西夏文佛经时，得到了较好的体现。如亥母洞石窟和张义修行洞共出土了 7 种不同版本的佛经残页《金刚经》，将其中的内容缀连后，得到了更为完整的西夏文《金刚经》的内容。再如，天梯山石窟和张义修行洞出土的《妙法莲华经》残页；亥母洞石窟和张义修行洞出土的《佛说决定毗尼经》；亥母洞和天梯山石窟出土的《佛说圣曜母陀罗尼经》残页；亥母洞和天梯山石窟出土的《圣胜慧到彼岸功德宝集偈》残页；天梯山石窟和张义修行洞出土的《圣观自在大悲心总持功德依经录》残页等。整合后的佛经内容，克服了以前残页内容支离和片段的缺点，互相补充，得到了更加完整的西夏文佛经内容；同时，通过整合、对比，还搞清了该西夏文佛经的多个版本，了解了西夏时期该佛经的刊印、流传情况。

武威西夏文献中也有相当数量的写本社会文书、世俗文献，这些文

① 本书撰写时使用了大量图版，为了减少与现有研究成果的重复，使用图版时遵循以下四个原则，第一，本书图版为《中国藏西夏文献》未收录或收录不完整者。第二，本书图版较《中国藏西夏文献》更为清晰者。第三，因本书研究内容所需，部分图版出自《中国藏西夏文献》。第四，《中国藏西夏文献》中已收录的刊本佛经的图版，在本书中不再重复使用。

献是现存文献中的孤本，具有重大历史研究价值和版本价值，也是本课题研究的重点。此类文献既没有可以参照的范本，又是难以释读的草书，而且大多内容残缺不全。本课题研究中，在多方借鉴前人研究成果的基础上，也有所突破。如释录、解读西夏文草书文献“乾定酉年增纳草捆文书”“乾定酉年卖牛契约”等，为研究西夏社会经济、法律增添了新的资料。

本课题通过考察文献特点，翻译文献内容，对以下问题也做了专题探讨研究。

第一，本课题对武威西夏佛教文献的版本种类和特点进行了专题论述。通过对武威出土西夏文献搜集整理、分类整合、释读研究，以及对不同文献内容、数量、版本特点的定量分析、统计描述、比对，找出不同文献之间，在内容、书写特点、印刷技术、装帧方法等方面的异同和联系，论述了武威西夏文献版本的多样性和特殊性。

第二，通过实验，以事实为依据，论述了西夏时期泥活字印刷的使用和特点，阐明了西夏时期印刷技术特别是泥活字印刷术的历史和现实意义。用实验法复原古代印刷技术，在武威乃至国内的文物保护工作中是第一次进行，具有重要的现实意义。

第三，通过对武威出土西夏文佛经的翻译研究，根据佛经内容上具有的文化特色，对西夏时期藏传佛教在凉州的传播原因及其影响也做了专题论述。通过论述，揭示了武威在西夏时期的重要历史地位，藏传佛教对西夏社会特别是对武威地区产生的重大影响。

第三，武威出土的西夏佛教文献中，有两份较为特殊的文献，即《志公大师十二时歌注解》和《五更转》。这两份文献，无论是文化内涵，还是语言风格，既有中原汉族文化的特点，也具有鲜明的西夏本土特点。本课题就文献的语言特色、源流和价值做了专题探讨。

第四，本课题中，对几份重要的西夏文社会文书也进行了专题探讨。亥母洞出土的两件草书文献，无论尺寸、行格、书写、钤印等，都有相似之处，通过内容翻译、款式对比，发现这是一式两份的西夏农户缴纳草捆的文书。这一成果，也得益于对文献的整合研究。西夏法典《天盛律令》中详细记载了西夏官府向农户征收赋税的规定，其中就有关于纳税凭证一式两份，官府和农户各自保存一份的记载。[①] 这一研究发现，为研究西夏法律文献找到了最有力的实物证明，又因为文献内容的完整性和唯一性，填补了国内收藏同类西夏文献的空白。亥母洞出土的三件民间买卖契约，以及修行洞出土的社会文书，也反映了西夏若干社会问题。

① 史金波等译注《天盛改旧新定律令》卷 15《纳领谷派遣计量小监门》，第 513 页。

上篇　武威出土西夏文献研究

一　武威出土西夏文献概述

武威出土的西夏文献共494面，其中佛教文献数量众多，有453面，世俗文献有41面。

武威出土的世俗文献，虽然数量不多，但是内容丰富，价值重大。武威世俗文献有西夏文的，也有汉文的，内容涵盖了西夏社会生活的方方面面。汉文文献中，有西夏政府颁发的“布告”和有“经略司”记载的文书，有西夏政府机构人员因病请假的“请假条”，反映西夏日常生活的“欠款条”“历书”，还有反映西夏民间丧葬习俗的木板买地券等。西夏文文献中，有反映西夏社会教育的识字课本“三才杂字”、西夏的字书“音同”、劝导人们向善的“劝世诗”、反映西夏医疗状况的“医方”、反映西夏民间信仰的“占卜辞”，反映西夏佛教信仰的“施食木牍”和木缘塔题记等。最为重要的是几件反映西夏民间买卖的草书西夏文社会文书，有“卖牛契约”“典糜契约”“卖驴契及账”“会款单”等。西夏法律提倡进行买卖、借贷等民事活动时订立“文据”即契约，目的是规范民间经济事务，避免民事纠纷，起到稳定社会的作用。对于订立契约的具体事项，如买卖物品、数量、价钱等，在西夏法律中有具体规定。武威出土的几件契约文书，是较为规范的西夏契约文书，形式和内容与出土的西夏法律文献记载一致，二者互为印证，互相补充。在草书写本西夏文文献中，还有数量相对占多数的草书西夏文社会文书，如“乾定酉年增纳草捆文书”“移合讹慧宝文书”“光定巳年”和“光定午年”告牒残页等，反映了西夏官方文书的行文格式和内容，具有很高的文献研究价值。

武威西夏世俗文献，特别是一些草书社会文书，是目前存世的西夏文献中的孤本，是研究西夏社会的重要文献资料，具有重大文物和文献价值。

武威出土西夏佛教文献，种类丰富。从翻译的底本来源说，分三种，第一种是译自汉文的佛经，第二种是译自藏文的佛经，第三种是具有西夏特色的佛教文献。从佛经内容来说，有般若部的《金刚经》《圣胜慧到彼岸功德宝集偈》《佛说圣佛母般若波罗蜜多经》，法华部的《妙法莲华经》，华严部的《大方广佛华严经》，宝积部的《佛说决定毗尼经》，经集部的《现在贤劫千佛名经》《佛说观弥勒菩萨上升兜率天经》《维摩诘所说经》《金光明最胜王经》，密教部的《佛说大白伞盖陀罗尼经》《佛母大孔雀明王经》《大千守护经中说五种守护吉祥颂等经颂》《佛说圣曜母陀罗尼经》《圣观自在大悲心总持功德依经录》《德王圣妙吉祥增智慧觉之总持》。

另外还有《金刚经疏颂》《阿弥陀佛心咒》《十二因缘咒》《普贤广大愿王清净偈》《佛说解百生冤结陀罗尼经》《乾祐乙巳年施经愿文》，以及大量印本和写本的佛经残页等。

在写本西夏文佛教文献中，《志公大师十二时歌注解》和《五更转》是具有西夏民族特色的两份重要文献。

武威出土的西夏佛教文献，具有很高的历史文献价值和版本学研究价值。这些文献是研究西夏佛教史的第一手资料，同时也反映出武威西夏佛教发展中藏传佛教所具有的特殊重要性。

西夏时期多次向中原王朝求赎《大藏经》，并多次用西夏文字翻译和刊印佛经，但目前能够完整保存下来的为数不多，且大多保存在国外。武威丰富的西夏文佛教文献残页，对现存的西夏文《大藏经》是很好的补充。

西夏与吐蕃相邻，武威一度被吐蕃人所统治，境内的吐蕃居民与汉族人民共同生产生活，经济活动往来频繁，吐蕃人信仰的藏传佛教在武威境内广泛传播。译自藏文的西夏文佛经，证明了藏传佛教西夏时期在武威的流传和发展，例如西夏文《圣观自在大悲心总持功德依经录》《佛母大孔雀明王经》等佛经，经段玉泉等西夏研究学者译释研究，认为此类佛经带有明显的藏传佛教风格，应是据藏文佛经翻译而来。[①] 与西夏文文献同时出土的一些藏文佛经残页，以及藏文木雕版、藏传风格的唐卡、藏传佛教人物造像等文物，也可以证明西夏时期藏传佛教在武威传播发展之盛。

武威西夏文献中保存的历史文化信息，有些是汉文史料中缺乏记载的，这些信息正好弥补了汉文史料记载的不足，有些信息还修正了以往汉文史料记载中的讹误。新的大量的西夏文献研究资料，让我们对西夏历史的了解更加全面和完整。

武威西夏佛教文献，版本多样，为研究中国印刷史提供了新的材料。最重要的是泥活字版本的《维摩诘所说经》，这是迄今为止我国发现的最早的泥活字版印刷的实物。

武威出土的西夏文献，因其所具有的重要的文献和文物价值，自 2008 年以来，被陆续入选为国家珍贵古籍名录和甘肃省珍贵古籍名录。

二　武威西夏乾定酉年增纳草捆文书初探

武威西夏社会文书根据内容的不同，分为两大类，一类是出自官方的各种公文文书，包括各类告牒、布告、请假条和人员账、物品账等。第二类是民间买卖契约文书，包括典当契约、买卖契约、会款单等。

武威出土的各种内容的公文文书中，新华乡亥母洞石窟遗址出土的两件文书保存最为完整，包含的信息具有重要文献研究价值。

一件文献编号为 G31.05【6730】，高 17.5 厘米，宽 13 厘米。两面有文字，正面文字 8 行，有楷书墨印字，还有草书手写字，左上角处，有一个墨书手写大字，为楷书西夏文“官”字。正面有两处画押，最上方钤朱文印，只钤一半，印纹呈倒三角形，文字模糊不清。从印纹痕迹可知，该印为正方形，长、宽各 5.7 厘米，合 1 寸 7 分。文献背面草书文字 2 行，一处画押，页面中间钤竖长方形四字西夏文楷书朱文印一方，印高 10.5 厘米，宽 2.8 厘米，印文内容为“[illegible]”，汉译为“守库主管”。文献中还有明确的

① 段玉泉：《甘博藏西夏文自在大悲心经写本残页考》，载《宁夏大学学报》（人文社会科学版）2009 年第 2 期。

楷书墨印年款，“乾定酉年　月　日”，较为特别的是，其中的“酉”字为手写草书，其余字体皆为墨印。

另一件文献编号 G31.07【6731】，高 19 厘米，宽 13.5 厘米。两面文字，正面文字 5 行，有楷书墨印字和草书手写字，一处画押。文献正面左上角，有一个大字，为手写西夏文草书“户”字。背面草书文字一行，模糊难辨，一处画押，中间钤竖长方形四字西夏文楷书朱印一方，印章尺寸、内容与前款相同，汉译为“守库主管”之印。

两份文书均为单页，尺寸基本相同，内容都是记载一位有“里溜”职官，名叫“没细苗盛”的农户，于乾定酉年向官府增交草捆的数量和种类。文书的形制很独特，两面有文字和画押，文字有楷书墨印字，也有草书手写字。文书中的楷书墨印文字，大多是官府中执事者的押印，还有明确的楷书墨印年款，“乾定　年　月　日”。墨印文字应当是提前印制在文书上，在登记的时候填写所需要的内容。两份文书背面还钤盖了相同形制和内容的竖长方形四字西夏文楷书朱文印一方，印文内容均为“[illegible]”，汉译为“守库主管”。两份文书最显著的区别在于，每份文书的左上角处，分别墨写草书西夏文大字，一份为“官”字，一份为“户”字。另外，“官”字款的文书正面，还钤盖着半枚呈倒三角形的印章。

从两份文书的形制和内容特点分析，它们应该是西夏法典中记载的一式两份的纳税凭据，对研究西夏时期官方文书的形制以及基层农业税收管理制度具有重要参考价值。

第一，武威出土的一式两份的正式官方文书，是西夏政府基层组织征收赋税时所出具的纳税凭据，文书形制独特，存世稀少，是研究西夏公文文书制度的珍贵文献文物资料。

两份文书内容完全相同，都是记载一个有“里溜”职官，名叫“没细苗盛”的农户，增纳草捆的数量和种类。“官”字款文书的记载为“一户□□□增二捆，一捆麦草，一捆粟草”。“户”字款文书的记载是“一户□□□增二捆，麦草一捆，粟草一捆”。

两份文书的制作方式、尺寸、形制基本相同，都是在纸张上，以黑墨押印的形式，提前钤盖好库监、库守、文书起草人等官府中相关执事人员的签名。在黑墨押印之后，还有墨书的画押符号。文书的正文内容，则是用墨写草书填写上去。每份文书的背面，都钤盖西夏文“守库主管”朱文楷书印章。

西夏《天盛律令》中，记载租种官府土地的农户，交纳租赋的具体程序和各种监管制度时，其中多处提到交纳租赋和检查复核时所必备的“凭据”。例如，《天盛律令》中规定：

> 所属郡县局分大小人交纳种种地租多少，十一月一日于转运司不告交簿册、凭据，迟缓时罪……转运司人将簿册、凭据种种于十一月一日至月末一个月期间引送磨勘司不毕，逾期延误时……
>
> 催促地租者乘马于各自转运司白册盖印，家主当取收据数登记于白册。其处于收据主人当面由催租者为手记，十五日一番，由转运司校验，不许胡乱侵扰家主取贿等。[①]

从律令规定可以看出，西夏政府在收取租赋以及后续的监督检查中，“凭据”起着非常重要的作用。而且，交纳租赋的凭据有两份，官府保存一份备档、备查，农户保存一份也要随时接受检查。武威西夏文文献的发现，证实了律令记载的真实性，而武威西夏文文献的特别之处，是在两份文献的相同位置上，有墨书的“官”“户”二字，可以看做是凭据持有者的标记，这一点又可作为律令的补充。

参照《天盛律令》的记载，结合文献特征，可以初步判断，两份文献应当是西夏官府出具的农户缴纳草捆的文书凭据，一式两份，“官”字款的是官府存档备案、备查的凭据，“户”字款的是纳税农户的家主（不是一家之主，而是指若干租户的首领）或本人保存备查的凭据。提前钤盖墨印，再根据需要填写文书内容，这样的公文方式，显然是为了提高公务效率。

在提前押印好的文书上填写内容，这种形制的西夏文文书，在英藏黑水城文献中也有发现，史金波先生曾著文介绍：

---

① 史金波等译注《天盛改旧新定律令》卷15《催缴租门》和《地水杂罪门》，第490、507页。

> 有填字刻本文书。2349V 定为残片，应是刻本，但残留文字太少，且字迹浅淡。仔细揣摩，仍可见：第一行："今自……"；第二行（刻本文字不清）墨书填写："利限……"；第三行刻本文字："天盛"，墨书填写："二十……"；第三行刻本文字："司吏耶和……"。此文书或与公家放贷有关，惟其有刻版文书，只需填写数量、利限和时间即可。若如是，则此残片为首见此类文书。因残损过甚，尚难做过多解释。①

与同类形制的英藏黑水城文献相比，武威文献保存内容基本完整，包含的信息也更为丰富。此类文献存世稀少，是研究西夏公文文书制度的重要文献资料。

第二，一式两份的官方文书，与西夏法典中的相关内容互为补充和印证，基本还原了西夏政府基层组织向农户收取租税时的执行、监督、检查等一系列较为规范且严格的管理程序。

西夏的农业税，实行"租佣草"制度，凡是租种政府所属土地者，均要按土地数量交纳相应的粮食地租，同时还要服劳役和缴纳草捆。由于西夏少数民族以畜牧业为主要生产和生活来源，所以，喂养牲畜所需要的草捆是西夏政府向租地农户征收的重要赋税之一。

《天盛律令》卷 15 的"地水杂罪门""催缴租门""纳领谷派遣计量小监门"等，详细规定了政府收缴租赋的原则和程序，具体内容为：

租种政府土地的农户，要在官府地册中记档备案。此档案一式两份，官家和租户本人各持一份，上面记载了租户所租种土地的数量，要交纳的种种租赋，具体升斗、草捆数量等。政府征收租赋，要按照地册的记载来收取。多收或者少收，相关人都要受到处罚。

租地农户交纳草捆的数量，也有明确规定。租户家主所租种的土地上，一顷五十亩一块地，单是草捆一项，就要交纳麦草七捆，粟草三十捆。律令

① 史金波：《〈英藏黑水城文献〉定名刍议及补正》，载《西夏学》第 5 辑，上海古籍出版社，2010。

中甚至对捆草的绳子都有明确规定，每个草捆的绳长要求四尺五寸。①

收取租赋有严格的监督检查制度。收取租赋的任务由最基层的各郡县仓库完成。收取租赋时，上级部门要派专人现场监督检查，保证租赋质量和数量符合要求。《天盛律令》中规定：

> 纳种种租时节上，计量小监当坐于库门，巡察者当并坐于计量小监之侧。纳粮食者当于簿册依次一一唤其名，量而纳之。当予收据上有斛斗总数、计量小监手记，不许所纳粮食中入虚杂。
>
> 计量小监人除原旧本册以外，依所纳粮食之数，当为新册一卷，完毕时以新旧册自相核校，无失误参差，然后为清册一卷，附于状文而送中书。②

除了现场检查督促，还有专门骑马往来于各个转运司巡回检查的催租者。催租者手持由各转运司处提供，并钤盖印章的白册，往来于各郡县之间，勘验租地户家主保存的收据，并登记于白册，还要当着收据主人的面亲自做手记。此白册最后要交由转运司校验。

收取租赋后的复核制度。律令规定，每年的 10 月 1 日，各郡县征收赋税的凭据要进行汇总，限于 11 月 1 日，将簿册、凭据由司吏送达转运司审查。转运司则限于 12 月 1 日，将簿册、凭据上交磨勘司复核。这期间若有迟缓，相关人等都要获罪。

从《天盛律令》的记载可知，西夏收取租赋时和用于检查、监督、复核的重要凭据有两种，一种是收取租赋前后所登记的新旧两个簿册，另一种就是收、交租赋双方所持的凭据。

律令中没有记载对收租凭据形制等具体内容的描述，武威出土的两份文献正好弥补了这一缺载。出土文献的内容与《天盛律令》的记载互相印证，互为补充，成为研究西夏赋税收缴与管理的重要物证。两份文献中，“官”字款增交草捆文书，草书内容相对工整，除了钤盖西夏文“守库主管”朱

---

① 史金波等译注《天盛改旧新定律令》卷 15《纳领谷派遣计量小监门》，第 49 页。

② 史金波等译注《天盛改旧新定律令》卷 15《纳领谷派遣计量小监门》，第 513、514 页。

文印章外，还钤盖一半方形朱文印章，并有“乾定酉年　月　日”的黑墨印字，和“酉年属”的草书年款。“户”字款的文书，书写潦草，且只有一方“守库主管”的朱文印章，没有书写或押印年款，甚至个别墨印签章，似乎也有意只盖一半。从文书的现状，似乎可以窥见，收取租赋时紧张繁忙的情形，也因此理解了黑墨押印提前钤盖在文书上的原因。

第三，两份文书中以押印的形式保存的西夏职官名称，补充了有关文献和考古资料记载的不足，为研究西夏职官和职官用印制度提供了参考。

西夏时期的西凉府地位重要，其与中兴府、大都督府等并列位于次等司，地位仅次于上等司的中书和枢密。[①] 西夏政府在西凉府设立的职司和委派的职官，地位很高，管辖范围很大。考古资料证明，西夏曾在凉州设立西经略司，任命西经略使等职，掌管沙州、瓜州、黑水等地。经略司是京师以外，主管若干州郡军民事务的衙门，地位仅次于中书、枢密，位在诸司之上。经略司的最高长官是经略使，俄藏黑水城文献《拔济苦难陀罗尼经》发愿文记载：乾祐二十四年（1193 年），仁宗去世，在他的“三七”之日，西经略使在凉州组织大法会悼念。[②] 这一考古资料也证明了西经略使在凉州存在的事实。

另外，考古资料记载中，在西凉府存在过的职官名称还有很多，如杜建录先生著作中提到的俄藏黑水城西夏文献中保存的“榷场使兼拘榷官西凉府签判”。[③] 武威西郊林场发现的西夏天庆年间（1194 ~ 1201 年）的两个墓葬的主人，都有“西经略司都案”的职官。[④] 武威张义乡修行洞出土西夏汉文文献上记载的隶属于经略司的“计料官通判”，隶属于西路乐府□勾官所的“监乐官”“乐人”，以及“司吏”等。[⑤]

武威出土的两份文献中的押印，有墨印，有朱印，这也是两份文献的特别之处。这种代表当事人符号的押印，在黑水城西夏文献中也出现过。

---

① 史金波等译注《天盛改旧新定律令》卷 10《司序行文门》，第 363 页。

② 史金波：《西夏时期的武威》，载《西夏学》第 7 辑，上海古籍出版社，2011。

③ 杜建录、史金波：《西夏社会文书研究》，上海古籍出版社，2010，第 25 页。

④ 宁笃学、钟长发：《甘肃武威西郊林场西夏墓清理简报》，载《考古与文物》1980 年第 3 期。

⑤ 俄军：《甘肃省博物馆藏西夏文献述略》，载《考古与文物》2006 年第 6 期。

“押印是刻于印章上、代表当事人的小符号。押印避免了临时手写符号的随意性，能以更准确、一致的符号表示信誉。”① 武威西夏文献中以押印形式出现的多种职官名称，有些在文献和考古资料中有记载，有些没有记载。

西夏法律规定，钤盖在政府公文上的朱印分司印和官印两种，司印颁发给政府各司机关，官印颁发给有官爵的个人。② 西夏的官员，不是所有人都能够使用官印，而是根据其职位高低分为“及御印官”和“未及御印官”。“及御印官”是指六品至十二品的官员，他们有权使用朱文官印，其官印的质地、重量、大小都有明确规定。“未及御印官”是指不入流的杂官，他们没有权力使用官印，但依照法律可以置墨印和官板。

《天盛律令》第十卷“官军敕门”中记载：

> 诸人请官印者，为威臣、帽主等官可请封印，当用于簿册及诸司告状中。比其官小者不许请官印。
>
> 诸司行文书时，司印、官印等纯金、纯银及铜镀银、铜等四种，依司位、官品等，分别明其高下。
>
> 未及御印官者，其处墨印、官板当置。③

武威出土的两份文献中共有三方朱印，其中一方是正方形朱文印，长宽各为一寸七分。此印只钤盖一半，印文模糊不清。《天盛律令》规定，司印中僧监、副、判、权首领印重为九两，长宽各为一寸七分。由于文献中印文内容不详，又无法得知该印的重量，如果参照律令规定的印章尺寸来分析，此印可能是属于与僧监等同等职位的一枚司印。

文书中另外两方朱文印是大小、内容都完全相同的楷书西夏文“守库主管”印，此印为竖长方形，形制较大，长 10.5 厘米，宽 2.8 厘米。《天盛律令》中没有关于此种形制印章的记载，考古发现中的长方形印章，多数为纪年印，④ 也有的是当地买卖税院的收税印章，这种印章不是当地政府

① 史金波：《黑水城出土西夏文卖地契研究》，载《历史研究》2012 年第 2 期。

② 史金波：《西夏时期的武威》，载《西夏学》第 7 辑。

③ 史金波等译注《天盛改旧新定律令》卷 10《官军敕门》，第 356 ~ 358 页。

④ 韩小忙：《西夏官印略说》，载《固原师专学报》（社会科学版）2002 年第 2 期。

的印章，而是官府为了防止偷税漏税，在买卖契约上钤盖此类印章，表示买卖税已经缴纳，契约合法。[①] 武威文献上的这枚“守库主管”朱文印，应当是属于西夏基层职官的官印，作用与后者相同。

两份文献中的黑墨押印，分别是负责收取租赋的“库守郝”“起文字者钟”“库监”等，按照律令规定，他们应当是属于位在“威臣”“帽主”等职官之下的，不入流的杂官。在《天盛律令》中，有关于“库监”“执库小监”“小监”“出纳”等职的记载。[②] 武威文献中也出现了“库监”之职。另外，文献中有的职官名，与律令记载的职官可以对应，如文献中的“库守”，或者就是律令中的“小监”或“执事小监”。文献中的“起文字者”，应当就是律令中的“出纳”。文献中出现的“守库主管”一职，在律令和相关的文献，以及考古资料中没有更为详细的记载。武威文献的发现，弥补了其中的不足，为研究西夏基层管理机构和职官提供了珍贵的原始资料。另外，武威文献中频繁出现的“大食”一词，是前所未见的，是人名？职官？还是其他？其特殊的用意还有待于进一步研究。

文书内容中，还出现手写草书“里溜”一职，它是西夏最基层的管理机构，这一名称不但在考古资料中多次出现，在《天盛律令》中也有明确的记载：“一名租户家主由管事者以就近结合，十户遣一小甲，五小甲遣一小监等胜任人，而小监遣一农迁溜，当于附近下臣、官吏、独诱、正军、辅主之胜任、空闲者中遣之。”[③]

第四，文献中关于“增收草捆”的记载，反映了西夏晚期的社会现状。根据《天盛律令》的规定，除了地册档案上记载的规定数额以外，官府不得额外向租户收取赋税。但是两份文书的内容，却是官府向农户增收草捆的记载。文书的形成时间是乾定酉年（1225 年），文书内容“增二捆”，当指官府在法律规定之外又额外增收的租赋。违背法律规定，向农户增收租赋，既反映了西夏基层官僚对生活在最底层的贫苦老百姓的盘剥，也反映了西夏晚期衰败、混乱的社会现状。

---

① 史金波：《黑水城出土西夏文卖地契研究》，载《历史研究》2012 年第 2 期。

② 史金波等译注《天盛改旧新定律令》卷 15《纳领谷派遣计量小监门》，第 512 页。

③ 史金波等译注《天盛改旧新定律令》卷 15《纳领谷派遣计量小监门》，第 514 页。

三 武威出土民间契约所反映的西夏法律

> 西夏契约中又可分为借贷契约、典当契约、买卖契约等，借贷契约中又可分为粮食借贷、钱物借贷和牲畜借贷。其中以粮食借贷契约数量最多，有90多号，计300多件契约。粮食借贷是西夏社会底层经常发生、影响很大的经济活动，它涉及到西夏社会的方方面面。①

西夏文契约是普遍流行于西夏社会民间的一种社会文书，它是西夏社会底层老百姓之间关于借贷、买卖、典当等有关权利和义务的协议，也是一种具有法律效力的社会文书。将契约内容和西夏法律条例相互参照，可以得知，西夏民间契约的制定也要遵循当时当地的法律法规。在我国，存世的契约文书特别是少数民族文字的契约文书，稀有而珍贵，它是研究我国古代的法律制度、社会经济、民事关系等内容的重要文献资料。

武威出土的民间买卖契约文书，保存相对完整的共有五件，内容也很丰富。

第一件，乾定申年（1224年）典糜契约，亥母洞出土，文献编号为G31.004［6728］。内容是贫民没施隐藏犬向寺院僧人讹国师借贷糜子的典糜契约。孙寿岭先生曾译释研究。②

> 乾定申年二月二十五日，立契约者没施隐藏犬，今于讹国师处借一石糜本，一石有八斗利，命屈般若铁处取持。全本利一齐，于同年九月一日本利聚集在讹国师处，若过期不还来时，先有糜数偿还以外，依官法罚交七十缗钱，本心服。
>
> 立契约者没施隐藏犬（押）
>
> 相借者李祥瑞善（押）

---

① 史金波：《西夏粮食借贷契约研究》，载《中国社会科学院学术委员会论文集》第1辑，中国社会科学出版社，2005，第186~187页。

② 孙寿岭：《西夏乾定申年典糜契约》，载《中国文物报》1993年第5期。

相借者李氏祥瑞金（押）

知人李显令犬（押）

第二件，乾定酉年（1225 年）卖牛契约，亥母洞出土，文献编号为 G31.003［6727］，内容是贫民韦寿长山把自属的黑牛卖给命屈般若铁时签订的契约。

乾定酉年九月日，立文状者韦寿长山，今自有一老病黑牛，自愿卖给命屈般若铁。议定卖价六十五缗钱。钱牲差异各自负责。若其牲钱有争讼时，原钱数一缗做二缗赔偿，服。若各自反悔不服时，反悔者付给不悔者三十缗钱。

立文契者韦寿长山（押）

同立契者□韦慧茂（押）

知人梁八月犬

□□□十一月二十五日，还一属老病黑牛，利不足一钱，还利一钱，酉年卖，酉年当还。八月一日乃当还（押）

第三件，乾定戌年（1226 年）卖驴契约及账，亥母洞出土，文献编号为 G31.002［6726］。这是一件契约草稿，包含了两个内容，且都不完整。

乾定戌年（1226 年）四月八日，立二文状者，祥瑞善今自愿与笛佛鸠立卖驴契一。议定五十缗钱，已付二十五缗。应当按议定五十缗给付。若其如偷如诈如官，魏常住等处取。无有典，同抄兄弟出。人中有争讼者时，买者卖者负责。抄自反悔时，本已变者人……

乾定酉年三月共□佛院共显二缗八利，翁价二缗，若游六缗五利，一利缗钱　乾定酉年二月八日二显二缗八利，于吴舅八善处取一利缗钱。

第四件，天庆寅年（1194 年）会款单，张义修行洞出土，文献编号为 G021.003［15512］。内容是十户西夏贫民，自愿筹集资金共计七百五十钱，作为公钱。此笔公钱的作用，当是在某户人家遇到困难时能够作为救济资金使用。该文献史金波、杜建录、王荣飞等先生曾译释研究。①

> 天庆寅年正月七五日，在讹命小犬宝家集会。入集数为：洼喽母亲入一百五十钱。播盃阿昔纪入一百。呤介达家义入一百五十。讹命小犬宝入五十。苏达酩布达家宝入五十。讹六氏孤金入五十。家铁入五（十）。洼喽氏齐引入五十。佘氏犬麻宝入五十。讹命母亲入五十。共计七百五十钱入众钱中。

第五件，移合讹慧宝文书，因字迹浅淡漫漶，不能释读全文内容。从残存文字内容分析，初步判断为西夏农户的户籍登记凭据。

上述契约文书，经过专家们的考释研究，基本确定了文书的内容及其所反映的西夏社会现状。这些契约文书，以实物的形式，真实地反映了西夏相关法律的内容。

第一，关于西夏契约文书的形制。

西夏的契约文书，沿袭了唐宋中原汉族的模式，一般都有较为固定的形制。西夏法典《天盛律令》中规定：

> 诸人买卖及借债，以及其他类似与别人有各种事牵连时，各自自愿，可立文据，上有相关语，于买价、钱粮及语情等当计量，自相等数至全部所定为多少，官私交取者当令明白，记于文书上。②

根据出土的西夏法律文献的记载，具有法律效力的西夏买卖和借贷契约，有着基本统一的形制和内容。武威出土的几件契约文书实物，与法律文献内容互相印证，真实反映了西夏法律在执行过程中的详细情况。武威契约文书，皆墨写行书或草书，契约正文内容每行顶格书写，结尾的签字降格书

---

① 王荣飞：《甘肃省博物馆藏天庆寅年七五会集款单再研究》，载《宁夏社会科学》2013 年第 5 期。

② 史金波等译注《天盛改旧新定律令》卷 3《催索债利门》，第 189 页。

写，签字之后普遍有画押。契约内容一般以立契时间开头，内容有买卖或借贷双方的姓名，买卖或借贷物品的名称、数量、利息、偿还期限与违约处罚，最后是借贷人、同借人、担保人的画押等。

内蒙古额济纳旗的黑水城遗址中曾出土过为数不少的完整的西夏文和汉文的买卖契约文书，特别是现藏于俄罗斯科学院东方文献研究所的西夏文“天盛二十二年寡妇耶和氏宝引等卖地契”，保存完整，是学界公认的较为标准的西夏土地买卖契约。该契约黄振华和史金波等先生先后做过研究。[①]史金波先生对西夏契约文书的研究最为全面，他通过对国内外收藏的西夏文书的释读和对比分析，在《西夏粮食借贷契约研究》一文中对西夏的契约形制做了专门的研究和总结：

> 西夏借贷契约皆墨书，大部分为西夏文草体，也有少部分行书或行楷。契约有比较固定的格式，包括立契约时间，立契约者即借贷人姓名、出借者即债权人姓名，借贷粮食种类和数额、偿付期限及利率、违约处罚、当事人和关系人姓名、画押等主要内容。契约正文各行皆顶格书写，契尾当事人和关系人签字画押皆降格书写，底部大约与正文齐。[②]

武威西夏文“乾定酉年卖牛契约”，从行文格式到内容，与西夏标准契约基本一致。值得注意的是，武威西夏文“乾定酉年卖牛契约”既有西夏标准契约的普遍特点，也有其自身的独特之处。在该契约的左下角，另外粘附了一个小纸条，上面记录的也是卖牛契约，因为是西夏文草书，而且字迹漫漶难以识读，但从隐约可见的纸条内容判断，这是对契约正文内容的补充。这样的契约形式，在目前发现的同类西夏文文献中较少见。

另外，武威西夏文“乾定申年典糜契约”，其格式和内容也相对完备，

① 黄振华：《西夏文天盛二十二年卖地文契考释》，载白滨编《西夏史论文集》，宁夏人民出版社，1984；史金波：《西夏粮食借贷契约研究》，载《中国社会科学院学术委员会论文集》第1辑。

② 史金波：《西夏粮食借贷契约研究》，载《中国社会科学院学术委员会论文集》第1辑，第188页。

史金波先生将它与黑水城发现的粮食借贷契约一起，作为具有代表性的西夏粮食借贷契约，收录在《西夏社会文书研究》中。

中国传统的买卖契约，在汉代就已经有了较为完备的形式，唐宋时期则有了更加成熟的，由政府监制的契约“样文”，供民间使用。武威考古发现中，尚未见到西夏时期的汉文契约文书，但是，武威西夏文“乾定酉年卖牛契约”和“乾定申年典糜契约”，其行文格式和内容，不但与黑水城等地出土的西夏时期的汉文契约基本一致，而且与敦煌发现的唐宋时期的汉文文书基本一致。这种契约形制，基本上沿袭了唐宋契约的风格。这说明，尽管武威和黑水城一样，都位于西夏西部地区，远离都城兴庆府，但是西夏政府的法律和典章制度，已经在这里得到普及，而中原汉族的政治、经济、文化和社会生活方式早在唐宋时期就深深地影响了地处西边的当地居民。正如史金波先生所说：“（西夏）契约继承了中国传统契约的形式，并形成了自己的风格，是唐宋契约和元代契约的一种中间过渡形式。”作为边远地区出土的原始契约文献资料，武威西夏文“乾定酉年卖牛契约”以其普遍而又特殊的形制和内容，补充了西夏法典的内容和形式，并再一次证实了西夏法律的真实性和普及范围。

第二，关于西夏契约中的违约处罚对象。

违约处罚是封建国家为了保障契约的有效性，通过立法和执法所实施的一种干预手段。西夏法律保护富有者的利益，因此，法典中规定的违反契约内容后受处罚的对象很多，而且涉及范围很广，他们不仅仅是立契约者即借贷者本人，还包括契约的担保人和证明人，以及他们的妻子、媳、未嫁女等。

如《天盛律令》中规定：

> 诸人对负债人当催索，不还则告局分处，当以强力搜取闻讯。
>
> ……
>
> 其本利相等仍不还，则应告于有司，当催促借债者使还。
>
> 借债者不能还时，当催促同去借债者。同去借债者亦不能还，则不允其二种人妻子、媳、未嫁女等还债价，可令出力典债。若妻子、媳比所典钱少，及确无有可出典者，现持主者当还债。执主者不能时，其持

主人有借分食前借债时，则其家中人当出力，未分食取债人时，则勿令家门入。若皆未能，则借债者当出工力。

诸人所属私人于他人处借债者还偿主人债时，当令好好寻执主者等。私人自能还债则当还债，自不能还债则执主者当还，执主者无力，则当罚借债主。

同居饮食中家长父母、兄弟等不知，子、女、媳、孙、兄弟擅自借贷官私畜、谷、钱、物有利息时，不应做时而做，使毁散无有时，家长同意负担则当还，不同意则可不还。借债者自当负担。其人不能，则同去借者、执主者当负担。其人亦不能办，则取者到还债者处以工抵。同去借债者，执主者已食拿时，则当入出工抵债中，未分食则勿入以工抵债中。①

保存完整的西夏买卖或借贷契约中，至少有四个人名出现，即买卖或借贷双方，担保人和证明人，如武威“乾定酉年卖牛契”中即出现了四个人名。但从考古发现的西夏契约来看，大多数的西夏买卖或借贷契约中，会有两个或更多的担保人和证明人，如武威“乾定申年典糜契约”，黑水城出土的卖地契约等。这些出现在契约中的人，除了买家或出贷者以外，其余人及其亲属等，均在法律处罚的范围之内。

在西夏契约文书中，第一个出现的人名是立文状者，或称为立文契者，或所买卖物品的持有者，在法典中他们被称为“负债人”，他们是契约中的第一责任人。负债人不得有违反契约协议的行为，否则为了体现法律的严肃性，保护债权人的利益，他们会被官府追究责任，要依律偿还所欠债务，还要承担一定的法律责任。

担保人在西夏契约中称为同立契者或同立契卖者、同卖、相借者、同借者等，在法典中被统称为“同去借者”。担保人一般是契约当事人的亲属，因此他们承担和立契约者相同的责任。当负债者无力偿还债务时，他们有偿还的责任。如果担保人也无力偿还债务，那么他们的妻子、媳、未嫁女等也要像负债人的妻子、媳、未嫁女一样，出工力抵债。

① 史金波等译注《天盛改旧新定律令》卷3《催索债利门》，第188~190页。

证明人是西夏契约中的知人或知见人、证人、同证人，在法典中他们又被称为“执主者”或“持主者”。西夏契约中的证明人，与契约中的同借者不同，他们只是证明契约行为，不负担契约实施的连带责任，有时候他们还是买卖或借贷事件中的既得利益者，因此当负债人无力偿还债务且无人力出工抵债时，他们也有责任替负债人偿还债务。如果证明人也无力偿还，按律“其持主人有借分食前借债时，则其家中人当出力”。

值得注意的是，在武威“乾定酉年卖牛契”中，买牛者命屈般若铁，在同时出土的另一份武威“乾定申年典糜契”中出现。该契约规定：借糜者没施隐藏犬向讹国师借一石糜，所借糜本要在命屈般若铁那里去取，但还贷时却直接还到讹国师那里。在这次借贷中，命屈般若铁的身份类似于中间人，但契约末尾却没有他的签押。那么他的身份和作用是什么？还值得进一步探讨。

第三，关于西夏买卖借贷利息。

《天盛律令》中规定：“全国中诸人放官私钱、粮食本者，一缗收利五钱以下，及一斛收利一斛以下等，依情愿使有利，不准比其增加。”同时也有规定：“前述放钱、谷物本而得利之法明以外，日交钱、月交钱、年交钱，执谷物本，年年交利等，本利相等以后不允取超额。若违律得多利时，有官罚马一，庶人十三杖。所超取利多少，当归还属者。”①

从法律规定可以得知，西夏贷粮按年计息，贷钱按日计息。法律中规定的“一缗收利五钱”，是指每日（夜）收利五钱，即日利率0.5%，月利率15%。法律规定的“一斛收利一斛以下”，应指全部利息，而且“不准比其增加”。

按武威“乾定申年典糜契约”记载，乾定申年二月二十五日典糜一石，同年九月一日还一石八斗，半年时间利息高达八斗，与西夏法典的规定比较，显然是属于高利贷性质。

西夏契约文书中的“立文状者”，一般都是处于社会底层的贫苦劳动者，愿意为他们做担保或做证明人的，也是同样身份的他们的亲戚或族人。每年开春时节，正值口粮青黄不接，贫苦者为了艰难度日，只好借高

① 史金波等译注《天盛改旧新定律令》卷3《催索债利门》，第188页。

利贷、典当或者卖掉家中的牲畜和其他物品，来换取口粮聊以为生。西夏契约文书产生的时间大多是在西夏晚期，这一时期，西夏战事频繁，社会动荡不安，百姓生活困苦，民不聊生，只能通过借贷、变卖耕牛和借债等方式艰难度日。

四　武威出土西夏佛教文献的版本特点及价值

武威出土的西夏佛教文献，版本形式多种多样，有经折装的木雕版印本和泥活字印本、蝴蝶装的雕版印本、卷轴装写本、缝缋装写本等。最为难得的是，有些文献中泥、木活字共用，有些文献中配有花卉甚至人物插图，有些写本文献，书法遒劲俊秀，具有典型的时代和民族特征。

雕版印本是现存西夏佛经最常见的印刷形式。考古发现证明，早在五代宋初，西部地区的敦煌已经有了发达的刻印事业。西夏建立国家政权后，采取佛儒并重的治国方针，一方面崇尚儒学，兴办学校，推行科举；一方面又大力弘扬佛教，除了向中原求赎佛经外，还投入大量财力，刻印本民族文字的佛经，又广做法会散施佛经。这些措施和行动，无疑扩大了社会对于书籍的需求，加快了西夏出版印刷事业的发展。西夏法典《天盛律令》中记载，西夏仿中原汉族制度，设立了专门主管国家经籍之事的秘书监，还在政府机构中设立了主管刻印事业的刻字司。①西夏是中国历史上唯一在中央政府机构中设置刻字司的王朝，足见西夏对出版印刷的重视。河西走廊是西夏政权赖以生存和稳固的重要基地，也是具有深厚佛教基础的地区。西夏据有河西走廊之后，承袭了当地原有的刻印出版技术，加上与之相邻且有高超刻印技术水平的宋、辽、金的影响，西夏的出版印刷事业得到了突飞猛进的发展。武威地处河西走廊东端，历史上就是中原王朝与西域各国之间商旅往来的咽喉要道，科技文化交流的驿站，特别是佛教文化尤为兴盛。西夏时期，武威地位显要，立国之初，就被提升为西凉府，地位仅次于首都兴庆府。城内的护国寺也因为历史悠久、影响深远而成为西夏的皇家寺院，备受重视。

---

① 史金波等译注《天盛改旧新定律令》卷10《司序行文门》，第364页。

武威发现的西夏文佛经，大多数为雕版印本，其中有宝积部的《佛说决定毗尼经》，般若部的《佛说圣佛母般若波罗蜜多经》《金刚经》《圣胜慧到彼岸功德宝集偈》，法华部的《妙法莲华经》，华严部的《大方广佛华严经》《大方广佛华严经普贤行愿品》，经集部的《金光明最胜王经》《现在贤劫千佛名经》《维摩诘所说经》《佛说观弥勒菩萨上升兜率天经》。藏传佛教经典有密教部的《佛说大白伞盖陀罗尼经》《佛母大孔雀明王经》《大千守护经中说五种守护吉祥颂》等经颂《佛说圣曜母陀罗尼经》《圣观自在大悲心总持功德依经录》等。

西夏的活字印刷，早在中原宋朝毕升发明活字印刷技术不久就开始使用。随着社会上对印刷品需求量的不断增大，西夏政府很快就认识到雕版印刷的不足，在发展雕版印刷的同时，借鉴和引进了中原宋朝的活字印刷技术。武威西夏文佛经中，既有木活字印本，如《金光明最胜王经》，也有泥活字印本，如《维摩诘所说经》。关于武威泥活字印本佛经，本课题也有专题论述，此处不再赘述。

除了雕版印本佛经外，还有不少的西夏文写本佛经。抄写、刻印、散施佛经，是佛教流传的重要环节。西夏统治者一方面把抄写佛经作为发展佛教，传布佛法的手段，另一方面，也把抄写佛经作为自己信仰佛教、行善积德的形式。西夏的罗氏皇太后就曾命人抄写西夏文《大藏经》作为功德。西夏文写本佛经，是西夏人用于学习和诵读之用的，不少虔诚的佛教徒，都亲自抄写佛经，或者发愿请人抄写佛经，作为修习功德的一种方式。抄经之人，无论是僧人，还是世俗之人，他们都经过较好的书法训练，又因为抄经时态度虔诚、认真，因此他们所抄写的佛经，字迹工整，书法优美。武威发现的写本西夏文佛经，有楷书写成的佛经，书法方整劲拔、俊秀飘逸，还有行书写成的佛经，自然流畅，如《佛说圣曜母陀罗尼经》和《妙法莲华经》等，这些佛经都是难得的西夏书法艺术作品。

武威出土的西夏文佛经，装帧形式也很丰富，有经折装、蝴蝶装、卷轴装、缝缋装，还有写本单页等。

经折装又叫折子装，是西夏印本佛经最常见的装帧形式，将图书长卷按统一版面宽度左右反复折叠成册，加上书衣，成为可以随时展读的册子。武威雕版印本西夏文佛经的装帧形式大多数是经折装。保存较为完整的泥活字印本《维摩诘所说经》和木刻本《佛说观弥勒菩萨上升兜率天经》《金刚经》等就是典型的经折装，另外还有大量雕版印本佛经残页，都是经折装形式。写本经折装中，有楷书写成的《佛说圣曜母陀罗尼经》和《妙法莲华经》，书法优美，当为西夏书法作品中的上乘之作。

蝴蝶装是宋朝才开始的一种新的装订方式，是册页装订的最早形式。将书页在版心处对折，有字的一面向里，再将若干折好的书页中缝背面对齐，用胶粘连成册，再用厚纸包裹做成书面。这种形式装订好的书，表面看与现在的平装书相似，展开阅读时，书页犹如蝴蝶两翼飞舞，故称为蝴蝶装，它比卷轴装翻阅方便，流行于宋元时期，到西夏后期被普遍使用。武威发现的蝴蝶装书籍，仅保存有《三才杂字》和《音同》两书的残页，虽然是残页，但其蝴蝶装帧的特点却很明显。

卷轴装也叫卷子装，将纸张粘连成长幅，用木棒做轴，旋转卷起，类似装裱好的书画。这是唐、宋时期流行的书籍装帧形式，敦煌石室中发现大批唐五代写本图书，都采用这一方式，西夏也很盛行。武威发现的属于卷轴装形式的西夏文献，最典型的是写本佛教文献《志公大师十二时歌注解》，该经是由三张高 17 厘米的纸粘接而成的长卷，现残存页面长为 120 厘米，虽然不设卷轴，但其余特征完全与卷装无异，当是简化了的卷轴装。

缝缋装是一种写本的装帧形式。先把单页纸左右对折再上下对折，将若干折叠好的单页在中缝线订成迭，然后再根据需要将数迭缝缀成册，装订成册后再书写，而且只能单面书写，相邻两页无字面合背并在书口处粘连。此种装帧形式的特点是，书籍在拆散后，页面前后内容多不衔接，且只有写本没有印本。关于缝缋装，牛达生先生曾专文论述。① 武威发现的《大千守护经中说五种守护吉祥颂》等经颂，保存较为完整，其装帧形式就是典型的缝缋装。另外还有《妙法莲华心经和龙树菩萨发愿颂》，景泰出土的佛经发愿文等都属于缝缋装。

武威出土西夏佛教文献中，《五更转》是写本单页，也是西夏佛教文献中最完整的一件作品，形式和内容借鉴了敦煌“五更转”，其中蕴含着丰富的佛教义理。

---

① 牛达生：《从拜寺口方塔出土西夏文献看古籍中的缝缋装》，载《文献》2000 年第 2 期。

武威出土西夏佛教文献，版面大小不一，无论是雕版印本还是写本，不同的装帧方式就有多种不同的版面尺寸。

武威出土的西夏刻本经折装佛经，数量最多，版面尺寸样式也最多。单是《金刚经》，就有多种版面尺寸，其中有高和宽分别为 19 ×8.2、19 ×8.5、20 ×9、19.8 ×8.6、19.5 ×9、17.8 ×9、19.5 ×8.5、28 ×12、13.1 ×7.2（厘米）等多种尺寸样式。《圣胜慧到彼岸功德宝集偈》也有 17.8 ×8.4、18.4 ×9.2、15.7 ×8、17.5 ×9、16.8 ×8.7（厘米）等多种尺寸样式。《佛说大白伞盖陀罗尼经》的尺寸有 15.5 ×8.8、18.3 ×7、18.5 ×9（厘米）等几种。《佛说解百生冤结陀罗尼经》的尺寸有 20 ×8.5、20 ×8.3（厘米）等几种。泥活字印本《维摩诘所说经》尺寸为 28.5 ×11.6（厘米）。《佛说圣曜母陀罗尼经》尺寸为 18.5 ×8.5（厘米）。《佛说决定毗尼经》尺寸为 19 ×8（厘米）。《毗卢遮那法身顶相印轮文众生三灾怖畏令物取作恶业救拔经》的尺寸为 18.5 ×9（厘米）。《金光明最胜王经》尺寸为 31 ×11.8（厘米）。《净国求生礼佛盛赞颂》尺寸为 21 ×9（厘米）。《佛母大孔雀明王经》为残页，栏高 21.5 厘米。《圣观自在大悲心总持功德依经录》的尺寸为 13.3 ×8.2，22.5 ×11.5、17 ×12.8（厘米）。《大方广佛华严经》尺寸为 28.5 ×11.7 和 15.2 ×8.3（厘米）。《佛说观弥勒菩萨上升兜率天经》尺寸为 22 ×10.7（厘米）。《现在贤劫千佛名经》尺寸为 20.4 ×10（厘米）。《佛说圣佛母般若波罗蜜多经》尺寸为 18 ×10（厘米）。《妙法莲华经》尺寸为 17 ×8.4（厘米）。

武威出土的西夏文写本佛经，也有多种版面。写本《佛说圣曜母陀罗尼经》尺寸为 14.7 × 8（厘米）。写本《志公大师十二时歌注解》尺寸为 17 ×120（厘米）。写本《大千守护经中说五种守护吉祥颂》等经颂尺寸为 14 ×11（厘米）。写本《妙法莲华心经和龙树菩萨发愿颂》尺寸为 11.5 ×9.5（厘米）。写本《五更转》尺寸为 18 ×32（厘米）。

武威出土的西夏文佛经，行款、边栏、版心和插图也很丰富。

行款，又称行格，版面之内，用直线分成若干行，每行有若干字。武威西夏佛教文献，因为版面尺寸不同，行款也各不相同。刻本佛经的行款较为固定，一般为六行或七行，也有八行的。写本佛经中的行款，没有一定之规，随着装帧形式的不同而不同。

武威出土西夏文佛经的边栏，有四面双栏、四面单栏、上下双栏、上下单栏四种。较为特殊的是，写本《妙法莲华心经和龙树菩萨发愿颂》除了四面单栏外，还在每行字之间绘制了界栏。

版心又叫书口，是指每页版面正中的位置。武威西夏佛教文献多为残页，因此书口特征不明显。保存较为完整的书籍，如《佛说观弥勒菩萨上升兜率天经》，个别书页的书口，上部有“上升”字样，当是该经经名简称，下部分别有“五、六、七、八”等字样，当是该经的卷次。《大方广佛华严经》的一面残页书口处，有“三十五、十二”的字样，从佛经内容可知，当是该经的卷次和页码。《圣胜慧到彼岸功德宝集偈》的残页中，有“中　十三”或“下　七”等字样，也有的佛经残页书口，只有数字“十二”。

页面插图是古籍中的一种装饰，在印本书籍中，空白处添加插图还起着固定纸张防止印刷时一边起翘的作用。武威西夏佛教文献中的版面插图非常丰富，而且多出现在印本书籍中。《现在贤劫千佛名经》，在版面的上部和中部各刻印一行跏趺坐佛像，佛像下方刻印各佛名称。《佛说决定毗尼经》则是在版面上部刻印一行佛像，因为刻印精细，佛像各不相同的手势和表情清晰可见，佛像下面刻印佛名。其他装饰性插图多添印在文字空白处，有菱形梅花、佛印符号、宝幢图案、圆点、菱形五角、行走的小沙弥、心形梅花、五瓣梅花、四瓣梅花等图案，最特别的是残存的两页佛经插图上，分别刻印菩萨和弟子像，刻印精致，人物形态生动，衣纹等装饰物刻画细致入微，虽然仅剩残片，但也不失为西夏绘画艺术的精品之作。

武威出土西夏佛教文献的版本，具有以下几个方面的特点和价值。

第一，装帧形式多种多样，基本囊括了宋代流行的各种装帧样式。

我国的雕版印刷始于唐代中叶，宋代日益成熟和普及。两宋时期政府重视发展刻书事业，官刻书籍由国子监、崇文院、秘书监及各地府州郡学等部门专门主持管理。这一时期民间的私家刻书和坊肆刻书也十分兴盛，且不同地区的刻本，各具特色。由于印刷术的普及，宋代图书的装帧方式也发生了很大变化，改变了以往单一的卷轴装形式，先后出现了经折装、蝴蝶装、包背装、缝缋装等形式。和宋代比邻的西夏，立国期间大力发展本民族文化，广泛吸纳相邻诸国特别是中原宋朝先进的科学技术和文化，不但接受并熟练运用中原先进而多样的汉文书籍出版技术，而且创造性地将这种技术运用到西夏文字图籍的出版中。毕升发明活字印刷术之后，又很快借鉴、发展并运用到书籍出版中。多种多样的书籍印刷形式，形成了西夏书籍版本的多样化。

武威发现的西夏佛教文献，尽管多数是残页，但其版本和装帧样式多种多样，几乎与宋代无异。这说明西夏时期文化特别是佛教文化普及广泛而深远，而地处西夏西部的武威，经济和文化的发展水平也不亚于西夏首府。

第二，活字印本特别是泥活字印本的发现，补充了国内现存文献版本中的不足。北宋布衣毕升发明的活字印刷术，在西夏时期得到了使用和推广。西夏时期的活字印刷技术，还属于我国活字印刷技术的初始阶段，能够保存至今的活字印本是早期活字印本实物，数量很少。武威出土的泥活字印本佛经《维摩诘所说经》下卷是目前国内保存最早的，也是唯一较为完整的泥活字印本。发现之初，人们对其是否是活字或泥活字还心存疑虑。值得欣慰的是，近些年来，随着各地收藏西夏文献的陆续公布，专家学者经过多方努力，对现存泥、木等多种活字印本进行考证、比较，已经寻找出了活字印本的特点及其与雕版印本之间的区别，肯定了西夏使用泥活字和木活字的事实。而武威泥活字印本，则成为国内保存古代文献中最早的，唯一完整的泥活字版本的一例物证。

第三，武威西夏文献继承并保存了中原汉族先进的印刷技术，为研究我国印刷技术的发展历程提供了实物。宋元以前的印本和写本书籍，早就被列入我国古代善本之列，由于存世数量稀少，很少有人能见到宋版书籍的真实面貌。西夏文化深受唐宋文化影响，其印刷技术借鉴和继承了宋代，而书籍的装帧形式也基本保持了唐宋书籍的原貌。活字印刷是宋代的发明，但是迄今为止，还未发现宋代活字印刷实物，但是在存世的西夏文献中，活字印本实物却较为丰富，而且泥活字、木活字实物都有。宋代才出现的一种新的书籍装帧形式蝴蝶装，它为线装书籍的形成打下了基础。而与宋同时期的西夏，很快就将这种装帧形式运用到西夏文字书籍的出版中，无论是佛经，还是世俗书籍，都采用蝴蝶装形式。缝缋装是一种传统的书籍装帧形式，但是现存古籍中，这种装帧形式只能在敦煌遗书中得见其貌。但在武威西夏文献中，此种装帧形式的书籍便发现了三件，而且都相对完整。诸如此类，在很难一见宋版书籍真容的情况下，存世的西夏书籍再现了宋版书籍的面貌，对我们研究古代书籍的演变与发展具有十分重要的价值。

第四，武威西夏文献在继承中原先进的印刷技术的同时又进行了创新。西夏人借鉴中原汉族的印刷技术后，不但印制汉文书籍，还利用这一技术来印刷西夏文书籍，这是西夏对于中原印刷术的创新之一。武威泥活字印本佛经《维摩诘所说经》，经文内容使用泥活字印成，但经名与经文之间的西夏仁宗皇帝的尊号题款，系排列紧密的一行小字，字体小于经文，书写刻印风格与经文迥异，具有木雕版的特点，这是以词组为单位，用木雕版的形式一次写刻在一块长条形木板上，然后作为一组活字备用，在需要的时候，排放在适当的位置进行印刷。这表明西夏的活字印刷不拘一格，善于灵活运用。这种把活字和雕版结合起来使用的印刷方式，是西夏人的独创，也是西夏活字印刷的特色，是其对中原活字印刷的创新之二。

第五，武威西夏文献对研究西夏学、佛学、文献学、印刷史、版本学等诸多学科具有重要学术研究价值。武威西夏文献的内容十分丰富，大部分内容是佛教文献，有汉传佛经、藏传佛经、佛经发愿文，还有西夏本土撰著的佛教文献。此外还有大量社会文书，有官方的告牒文书、请假条，还有民间的各种买卖和借贷文书、会款单、欠款条、历书、占卜辞、医方等。世俗书籍虽然保存的不多，但是内容却十分重要，有官方印行的西夏文韵书《音同》，还有民间流行的西夏文识字读本《三才杂字》，和劝导人们向善的《劝世诗》。武威西夏文献，大部分是西夏文文献，也有少量汉文和藏文文献，其内容涉及西夏社会生活的方方面面，是研究西夏学、佛学、文献学、版本学等学科领域的重要文献资料。

五　武威西夏文泥活字印本佛经《维摩诘所说经》

西夏文泥活字印本《维摩诘所说经》，是 1987 年 5 月从武威新华乡亥母洞寺石窟遗址中发现的。该经为经折装，共 54 面，每面高 28 厘米、宽 12 厘米，西夏文字 7 行，每行 17 字，计 6400 多字。此经首全尾缺，页面次序无错乱。首页首行印佛经名《维摩诘所说经》下卷，第二行为“奉天显道耀武宣文神谋睿智制义去邪惇睦懿恭”之题款。全文内容为《维摩诘所说经》后三卷四品，即第八卷香积佛品第十；第九卷菩萨行品第十一；

见阿閦佛品第十二（中间部分内容缺失）；第十卷法供养品第十三（后半部分内容缺失）。与该印本同时发现的，还有《维摩诘所说经》上卷中的两面残页，也是泥活字印本，内容是菩萨品第四。

泥活字版西夏文佛经《维摩诘所说经》，是目前世界上保存最早的、最完整的泥活字印刷实物之一，它对确定我国在宋代就有活字印刷术起到了非常关键的作用，具有重大历史和科学研究价值。

维摩诘出生于印度毗舍离，他勤于攻读，虔诚修行，佛学修养很高，得圣果成就后被称为菩萨。《维摩诘所说经》，又称《不可思议解脱经》，是大乘佛教的重要经典。佛经开始，以维摩诘生病为由，佛陀特派被誉为智慧第一的文殊师利菩萨等前去探病，由此引出了文殊和维摩诘两位菩萨关于佛法的精妙问答，维摩诘的辩才使同去探访的菩萨、罗汉深为叹服。全经共十四品，分别为佛国品第一，方便品第二，弟子品第三，菩萨品第四，文殊师利问疾品第五，不思议品第六，观众生品第七，佛道品第八，入不二法门品第九，香积佛品第十，菩萨行品第十一，阿閦佛品第十二，法供养品第十三，嘱累品第十四。此经共有六种译本，其中以鸠摩罗什译本流通最广。我国东晋著名的佛教高僧、学者、理论家僧肇在《〈维摩诘所说经〉注序》中称："此经所明，统万行则以权智为主，树德本则以六度为根，济蒙惑则以慈悲为首，语宗极则以不二为门。"认为此即"不思议之本"。基于"不二"的理和行，表示出来的种种不可思议迹象，是大乘佛教理论的形象化，《维摩诘所说经》对这些迹象的叙述，形象鲜明，富于哲理，故我国远自隋、唐以来，就有用这些丰富多彩的情节作为绘画、雕塑、戏剧、诗歌的题材进行创作。维摩诘这一人物，作为长者居士的典型形象，更是在佛教界和社会中留下了深刻的印象。

泥活字印刷术是我国宋代布衣毕升的伟大发明，这是在世界印刷史上具有划时代伟大意义的一次变革。关于此印刷技术，北宋科学家沈括在其著作《梦溪笔谈》中有这样的记载：

> 版印书籍，唐人尚未盛为之，自冯瀛王始印五经，已后典籍，皆为版本。庆历中，有布衣毕升，又为活版。其法用胶泥刻字，薄如钱唇，每字为一印，火烧令坚。先设一铁版，其上以松脂蜡和纸灰之类冒之。

欲印则以一铁范置铁板上，乃密布字印。满铁范为一板，持就火炀之，药稍熔，则以一平板按其面，则字平如砥。若止印三、二本，未为简易；若印数十百千本，则极为神速。常作二铁板，一板印刷，一板已自布字。此印者才毕，则第二板已具。更互用之，瞬息可就。每一字皆有数印，如之、也等字，每字有二十余印，以备一板内有重复者。不用则以纸贴之，每韵为一贴，木格贮之。有奇字素无备者，旋刻之，以草火烧，瞬息可成。不以木为之者，木理有疏密，沾水则高下不平，兼与药相粘，不可取。不若燔土，用讫再火令药熔，以手拂之，其印自落，殊不沾污。①

毕升发明的泥活字，为后来的木活字、铜活字、铅活字的发明开创了先河，中国的印刷事业从此走向繁荣发展。由于泥活字难以保存，所以，后世难以见到早期的活字印刷品。沈括在《梦溪笔谈》中记录了活字印刷的工艺流程后，又有这样的记载："升死，其印为余群从所得，至今保藏。"从这一记载可知，毕升死后，他所使用的泥活字可能就没有再使用过。在南宋和元代也有使用泥活字方法印刷书籍的记录，南宋政治家、文学家周必大就记载曾用此法印书，但这些早期活字印刷品都没有保存下来。在武威泥活字印本实物发现之前，人们对于泥活字的了解仅限于文献记载。

武威西夏文《维摩诘所说经》是发现最早的泥活字版印刷实物。消息公布之初，在学术界引起很大反响，许多专家学者持怀疑态度，认为泥活字酥脆易碎根本不能印刷，毕升的泥活字印刷技术只是一个未经过实践检验的理论。为此，武威西夏学者孙寿岭先生力排众议，潜心研究。他按照沈括《梦溪笔谈》中泥活字制作原理，亲自探索实验，花费三年时间，成功制作出现代版的泥活字本西夏文《维摩诘所说经》（下卷）。孙先生根据自己制作泥活字的经验，通过对新、旧泥活字版本的对比研究，撰文论述了泥活字在雕刻、印刷、版本及文字结构方面的特点，进一步证实了武威出土的《维

① （宋）沈括：《梦溪笔谈》卷第18《技艺》，明汲古阁刊本，第7、8页。

摩诘所说经》就是泥活字印本。[①]

孙先生按照《梦溪笔谈》中制作泥活字的程序，开始了漫长的实验过程。

第一步，选料。首先选择上等胶泥为原料，经水泡化、搅拌、澄淀，选用上层的细泥，和匀发酵数日后，再经过砸、压，先做成单个大的泥丁，装袋备用。武威地处沙漠边缘，土壤中砂石含量高。为了找到合适的原料，孙先生跑遍了武威城乡的角角落落，到处打听寻找，反复试验，终于在武威西夏瓷窑遗址，古城乡塔儿湾找到了合适的胶泥原料。

第二步，刻字。在泥丁上反写阳刻，一丁一字，单丁独刻。孙先生平时就爱好书法、篆刻，但是刻写较为陌生的西夏文字，还是头一次。但是，孙先生牢记史金波先生和牛达生先生对他的鼓励，“要想知道梨子的味道，必须亲自去尝一尝”。他先练习正面书写西夏文字，了解、熟悉了每个字的结构笔画，再练习反面书写，终于掌握了反面书写西夏文字的规律，并将其写刻在泥丁上。

第三步，烧字。将刻好后的字丁放于窑中“火烧令坚”，即成陶字。由于条件所限，找不到烧字的窑炉，孙先生急中生智，将自家做饭用的火炉改装成烧字的“窑”。由于“窑炉”构造的特殊性，刚开始烧字时成功率很低，每一炉中烧出的字，能够使用的只有几个。反复试验和摸索，掌握了“烧窑”的火候和技巧后，孙先生自制“窑炉”中，烧字的成功率越来越高。

第四步，印刷。按照沈括《梦溪笔谈》中的记载，孙先生购置了印刷所用的所有原料、设备，又按照书中记载的程序，排字，印刷。

经过艰苦的摸索、反复的实验，孙寿岭先生终于烧制成功了三千多个泥活字，并用这些泥活字印制出现代泥活字版本的《维摩诘所说经》，让文献记载变成了现实。

泥活字印制出来了，但是研究工作还没有结束。孙先生将印制好的西夏文泥活字本《维摩诘所说经》，和出土文献反复比对，总结出泥活字印本的

---

① 孙寿岭：《西夏文泥活字佛经版本》，载《中国文物报》1994 年 3 月 27 日；孙寿岭：《武威发现最早的泥活字版本西夏文佛经》，载《陇右文博》1997 年第 1 期；孙寿岭：《我印制新版泥活字西夏文维摩诘所说经下集的由来及意义》，载《中国印刷》2003 年第 4 期。

特点。又将其与同时代的木活字印本对比研究后，得出以下结论：第一，木活字以木材为原料，根据所用字的大小，在木板上设格、反写、阳刻，刻成后，再用小锯一个个锯开，成为印刷用的字丁，其大小基本一致。泥活字则是先分别成字丁，再一一雕刻，然后烧制。火烧后的泥字，由于受热高低不均，收缩幅度不同，导致大小不一。第二，雕刻泥字，必须要在有一定湿度的小块泥丁上进行，否则会因泥胎松脆而崩毁。由于潮湿的泥坯较为松软柔韧的原因，刻字时会出现刀刃互相挤占，笔画不规则偏斜现象。笔画交叉处，不能一刀贯通，只能一刀一角一块分别挑剔，再加刀刃挤占，自然形成带、节、折、错位，粗细不同、角不成角、方不能方、横竖不连贯之特点。若一刀刻通，泥胎受伤，笔画分离，再经火烧脱水，字体收缩龟裂，已不成形，不能使用。只有单笔独画，才可一刀通过。不过因为刀刃挤刻，则会形成两头大、中间细而弯曲，或成弧形，给人一种柔软流动之感。而且刀刃薄细锋利，则刻出的字笔画特别尖细；反之，刀刃厚钝，刻出的字则颓钝，并有锯齿状。第三，泥字丁入窑烧制之后，大多数字会生硬变形，印刷后的字，笔画竖不垂直，横不连贯，方不成方，角不成角，或中间断折，或半隐半现，或极为薄削，或有些粗笨。用的次数越多，笔画越颓钝，用的次数少或新增补者，笔画仍然薄如钱唇。有的字有明显掉边角、断划、剥落之现象，这是因为，泥胎上刻好字后入窑烧制陶化后，泥质字模质坚而性脆，容易破碎损伤。使用多次后的字模，更是四周剥落只剩中间部分，印制出的字呈现出圆形。第四，由于烧制时火候过高，有的字出现流釉现象，使字体结墨成块漫漶斑驳，印出的字带有蜡泪状。有的字则如同发面，变大变圆，内空，没有字丁形状，干脆不能用。有的字虽然变形不严重，但印出的字却不规则。第五，泥活字字丁在印刷之前，气眼很多，吸水性极强，必须先用清水泡透才能上墨印刷，印刷次数越多，气眼越少。而且泥质细腻的气眼较少，泥质越粗，气眼越多。不同的泥质字模，硬度也不一样，硬度小，则吸墨强，印出的字墨迹轻淡；硬度大，则吸墨弱，印出的字积墨厚重，有晕散现象。有的笔画边缘积墨厚重，中间轻淡多气眼。所以印刷后的字迹，墨色浓淡不一，从书页背面看，这种现象更为明显。木质或金属材料的活字不会有这种现象。第六，实验中发现，泥字印刷品中皱泥皴很明显。因为胶泥经过刀削、压平、磨光、刻字这一系列程序后，都会形成微小的皱纹，水分越少，皱纹越明显。其他硬度和密度较高的材料就不会出现这种现象。第七，泥活字印本，字与字之间的横、竖距离都不一样，这是泥字丁在写刻、烧制、排版、印刷时造成的。每一部书籍印刷所需的字模，是由众多刻工共同完成，刻工水平高低不同，所刻字模字体复杂，字丁大小不一。再加上泥字烧制时，不同窑内火候高低不同，烧出的字大小不一，导致排版印刷时相互挤压占位，印成的文字横竖不齐。

孙先生的实验结果和研究文章，得到了西夏学专家史金波先生、牛达生先生的支持，两位先生也分别发表文章，对武威泥活字印本进行更加深入的研究。史学界、版本学界也开始高度重视。1998 年 4 月，国家文物局组织有关专家、学者，专门对武威西夏文泥活字印本《维摩诘所说经》进行了研讨鉴定，绝大多数专家学者的认识达成一致，确认了武威西夏文《维摩诘所说经》是泥活字印本。

最近的几十年里，俄、英等国收藏的黑水城西夏文献相继公布于世，其中的很多文献中就发现了西夏活字印刷的版本，国内发现的西夏文献中也不乏活字印刷实物。如俄藏黑水城文献中西夏文和汉文活字印本，英藏西夏文献中的木活字和泥活字印本，1983 年内蒙古考古所在黑水城考察发掘时新发现的西夏文活字印本，1991 年宁夏贺兰县拜寺沟方塔中发现的木活字印本西夏文佛经《吉祥遍至口和本续》，敦煌研究院在敦煌北区洞窟考察发现的西夏活字印本残片等，上述地区均属西夏故地，在这里发现数量较多的活字印本，说明西夏时期活字印刷已经得到实际应用，并且较为普遍。

在俄藏黑水城文献中，有直接的证据证明，西夏已经使用活字印刷的事实。西夏文活字本《三代相照言文集》是西夏的一部禅宗著作，从该书的字形、行款、透墨、补字等方面分析，都具有活字印本的特点。最重要的是，在该书发愿文的末尾有三行题款，明确记载了“活字”二字。题款的汉文意思是，“清信发愿者节亲主慧照，清信相发愿沙门道慧，活字新印者陈集金”。另有一种名为《胜慧到彼岸要语学禁现前解庄严论显颂》的写本佛经，在经末的题款中，记载了此经的译、传、校、印的来龙去脉，特别是关于印刷负责人的两行题款，“御前注补印活字都案头监、出家功德司承旨云智有，御前注补印活字都案头监、工院正王中敬”，这两行题款中两次记载“印活字”，说明该经确系活字印刷而成。中国国家图书馆藏本《大方广佛华严经》第四十卷卷末，也有两行西夏文题记，汉译文为，“实勾管作选字出力者，盛律美能慧共复愿一切随喜者，皆共成佛道”。其中的“选字出力者”应当是拣排活字的工匠。日本京都大学所藏的该经第五卷有西夏文题记两行，汉译文为，“都发愿令雕碎字勾管为印者都罗慧性，复共一切发愿助随喜者，皆当共成佛道”。题记中的“碎字”，即是指活字。这些西夏文印本实物中的文献资料充分证明了西夏时期已经广泛使用活字印刷的重要历史事实。①

在俄藏黑水城文献中，也有一件泥活字印本的西夏文《维摩诘所说经》，分上、中、下三卷，共330余面。史金波先生将其与武威藏本进行了比较研究，认为它与武威发现的泥活字印本《维摩诘所说经》下卷，“版幅相近，行款一致，字体相类，题款相同，具有同样的形制和特点，无疑它们应是同一种活字印本，确信此经为泥活字版印刷”②。中国国家图书馆收藏的共40余面西夏文《大方广佛华严经》，也是泥活字印本，其印刷特点与武威泥活字印本相似。武威泥活字印本的印制时间较早，表现出的活字印刷的特征很明显，特别是早期活字印刷的简略和粗糙的特征较为明显。比较而言，国家图书馆藏本的活字印刷水平已经有了很大的提高。③

与同一时期的西夏文活字印本相比较之后，学术界对武威泥活字印本具有的特点逐步达成共识：第一，同一页面中，各个字的字形大小不等，字体肥瘦不同，笔画粗细不一。这种现象说明，此印本不是雕版印刷，印本所使用的活字也不是出自一人之手。第二，印本上大多数字笔画生硬变形且不连贯，有的字有明显的掉边角、断笔画、剥落的痕迹，有些字四角都磨损而仅剩下中间的字核。这是因为，在泥胎上雕刻、烧制的活字不同于其他，雕刻泥活字要在一定温度和湿度的泥胎上分块雕刻，否则会因泥胎松脆而崩毁，这样的泥胎要软而柔韧，所以在雕刻时有的字因刀刃挤占而向内、向外偏斜，使得笔画不能流畅连贯。又因为反复使用，泥活字周边磨损缺失而仅剩字核。第三，在印本上，有些字字形歪斜，字与字之间

---

① 史金波：《西夏出版研究》，宁夏人民出版社，2004，第81~87页。

② 史金波、雅森·吾守尔：《中国活字印刷术的早期发明和传播——西夏和回鹘活字印刷术研究》，第49页。

③ 史金波：《西夏社会》，第511页。

的距离较宽且不相同，字的排列不是整整齐齐的行与列，而是歪歪斜斜，行不平，列不直。这是因为当时活字不规范，字模大小不一，又因为聚版不精，放置排列得不平整，造成了这种现象。第四，印本上的文字往往以字为单位，在印本背面的透墨深浅不一，纸面凹凸不平。有些字边缘墨浓，中间墨色浅淡，还有明显的边缘印痕。这些都是活字印本的显著特征。第五，通过对比研究，专家发现，无论是俄藏还是武威藏西夏文泥活字印本《维摩诘所说经》，卷首都有西夏仁宗尊号题款“奉天显道耀武宣文神谋睿智制义去邪惇睦懿恭”等20个西夏字，这些字很有特点，它们字体较小，字与字之间上下距离很近，有的甚至相接或相插，字左右部的撇捺，特别是右部的捺伸出较长，笔端尖细。这些特点和经文正文的文字风格迥异。这些是木雕版的特点，与活字版印刷是不相符合的。专家认为，在整部佛经中，只有这一行20个字的尊号题款不是活字，而是雕刻在一块长条形木印板上，捡字排版时，将整条木印版放在活字版的适当位置，反复并广泛使用。这种活字印刷术中的特殊现象，反映了西夏使用泥活字印刷的初期还带有木雕版印刷的痕迹，也表明西夏人应用泥活字印刷时不拘泥前法，灵活机动，以方便印刷为原则。

在本课题研究的过程中又发现了武威《维摩诘所说经》所具有的另一些活字特征，如：该印本内容仅保存了《维摩诘所说经》的几个章节，但是其中的错讹却有多处，多数错误是在选字时，把形状相近而意义相去甚远的字相混淆使用，如：“[illegible]”误作“[illegible]”，“[illegible]”误作“[illegible]”，“[illegible]”误作“[illegible]”，“[illegible]”误作“[illegible]”，“[illegible]”误作“[illegible]”，“[illegible]”误作“[illegible]”等，诸如此类。甚至有些地方出现空白，可能是排版工人疏忽所致。这种情况，王静如先生在研究宁夏木活字版佛经时论述：“在封建社会，活字印刷作坊是非常小的，依毕升等设计的活字印版，第一版印完，才排第二版，活字就可以替换着用，既省人力，又省工本。如果常用字准备不足时，他们还可把拆散的活字取出涂墨，捺在印本缺字的空白上。”① 武威泥活字印本中的空白，也当属于这种情况，只不过排字工因疏忽忘记填补空白了。再如：从该印本的制作工序看，应当是先排好版，裁好纸张，再印刷，然后粘接，装订

① 王静如：《西夏文木活字版佛经与铜牌》，载《文物》1972年第11期。

成册。该印本保存的 54 个单面，就是由多页纸粘接而成，该印本在粘接时，有的粘接接头正好位于两个单页之间，如第 7 面和第 8 面之间，第 25 面和 26 面之间。但是大部分的接头正好位于一个页面中间，如第 11 页、15 页、22 页、29 页、32 页、36 页、40 页、43 页、47 页等。而且粘接痕迹明显，多数接头处，两页面的上下栏线互相错位，也有的接头处，页面叠压时，位于上方的纸页把下面纸页上的半边字迹也遮盖住了。

西夏泥活字印刷的使用和发展，在我国印刷史上具有重大意义。

武威西夏文泥活字印本《维摩诘所说经》是西夏早期的印本，其表现出的活字印刷的特点较为明显，其早期活字印刷的简略和粗糙也很鲜明。该印本的确切年代，从印本中的题款也可知大概。该印本首全尾缺，在首页首行佛经的经名后有一行题款，内容为“奉天显道耀武宣文神谋睿智制义去邪惇睦懿恭”，这是西夏仁宗嵬名仁孝（1140～1193 年在位）的尊号，仁孝有此尊号时为西夏大庆二年（1141 年），在此之前，仁孝尊号中无“制义去邪”四字，以此判断该佛经版本是西夏仁宗时期（1141 年以后）的版本。另外，俄藏黑水城文献中的西夏文泥活字印本《维摩诘所说经》，与武威印本的活字特点相同，经名后的题款内容和印刷特征也相同，内容也是仁宗尊号“奉天显道耀武宣文神谋睿智制义去邪惇睦懿恭”，题款也是用一次而成的木刻雕版印刷。俄藏泥活字本虽然也没有印刷佛经的具体年款，但该经的出土地是黑水城外的一座西夏古塔，古塔中除了大量西夏时期的文献，再没有西夏以后的文物。因此，可以确定，武威藏和俄藏黑水城泥活字印本一样，都是西夏仁宗时期刊刻的。

西夏是以党项羌为主体，汉、吐蕃、回鹘等多民族成分的少数民族政权。由于历史的、地域的和各民族文化交流融合等原因，西夏境内文教兴盛。儒学的提倡和佛教的推行，世俗教育和宗教的传播，使书籍的需要量增加。特别是西夏佛教的发展，佛经需求量的增加，带动了西夏印刷业的繁荣。早在西夏正德六年（1132 年），西夏就设立了专门从事雕版印刷的政府机构刻字司。西夏文辞书《音同》跋：“今番文字者，乃为祖帝朝搜寻。为欲使繁盛，遂设刻字司，以番学士等为首，雕版流传于世。”西夏法律文书《天盛律令》还明确规定，刻字司属于西夏五等司中的末等司。仁宗仁孝时期是西夏佛教大发展时期，在弘扬佛教方面他有两大功绩，其中之一就是校正西夏文大藏经和刊印、布施大量夏、汉、藏文佛经，使佛学得到正确、深入的发展，使佛经在西夏境内的各族人民中间广为流传。为了刊印、发行佛经和其他书籍，仁孝时期的政府机构刻字司，承担大部分的刊印任务。这一时期刊印布施的佛经数量非常大。如乾祐二十年（1189 年）九月，在大度民寺做大法会十昼夜，宗律国师、净戒国师、大乘玄密国师等高僧主持参加，供养诵读汉文、西夏文、藏文佛经，散施汉文、西夏文佛经《佛说观弥勒菩萨上升兜率天经》十万卷，汉文《金刚普贤行愿经》《观音经》各五万卷。一次法会就散施二十万卷佛经，不难想象，西夏境内流行的佛经数量是惊人的。①

社会对佛经、书籍需求的增加，也增加了西夏在雕版印刷方面财力、物力、人力的负担。西夏的近邻宋朝创制的活字印刷术，既吸收了雕版印刷的长处，又避免了雕版印刷的缺陷，很受西夏人青睐，不久就用于本民族文献的印刷。西夏的泥活字印刷，还处于初级阶段，制字、排版、印刷都显得比较粗糙，但非常难得的是，其早期活字印刷的实物却保存下来。虽然中原宋王朝发明了活字印刷术，但却未有活字印刷实物流传于世。武威出土和保存的《维摩诘所说经》下集，是目前国内唯一一件保存较为完整的泥活字印本佛经。它与其他各地存世的西夏活字印本一样，成为世界上最古老的活字印刷品，这些珍贵的文献，是我们认识、研究古代早期活字印刷的最重要的资料。它填补了活字印刷史上的空白，确认了我国是世界上首创活字印刷的国家的重要地位。

西夏活字印刷书籍的出版有一个发展过程。最初的简略粗糙不成熟，经过了不断的技术改进，逐渐产生了印制精良的活字印刷品。敦煌莫高窟北区出土的西夏文活字印本《诸密咒要论》，文字清晰端庄，版面舒展大方，是早期活字印刷品的善本。俄藏黑水城文献《德行集》印制精良，文字点划到位，劲俏有力，而且同一本书中使用了不同型号的活字，是活字印刷中的上品。在活字印刷时使用大小不等多种型号的字，对排版和印刷的技术要求更高、更复杂，能够熟练地运用这种技术，说明此时西夏的排印技术已经很成熟。武威泥活字印本中，活字和雕版印刷技术交叉运用的手法，表明西夏

① 史金波：《西夏文化》，吉林教育出版社，1986，第 72 页。

在活字印刷技术中已经有新的创造和发展。把汉文的活字印刷技术借鉴运用到本民族文字文献的印刷出版中，丰富了我国古代活字印刷实物的种类，这是西夏少数民族在中华民族印刷史上做出的重要贡献。

六　特色鲜明的西夏本土佛教文献

过去很多学者认为，西夏只是翻译汉文或藏文佛经，并没有自己编撰的佛学著作。考古发现的大量西夏本土撰著出版的佛教文献证明，西夏不仅翻译佛经，一些高僧大德还编撰、出版了不少佛学著作。如仁宗时期的佛教高僧贤觉帝师撰作的《圣观自在大悲心依烧食法事》《一切如来百字要论》等，西夏的大乘玄密帝师撰著的《大乘要道密集》，还有西夏僧人金刚幢翻译、僧人智广和慧真编辑的汉文佛经《密咒圆因往生集》，这是后来列入汉文大藏经的唯一一部西夏人编译著述的作品。武威亥母洞发现的两份西夏文佛教文献，也具有鲜明的西夏本土特色，一份是西夏文《志公大师十二时歌注解》，是西夏人对汉人佛教作品的注解。另一份是西夏文《五更转》，这是西夏人借鉴汉地民间文学作品形式，创作的具有本土特点的佛教文学作品。

西夏文《志公大师十二时歌注解》，文献编号为 G31.032［6750］。该文献为手写本，卷子式，质地为浅黄色麻纸，总长 120 厘米，高 17 厘米，由三页纸粘接成。文献卷首完整，卷尾残佚四段歌词及注解。全文为墨书西夏文行楷，书写字体方整俊秀，有一定的书法功力。全文共残存大字六十八行，多为七言，内容是志公所做《十二时歌》。每行大字下均有两行小字注解，字数不等。

《十二时歌》或称《十二时颂》，是我国古代流传较广的世俗歌咏形式的佛教作品，作者是南朝时期的高僧宝志。宝志也称宝公、志公，南朝齐梁高僧。志公少年出家，修习佛法，后忽失常态，居止无定，行事神异，言多谶语，并多灵验，得梁武帝信任，虔敬事之。有《十四科颂》《十二时颂》《大乘赞》等作品，收录在宋代高僧道原所作的《景德传灯录》中。[①] 在中

---

① （宋）道原著，顾宏义译注《景德传灯录》卷 29，上海书店出版社，2009，第 2327 页。

国佛教史上，志公是一个声名远播的重要人物。

《志公大师十二时歌注解》，是西夏人对志公汉文佛典《十二时歌》的西夏文翻译和注解。本文作者曾著文对该文献进行考释，并对该文献价值进行了专题研究，认为该文献具有三方面的价值。①

第一，文献内容是研究西夏时期佛教思想流派禅宗的重要资料。

中国的禅宗思想，虽然在魏晋时期已具雏形，但是禅宗作为一个宗派的形成，是在达摩东渡以后。而志公以歌颂佛的禅偈，已经在世间流布。因此，志公对中国佛教禅宗思想的传播和形成做出了一定的贡献，他与达摩、傅大士被共称为梁代三大士。中国当代国学大师南怀瑾先生曾评价说："中国禅宗原始的宗风，实由达摩、志公、傅大士三大士的总括而成。"志公也被后世认为是观世音菩萨的化身，他的形象也常常成为佛教绘画中的题材。现藏于武威市博物馆的清代水陆画中，就有清代康熙五十九年（1720 年）绘制的两幅志公画像，分别题名为"元起志公"和"志公禅师"，由此也可看出，志公及其思想流传之深广。宋景德元年（1008 年），高僧道原撰《景德传灯录》，记禅宗世系源流，共五十二世，1701 人。其中 951 人有机缘语句，志公及其作品也收录其中。《十二时颂》是当时的世俗歌咏，每曲分十二段歌词，每段歌词以一天中十二个时辰之名起头。志公所作《十二时颂》，以七言诗的形式，阐述"佛在心中，即心即佛"的佛教思想。禅宗是汉传佛教宗派之一，是由中国独立发展出来的本土佛教宗派，始于菩提达摩，盛于唐代六祖惠能。中国佛教禅宗，最显著的特点是不执外相，不拘形式，行住坐卧皆是禅行，认为心中有佛为皈依。作为与达摩同时代的佛教高僧，志公佛教作品中即有这种思想的阐述。志公大师曾言，"佛本是自心作，那得向文字中求"，他所创作的《十二时颂》，正是强调佛在心中，不必向心外觅佛的思想。南宋人胡仔在其《苕溪丛话》中做过这样的评价："余观志公《十二时颂》，自非深悟上乘，同佛之见，岂能做此语也。……以至三祖《信心铭》，《永嘉证道歌》，皆禅学之髓"。

西夏时期重视对佛教经典的翻译，《六祖坛经》《禅源诸诠集都序》等重要的佛教禅宗作品，都发现有西夏文译本。西夏有禅师，也有坐禅之法。

---

① 梁继红：《武威藏西夏文志公大师十二时歌注解考释》，载《西夏学》第 8 辑。

在武威发现的张义乡小西沟岘西夏遗址，就曾是西夏僧人修行的禅洞。[①] 亥母洞寺石窟是典型的藏传佛教遗址，遗址中出土的文物以藏传佛教居多。手写本的西夏文《志公大师十二时歌注解》和另一份手写本文献《五更转》，内容与其他文物文献有所不同，或者是由外界传入也未可知。但是，此类蕴含佛教禅宗思想的文献被加以注解并翻译成西夏文字，出现在亥母洞石窟中，说明在当时的西夏故地凉州，各种佛教流派共存一地，融合发展。这对于我们研究西夏佛教的流传和发展具有重要意义。藏传佛教、汉传佛教和印度佛教在西夏故地凉州同时传播，共同影响西夏佛教的传播和发展，这一现象不仅反映在佛教文献中，在亥母洞出土的西夏唐卡内容中，也有图像资料证明。[②]

第二，文献具有丰富的西北地方语言特色。西夏文《志公大师十二时歌注解》，在保持了志公《十二时颂》原文本意的基础上，也加入了本民族的特点。作者以自己对《十二时颂》和佛教教义的理解，做出了更为浅显易懂的，更具本民族特点的译释，语言朴实，用语直白，生动而富有哲理。为了对原文献内容进行更深入的阐述或引申，注解中常常使用成语或谚语来表达。例如，对“用处不须生善巧”之句，用成语“弄巧成拙”作注解。对“认声色，觅亲疏”，用“缘木求鱼”来注解。对“阳焰空花不肯抛”，用“是非取舍”作注解。对“常人中间不可居”，用“宁缺毋滥”作注解。西夏少数民族喜欢以谚语的形式来表达含义深刻的道理，在西夏文献中有“巧说谚语可解闷”“番人谚语说不完”的记载。在注解《十二时颂》时，作者也运用不同的谚语来阐释文意，寓意更深刻，语言也更生动。如对“心地何曾起烦恼”，用谚语“不种蒺藜棘刺得隐藏”来注解，与汉族常说的“种瓜得瓜，种豆得豆”表达了相同的意思。对“此是他家染污人”，用“穿针看上不如看天”作注解。对“纵尔多闻达古今”，用“簸糠扬粟”作注解，因为在西夏谚语中，有“擀毡扬麋天各异”之语。除了成语和谚语，文献中还多处使用隐喻来作注解，这些隐喻很具有西北地方方言俚语的语言

① 史金波：《西夏佛教史略》，宁夏人民出版社，1988，第162页。
② 谢继胜：《西夏藏传绘画》，河北教育出版社，2001，第132页；梁继红：《武威亥母洞石窟出土西夏唐卡初探》，载薛正昌主编《西夏历史与文化》，甘肃人民出版社，2010，第396～401页。

特色。比如对“但有纤毫既是尘”，用“狗咬干骨”作注解，其暗含的意思，当地人常用的表达则是“瘦狗叼了干骨头，吃着没肉，扔了可惜”。对“认着依前还不是”，用“天狗咬圆球”作注解，其暗含的意思，当地人的表达则是“狗咬尿泡空欢喜”。类似的隐喻和文献上下文所表达的意思是相一致的。当然，在此类注解中，也有很多我们难以理解的词汇，如对“有相根本权集聚”，用“孤独”注解。对“心地礼仪未曾了”，用“窗上”注解。以及“多闻求道以云绚日”“响金无黍玉兔无纲”等。这些西夏词汇，丰富而生动，蕴含哲理深刻，是不可多得的西夏语言资料，丰富了我们现在所了解掌握的西夏语言词汇，为我们理解西夏的社会生活、风俗习惯，解读西夏的历史提供了重要帮助。

第三，文献具有很高的版本价值。唐宋之际是中国图书发展变化的重要时期，雕版印刷替代了抄本，古老传统的卷轴装形式也被式样繁多的装帧形式所替代。五代至宋初，大规模地刊印书籍和佛经开始，但由于自然和人为因素的破坏，存世稀少，因此，宋代刊本在古代文献版本中具有很高的价值，而与宋同时期的西夏刻本，就成为中国书籍史发展转折时期极其重要的实物证据。西夏时期的手抄本，因其内容的独特性和存世的罕见性，更是被奉为稀有的古籍善本。保存至今的西夏文《志公大师十二时歌注解》，以少数民族文字的形式保存了汉文文献的内容，同时又保留了具有重要研究价值的西夏文注解，其注解内容尚不见于古代文献著录。它对于我们研究西夏时期佛教，特别是西夏人对禅宗的认识、流传和发展具有重要的价值。该文献也采用七言诗的形式翻译汉文本，也不失为一份珍贵的西夏文文学作品。抄本西夏文《志公大师十二时歌注解》，字迹工整，书法方正俊秀，是一份难得的西夏少数民族文字书法作品。目前，该文献已经被收入国家珍贵古籍图书名录。

亥母洞出土的西夏文《五更转》，是西夏本土创作的佛教作品，具有浓厚的民族特点。其汉译文内容的后面还有编纂者的姓名：

> 一更夜，至心做等持。殊胜过宝座，榻上坐时显。观诸事，心中狂乱如过象，此心一过可降伏。
>
> 二更夜，暂坐不觉寒。尽观三界妄，心外境无有。觉此物，耽心世

界何险要，惟独此心当护持。

三更夜，休息少游行。大狮子形象，被服左右眠。急起思，身之高卧无觉悟，抚慰烦乱此心田。

四更夜，空行始呼人。唤起瑜伽母，饶益众有情。跏趺坐，内外寻心不可得，细细察见此理深。

五更夜，身心俱翻腾。禅定与相斗，方救众生苦。天帝释，净梵等亦无此想，其中此心最难成。

此本主人韦勒般若华所作编纂。[①]

《五更转》是唐五代时期敦煌汉文曲子词的词牌名，是以五更分时进行歌唱的一种歌咏辞体，因其以五更为序而作，又称为《五更转》。西夏文《五更转》，在国内外保存的极为罕见，目前仅知俄罗斯科学院东方研究所圣彼得堡分所收藏一件残页，该文献 1909 年内蒙古额济纳旗的黑水城遗址出土，文献照片刊布在《俄藏黑水城文献》第 10 册中[②]，聂鸿音先生曾做过考释研究。在国内收藏中，武威藏本尚属唯一一件。

截至目前，存世的西夏文《五更转》作品只有俄藏和武威藏这两个文本，俄藏西夏文《五更转》中仅保存了两首不太完整的词曲，内容是描述男女恋情。关于俄藏文本的创作年代，聂鸿音先生在其《西夏文〈五更转〉残叶考》一文中，通过与敦煌五更转的比较，又从西夏文《五更转》中独特的语法习惯以及押韵现象等角度入手，探讨了它与敦煌《五更转》之间的差异，谨慎地判断该西夏文《五更转》当是西夏时期原创的民间文学作品。为了方便比较研究，特转录聂先生俄藏西夏文《五更转》的汉译文：

第一曲：

三更高楼床上坐，□□□□□□□□□。试问欢情天乐奏，此时□□□而拜锦衣。四更□狂并头眠，玉体相拥□□□天明。少年情爱倦

① 梁继红：《武威藏西夏文五更转考释》，载《敦煌研究》2013 年第 5 期。

② 俄罗斯科学院东方研究所圣彼得堡分所、中国社会科学院民族研究所、上海古籍出版社编《俄藏黑水城文献》第 10 册，编号 инв. №7987，上海古籍出版社，1999，第 327 页。

思深，同在长寿死亦不肯分。五更睡醒天星隐，东望明□交欢缓起身。回亦泪□问归期，谓汝务要速请再回程。

第二曲：

楼上掌灯入一更，独自绫锦毡上坐，心头烦闷无止息。叹胜长□，似见伊人思念我，问□未能安。些许五成入二更，独自绫锦毡上坐，心头烦闷无止息……①

俄藏西夏文《五更转》，第一首的句式结构是有规律的七言九言的不断重复，第二首则毫无规律可言。武威西夏文《五更转》是保存非常完整的五首表现宗教题材的曲子词。与俄藏作品相比，除了内容和句式结构的不同外，在表现手法上，俄藏作品语言直白、通俗且口语化，这一点与敦煌《五更转》更接近。武威藏品在写作手法上更讲究语言的书面化，用词讲究而且多使用专业术语，使作品的文学和宗教色彩很浓。限于水平，本人无法分析和判断该歌词是否存在押韵，但是该文献的末尾，有一行落款，内容是“此本主人韦勒般若华所作编纂”。“韦勒般若华”是一个典型的西夏党项族人的姓名，从这一行重要的落款内容分析，武威西夏文《五更转》，当是西夏时期创作的民间文学作品。

敦煌《五更转》是唐五代时期流行于敦煌地区的民间俗曲，因为是以五更为序而写的诗歌作品，在敦煌卷子中称为《五更转》。敦煌《五更转》，在敦煌藏经洞发现的汉文写本文献中占有很大数量，任半塘先生将写卷中篇章结构相似且都是一更至五更的歌咏，统称为《五更转》，并整理为 12 套共 74 首，收录在《敦煌歌辞总编》② 中。

汉文敦煌《五更转》内容中，有 5 套共 30 首写的是佛教打坐参禅修炼之事，如《南宗定邪正》《南宗赞》《无相》《顿见境》《假托禅师各转》；2 套共 20 首是写悉达多太子捐弃尘世，入山成佛之事，如《太子入山修道

① 聂鸿音：《西夏文〈五更转〉残叶考》，载《宁夏社会科学》2003 年第 5 期。

② 任半塘编著《敦煌歌辞总编》，上海古籍出版社，2006，第 1429～1443 页。

赞》和《太子成佛》；《维摩托疾》1套共5首是歌功颂德的作品；《警世》1套共2首是写佛教教化世人“四大皆空”的宗教歌；《缘名利》1套7首写闺中女子思念远在边关的丈夫，是典型的闺怨主题；《七夕相望》1套5首写七夕之夜，女子向牵牛织女求取姻缘，依然是儿女情长的主题；《识字》1套5首是写因不识字导致一事无成的悔恨之作。12套五更转作品中，以佛教内容为题材的作品共57首，占大多数。

汉文敦煌五更转词曲的句式结构也有相对固定的几种模式：

第一种，句式结构为一句三言，三句七言，简称为3777句式。如《识字》：“一更初，自恨长养枉生躯，耶娘小来不教授，如今争识文与书。”

第二种，句式结构为一句三言，三句七言，四句三言，两句七言，简称为3777333377句式。如《南宗定邪正》：“一更初，妄想真如不异居，迷则真如是妄想，悟则妄想是真如。念不起，更无余，见本性，等空虚。有作有求非解脱，无作无求是功夫。”

第三种，句式结构大体与第二种相同，为两句三言，三句七言，四句三言，两句七言，简称为33777333377句式。如《南宗赞》：“一更长，一更长，如来智慧化中藏，不知自身本是佛，无明障蔽自慌忙。了五蕴，体皆亡，灭六识，不相当。行住坐卧常作意，则知四大是佛堂。”

第四种，句式结构为两句五言，一句七言，一句三言，简称为5573句式。如《太子入山修道赞》：“一更夜月凉，东宫建道场，幡花伞盖月争光，烧宝香。”

第五种，其句式结构为四句七言，简称为7777句式。如《缘名利》：“一更初夜坐调琴，欲奏相思伤妾心，每恨狂夫薄行迹，一过抛人年月深。”

第六种，句式结构为一句七言，一句五言，一句七言，三句五言，一句七言，一句五言，简称75755575句式。如《七夕相望》：“一更每年七月七，此时受□日；在处敷座结交□，献供数千般。□晨达天暮，一心待织女；忽若今夜降凡间，乞取一交言。”

另外，敦煌还出土了六首回鹘文写本的《五更转》，其内容与敦煌汉文写本五更转相同，是描述太子成佛的内容。其句式结构以三言、七言和五言、七言为主，与汉文本既有相同之处又有区别。德国的Peter Zieme（次默）先生曾撰写《回鹘文五更转》，对此进行专门的研究。现摘录其中《五更转》的内容，用作比较。

一更初，太子欲发坐寻思，奈知耶娘防守到，何时度得雪山川。

二更深，五百个力士昏睡沉，遮取黄羊及车匿，朱骏白马同一心。

三更半，太子腾空无人见，宫里传闻悉达无，耶娘肝肠寸寸断。

三更满四更，太子苦行万里香，一乐菩提修佛道，不羡人间做国王。

四更阑五更，合国众生然行道，忽见城头白马鬃，则知太子成佛了。

□□□□□，东方日出紫莲华，阿难迦叶□□坐，道人师子呼感化。①

通过以上比较可以看出，武威西夏文《五更转》虽然只保存了五首词曲，单单从数量上来说，是无法与敦煌藏品相提并论的，但是即便如此，二者从内容到形式所表现出来的相同点和不同之处，仍然值得我们探究。

从内容上来说，武威和敦煌《五更转》都是以宣扬佛教内容为主要题材的歌咏之作。武威《五更转》描述的是佛教修行时一更至五更不同时间的不同心态，如："一更夜，至心做等持。殊胜过宝座，榻上坐时显。观诸事，心中狂乱如过象，此心一过可降伏。"在敦煌《五更转》中也有相似的内容，如《假托禅师各转》："一更静坐观刹那，生灭妄想遍娑婆；客尘烦恼积成劫，成劫除劫转更多。"

与敦煌《五更转》不同的是，武威《五更转》内容中，大量使用诸如"空行母""瑜伽母"等藏传佛教词语，使词曲内容的藏传佛教色彩更加浓厚。如："四更天，空行始呼人。唤起瑜伽母，饶益众有情。跏趺坐，内外寻心不可得，细细察见此理深。"比较而言，敦煌《五更转》内容中，宣扬"佛在心中，即心即佛"禅宗思想的色彩更加浓厚。如《顿见境》："三更深，无生□□坐禅林；内外中间无处所，魔军自灭不来侵。莫作意，勿疑

① Peter zieme（次默）：Uighur night watch songs（《回鹘文五更转》），载刘进宝、高田时雄主编《转型期的敦煌学》，上海古籍出版社，2007，第109~127页。

心，任自在，离思寻；般若本来无处所，作意何时悟法音。”

从形式上来说，二者都属于分时联章体歌词，从一更至五更，渐次递转歌咏；句子构成也以长短句为主，三言、五言、七言交替使用，每套词曲都遵循一定的规律。二者的不同之处在于，武威《五更转》的句式结构，是一句三言三句五言一句三言两句七言，即3555377句式，这种句式结构，既没有脱离使用三言、五言、七言的模式，又完全不同于敦煌《五更转》句式构成。这一点，与敦煌回鹘文《五更转》却有很大的相似之处。应该说，回鹘与西夏两个少数民族的文学作品，在受到汉族传统文化深刻影响的同时，无论内容与形式，都发生了一些变化，分别具有了各自的民族特色。而回鹘和西夏两种民族文字的词曲《五更转》，也都是在敦煌汉文《五更转》的基础上发展演变，形成的一种新的词曲句式结构。

从表现手法上来说，敦煌《五更转》中所使用的语言更加浅显、直白，间或运用方言、俗语，带有一定的口语化色彩，更加通俗易懂。武威《五更转》则更讲究上下文之间的对仗工整，语言也更加书面化，遣词造句也更为娴熟得当，词义更加深奥，可以看出词作者已经具备了很高的文化水平和文学修养，虽然是民间佛教曲子词，但作品本身的文学色彩很浓，可以称作是民间词曲中的“阳春白雪”。

《五更转》是产生于我国民间的一种曲体，其产生年代，最早的记载是南朝（陈）伏知道所做的《从军五更转》，它的内容是描述戍守边城的将士，夜里击着刁斗，踏寻烽坠的情景。全诗风格悲壮苍凉，有边塞诗的特色。如：

> 一更刁斗鸣，校尉逴连城。遥闻射雕骑，悬惮将军名。二更愁未央，高城寒夜长。试将弓学月，聊持剑比霜。三更夜警新，横吹独吟春。强听梅花落，误忆柳园人。四更星汉低，落月与云齐。依稀北风里，胡笳杂马嘶。五更催送筹，晓色映山头。城乌初起堞，更人悄下楼。①

① 周丕显：《敦煌俗曲分时联章歌体再议》，载《敦煌学辑刊》1983年第00期。

唐五代时期，这种在民间广为流行的“五更”曲体更加盛行，只是词曲的句子结构发生了变化，已经由南北朝时期的格律诗发展为长短句兼备的词曲。唐五代时期流行的《五更转》，只是在敦煌藏经洞中发现了大量写本。敦煌《五更转》的歌辞题材，大多数是关于宗教、闺怨和社会生活的，特别是宗教题材是这一时期的主流。这是因为唐、五代时期佛教兴盛的原因，佛教徒们利用在民间流行的通俗的“五更”曲体，填入佛教故事进行传唱，以寓教于乐的方式，通过动听优美的音乐，在听觉上吸引民众，从心灵上打动听众，从而产生共鸣，借此达到宣扬佛教的目的。

《五更转》词曲从唐五代时兴盛，一直到宋、元、明、清，仍传唱不绝。它不仅影响到唐代大乐，对宋代曲子词也产生了很大的影响。西夏是与宋同时期鼎足而立的少数民族政权，虽然立足于偏远的西北地区，但西夏历代统治者重视发展民族文化，创制文字、翻译典籍，通过借鉴和吸纳周边汉族及其他少数民族先进的技术和文化，来发展壮大本民族文化。西夏时期还重视本民族特色文化和文学艺术的编创，编辑整理民间谚语和诗歌等文学作品。在内蒙古额济纳旗的黑水城遗址中出土了大量西夏文诗歌集，这些西夏诗歌作品，多为上下对仗的歌行体，每句六言、七言、八言、九言、十一言不等，叙事喻理，有褒有贬，具有很高的文学研究价值。①

西夏统治者还重视并大力发展佛教，因此流行于唐五代时期，被广泛用于佛教传播的敦煌《五更转》曲体，不但被传承下来，而且进一步发展。从存世的两份西夏文《五更转》来看，西夏时期《五更转》的歌辞题材，都没有脱离宗教内容和世俗的男女恋情，有反映西部地区藏传佛教信仰的内容，也有反映西部地区民间生活习俗的内容。但是与敦煌《五更转》相比，无论是形式、内容还是表现手法，西夏《五更转》都有了很大的变化，最重要的是用于表达的文字载体也从汉文转变为西夏文字。这种变化是在继承敦煌《五更转》词曲基础上，以西夏社会生活内容为素材的，具有西夏少数民族特色的再创作。

---

① 史金波：《西夏出版研究》，第56页。

七　西夏时期藏传佛教在凉州传播的原因及影响

藏传佛教是在特殊的人文地理、历史环境中形成的具有浓厚藏族文化特色的大乘显密佛教，其对周边地区的影响极为深远，特别是对其近邻党项人建立的西夏政权影响至深。凉州是西夏时期重要的政治、经济和佛教文化中心，西夏时期的凉州佛教，藏传佛教占据主导地位，究其原因，有以下几点。

第一，特殊的地理条件，使凉州成为历史上中西文化交流的中转站。印度佛教一经传入凉州，便在这里找到了立足点，迅速传播开来，并形成了凉州深厚的佛教文化基础，为后来藏传佛教的传播奠定了基础。

凉州是河西走廊的东大门，地处中西交通的咽喉要道，地理形胜，自然条件优越，交通发达，是历代兵家必争的战略要地，也是东西经济贸易的商埠，文化交流的驿站。汉代以来，印度佛教从西域经凉州传入内地，中原和西域的佛教高僧西去东来，弘传佛法，求经译经，在丝绸古道上往来奔波，凉州成为他们的驻锡地。魏晋南北朝时期，凉州佛教达到鼎盛。西域高僧佛图澄、鸠摩罗什，河西名僧竺法护、昙无谶等都曾在这里译经传法，在他们的影响下，凉州籍高僧也人才辈出，如竺佛念、释智严、释宝云等，他们不但西行求法，还远赴江南传法。凉州成为佛教文化传播、交流、发展的中心。佛教宗派三论宗和华严宗就是在这一时期发端于凉州并向外界广泛传播的。凉州还是北魏时期禅宗发展和传播的胜地。范文澜《中国通史简编》中说："凉州是禅学最盛行的地方，魏文成帝兴佛后，先后任沙门统的师贤、昙曜，都是凉州禅师，作为北朝佛学主流的禅学，以及规模巨大的佛教艺术，都寻源于凉州，凉州在接受西方文化时所起的作用是值得重视的。"

统治阶级崇信重视佛教，他们为这一时期凉州佛教的发展也起了推动作用。五凉时期以凉州为政治中心建立的四个地方政权，对凉州文化特别是佛教文化的发展贡献突出。前凉张氏政权以佛教为国教，广招名僧，建寺译经。《魏书·释老志》中记载：凉州自张轨后，世信佛教。升平十七年（公元 373 年），前凉王张天锡邀请大月氏人优婆支施仑在凉州姑臧城内正厅堂后湛露轩下诵译佛经，张天锡不但支持还亲自参加了这次译经活动。后凉吕光灭龟兹，迎请西域高僧鸠摩罗什在凉州居留传法 18 年。由于吕光昏聩，罗什的佛学才能未得到充分发挥，但他利用这一段时间学习了汉语，为以后的译经奠定了基础。罗什对凉州的影响是深远的，罗什圆寂后凉州人民修建罗什舍利塔以示纪念，塔经历代重修，保存完整。北凉沮渠蒙逊时期佛经翻译极盛，当时闻名凉州的佛经翻译家很多，其中以昙无谶最著名。梁启超在《佛教教理之演变》一文中曾说："西凉佛教界有两要人，其一法护，其二昙无谶。两人功绩，皆在翻译。""谶之大业，在译《涅槃》，与罗什之《般若》，譬犹双峰对峙，二水中分也。"昙无谶所译《大涅槃经》中的佛教思想，在中国佛教史和思想史上有着重大的影响。蒙逊还在凉州城南天梯山开窟造像。天梯山石窟经过后来北魏、隋唐及宋元明清历代重修新建，规模宏大，形成了具有凉州佛教艺术特色的"凉州模式"，推动了凉州佛教的发展和佛教艺术的产生。凉州佛教的兴盛，不仅为中原佛教的传播、中国佛教思想和佛教流派的形成打下了坚实的基础，也为后来藏传佛教在凉州的传播奠定了深厚的佛教文化基础。魏晋时期创建的凉州佛教寺院有宏藏寺、罗什寺、清应寺及姑洗塔、永昌瑞像寺、天梯山大佛寺等，这些寺院在吐蕃统治时期又成为藏传佛教寺院，成为藏传佛教在凉州传播发展的基地。

第二，人类活动是文化传播的主要原因，从有人类活动伊始，羌族及其支系始终是活跃在凉州一带的主要的少数民族，绵长的民族历史渊源，使藏传佛教在凉州的传播有了坚实的民族基础。

凉州历史上就是个多民族聚居的地区。其独特的地理环境，可耕可牧的自然条件，吸引了古代以游牧为生的各少数民族。从西周春秋时起，先后有西戎（羌）、乌孙、月氏、匈奴、氐、鲜卑、吐谷浑、吐蕃、党项、回鹘、蒙古、藏、满、回等少数民族生活在这里。五凉时期，氐、鲜卑、匈奴等少数民族还以凉州为都城建立政权。各民族对凉州的统治，伴随着其政治、经济、文化以及生活习俗的输入和与当地的融合、发展，特殊的历史环境，培养了凉州居民积极吸纳外来文化的性格。

在凉州历史上的众多民族当中，羌是凉州最古老的民族，且对凉州的影响最为深远。史书记载中，商周和春秋战国时期，活动在凉州一带的西戎部落是这里最早的居民。西戎应该是古羌人的别称。东汉许慎《说文》释："羌，西戎牧羊人也"。藏文古籍（孤本）《北方蕃民源流史》中记载："上古时期起，蕃族先民开疆拓土，根据地形地貌，选择气候温和，又适宜农耕的区域，划分开垦八个大的区域，其中之一就是姑臧戎，简称姑戎。”洲塔先生在他的《甘肃藏族通史》一书中解释说：“姑臧戎，意为姑氏部落农耕务牧之地。臧指部落，戎是藏语的译音，是藏语地形的称谓，不是族名。姑臧（包括今天武威在内的河西走廊一带）是远古时期吐蕃直系先民——古羌人姑氏部落所居之地。”①

古羌人是凉州的土著民族。秦以前，凉州一带羌人部落的势力很强大，即使后来这里先后又被乌孙、月氏、匈奴等民族占领并统治，但羌人的活动一直未有中断。汉武帝时派张骞出使西域以断匈奴右臂，就是阻断匈奴与羌的联合，保障河西走廊的安全畅通。东汉时由于羌族势力的寇扰，东汉政府一度产生了放弃凉州的打算。不过当时的凉州不是专指河西的凉州，而是指旧雍州更名以后的凉州，这个凉州的范围很广。因此，当时有“凉州既弃，三辅为塞”的说法。到了唐宋时期，源自羌族的吐蕃和党项又先后统治凉州。

文献记载和考古发现都证明，吐蕃党项同宗同源，因此他们在语言、性格、生活习惯、宗教信仰等方面有太多的相同之处，宋人宋琪也说：“大约党项吐蕃风俗相类”②，说明二者关系非同一般。更为重要的是，吐蕃党项地域相接，很早以前相互之间就频繁往来，关系密切。如果从公元7世纪初吐蕃赞普松赞干布并党项诸族到公元13世纪西夏灭亡，两族交往的历史长达600余年。凉州地处吐蕃党项和吐谷浑政权的交界，是各政权扩大疆土、发展势力所着力经营的战略要地。吐蕃党项唐宋时期在凉州的角逐统治长达500余年，几乎与两个政权交流的历史相始终，在此期间，部分党项人和吐蕃人长期杂居。在吐蕃统治时期，大批党项人成为吐蕃统治下的庶民。吐蕃王朝灭亡后，留居凉州一带的吐蕃人长期与内迁的党项部落杂居，西夏建国后，部分吐蕃人甚至成为西夏的编户齐民。吐蕃党项这种客观上的融合，为藏传佛教的传播提供了一个广泛而坚实的民族基础，这也是藏传佛教在凉州广泛传播发展并影响深远的重要原因。

① 洲塔、乔高才让：《甘肃藏族通史》，青海人民出版社，2006，第21页。

② 《宋史》卷64《宋琪传》。

第三，吐蕃对凉州近百年的统治，使凉州成为以吐蕃为主的少数民族地区，藏传佛教有了植根的土壤，这是藏传佛教在凉州广泛传播的直接原因。

公元 7 世纪初，吐蕃王朝在青藏高原上崛起，建立王朝的吐蕃赞普松赞干布继承父祖大业，统一了青藏高原上各个分立的部落邦国后，又积极向外扩张，东面的唐朝是其主要的目标。吐谷浑和党项位于唐朝和吐蕃的中界，吐蕃发动扩张战争后，大量受吐蕃势力挤迫而失去家园的党项和吐谷浑部落被迫迁徙，其中一部分移居凉州，与当地居民杂居，共同耕牧劳作。天宝十四年（公元 755 年）安史之乱爆发，河西兵力赴京师平叛，吐蕃乘虚而入，攻陷河西陇右诸州。广德二年（公元 764 年），吐蕃围攻凉州，在吐蕃大军的围困下，凉州城内吏民与吐蕃约和归降，吐蕃开始了对凉州长达近百年的统治。吐蕃对凉州的统治，不仅改变了凉州居民的民族构成、生活习惯，也使居民的宗教信仰发生了很大的变化。吐蕃以前，凉州境内汉传佛教兴盛。吐蕃统治时期，大量信仰藏传佛教的吐蕃和党项人移居凉州，他们的到来，无疑扩大了凉州地区信仰藏传佛教的民众基础，这一时期凉州境内的汉传佛教寺院也未遭到毁坏，但绝大多数都改宗吐蕃佛教。近年来，又在凉州发现了大量吐蕃时期遗物，最重要的是现藏于武威市博物馆的藏文典籍。典籍内容丰富，以大藏经《甘珠尔》为主，数量众多，计有 409 函 5317 部，经文用金、银、珍珠等贵重物品为颜料抄写在藏纸上，并有 400 余幅精美的插图。从文字的书写特征和内容题记看，抄写时间自吐蕃时起，历经宋、元、明各代，一直延续不断，抄经人有汉族、藏族、党项族、蒙古族等。题记还明确记载，经文抄写于“金凉州的甘珠尔宝殿”。这些藏文典籍的发现说明，自吐蕃时起，凉州藏传佛教就已颇为兴盛，大批汉族、藏族、党项族、蒙古族高僧云集凉州，抄写翻译佛经，藏文佛经在凉州受到高度重视。

第四，西夏统治者重视对凉州的经营，他们对佛教的大力推崇和扶持，也是凉州藏传佛教发展的重要原因。

唐朝末年，正当中原多故，吐蕃王朝内外交困之际，党项拓跋部却从混乱中发展起来并建立了夏州政权。到李继迁时，党项势力壮大，他确立了“西掠吐蕃健马，北收回鹘锐兵，然后长驱南牧”的战略方针，先攻占并定都灵州，随即又将目标对准河西走廊。凉州是河西重镇，这时由吐蕃政权潘罗支控制。宋至道二年（公元 996 年）起，继迁就开始了对凉州的进攻。

此后的李继迁、李德明、李元昊三代西夏首领，从未放弃过对凉州的进攻。1003 年、1004 年、1016 年西夏曾几度攻占凉州，直到宋明道元年（1032 年），李元昊最后从回鹘手中夺取凉州。

西夏是以党项羌为主体民族建立的少数民族政权，境内除党项外，还有大量汉族、吐蕃、回鹘等各族人民。西夏建国以后采取宽容的民族政策，各民族之间的地位基本上是平等的。克恰诺夫在《唐古特西夏国的藏族和藏族文化》一文中有这样的论述："在唐古特国中，藏人享有公正的平等权利，唐古特法令没有异民族人承受不平等权利的规定。对同类罪行的不同人量刑时，是依据他们的社会地位（有没有人身自由，上层或是隶属的，有无官阶等）并依其在血亲制度中的个人地位（长辈或晚辈亲属），而不是依据罪犯的族别。"① 因西夏统治下的很多区域属吐蕃故地，吐蕃是西夏境内的主要民族之一，因此，西夏在政治上采用番汉合治的治国方针，而在精神统治方面，则选择藏传佛教作为统治工具，特别是西夏中后期，藏传佛教在西夏的政治、经济、文化、生活当中占据重要地位。凉州是吐蕃久居之地，又与吐蕃地域相接，受藏传佛教熏陶较深。西夏统治时期，吐蕃仍然是凉州境内的主要民族。元昊非常重视对凉州的经营，建立政权不久即升凉州为西凉府，地位仅次于首都兴庆府。在西夏历代统治者的苦心经营下，凉州迅速发展成为西夏重要的军事、政治、经济和文化中心，而凉州佛教中心也成为西夏在河西地区的佛教中心。凉州居民以吐蕃回鹘居多，因此佛教的传播一直以藏传佛教为主。

西夏对藏传佛教的重视，首先表现在藏传佛经方面。在西夏，藏传佛经地位非常重要。仁孝天盛年间刊印的西夏文法典《天盛律令》中明确规定：番、汉、羌三族人可以担任僧官，但必须会诵读十多种经咒，诵读的经咒中吐蕃文经咒即占半数，还要由精通吐蕃语的人进行考试。② 仁孝乾祐二十年（1189 年）印施的西夏文《佛说观弥勒菩萨上升兜率天经》御制发愿文中记载，在大法会上"念佛诵咒，读西番、番、汉文经"，这里把西番经（藏

---

① 〔苏〕克恰诺夫著《唐古特西夏国的藏族和藏族文化》，杨元芳、陈宗祥译，载《甘肃民族研究》1985 年第 2 期。

② 史金波等译注《天盛改旧新定律令》卷 11，第 403 ~ 405 页。

文佛经）列于三种佛经首位，突出了吐蕃佛经在西夏的重要地位。[1] 西夏境内不仅流传藏文佛经，西夏还把藏文佛经翻译成西夏文佛经和汉文佛经，这为西夏境内的党项人和汉人接受学习藏文佛经提供了便利，加速了藏传佛教在西夏地区的传播。在俄藏黑水城西夏文佛经中，还有一种特殊的佛经，在手写的西夏文佛经的每一个字旁边，用藏文为其注音[2]。这种特殊的注音佛经可能是为了懂得藏文的人学习和诵读西夏文佛经所用。凉州地区的藏族居民较多，受藏传佛教影响较深，在这里曾经发现和出土了很多西夏时期的藏文佛经和译自藏文的西夏文佛经。

重视、礼遇吐蕃僧人，也是西夏发展藏传佛教的一个方面。在西夏，吐蕃僧人的地位很高。现藏俄罗斯的西夏时期罗氏皇太后印施的汉文佛经《大方广佛华严经入不可思议解脱境界普贤行愿品》的发愿文中，提到“度僧西番、番、汉三千员”，在所度的众多僧人中，把西番（吐蕃）僧人列于首位，证明对其重视程度很高。帝师是西夏佛教事务的最高负责人，为皇室讲经说法，主持宗教法事。帝师的设立是西夏的首创，它开创了中国历代王朝中封设帝师的先河，影响了后世元朝对帝师的设立。西夏帝师均由藏族高僧充任，他们都是当时地位最高、学识渊博、著述浩繁的大师，他们对西夏佛教特别是藏传佛教的发展贡献卓著。西夏所封帝师不多，从目前所见文献记载看共有四位，他们分别是贤觉帝师波罗显胜、大乘玄密帝师、藏波巴帝师、日巴帝师。西夏学专家史金波先生《西夏佛教新探》一文中认为，西夏最早的帝师有三位，分别是贤觉帝师波罗显胜、大乘玄密帝师和慧宣帝师，他们都是藏族高僧。[3] 在四位帝师中，有两位曾到过凉州，对凉州佛教产生过重大影响。据藏文史书《贤者喜宴》记载，西藏佛教噶玛噶举派初祖法王都松钦巴（1110～1193年）很受西夏王泰呼（西夏仁孝皇帝）的崇敬，泰呼王派遣使臣入藏迎请都松钦巴到西夏传法，都松钦巴未能前来，便派遣弟子格西藏索哇携带佛经、佛像、法器等物随使者前来西夏。格西藏索哇到达西夏后，很受西夏王宠信，被尊为上师，传授藏传佛教的经义和仪

---

① 史金波：《西夏佛教史略》，第103页。

② 史金波：《西夏社会》，第46页。

③ 史金波：《西夏佛教新探》，载《宁夏社会科学》2001年第5期。

轨，并组织力量大规模翻译佛经。格西藏索哇赴西夏时途经凉州，他在这里设场弘法，影响很大。[①] 熊文彬先生《从版画看西夏佛教艺术对元代内地藏传佛教艺术的影响》一文中考证，格西藏索哇正是后来西夏襄宗皇帝的帝师藏波巴。另一位到过凉州的西夏帝师日巴，又名桑吉热钦，是拔绒噶举派僧人，他于1200年自西藏抵达西夏，并在西夏活动了33年。他抵达西夏时，正逢西夏王室的王位之争，1206年，镇夷郡王安全废桓宗自立为襄宗，襄宗封日巴为国师。1211年神宗又废襄宗自立。1217年蒙古再次进攻西夏，神宗为躲避蒙古军队前往西凉府，国师日巴随驾左右，1219年帝师藏波巴圆寂，国师日巴因护驾有功，被晋封为帝师。[②] 另外，藏传佛教噶举派传人大乘玄密帝师出生于西夏，仁宗时被封为国师，桓宗时又被封为帝师，1206年桓宗被襄宗所废，他也被罢免了帝师职务，随后到河西修行，不久圆寂。文献虽未记载他到过凉州，但凉州是西夏西部地区较大的以藏传佛教为主的佛教中心，大乘玄密帝师在河西修行，不会不在凉州停留。对凉州藏传佛教产生过影响的还有两位西夏国师，他们是在天梯山石窟译经传法的显密法师周慧海，和在亥母洞寺传法的讹国师。周慧海是仁孝时期的一位译经大师，根据天梯山石窟所出西夏文佛经《圣胜慧到彼岸功德宝集偈》的题款可知他有“显密法师、受利益沙门、功德司副”的封号和职务，他也是参与翻译《圣胜慧到彼岸功德宝集偈》的高僧之一，后来升为国师，多次翻译贤觉帝师的著作。周慧海在天梯山石窟大佛寺主持佛事活动期间，主持翻译并刊、写了很多佛经和发愿文，而且在此期间天梯山石窟佛教活动相当兴盛。亥母洞寺遗址出土的公元1224年的西夏文“典糜契约”中提到了一位放高利贷的讹国师，孙寿岭先生在《西夏乾定申年典糜契约》一文中分析，这位讹国师，即是萨迦派第三祖师扎巴坚赞（1147～1216年）的弟子迥巴瓦国师觉本[③]，他在凉州的时间，正是西夏外忧内患，朝不保夕之时，这期间，劳动人民生活极其困苦，连寺院僧人也放高利贷，西夏亡国之前国力衰微之状况由此可以想见。藏传佛教高僧大德在凉州驻锡传法，对凉州佛教的

---

① 乔高才让、李占忠：《凉州佛教》，甘肃文化出版社，2002，第51页。

② 熊文彬：《从版画看西夏佛教艺术对元代内地藏传佛教艺术的影响》，载《中国藏学》2003年第1期。

③ 孙寿岭：《西夏乾定申年典糜契约》，载《中国文物报》1993年5月。

传播和发展，对凉州僧人的培养都有很大帮助。

修寺建塔，大兴佛事，是西夏重视佛教的又一个方面。西夏时期在凉州大规模新建和重修塔寺，反映了凉州佛教的发展。大云寺及寺内感通塔是西夏王室曾耗巨资修缮过的。保存至今的《凉州重修护国寺感通塔碑》（以下简称西夏碑）载：西夏天祐民安三年（1092 年），凉州地大震，塔被震倾斜，四年（1093 年），崇宗母后梁氏和 11 岁的皇帝发愿，动用大量人力物力和财力重修凉州感通塔及寺庙。正如西夏碑中的记述："近自畿甸，远及荒要，山林溪谷，村落坊聚，佛宇遗址，只椽片瓦，但仿佛有存者，无不必葺。"张义乡修行洞、天梯山石窟、亥母洞石窟等西夏遗址中，出土了大量西夏文物、文献，其中就有众多的藏传佛教遗物，如译自藏文的西夏文佛经、藏文佛经、唐卡、米拉日巴等藏传佛教造像等，遗址和文物文献都说明，藏传佛教在这里曾经非常兴盛。

西夏时期凉州藏传佛教的发展，对西夏社会和后世的影响深远。

首先，西夏时期的凉州藏传佛教是吐蕃佛教的延续和发展，其对后来藏传佛教在西藏和中原地区的再次传播所起的作用是不容忽视的。在中原佛教衰落、西藏佛教受到压制和迫害而处于低谷之时，西夏佛教却异军突起，使佛教得以延续，并为藏传佛教在西藏本土和中原地区的再次传播发挥了重要作用。西夏在接受中原佛教和藏传佛教影响的同时，也接受了佛教各宗派的影响。西夏碑汉文部分载："佛之去世，岁月浸远，其教散漫，宗尚各异，然奉之者无不尊重赞叹。"西夏统治者对各种宗派都加以提倡的这种做法，保存了佛教各宗派，使其在西夏境内得以延续流传并发展。凉州位于西夏与吐蕃交界之处，既是接受藏传佛教的前沿，又是藏传佛教东传的重要过渡地带，藏传佛教各派先期在这里流行和发展，为西夏及中原藏传佛教思想流派的形成在实践上和理论上作了铺垫。在凉州境内，吐蕃和西夏时期的藏传佛教遗址和文物遗存众多，特别是藏传佛教各宗派影响的痕迹非常明显。藏传佛教密宗对凉州影响很大。亥母洞寺是凉州藏传佛教密宗静修之地。在亥母洞出土的西夏文物中，有两件西夏时期的唐卡，一件为"十一面观音像"，另一件为"文殊菩萨"。十一面观音本是藏传密教所供奉的神灵，文殊菩萨唐卡则反映了藏传佛教萨迦派和噶举派在凉州地区的流行。在文殊菩萨唐卡中出现了萨迦派上师和噶举派上师，表明西夏时期流行藏传佛教萨迦派和噶举派。陈庆英教授在《西夏及元代藏传佛教经典的汉译本——简论大乘要道密集》一文中作过这样的论述："在西夏活动的藏传佛教僧人以萨迦派和噶举派为主，这与元明时期在内地进行大量传教的也是藏传佛教萨迦派和噶举派僧人是一致的。因此西夏在藏汉佛教文化交流中的作用，对萨迦派和噶举派在藏传佛教文化东传中的地位应予以重新审视。""可能正是有这样的基础，1240 年蒙古王子阔端从凉州派多达那波带兵进藏并诏请噶举派的止贡寺法台京俄扎巴回乃到凉州时，扎巴转而推荐了萨迦派的萨班。"①

其次，西夏时期藏传佛教在凉州广泛深入的传播和发展，对凉州会谈的顺利进行，以及后来元朝突出地发展藏传佛教意义重大。

西夏时期藏传佛教在吸收吐蕃佛教的基础上有了新的发展，注入了新的内容，形成了自己民族的特色，并对后世产生了深刻的影响。西夏的邻国宋、吐蕃、回鹘都是有着深厚的佛教文化底蕴的国家，它们为西夏佛教的发展注入了多元文化的成分。对各民族文化，西夏采取了兼收并蓄、博采众长的文化政策。这一时期，汉、吐蕃、回鹘、天竺等不同地区、不同派系的佛教同时在西夏境内流传，因此西夏藏传佛教在发展中形成了多民族融合的、具有西夏地方特点的藏传佛教文化。从 1206 年到 1227 年，短短 20 年间，蒙古汗国先后五次大规模用兵西夏，虽然最后占领西夏全境，但这期间他们遭到了西夏军民的顽强抵抗。西夏灭亡后，元太宗窝阔台之子阔端受封凉州，统治西夏故地并经营藏族地区。为了缓解西夏百姓对蒙古人的仇视，淡化民族对抗心理，阔端从西夏百姓普遍信仰的藏传佛教入手，邀请西藏萨迦派领袖萨班来到凉州，共同商讨，顺利解决了西藏归顺蒙古汗国的大事，藏传佛教也成为后来元朝统治者统治国家的思想武器。在元中央政府的支持和推动下，藏传佛教得到了前所未有的发展。而凉州藏传佛教在其中的作用至关重要。

---

① 陈庆英：《西夏及元代藏传佛教经典的汉译本——简论大乘要道密集》，载《西藏大学学报》2000 年第 5 期。

下篇　武威出土西夏文献释录

一　武威出土西夏世俗文献释录

（一）武威出土西夏公文文书释录

1. 乾定酉年增纳草捆文书

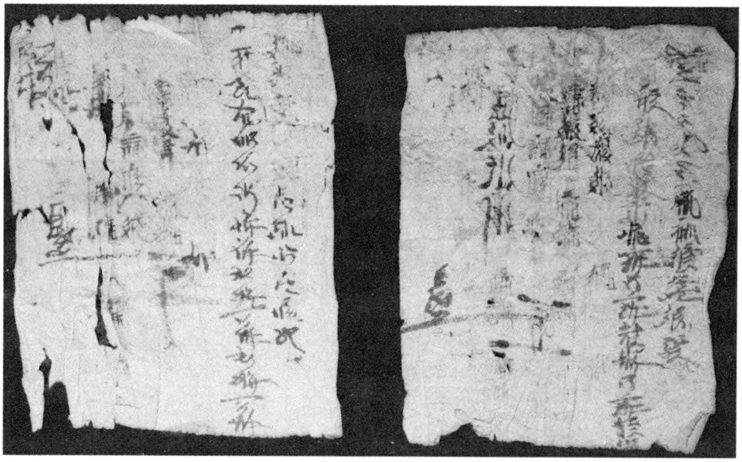

图版6　乾定酉年增纳草捆文书正面

（原图版见《中国藏西夏文献——甘肃省博物馆藏卷》第十六卷，第391、393页）

文书正面西夏文［图版6（右图）］：

[illegible]①[illegible]②

---

① [illegible]，汉译为“迁溜、里溜”，西夏的基层组织。

② [illegible]，[illegible]音“没细”，番姓；[illegible]，“苗盛”，西夏人名。

[illegible]

[illegible]　[illegible]　[illegible]

[illegible]　[illegible]①　[illegible]　[illegible]

[illegible]　[illegible]　（画押）

□□　[illegible]　[illegible]　[illegible]

[illegible]　[illegible]

[illegible]　（画押）

文书正面西夏文［图版6（左图）］：

[illegible]

[illegible]（[illegible]）[illegible]

[illegible]　[illegible]　（押）

[illegible]

[illegible]　（押）

图版7　乾定酉年增纳草捆文书背面

（原图版见《中国藏西夏文献——甘肃省博物馆藏卷》第十六卷，第390页）

① [illegible]，汉译为“大食”，这是唐、宋时期中国对阿拉伯人的专称与对伊朗语地区穆斯林的泛称。该文献中“大食”二字频繁出现，不知何意。

文书背面西夏文［图版 7（右图）］：

𗏹𗂧𗓋（画押）

□□□

文书正面［图版 6（右图）］汉译文：

里溜没细苗盛

一户烦酉年增二捆，一捆麦草，一捆粟草

乾定酉年月日

守库昊，大食大食大食

起文字者钟（画押）

□大食大食大食

库监大食

官（画押）

文书正面［图版 6（左图）］汉译文：

里溜没细苗盛

一户烦酉年增二捆，麦草一捆，粟草一捆

守库昊，大食

起文字者钟

……

户（押）

文书背面［图版 7（右图）］汉译文：

酉年属（画押）

□□□

题解：

写本，土黄色麻纸，2 纸，均为单页。亥母洞出土，现藏武威市博物馆。两份文献内容都是关于农户没细苗盛向官府增交草捆的记载，一份上草书“官”字款，一份上草书“户”字款，系一式两份的官方文书。西夏法典《天盛律令》中记载，西夏政府在收取租赋时，有专人负责填写纳税凭据，凭据一式两份，官府保存一份备档、备查，农户保存一份也要随时接受检查。此类西夏文献存世罕见，为研究西夏公文文书制度的重要资料。

“官”字款文献编号 G31.05［6730］，高 7.5 厘米，宽 13 厘米。两面有文字，正面文字8行，有楷书印字，还有草书手写字，草书手写字为后填。两处画押，最上方钤正方形朱文印，仅钤一半，印纹呈倒三角形。背面草书文字2行，一处画押，页面中间钤竖长方形四字朱文印一方，印文内容为“𗣼𗐱𗀔𘆖”，汉译为“守库主管”。文献末尾最上角处，有一个大字，为手写西夏文草书“官”。

“户”字款文献编号G31.07［6731］，页面皱折残破，高19厘米，宽13.5厘米。两面文字，正面文字5行，有楷书印字和草书手写字，一处画押。背面草书文字一行，模糊不清，一处画押，中间钤竖长方形四字朱印一方，印文为“𗣼𗐱𗀔𘆖”，汉译为“守库主管”，此印形制、大小和内容都与前款相同，当是同一方印章所钤盖。文献末尾最上角处，有一个大字，为手写西夏文草书“户”。

2. 告牒残页（图版8）

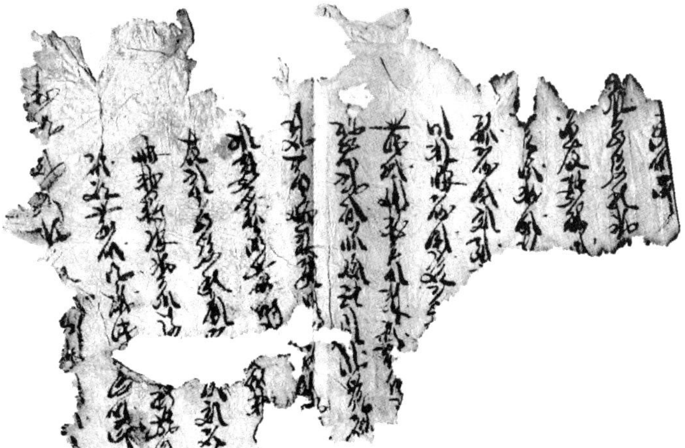

图版8　告牒残页

（原图版见《中国藏西夏文献——甘肃省博物馆藏卷》第十六卷，第262页）

题解：

张义修行洞出土，文献编号G21.010［15382］，现藏甘肃省博物馆。写本，麻纸，单页，残件，残高16.5厘米，宽26.5厘米，存墨写草书14行，行12字。

说明：

该文献为草书残件，内容不识。

3. 光定巳年告牒残页（图版 9）

题解：

张义修行洞出土，文献编号 G21.008［15389］，现藏甘肃省博物馆。写本，麻纸，单页，残件，残高 9.5 厘米，宽 6.1 厘米，存墨写草书 4 行，行 9 字。末行有年款，汉译为“光定巳年”，即公元 1221 年，距离西夏灭亡仅有六年。

说明：

该文献草书残件，残存 4 行文字，第四行为年款，“[illegible]”，汉译为“光定巳年”。其余文字不识。

图版 9　光定巳年告牒残页

（原图版见《中国藏西夏文献——甘肃省博物馆藏卷》第十六卷，第 261 页）

4. 光定午年告牒残页（图版 10）

题解：

张义修行洞出土，文献编号 G21.007［15519］，现藏甘肃省博物馆。写本，麻纸，单页，右下角残缺，残高 18.1 厘米，宽 29 厘米，存墨写草书

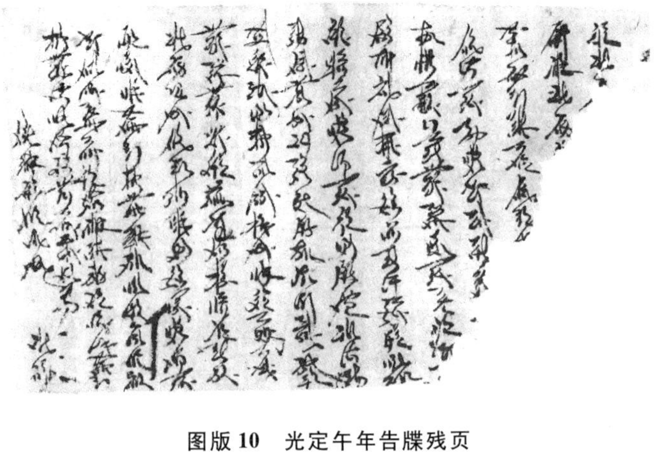

图版 10　光定午年告牒残页

（原图版见《中国藏西夏文献——甘肃省博物馆藏卷》第十六卷，第 260 页）

15 行，行 15 字。末尾有纪年和落款，汉译为“光定午年九月宝明”。光定午年即西夏神宗光定十二年，公元 1222 年。

说明：

该文献草书残件，首缺尾全，末行为款识，“[illegible]　[illegible]”，汉译为“光定午年九月宝明”。其余文字不识。

5. 光定午年文书残页（图版 11）

图版 11　光定午年文书残页

（原图版见《中国藏西夏文献——甘肃省博物馆藏卷》第十六卷，第 261 页）

题解：

张义修行洞出土，文献编号 G21.009［15383］，现藏甘肃省博物馆。写本，麻纸，单页，残件，残高 17.7 厘米，宽 11.5 厘米，存墨写草书 5 行，行 13 字。末尾有年款，汉译为“光定午年”，即公元 1222 年。

说明：

该文献草书残件，残存文字 5 行，第四行有年款“𗋕𗁅𗥃𗉝”，汉译为“光定午年”。其余文字不识。

6. 午年文书残页（图版 12）

图版 12　午年文书残页

（原图版见《中国藏西夏文献——甘肃省博物馆藏卷》第十六卷，第 267 页）

题解：

张义乡修行洞出土，文献编号 G21. 017［15534－3］，现藏甘肃省博物馆。写本，麻纸，单页，残件，残高 17. 8 厘米，宽 12 厘米，存墨写草书 4 行，行 6 字，有纪年，汉译为“午年六月”。

说明：

该文献草书残件，残存文字 4 行，第二行有年款“𗥃𗉝𗏁𗼻”，汉译为“午年六月”。其余文字不识。

7. 文书残页 10 件

文书残页（1）（图版 13）

图版 13　文书残页

（原图版见《中国藏西夏文献——甘肃省博物馆藏卷》第十六卷，第 263 页）

题解：

张义乡修行洞出土，文献编号 G21. 011［15388］，现藏甘肃省博物馆。写本，麻纸，单页，残件，残高 17. 5 厘米，宽 8. 5 厘米，存墨写草书 4 行，行 13 字。

说明：

该文献草书残件，文字不识。

文书残页（2）（图版 14）

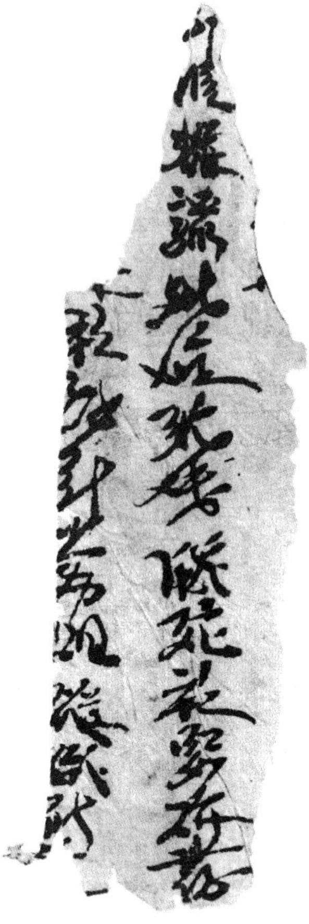

图版 14　文书残页

（原图版见《中国藏西夏文献——甘肃省博物馆藏卷》第十六卷，第 263 页）

题解：

张义乡修行洞出土，文献编号 G21.012［15530］，现藏甘肃省博物馆。写本，麻纸，单页，残件，残高 15.7 厘米，宽 4.5 厘米，存墨写草书 2 行，行 15 字。

说明：

该文献草书残件，文字不识。

文书残页（3）（图版 15）

图版 15　文书残页

（原图版见《中国藏西夏文献——甘肃省博物馆藏卷》第十六卷，第 263 页）

题解：

张义乡修行洞出土，文献编号 G21.013［15384］，现藏甘肃省博物馆。写本，麻纸，单页，残件，残高 18 厘米，宽 13.7 厘米，存墨写草书 5 行，行 15 字。

说明：

该文献草书残件，文字不识。

文书残页（4）（图版16）

图版16　文书残页

（原图版见《中国藏西夏文献——甘肃省博物馆藏卷》第十六卷，第264页）

题解：

张义乡修行洞出土，文献编号G21.014［15531］，现藏甘肃省博物馆。写本，麻纸，单页，残件，残高10.7厘米，宽10厘米，存墨写草书4行，行8字。

说明：

该文献草书残件，文字不识。

文书残页（5）（图版 17）

图版 17　文书残页

（原图版见《中国藏西夏文献——甘肃省博物馆藏卷》第十六卷，第 264 页）

题解：

张义乡修行洞出土，文献编号 G21.015［15532］，现藏甘肃省博物馆。写本，麻纸，单页，残件，残高 18 厘米，宽 4.2 厘米，存墨写草书 1 行，行 14 字。

说明：

该文献草书残件，文字不识。

文书残页（6）（图版 18）

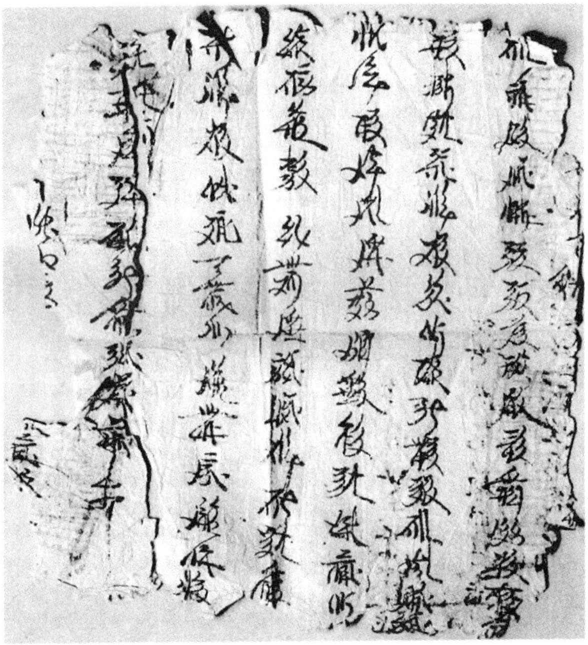

图版 18　文书残页

（原图版见《中国藏西夏文献——甘肃省博物馆藏卷》第十六卷，第 268 页）

西夏文：

…[illegible]□□…

…[illegible]

…[illegible]…

…[illegible]□[illegible]□[illegible]□[illegible]…

…[illegible]…

…□□[illegible]□□[illegible]…

汉文对译：

……［段］说测命减茂盛与结合寿成乐耶……

……取即打入所遣用福遣佑驱遣段命屈悬……

……不食挂心妻眷夷龙氏部讹［领］女福……

……高明□任贤使［细金］□心待□见……

……为所后日月重一往福到往当到来时

……□□名□□令由见磬者

题解：

张义乡修行洞出土，文献编号 G21.018［15513］，现藏甘肃省博物馆。写本，麻纸，单页，残件，残高 19.7 厘米，宽 18.5 厘米，存墨写草书 7 行，行 14 字。残件四角各有一方西夏文官印，印皆残半。内容中残存“夷龙氏”“讹领”“细金”等西夏文字，应是西夏姓氏。

说明：

该文献草书残件，文字内容残缺严重，暂时不能解读。

文书残页（7）（图版 19）

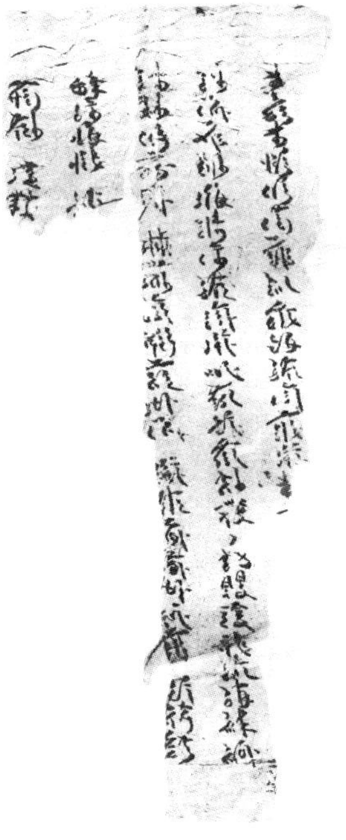

图版 19　文书残页

（原图版见《中国藏西夏文献——甘肃省博物馆藏卷》第十六卷，第 269 页）

题解：

张义乡修行洞出土，文献编号 G21.019［15516］，现藏甘肃省博物馆。写本，麻纸，单页，残件，残高 23.3 厘米，宽 9.4 厘米，存草书 5 行，行 22 字。

说明：

该文献草书残件，文字不识。

文书残页（8）（图版 20）

图版 20　文书残页

（原图版见《中国藏西夏文献——甘肃省博物馆藏卷》第十六卷，第 269 页）

题解：

张义乡修行洞出土，文献编号 G21.020［15381］，现藏甘肃省博物馆。写本，麻纸，单页，残件，残高 18.5 厘米，宽 18.9 厘米，存墨写草书 8 行，行 16 字。每段文字首行开头都以符号"—"和西夏文"一"字作为分段的标记。

说明：

该文献草书残件，文字不识。

文书残页（9）（图版 21）

图版 21　文书残页

（原图版见《中国藏西夏文献——甘肃省博物馆藏卷》第十六卷，第 270 页）

题解：

张义乡修行洞出土，文献编号 G21.021［15385］，现藏甘肃省博物馆。写本，麻纸，单页，残件，残高 18.5 厘米，宽 11 厘米，存墨写草书 4 行，行 15 字。

说明：

该文献草书残件，文字不识。

文书残页（10）（图版22）

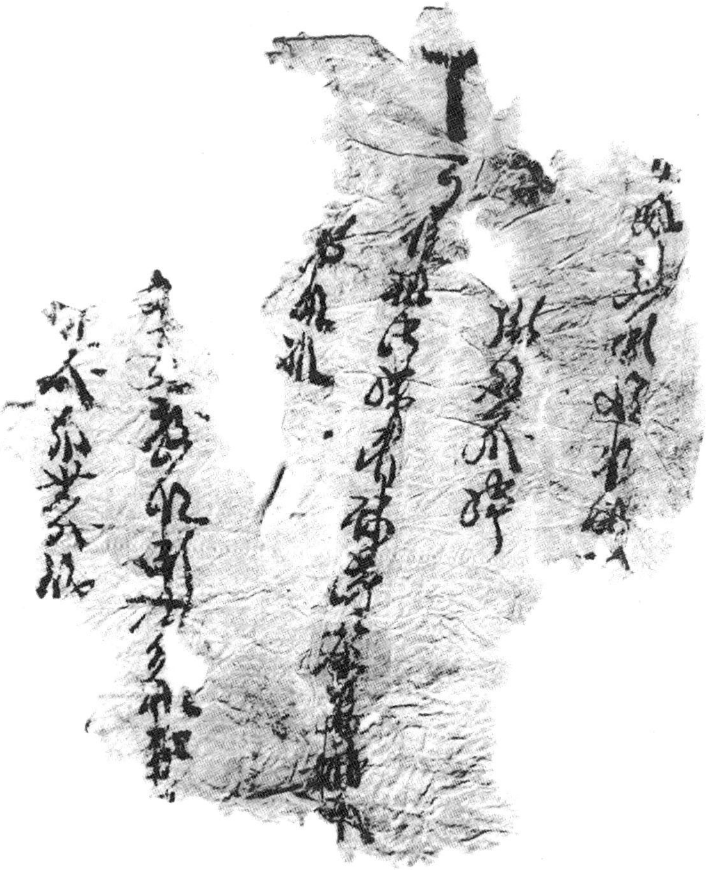

图版22　文书残页

（原图版见《中国藏西夏文献——甘肃省博物馆藏卷》第十六卷，第270页）

题解：

张义乡修行洞出土，文献编号G21.022［15386］，现藏甘肃省博物馆。写本，麻纸，单页，残件，残高15.5厘米，宽13.2厘米，存墨写草书6行。

说明：

该文献草书残件，文字不识。

8. 人员账残页 2 件

人员账（1）（图版 23）

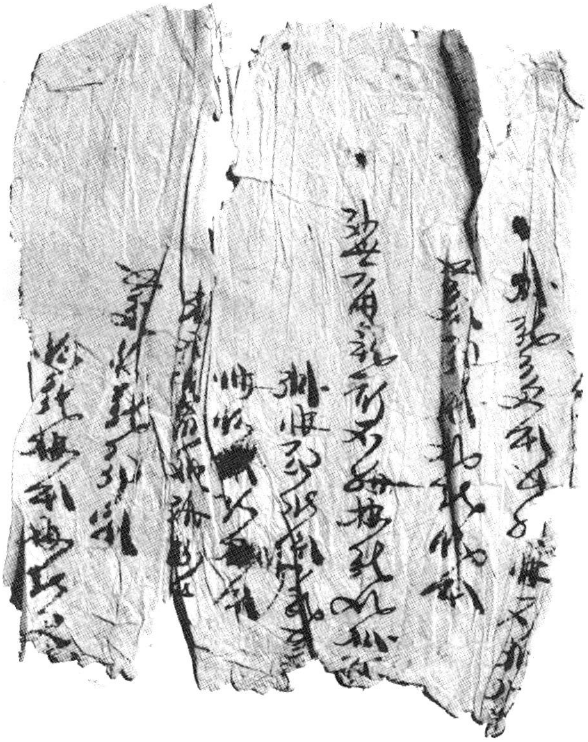

图版 23　人员账（1）

（原图版见《中国藏西夏文献——甘肃省博物馆藏卷》第十六卷，第 266 页）

题解：

张义乡修行洞出土，文献编号 G21.017 [15534－1]，现藏甘肃省博物馆。写本，麻纸，单页，残件，残高 18.3 厘米，宽 16.3 厘米，存墨写草书 8 行，行 13 字。

说明：

该文献草书残件，文字不识。

人员账（2）（图版24）

图版24　人员账（2）

（原图版见《中国藏西夏文献——甘肃省博物馆藏卷》第十六卷，第267页）

题解：

张义乡修行洞出土，文献编号G21.017［15534－2］，现藏甘肃省博物馆。写本，麻纸，单页，残件，残高17.3厘米，宽12厘米，存墨写草书6行，行10字。

说明：

该文献草书残件，文字不识。

9. 物品账残页（图版25）

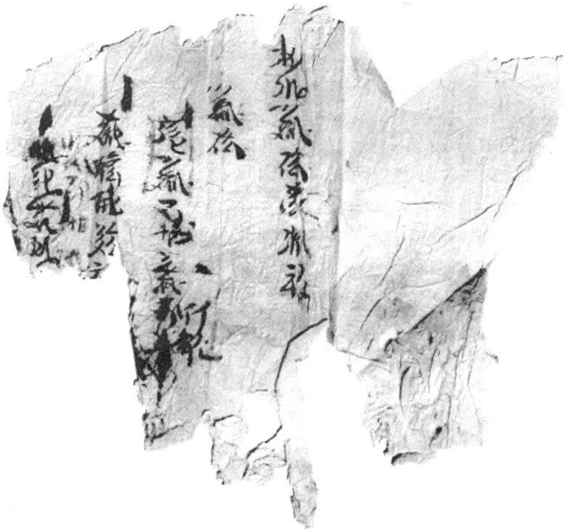

图版25　物品账

（原图版见《中国藏西夏文献——甘肃省博物馆藏卷》第十六卷，第265页）

题解：

张义乡修行洞出土，文献编号G21.016［15533］，现藏甘肃省博物馆。写本，麻纸，单页，残件，残高18.7厘米，宽20.5厘米，存墨写草书5行，行7字。

说明：

该文献草书残件，文字不识。

10. 汉文光定二年公文残页（图版26）

录文：

……上者

……右谨具申

……西路乐府各勾官所

光定二年九月　日　监乐官西凉府……

监乐官府□□致礼

题解：

张义乡修行洞出土，文献编号G21.027［15538］，现藏甘肃省博物馆。

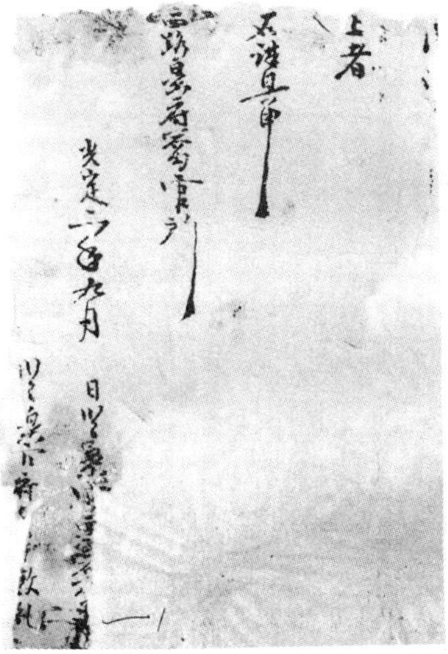

图版 26　光定二年公文残页

（原图版见《中国藏西夏文献——甘肃省博物馆藏卷》第十六卷，第 273 页）

写本，麻纸，单页，残页，高 18.5 厘米，宽 12.5 厘米，墨写汉文行书 5 行。末尾有“光定二年九月”款。光定二年即公元 1212 年。该文献陈炳应和史金波先生都做过研究。①

西夏党项羌人自古以来就是能歌善舞的民族，建国以后，西夏国王景宗元昊、崇宗乾顺、仁宗仁孝都进行过礼乐制度的改革，使西夏的乐舞既不乏中原乐舞的元素，又具有浓郁的本民族特色。《金史·夏国传》记载：“夏国声乐清厉顿挫，犹有鼓吹之遗音焉。”在西夏人编写的书籍《杂字》《番汉合时掌中珠》，以及西夏法典《天盛律令》中，也记载了关于西夏乐器、音乐管理机构等很多词语。《天盛律令》第十“司序行文门末等司”中，有“番汉乐人院”，是管理西夏礼乐的机构。俄藏黑水城文献中的汉文本《杂字》中，也有“教坊”的记载，其职能与番汉乐人院相同。武威文献内容虽然残缺不全，但是却也能够说明，西夏在当时的西路或路一级的管理机构

① 陈炳应：《西夏探古》，第 102 页。

中，也设有音乐管理机构“乐府”和“勾官所”，并设“监乐官”和“乐人”。与该文献同时出土的一件汉文“请假条”中，也记载了“乐人”因患伤寒告假的事实。另外，在另一份西夏文文献《三才杂字》中，也有“乐人歌舞，吹笛鸣鼓”的记载。武威出土的该文献，是与西夏音乐有关的重要文献，是目前存世的西夏文献中独一无二的实物资料。

11. 汉文经略司文书残页（图版 27）

图版 27　经略司文书残页

（原图版见《中国藏西夏文献——甘肃省博物馆藏卷》第十六卷，第 271 页）

录文：

……经略司[①]

① 经略司，西夏地方最高军政机关，比中书、枢密低一品，又大于诸司。经略司是在京师以外，主管若干州县军民事务的衙门。西夏天盛年间有东、西经略司，《天盛律令》分东南经略使、西北经略使。该词见于夏汉双解辞典《番汉合时掌中珠·人事门》和西夏蒙学课本《杂字·司分部》中。

……计料官通判[1]白

题解：

张义修行洞出土，文献编号 G21.024［15536］，现藏甘肃省博物馆。写本，麻纸。残页，残高 15.7 厘米，宽 7.6 厘米。存汉文楷书 2 行。

12. 汉文布告残页（图版 28）

图版 28　布告残页

（原图版见《中国藏西夏文献——甘肃省博物馆藏卷》第十六卷，第 271 页）

录文：

劉

题解：

张义乡修行洞出土，文献编号 G21.023［15542］，现藏甘肃省博物馆。单页，刻本，高 18.5 厘米，宽 6.7 厘米。残存西夏文官印一方，官印下为楷书汉字“劉”。

---

① 通判，西夏中晚期的官吏名称，见于西夏夏汉双解辞典《番汉合时掌中珠·人事门》和西夏蒙学课本《杂字·司分部》中。

13. 汉文请假条残页 2 件

请假条残页（1）（图版 29）

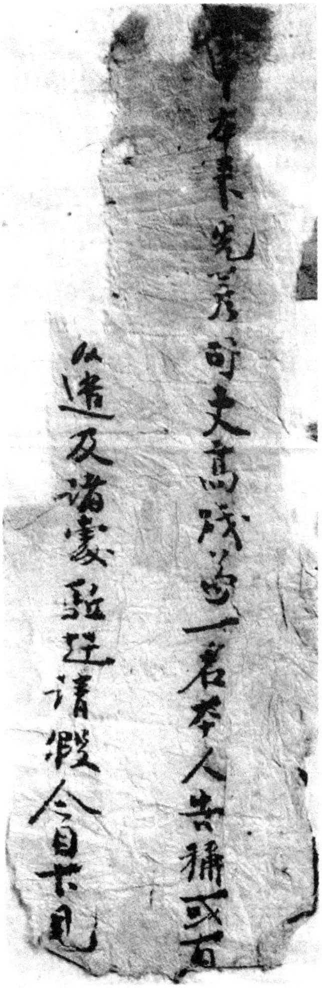

图版 29　请假条残页（1）

（原图版见《中国藏西夏文献——甘肃省博物馆藏卷》第十六卷，第 272 页）

录文：

今申本卡先差司吏高践苟一名本人告称或有……

……遣及诸处驱赶请假今目下见……

请假条残页（2）（图版 30）

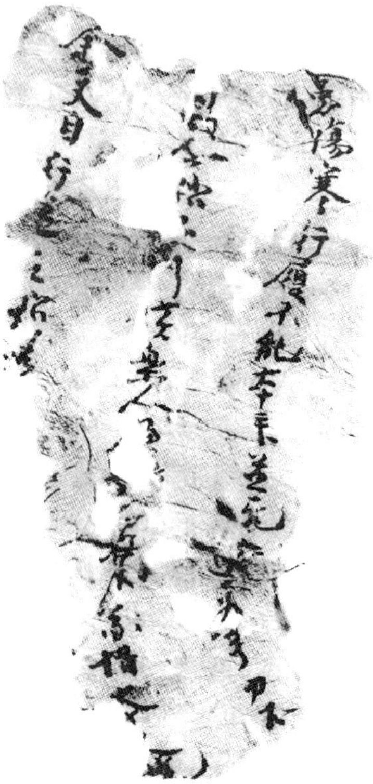

图版 30　请假条残页（2）

（原图版见《中国藏西夏文献——甘肃省博物馆藏卷》第十六卷，第 272 页）

录文：

……患伤寒行履不能本卡並无□□手力不……

……乐人……惜……

……余文目行送之……

题解：

张义乡修行洞出土，文献编号为 G21.026［15538］，现藏甘肃省博物馆。写本，麻纸，残页 2 件。其一残高 18.7 厘米，宽 6.8 厘米，存汉文墨写楷书 2 行，其中有“高践苟”之名。其二残高 16.7 厘米，宽 8 厘米，存汉文墨写楷书3行，其中有“伤寒”“乐人”等词。

与该文献同时出土的还有西夏文的医方残页，医方内容是治疗伤寒病和冷病的药方，史金波先生研究该文献认为，因为气候的原因，西夏时期西北地区流行伤寒等疾病。

14. 汉文文书残页（图版31）

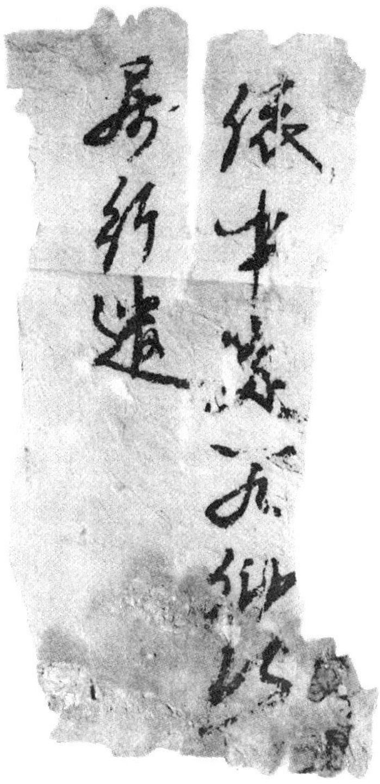

图版31　文书残页

（原图版见《中国藏西夏文献——甘肃省博物馆藏卷》第十六卷，第274页）

录文：

依中□各乡以

属行遣

题解：

张义乡修行洞出土，文献编号G21·029［15539］，现藏甘肃省博物馆。写本，麻纸，残页，残高18.6厘米，宽11厘米，残存墨写汉文行书2行。

（二）武威出土西夏买卖契约释录

1. 乾定申年典糜契约（图版32）

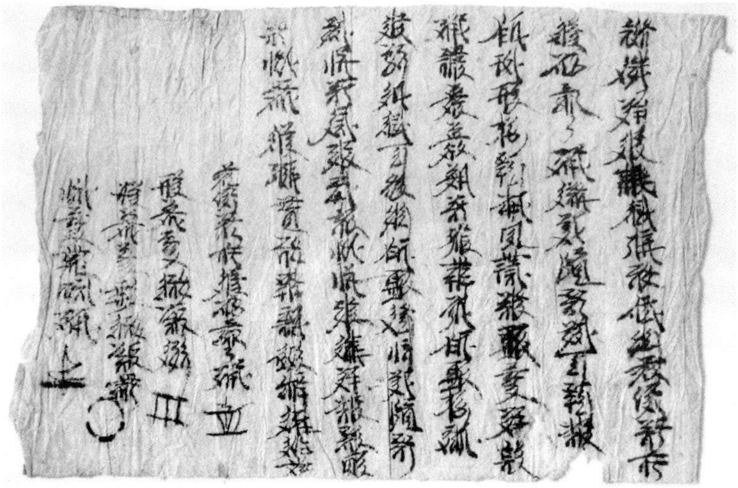

图版32　乾定申年典糜契约

（原图版见《中国藏西夏文献——甘肃省博物馆藏卷》第十六卷，第389页）

西夏文：

[illegible]①[illegible]

[illegible]②[illegible]③[illegible]

[illegible]④[illegible]

[illegible]⑤[illegible]

[illegible]

[illegible]

---

① [illegible]，汉译"乾定申年"，即西夏献宗德旺乾定甲申年，公元1224年。

② [illegible]，汉译"没施隐藏犬"，"没施"是党项族姓，"隐藏犬"是名。

③ [illegible]，汉译"讹"，党项族姓，汉文《杂字·番姓》中有。

④ [illegible]，音译"利利"，后一字是前一字的汉文音译说明，文书中常见。

⑤ [illegible]，汉译"命屈般若铁"，党项族人姓名，此人作为买卖第三方出现在契约中，其作用是：讹国师所属的糜由他保管，典糜者没施隐藏犬从他处取糜，这种现象在其他同类文献中不见。

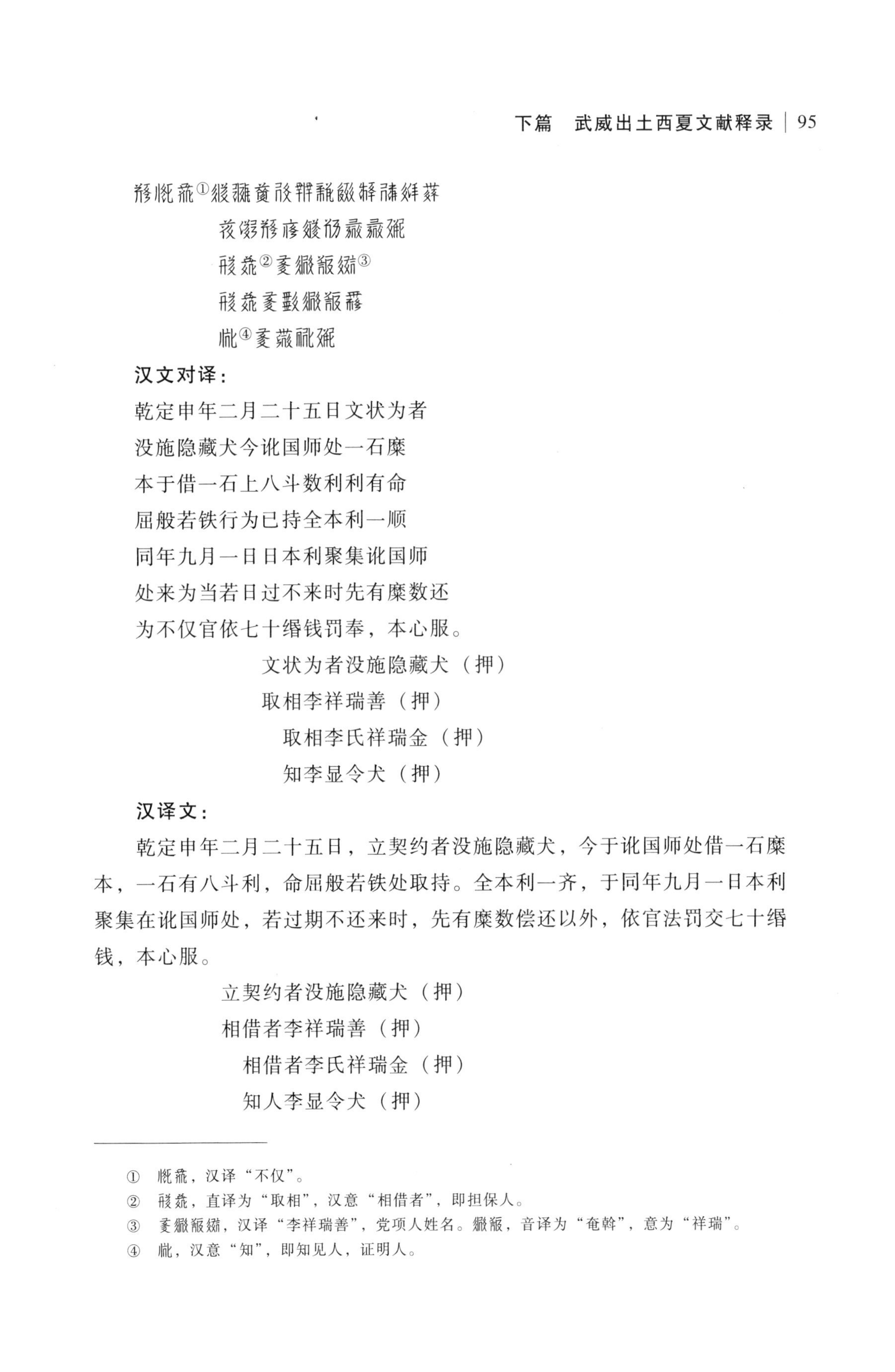

[illegible]①[illegible]

[illegible]

[illegible]②[illegible]③

[illegible]

[illegible]④[illegible]

汉文对译：

乾定申年二月二十五日文状为者

没施隐藏犬今讹国师处一石糜

本于借一石上八斗数利利有命

屈般若铁行为已持全本利一顺

同年九月一日日本利聚集讹国师

处来为当若日过不来时先有糜数还

为不仅官依七十缗钱罚奉，本心服。

文状为者没施隐藏犬（押）

取相李祥瑞善（押）

取相李氏祥瑞金（押）

知李显令犬（押）

汉译文：

乾定申年二月二十五日，立契约者没施隐藏犬，今于讹国师处借一石糜本，一石有八斗利，命屈般若铁处取持。全本利一齐，于同年九月一日本利聚集在讹国师处，若过期不还来时，先有糜数偿还以外，依官法罚交七十缗钱，本心服。

立契约者没施隐藏犬（押）

相借者李祥瑞善（押）

相借者李氏祥瑞金（押）

知人李显令犬（押）

---

① [illegible]，汉译“不仅”。

② [illegible]，直译为“取相”，汉意“相借者”，即担保人。

③ [illegible]，汉译“李祥瑞善”，党项人姓名。[illegible]，音译为“奄斡”，意为“祥瑞”。

④ [illegible]，汉意“知”，即知见人，证明人。

题解：

亥母洞出土，现藏武威市博物馆，文献编号 G31.004［6728］。写本，麻纸，单页，内容完整，高 18 厘米，宽 27 厘米。西夏文 11 行，行 15 字。

该文献是西夏乾定申年（1224 年）二月的一件粮食借贷契约，内容完整，有明确的立契约时间、立契约者姓名、放贷者姓名、放贷品名和数量、利息、偿付期限、违约处罚等，还有立契约人、担保人和证明人的签字画押。史金波和孙寿岭先生都做过较为深入的译释研究。[1]

粮食借贷是发生在西夏社会底层的经常性的、影响很大的活动。西夏地处西北，寒冷的气候条件，决定了其“春种秋收”的固定的耕作方式。每年的春夏之交，也是青黄不接之时。贫困的西夏百姓大多在二月至五月借贷粮食以度过饥荒，等到秋天收获时再偿还高额的利息。西夏谚语中有“二月三月，不吃借粮。十一腊月，不穿贷衣”的记载，说明西夏贫苦老百姓深知借高利贷的危害，但是春季粮荒，度日艰难，百姓迫于无奈，只能借高利贷粮食勉强度日。黑水城出土的诸多同类契约，也都发生在这一季节，说明此现象在西夏社会存在普遍性。

2. 乾定酉年卖牛契约（图版 33）

西夏文：

[illegible][2][illegible]

[illegible][3][illegible]

[illegible][4][illegible][5][illegible]

[illegible]

[illegible][6][illegible][7][illegible]

---

① 史金波：《西夏粮食借贷契约研究》，载《中国社会科学院学术委员会论文集》第 1 辑，第 203 ~ 204 页；孙寿岭：《西夏乾定申年典糜契约》，载《中国文物报》1993 年 5 月。

② “乾定酉年”即西夏献宗乾定乙酉年，公元 1225 年。

③ [illegible]，汉译“韦寿长山”，党项人姓名，《杂字・番姓》中见。

④ [illegible]，汉译“命屈般若铁”，党项人姓名，见《杂字・番姓》。同时出土的写本西夏文文书“乾定申年典糜契约”中也出现此姓名。

⑤ [illegible]，直译为“所说”，汉译“议定”。

⑥ [illegible]，直译为“争口缚者”，汉译“争讼者”。

⑦ 此处所指“一缗二缗数还为”，是指在原来议定卖价的基础上加倍赔偿。如“光定卯年贷粮契约”中有“一石二石数还为”，史金波先生译为“一石还二石”。

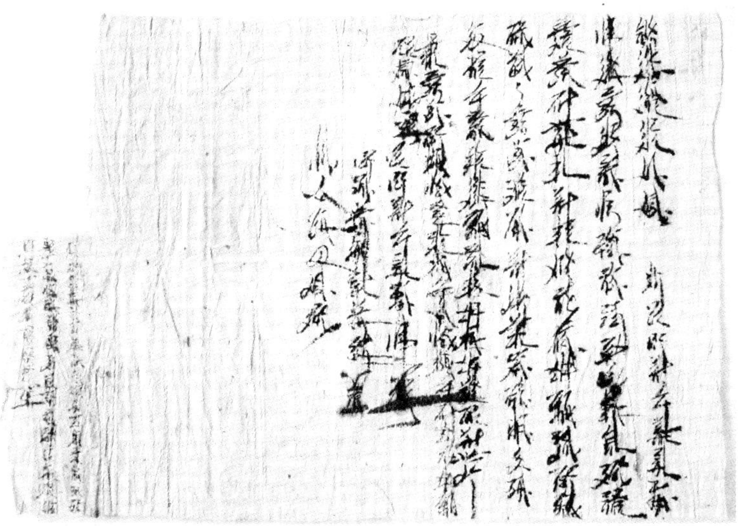

图版 33　乾定酉年卖牛契约

（原图版见《中国藏西夏文献——甘肃省博物馆藏卷》第十六卷，第 387、388 页）

[illegible][1][illegible]□[illegible]

[illegible]□

[illegible]（押）

[illegible][2]□[illegible][3]（押）

[illegible][4][illegible]

□□□□[illegible]

[illegible]

[illegible]（押）

汉文对译：

乾定酉年九月日文状为者韦寿长

---

① [illegible]，直译为“言变”，汉译“反悔”。此词语在俄藏黑水城文献“西夏天盛二十二年卖地契”出现，史金波先生译为“反悔”。

② [illegible]，直译为“状接相”，汉译“同立状者”。见“西夏天盛二十二年卖地契”。

③ [illegible]，汉译“韦慧茂”，西夏人名。

④ [illegible]，汉译“知人”，即知见人，证明人。见“光定卯年贷粮契约”。

山今自有老［病］牛黑一自愿卖命屈般

若铁与已卖作价六十五缗钱所言钱

牲差异各自乃令做有若其牲钱中争

口缚者有时原钱数一缗二缗数还为服

若各自言变不服时变者□不变者三十缗钱

还当有□

文状为者寿长山（押）

状接相□韦慧茂（押）

知人梁八月犬

□□□十一月二十五日一□老□□□还

利一钱不足数利一利还为也酉年卖酉年

八月一日乃还为当（押）

汉译文：

乾定酉年九月日，立文状者韦寿长山，今自有一老病黑牛，自愿卖给命屈般若铁。议定卖价六十五缗钱。钱牲差异各自负责。若其牲钱有争讼时，原钱数一缗做二缗赔偿，服。若各自反悔不服时，反悔者付给不悔者三十缗钱。

立文契者寿长山（押）

同立契者□韦慧茂（押）

知人梁八月犬

□□□十一月二十五日，还一属老病黑牛，利不足一钱，还利一钱，酉年卖，酉年当还。

八月一日乃还为当（押）

题解：

亥母洞出土，现藏武威市博物馆，文献编号为 G31.003［6727］。写本，浅黄色麻纸，单页，高 30 厘米，宽 44 厘米，草书 9 行，足行 19 字。左下角另外粘附一小纸，草书 3 行，行 17 字。

这是一件相对标准的牲畜买卖契约，有立契时间、买者和卖者的姓名、买卖物品的名称、数量、价钱、违约处罚，还有立契人和同立契人、证明人的签名画押。较为特殊的是，在契约末尾，还粘附了一小块纸条，宽 2 厘米，高 15 厘米，上面书写草书 3 行，字迹潦草模糊。从保存较为清晰的文字内容来看，应该是对上述契约内容的补充。

俄藏黑水城文献中，有一件“光定酉年（1213 年）买牛契约”，其中记载的一头牛价格为 4 石杂粮，合 6～8 缗钱。武威“乾定酉年（1225 年）买牛契约”中记载，一头牛价格为 65 缗钱。与十多年前的黑水城牛价相比，几乎上涨了 10 倍。说明在西夏末期，西夏濒临亡国，战乱频繁，物价飞涨。

3. 乾定戌年卖驴契及账（图版 34）

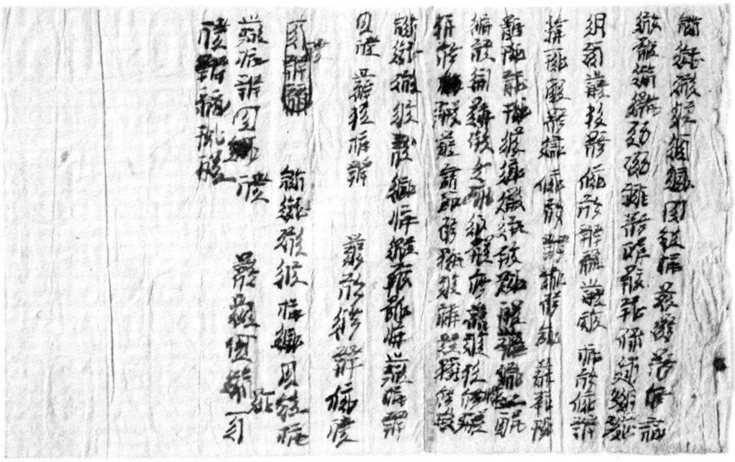

图版 34　乾定戌年卖驴契及账

（原图版见《中国藏西夏文献——甘肃省博物馆藏卷》第十六卷，第 386 页）

西夏文：

[illegible]

[illegible]①[illegible]②[illegible]

[illegible]

[illegible]③[illegible]

① [illegible]，汉译“祥瑞善”，西夏人名。

② [illegible]，汉译“笛佛鸠”，西夏人名。

③ [illegible]，汉译“所言”，即“议定”。

[illegible]①[illegible]

[illegible]②[illegible]③[illegible]

[illegible]④　[illegible]⑤

[illegible]□[illegible]

[illegible]　[illegible]　[illegible]⑥[illegible]

[illegible]　[illegible]

[illegible]　[illegible]⑦[illegible]

[illegible]

汉文对译：

乾定戌年四月八日二文状为者起

祥瑞善今自愿以为笛佛鸠之驴喻

契一已卖为五十缗钱已给二十五缗

实于给为当五十缗所言〈〉若彼如

偷如诈如官魏常住等处取典有不全

共抄兄弟出人中争口缚者有时买者管

卖者管□自口言变时本已变者人

乾定酉年三月共□佛院共显二缗

八利　翁价二缗　若游六缗五利

一利缗钱　乾定酉年二月八日二

显二缗八利　吴舅乙善处一

利缗钱于取

---

① [illegible]，汉译“魏常住”，人名。

② [illegible]，直译“抄共子弟”，汉译“共抄兄弟”。“抄”是组成西夏军队最小的基层组织，是针对党项族而设立的。《天盛律令》规定，党项男子年满15岁即为丁，一般两丁结合为一抄，勇健者为正军，战斗力强，地位高。其他则为负担，即随军杂役。

③ [illegible]，汉译“争口缚者”，即争讼者。

④ [illegible]，汉译“买者管卖者管”，即买卖双方负责。

⑤ 文献此处有粘接痕迹，且上下两行文句不连贯，内容不一致，判断此处有缺失。

⑥ [illegible]，“若游”，人名。

⑦ [illegible]，“吴舅乙善”，人名。

汉译文：

乾定戌年（1226年）四月八日，立二文状者，祥瑞善今自愿与笛佛鸠立卖驴契一。议定五十缗钱，已付二十五缗。应当按议定五十缗给付。若其如偷如诈如官，魏常住等处取。无有典，同抄兄弟出。人中有争讼者时，买者卖者负责。抄自反悔时，本已变者人……

乾定酉年三月共□佛院共显二缗八利，翁价二缗，若游六缗五利，一利缗钱 乾定酉年二月八日二显二缗八利，于吴舅乙善处取一利缗钱。

题解：

亥母洞出土，现藏武威市博物馆，藏品编号G31.002［6726］。写本，单页，浅黄色麻纸，残件，高17厘米，宽55厘米，文字12行，满行15字。该文献纸张中间有粘接痕迹，前后两段文字内容不相连，前半段内容是买驴契约，后半段内容是记账单，两份内容均不完整，故考虑应当不是正式的契约文书，而是契约草稿内容。

4. 天庆寅年会款单（图版35）

西夏文：

[西夏文]①[西夏文]②[西夏文]③

[西夏文]④[西夏文]

[西夏文]⑤[西夏文]⑥

[西夏文]

[西夏文]⑦[西夏文]⑧[西夏文]

---

① [西夏文]，汉译为“天庆寅年”，“天庆”是西夏桓宗李纯祐的年号，天庆年间有“甲寅年”（1194年）和“丙寅年”（1206年）两个干支纪年。

② [西夏文]，汉译为“七五日”。王静如先生认为，“正月七五日，近夏历元宵节，佛教常以七、五成数。这个会款单可能就是借七五之数，汇成750文纳入原有钱会之中”。王荣飞先生根据《金刚三昧经》中地藏菩萨所言“七五不生，八六寂灭”的记载，认为其与佛教“八识”有关。

③ [西夏文]，汉译为“讹命小犬宝”，西夏人姓名，讹命是姓，小犬宝是名。

④ [西夏文]，汉译为“湼喽”，西夏姓氏。

⑤ [西夏文]，汉译为“播杯阿昔纪”，西夏人姓名，播杯是姓，阿昔纪是名。

⑥ [西夏文]，汉译为“吟介达家义”，西夏人姓名，吟介是姓，达家义是名。

⑦ [西夏文]，汉译为“苏达酩布达家宝”，西夏人姓名。

⑧ [西夏文]，汉译为“讹六氏孤金”，西夏人名，讹六是姓，孤金是名。

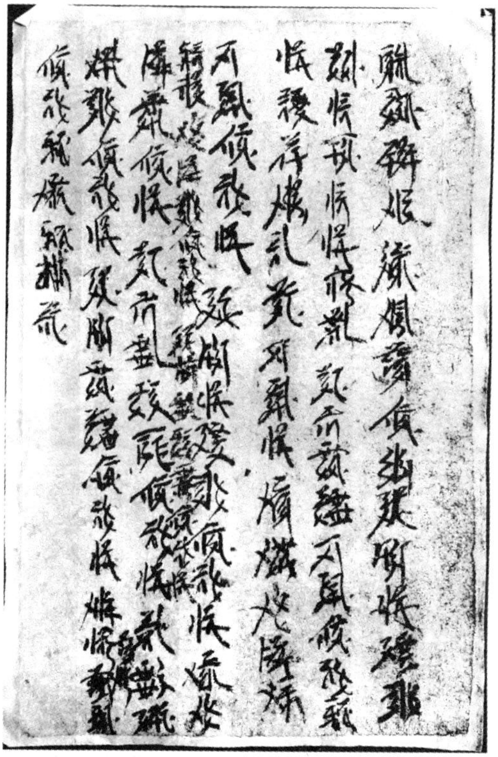

图版 35　天庆寅年会款单

（原图版见《中国藏西夏文献——甘肃省博物馆藏卷》第十六卷，第 257 页）

[西夏文]①[西夏文]［[西夏文]］②　[西夏文]③[西夏文]
[西夏文]④[西夏文]
[西夏文]

汉文对译：

天庆寅年正月七五日讹命小犬宝

---

① [西夏文]，汉译为“家铁”，西夏人名。

② [西夏文]［[西夏文]］，汉译“五十”，［[西夏文]］字是据全文意思补加。文献末尾有“共计七百五十钱”之语，经统计全文所有集人钱数后判断，原文此处漏写一字［[西夏文]］。

③ [西夏文]，汉译为“溎嵝氏齐引”，西夏人姓名，溎嵝是姓，齐引是名。

④ [西夏文]，汉译为“佘氏犬麻宝”，西夏人姓名，佘是姓，犬麻宝是名。

处集于集入者数窪嵝母亲一百五十钱
入播杯阿昔纪一百入吟介达家义
一百五十入讹命小犬宝五十入苏达
酩布达家宝五十入讹六氏孤金五十入
家铁五（十）入窪嵝氏齐引五十入佘氏犬
麻宝五十入讹命母亲五十入共计七百
五十钱众钱中入

汉译文：

天庆寅年正月七五日，在讹命小犬宝家集会。入集数为：窪嵝母亲入一百五十钱。播杯阿昔纪入一百。吟介达家义入一百五十。讹命小犬宝入五十。苏达酩布达家宝入五十。讹六氏孤金入五十。家铁入五（十）。窪嵝氏齐引入五十。佘氏犬麻宝入五十。讹命母亲入五十。共计七百五十钱入众钱中。

题解：

张义修行洞出土，文献编号 G021.003［15512］，现藏甘肃省博物馆。写本，麻纸，单页，高 21.7 厘米，宽 14 厘米，草书 8 行。文献内容为十个人的会款凭条，有“天庆寅年正月七五日”纪年。据此凭条内容分析，可能是一种民间互助会形式的集资款单据，平时大家凑份子，谁有困难可从会中获得帮助。王静如、史金波先生曾做过考释研究。① 王荣飞先生在最新研究文章中，除了对文献内容有新的解读外，还指出，文献中记载的“七五日”，与佛教的“八识”有关。②

西夏党项民族忠厚质朴，乐于助人。此西夏文“会款单”内容证明，在西夏民间，存在一种为解决临时困难，请亲戚、朋友、邻居集钱入会的借贷方法。无独有偶，在黑水城出土的西夏文社会文书中，也有两件“众会”契约，反映了西夏民间众人集资的事。其中一件契约的订立时间是光定寅年（1218 年）十一月十五日，共 13 条款，包括了每人需交五斗粮，并规定了急用支出使用和逾期不还的处罚办法，还有当事人的署名画押。这类文书，

① 王静如：《甘肃武威发现的西夏文考释》，载《考古》1974 年 3 月；史金波：《甘肃武威发现的西夏文考释质疑》，载《考古》1974 年 6 月。史金波：《西夏社会》，第 824 页。

② 王荣飞：《甘肃省博物馆藏天庆寅年七五会集款单再研究》，载《宁夏社会科学》2013 年第 5 期。

反映了西夏民间经济往来互助的情况。

5. 移合讹慧宝文书（图版36）

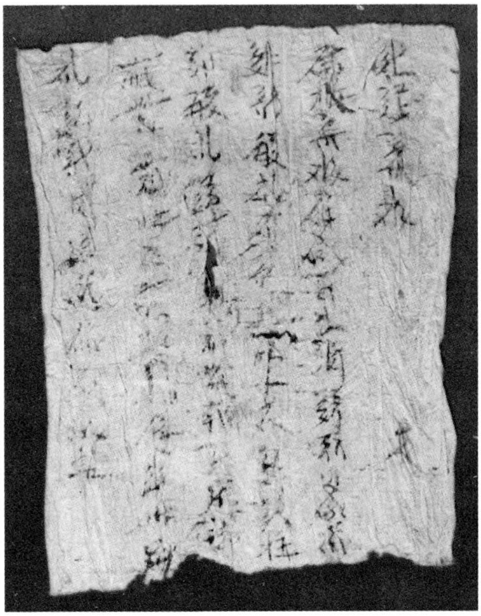

图版36　移合讹慧宝文书

（原图版见《中国藏西夏文献——甘肃省博物馆藏卷》第十六卷，第392页）

西夏文：

[illegible][1]　[illegible]

[illegible][2]

[illegible][3][illegible]□□□[illegible][4]□[illegible]

□[illegible]□□[illegible]□□□[illegible]

□[illegible]□□□□[illegible]□□

[illegible]□□□□

---

① [illegible]，汉译为“移合讹慧宝”，西夏人名。

② [illegible]，汉译为“八月犬”，西夏人名。

③ [illegible]，汉译为“行为”，常用被动句。

④ [illegible]，汉译为“老房铁”，西夏人名。

汉文对译：

移合讹慧宝告

语二慧宝此月一日日幼子八月犬

行为册□□□为老房铁□税二

□户杂税□□一□□□税五斗

□斗道中□□□□二日□□

杂税为八月犬□□□□

题解：

亥母洞出土，现藏武威市博物馆，文献编号 G31－06［6729］。麻纸，写本，单页，页面皱折残破，字迹浅淡模糊。高 18 厘米，宽 15.5 厘米，墨写草书 6 行，满行 14 字。

校记：

该文献《中国藏西夏文献》中定名为“文书残页”。

说明：

该文献残损严重，文字墨迹浅淡，从残存文字分析，应是西夏农户的户籍登记凭据。

6. 汉文欠款条残页（图版 37）

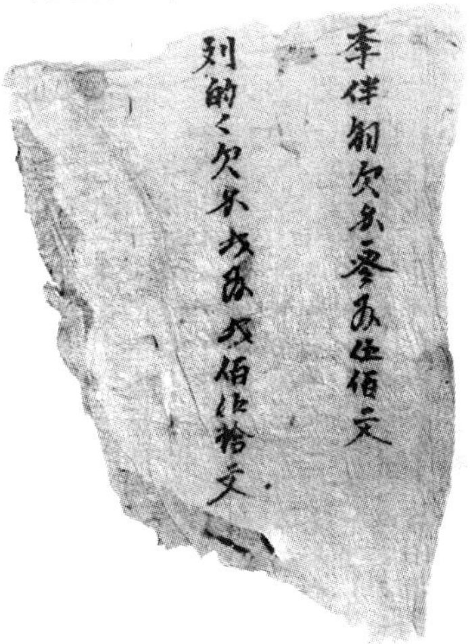

图版 37　欠款条残页

（原图版见《中国藏西夏文献——甘肃省博物馆藏卷》第十六卷，第 271 页）

录文：

李伴初欠钱三贯伍佰文

刘的的欠钱贰贯贰佰伍拾文

题解：

张义乡修行洞出土，文献编号 G21.025［15537］，现藏甘肃省博物馆。汉文写本，麻纸，残页，残高 15 厘米，宽 11.3 厘米。墨写汉文楷书 2 行。

注释：

（1）文中的“钱、贯、贰”三字为古代简体字。

（三）武威出土其他西夏文献释录

1. 音同残页（图版 38）

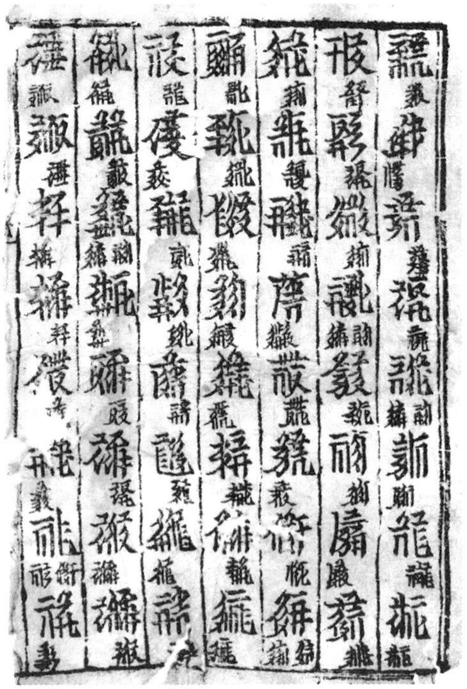

图版 38　音同残页

（原图版见《中国藏西夏文献——甘肃省博物馆藏卷》第十六卷，第 385 页）

西夏文：

汉译文：

财宝　愚蠢　沸腾　悲愤　［浑］族姓　饥饿　枕垫　紧急

降服　煮熬　地名　［刑］族姓　其他　福禄　刚硬　呻吟

鹤名　鹤鸟　休息　吃□　同吹　活动　不凡　［淮］地名

咀嚼　首领　穿袜　势力　富贵　死亡　劳苦　满足

塞声　离弃　本源　嗖声　宽阔　作怪　灾难　宽绰

弯曲　全面　［晖］族姓　急速　【阿哑】(梵语)　［阿哑］(梵语)

【於邬】(梵语)　【於邬】(梵语)

【嘤嘤】(梵语)　【嘤嘤】(梵语)　【呕呕】(梵语)　【呕呕】(梵语)

【暗亚】(梵语)　【牙兰】(梵语)　【呀】梵语　哼哼

题解：

《音同》是西夏时期编修刊印的西夏文字书之一，是研究西夏语言文字，尤其是语音系统的重要资料。《音同》有甲、乙两个版本，甲种本的编著者是西夏的切韵博士令吠犬长和罗瑞灵长，后经学者多次改编、整理，最早刊印于崇宗乾顺元德七年（1125 年），崇宗正德六年（1132 年）再次刊印。乙种本是西夏著名学者梁德养修订重编的校勘本，于仁宗仁孝乾祐十八年（1187 年）刊印。完整的甲、乙两种版本的《音同》原件现藏于俄罗斯圣彼得堡东方学研究所，是 1909 年俄国人柯兹洛夫从我国的黑水城遗址掘得。甲种本共五十六页，有序和跋，正文共收六千一百余西夏文字，几乎囊括了全部西夏文，是目前所见收字最多的西夏文字书。甲种本全书按声母类别分为九品，依次为重唇音一品，轻唇音二品，舌头音三品，舌上音四品，牙音五品，齿头音六品，正齿音七品，喉音八品，单风音九品。各品开头把同音的字放在一起，分成一组一组的小类，各小类之间用小圆圈隔开。没有同音组的字称为独字，放在各品之末。每个大字下面有一至三个用于注释的小字，注字分族姓、人名、地名、字义、语助、真言、梵语、不行、反切注音、字体构造等。这种独特的字书编排方式，是西夏人的独创。

亥母洞出土的西夏文《音同》，现藏武威市博物馆，文献编号为G31.001［4732］。刻本，蝴蝶装，浅黄色麻纸，单页，高25厘米，宽17.5厘米。上、下单栏，右边双栏，左边版心残缺处存二字，残缺不全，疑为页码。文字竖行，行间有细黑线界栏。页面保存文字七行，每行八个大字，每个大字下均附小字，一至二个不等。共计大字五十六个，小字六十一个。五十六个大字均属西夏文韵书《音同》中的喉音八品。从文献残存内容和版本特点可知，该《音同》残页是仁宗仁孝时期的版本。①

2. 三才杂字残页

西夏文（图版39）：

西夏文（图版40）：

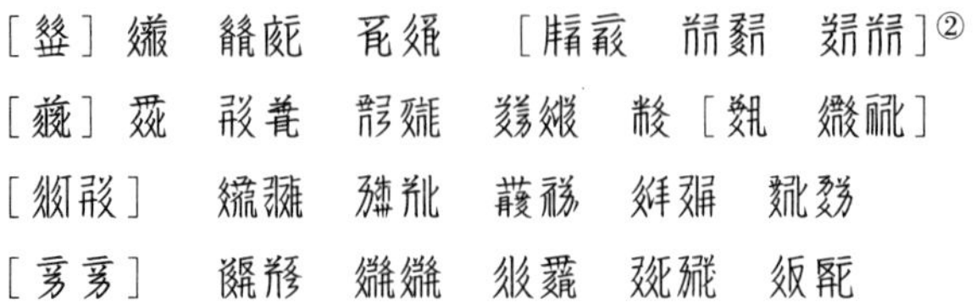

① 梁继红：《武威出土的西夏文韵书同音》，载《陇右文博》2006年第1期。

② ［］中的文字，参考俄藏西夏文献210号的相同内容补出。

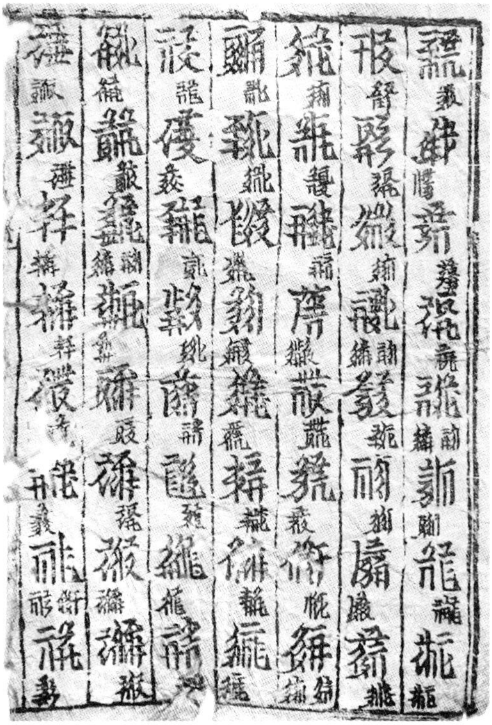

图版 39　三才杂字（1）

（原图版见《中国藏西夏文献——甘肃省博物馆藏卷》第十六卷，第 253 页）

[illegible]
[illegible]
[illegible]
[illegible]

汉文对译：

□□□□　□□舅舅　寻常近亲
嫁女娶媳　家里到来　婚配已完
步胫重足　胸胁襟宽　日月满月
降生产生　诞生降生　婴儿幼子
白纻青衿　姿态端正　沐浴洗涤
□□爱乳　粪尿使屙　婴儿□□

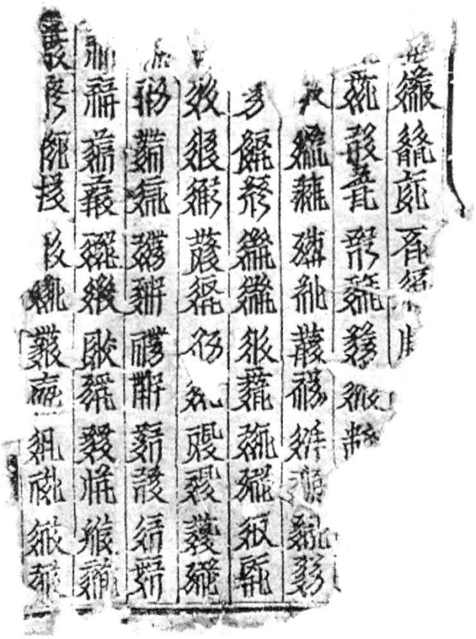

图版40　三才杂字（2）

（原图版见《中国藏西夏文献——甘肃省博物馆藏卷》第十六卷，第253页）

□□□眠　睡觉喊叫　抱□□□
撒娇般颂　怀抱背负　□□□□

坐卧徘徊　强胜□□　□□□□
父母智慧　师父选择　各业习令
福智有因　立便已正　欢喜踊跃
夜夜设宴　朝朝祭神　庆报口谕
乐人歌舞　吹笛鸣鼓　嬉笑欢笑
童仆奴仆　断童奴婢　孤儿寡母
鳏寡孤独　寡妇再醮　来来往往
观者不断　来受送行　作揖敬礼

汉译文：

□□□□，□□舅舅，寻常近亲。嫁女娶媳，来到家里。婚配已完，步胫重足。胸胁宽襟，日月满足。降生临盆，诞生降生。婴儿幼子，白纻青衿。五官端正，沐浴洗涤。□□□乳，把粪把尿。婴儿□□，瞌睡睡眠。睡醒喊叫，抱□□□。撒娇般颂，怀抱背负。……

坐卧驰走，强胜□□，□□□□。父母智慧，选择师傅，使学诸艺。因有智福，立便升官，欢喜踊跃。夜夜设宴，朝朝祭神，口谕庆报。乐人歌舞，吹笛鸣鼓，欢天喜地。清差策使，仆僮奴婢，孤儿寡母。鳏寡孤绝，寡妇再醮，来来往往。观者不绝，迎来送往，鞠躬敬礼。

题解：

《三才杂字》又称为《杂字》，是我国古代常见的一种字书，大多作为乡村私塾的识字课本。用西夏文编纂的《三才杂字》，是西夏流行较广的一部字书，内容包括西夏语的常用词语，以天、地、人分为三品，每一品分为若干部，每一部又包括若干词，一词四字，每词都采用二言形式书写。其各部目录为"上天第一"，包括天、日、月、星宿、闪、雷、云、雪、雹、霜、露、风、天河。"下地第二"，包括地、山、河海、宝、绢、男服、女服、树、菜、草、谷、马、骆驼、牛、羊、飞禽、野兽、爬虫昆虫。"中人第三"，包括族姓、人名、汉族姓、节亲与余杂义合、身体、舍屋、饮食器皿、诸司与余用字合、军杂物。《杂字》除了有多种刻本，还有多种写本，说明该书是适合社会需要的，在当时是流行较广的一部书。俄藏黑水城文献中，就保存了汉、夏两种文字的《三才杂字》残页，聂鸿音、史金波先生做过考释研究。① 敦煌莫高窟北区中也发现了写本和刻本的西夏文《三才杂字》，还发现写本序言残页。②

武威张义修行洞出土的西夏文《三才杂字》，现存于甘肃省博物馆，文献编号为 G21·001［13194：1］。文献为刻本，蝴蝶装，黄麻纸，2 纸，残件，一纸残高 19.7 厘米，宽 13.8 厘米，另一纸残高 19.5 厘米，宽 15.3 厘

① 聂鸿音、史金波：《西夏文三才杂字考》，载《中央民族大学学报》1995 年第 6 期；史金波：《西夏汉文本杂字初探》，载《中国民族史研究》（二），中央民族学院出版社，1989，第 167～185 页。

② 史金波：《敦煌莫高窟北区出土西夏文文献初探》，载《敦煌研究》2000 年第 3 期。

米。四面双栏，栏高 18.5 厘米。字行间有行线，行宽 1.7 厘米。存 8 行，行 12 字，每 4 字 1 组，每组间有间隔。

该文献先后有王静如、史金波、陈炳应、聂鸿音等先生释读研究，确认其与俄藏 210 号西夏文《三才杂字》文书中的“节亲与余杂义合部”的内容完全一致。[①] 该段文字内容描述了一个孩童从出生到养育、学习、成长的过程。全书用四言诗体来叙述，文字精练流畅，大多数都能对仗工整，是一部具有很高文学艺术水平的民间诗歌体文学作品。

3. 医方残页（图版 41）

西夏文：

[illegible][②][illegible]

[illegible]

[illegible][③]

[illegible][④][illegible][⑤]

[illegible] ○ [illegible]

[illegible][⑥][illegible]

[illegible] ○ [illegible]

[illegible][⑦][illegible]

汉文对译：

投掷好好煮时时翻水减时重新水加煨如熟时腹……

小异盛方黎明数腹空时于其汤中先除药腹……

---

① 王静如：《甘肃武威发现的西夏文考释》，载《考古》1974 年第 3 期；史金波：《甘肃武威发现的西夏文考释质疑》，载《考古》1974 年第 6 期；陈炳应：《西夏文物研究》，宁夏人民出版社，1985，第 364 ~ 370 页；聂鸿音、史金波：《西夏文三才杂字考》，载《中央民族大学学报》1995 年第 6 期。

② [illegible]，汉译为“添、加”。原文为“[illegible]”，汉译“强壮”，根据文义改为[illegible]。

③ [illegible]，原文为“[illegible]”，根据文义改为[illegible]。

④ [illegible]，汉译为“冷病”，陈炳应老师译为“伤寒”。

⑤ [illegible]，汉译为“厚罗辛麻”，即厚朴，罗勒，细辛，麻黄，是治疗伤寒的四种中草药。原文中第二种是[illegible]，“绕，敛”，音【绕】，疑此字误写，修正为[illegible]，音【罗】。

⑥ [illegible]，汉译为“牛膝莨菪子”，治疗寒湿症的中草药。

⑦ [illegible]，汉译为“辣椒口张”，即花椒皮，有温中止痛作用，也是治疗风寒湿痹的药用植物。

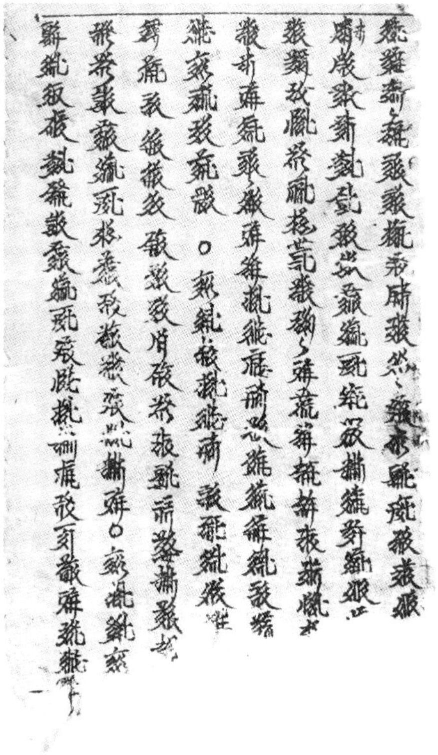

图版 41　医方残页

（原图版见《中国藏西夏文献——甘肃省博物馆藏卷》第十六卷第 258 页）

时搅散温为令一勺各热热饮有则秫米宜好热加……

各亦饮当时常饮则冷病皆除也此乃厚罗辛麻……

病治疗要论也　〇治百种冷病除寿长头发……

是牛膝莨菪子等数俱磨末为宜煮面胡中揉……

许为腹空时于一次十丸各水温中饮　〇治寒气方……

辣椒口张黎明腹空时于水新冷中二十一丸饮面东……

汉译文：

弃除……好好煮，频翻动。水减少时，重新加水，煮至熟时，另盛小腹□□。于清晨空腹时，将此汤中原除药腹□□时，搅匀温热，每次一匙，趁热服。有则宜温好秫米，亦当每次服一（匙），频频常服，则伤寒悉除也。此乃厚罗辛麻（汤）治疗病法要论也。○治除百种伤寒，长寿头发……牛膝、莨菪子等数种，研为粉末，搅于面糊中，做成豆（粒）状，于空腹时，每次十粒，温水送下。○治寒气方，开口花椒，于翌晨空腹时，（取）新冷水，服二十一粒，面东……

题解：

张义修行洞出土，现藏甘肃省博物馆，文献编号 G21.004［20487］。写本，单页，白麻纸，高 19.5 厘米，宽 11.8 厘米，上有墨线单栏，下部残缺。存 8 行，满行 22 字。文献内容是治疗伤寒和寒气的药方，上面保存了汤药，丸药和单味药等三种药方，每种药方之间，用○分隔，其中的药物名称多为汉语音译，在西夏汉文本《杂字·药物部第十》中都有记载。陈炳应和史金波先生曾做过考释研究。①

据史料记载，西夏的主体民族党项羌人最初信奉鬼神和巫术，人有病不是用医药救治，而是请巫师送鬼摆脱病魔，称为“闪病”。后来与汉族交流相处，汉族先进的医药知识传入西夏，西夏的医药卫生知识也逐渐丰富。西夏政府还专门设立了管理医药卫生的机构医人院，属于中等司，还有制药司，属于末等司，这些医疗机构的设置证明，西夏的医疗已经纳入政府管理范围，政府也专门制定了医生的职责，和政府对医药卫生的管理制度。② 目前发现的西夏医书，还有《治疗恶疮要论》《本草》《千金方》《紫菀丸》等。俄藏黑水城西夏文献中，也有数张医方，有治马病的医方，治伤寒的医方，其中记载汤药配伍及用药剂量，药物名称也为汉语音译。③ 西夏辞书《文海》《番汉合时掌中珠》和识字课本《三才杂字》中，也有许多字条、词条记载了西夏医药卫生方面的资料。这些资料汇集起来，使我们对西夏医药卫生有了较为全面的了解。

武威出土医方中的三个方子，一种汤药，一种丸药，一种单味药，采用的都是中国传统的中草药，用药、煎药和服药的方法，都与传统中药相同。

---

① 陈炳应：《西夏探古》，第 124～125 页；史金波：《甘肃武威发现的西夏文考释质疑》，载《考古》1974 年第 6 期。

② 史金波等译注《天盛改旧新定律令》卷 10《司序行文门》，第 364、365 页。

③ 史金波、聂鸿音：《俄藏西夏文世俗文献目录》，载《传统文化与现代化》1998 年第 2 期。

较为独特的是，医方中记载，服药时要面向东方，可以看出，西夏人的治病方法中，还带有较为原始的巫术色彩。医方为研究西夏医药水平和我国各族人民在医学领域的相互交流提供了重要资料。医方中的三个方子，都是治疗伤寒和寒气病的。与医方同时出土的一件汉文请假条记载，请假人是因为患伤寒而不能当差的。由此可知，伤寒或者寒气病是当时武威地区的一种常见疾病。

4. 历书残页（图版 42）

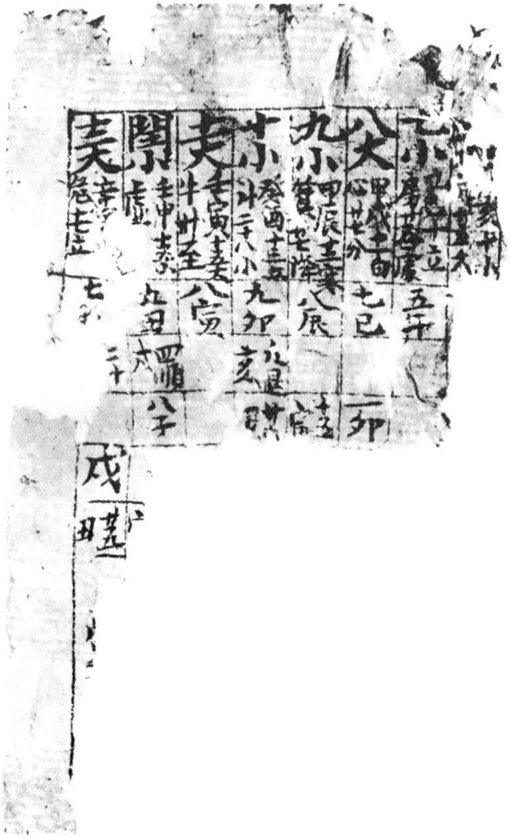

图版 42　历书残页

（原图版见《中国藏西夏文献——甘肃省博物馆藏卷》第十六卷，第 274 页）

录文：

十二大辛丑 一大危十七 立	闰小 壬申十五 小虚	十一大壬 寅十五大 牛卅至	十小 癸酉十三 立斗二十 八小	九小 甲辰十二 寒箕廿七 降	八大 甲戌十一 白心廿七 分	七小 乙巳十立 房廿五處	六大 乙亥十
七	九丑	八寅	九卯	八辰	七巳	五午	
	四顺戌		九退亥				
戌	八子		廿六	十五寅	一卯		
廿五丑							

题解：

张义乡修行洞出土，文献编号 G21·028［15541］，现藏甘肃省博物馆。写本，单页，麻纸，高 15.8 厘米，宽 10 厘米，汉文楷书。以墨线单栏划分，残存上半截，内容为一年中六月至十二月的日历，其中有闰十一月，包括月序、大小月、该月朔日干支、二十四节气、二十八宿，及其与日、木、火、土等九耀星宿与该月时日的关系。据各月朔日干支，参考陈垣先生《二十史朔闰表》记载，可推断出此为乙丑年，即西夏人庆二年，公元 1145 的历日，与中原历日相合。[①] 该文献陈炳应和史金波先生曾考释研究。

以下全文转录陈炳应先生的研究：

> 七月，是小月，朔日（初一）干支为乙巳，二十四节气立秋在十日，处暑在廿五日，太阳、月亮（视运动）七月以房宿为停留站。八月，是大月，朔日干支为甲戌，白露在十一日，秋分在廿七日，太阳、月亮八月以心宿为停留站。九月，是小月，朔日干支为甲辰，寒露在十二日，霜降在廿七日，太阳、月亮九月以箕宿为停留站。十月，是小月，朔日干支为癸酉，立冬在十三日，小雪在廿八日，太阳、月亮十月以斗宿为停留站。十一月，是大月，朔日干支为壬寅，大雪在十五日，冬至在卅日，太阳、月亮十一月以牛宿为停留站。闰十一月，是小月，

① 陈垣：《二十史朔闰表》，中华书局，1978，第 136 页。

朔日干支为壬申，小寒在十五日，太阳、月亮本月的停留站是虚宿。十二月是大月，朔日干支为辛丑，大寒在一日，立春在十七日，太阳、月亮本月停留站在危宿。[①]

陈炳应先生经过考证确定，这是公元1145年乙丑年的历日，是宋朝颁赐给西夏的历日，与陈垣先生书中记载相同。陈垣和陈炳应两位先生的著述中还给出了本年前六个月的历日，分别是：正月大，朔日丁未。二月小，朔日丁丑。三月大，朔日丙午。四月大，朔日丙子。五月小，朔日丙午。六月大，朔日乙亥。

西夏党项族人很早就学会“候草木以记岁时”，这是最原始的天文学知识。随着与中原汉族的频繁接触，西夏的天文历法得到了全面的发展，在政府中设有专职的天文历法机构，大恒历院和卜算院，担任观测天象，制订历法，编制历书，预卜吉凶的职责。[②] 西夏人的天文知识已经相当丰富，对于天象的记载也很详细，有些天象的变化，在宋代史籍中缺乏记载或记载简略，西夏人的观测、记录却颇为详细，可以弥补其中的不足。例如，公元1223年日食，《宋史》只记载“日食于轸”，而西夏人的记载为“九月朔，日有食之。食既，色淡无光，兴庆府城外大风拔木”[③]。诸如此类的观测记录，补充了我国天文学史的缺憾，非常珍贵。

西夏早期奉中原正朔，采用汉地历法。后来元昊称帝，宋朝视为叛逆，停止颁赐历法。随着宋、夏之间关系的变化，颁赐和罢赐历书的行为反复交替，成为宋、夏关系的晴雨表。

古代的历书是一种时效性非常强的特殊文献，当年使用，过期则无用，因此，目前保存下来的古代历书非常稀少。俄藏黑水城西夏文献中，也保存了西夏崇宗元德庚子二年（1120年）至桓宗天庆十年（1203年）的历书，崇宗正德己酉年（1129年）的历书，仁宗大庆庚申年（1140年）的历书等10余件，跨越时间长达175年，且种类繁多，各具特色，有写本西夏文和

① 陈炳应：《西夏文物研究》，第314页；陈炳应：《西夏探古》，第117页；史金波：《西夏社会》下册，第486页。

② 史金波等译注《天盛改旧新定律令》卷10《司序行文门》，第363页。

③ （清）吴广成撰，龚世俊等校注《西夏书事校证》，甘肃文化出版社，1995，第489页。

汉文合璧的历书，有刻本西夏文历书，有刻本汉文历书，写本汉文历书等。[1] 这些历书虽然都不完整，但基本能够还原西夏历书的概貌和特点，补充和完善存世西夏历书内容，特别是夏、汉两种文字制作的历书，形制独特，存世稀少，在中国历法史上占有独特而重要的地位，让我们了解西夏的天文历法特点和发展水平，了解西夏历法中对中原文化的继承和发展，都有了可靠的历史依据。

5. 占卜辞残页（图版 43）

占卜辞残页（1）

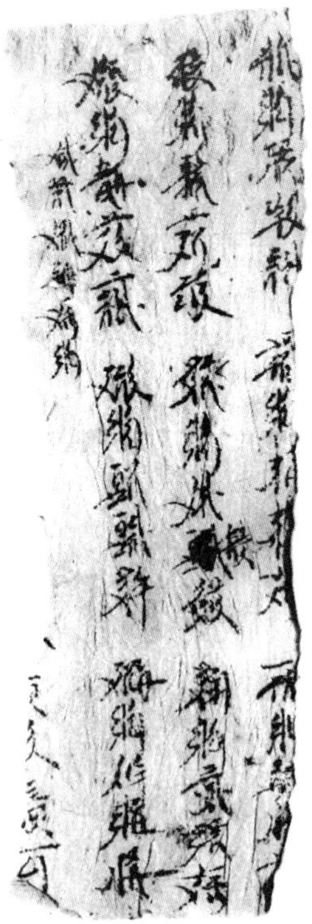

图版 43　占卜辞残页

（原图版见《中国藏西夏文献——甘肃省博物馆藏卷》第十六卷，第 259 页）

① 史金波、聂鸿音：《俄藏西夏文世俗文献目录》，载《传统文化与现代化》1998 年第 2 期。

西夏文：

[illegible]　[illegible]　[illegible]□□□

[illegible]　[illegible]　[illegible]

[illegible]　[illegible]　[illegible]

[illegible]□[illegible]□[illegible]　[illegible]

汉译文：

卯日遇亲人，辰日买卖吉，巳日□□□，

午日求财顺，未日出行恶，申日万事吉，

酉日与贼遇，戌日有利倍，亥日欢喜来，

月□头□吉日　一

占卜辞残页（2）（图版44）

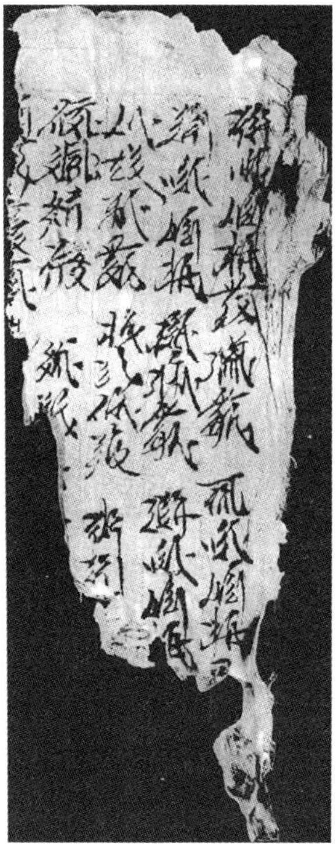

图版44　占卜辞残页

（原图版见《中国藏西夏文献——甘肃省博物馆藏卷》第十六卷，第259页）

西夏文：

[illegible]　　[illegible]

[illegible]　　[illegible]

[illegible]　　[illegible]　　□□……

[illegible]　　[illegible]……

汉译文：

寅后日变甲时安，巳后日变丑时安，

申后日变庚时安，亥后日变壬时安。

月日长安　　二十五时　　□□……

五月起神　　土……

题解：

共2件，张义修行洞出土，现藏甘肃省博物馆。第一件文献编号G21.006［15515］。写本，麻纸，单页，残。高21厘米，宽7.2厘米。存草书4行，行15字，每行3句，每句5字。文献中记载了西夏时期以地支计日的一种占卜方式，内容与买卖、出行有关。第二件文献编号G21.005［15514］。写本，麻纸，单页，残缺。高14厘米，宽6.7厘米，存草书5行。该残页陈炳应和史金波先生曾译释研究。①

原始社会时期，西夏党项族信仰鬼神崇拜，同时还信奉巫术，由巫师占卜吉凶，祛除和诅咒鬼害。占卜也是巫术的一种，占卜在西夏党项族社会中占据重要地位，除了日常生活，一些重大事件如出兵作战等，也要通过占卜来决定。《辽史》《宋史》和沈括《梦溪笔谈》等文献中，详细记载了西夏人的占卜方法，最主要的有四种，一是"炙勃焦"，即用艾草熏灼羊胛骨，视其裂纹而判断吉凶。二是"擗算"，即擗竹于地，视其数目而定吉凶。三是"咒羊"，即夜晚祷羊，晨起杀羊，视其肠胃是否通畅而定吉凶。四是"矢击弦"，即用箭杆敲击弓弦，听其声音来断吉凶。② 西夏人常常在出兵作战之前用这些方法占算战争的胜负，占卜所用的物品多与畜牧生活有关，不

① 陈炳应：《西夏探古》，第64页；史金波：《甘肃武威发现的西夏文考释质疑》，载《考古》1974年第6期。

② 《辽史》卷105，第1523页。《宋史》卷486，第14029页。（宋）沈括：《梦溪笔谈》卷18《技艺》，明汲古阁刊本，第9、10页。

难看出其中所具有的浓厚的民族色彩。后来，汉族地区流行的易卜传入并影响了西夏，西夏著名学者斡道冲用西夏文写作了《周易卜巫断》一书，在西夏国很是流行。俄藏黑水城西夏文献中，也有几种占卜书，如西夏党项人骨勒仁慧编写的关于星星的卜辞《五星秘集》等。武威发现的西夏文占卜辞，都运用干支纪日，显然是受到汉族地区的影响。

6. 劝世诗残页

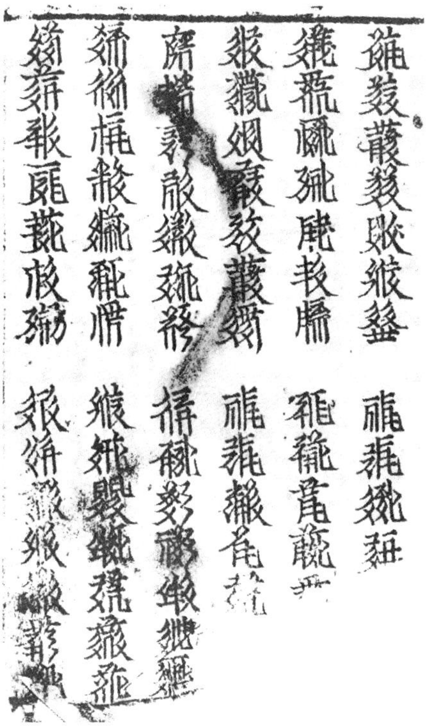

图版 45　劝世诗残页（1）

（原图版见《中国藏西夏文献——甘肃省博物馆藏卷》第十六卷，第 255 页）

西夏文（图版 45）：

[illegible]　[illegible]【[illegible]】

[illegible]　[illegible]□□□

[illegible]　[illegible]【[illegible]】

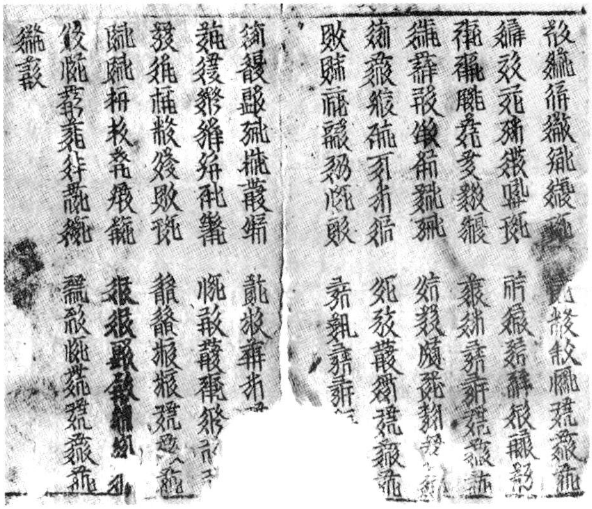

图版 46　劝世诗残页（2）

（原图版见《中国藏西夏文献——甘肃省博物馆藏卷》第十六卷，第 256 页）

[illegible]　[illegible]
[illegible]　[illegible]
[illegible]　[illegible]

西夏文（图版 46）：

[illegible]　[illegible]
[illegible]　[illegible]
[illegible]　[illegible]
[illegible]　[illegible]□
[illegible]　[illegible]
[illegible]　[illegible]□□□
[illegible]　[illegible]
[illegible]①[illegible]　[illegible]
[illegible]　[illegible]

---

① [illegible]，汉译“苇马”，以苇杆做马，小儿游戏。李白《长干行》中有“郎骑竹马来，绕床弄青梅”。

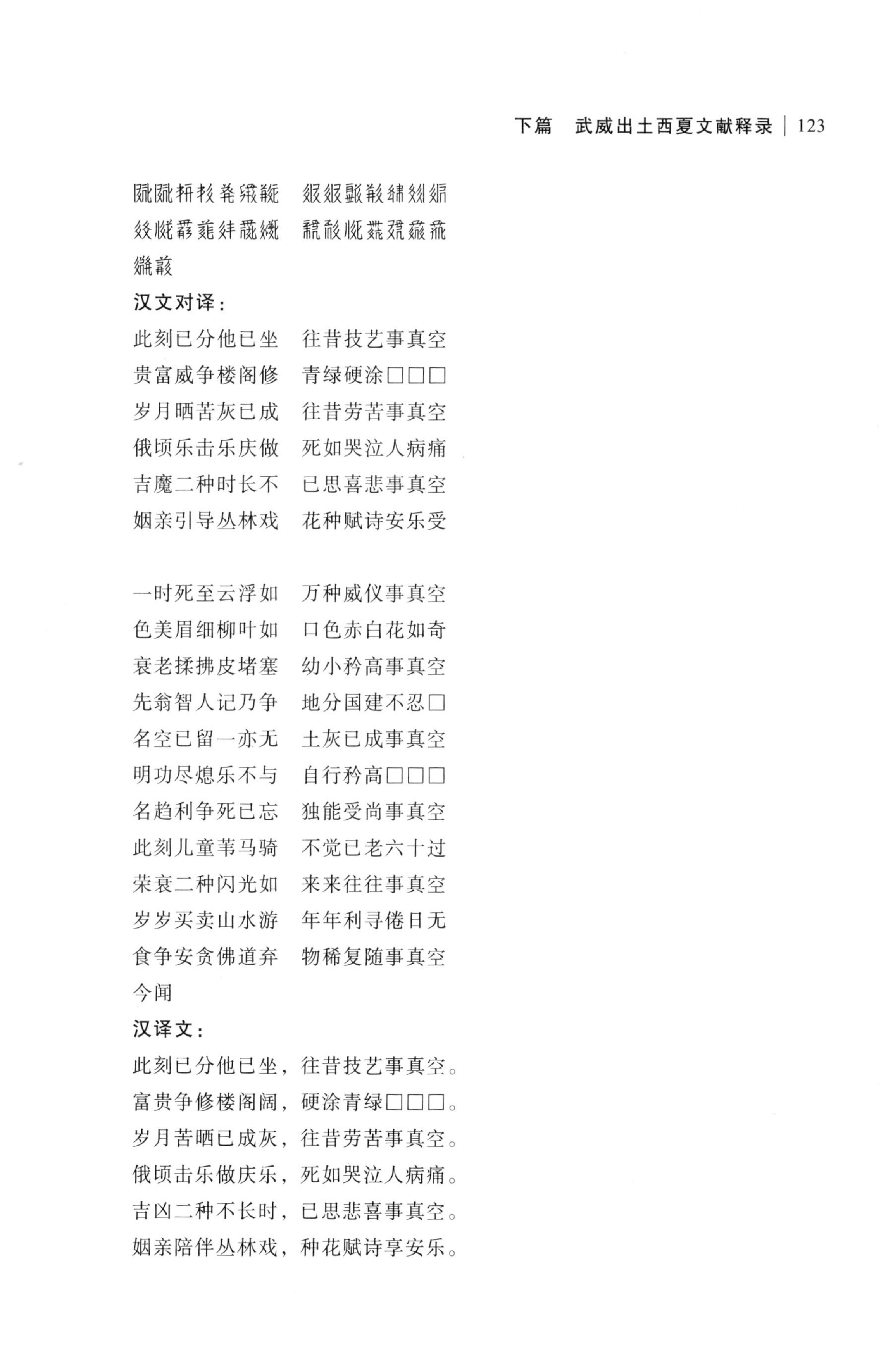

[illegible]　[illegible]
[illegible]　[illegible]
[illegible]

汉文对译：

此刻已分他已坐　往昔技艺事真空
贵富威争楼阁修　青绿硬涂□□□
岁月晒苦灰已成　往昔劳苦事真空
俄顷乐击乐庆做　死如哭泣人病痛
吉魔二种时长不　已思喜悲事真空
姻亲引导丛林戏　花种赋诗安乐受

一时死至云浮如　万种威仪事真空
色美眉细柳叶如　口色赤白花如奇
衰老揉拂皮堵塞　幼小矜高事真空
先翁智人记乃争　地分国建不忍□
名空已留一亦无　土灰已成事真空
明功尽熄乐不与　自行矜高□□□
名趋利争死已忘　独能受尚事真空
此刻儿童苇马骑　不觉已老六十过
荣衰二种闪光如　来来往往事真空
岁岁买卖山水游　年年利寻倦日无
食争安贪佛道弃　物稀复随事真空
今闻

汉译文：

此刻已分他已坐，往昔技艺事真空。
富贵争修楼阁阔，硬涂青绿□□□。
岁月苦晒已成灰，往昔劳苦事真空。
俄顷击乐做庆乐，死如哭泣人病痛。
吉凶二种不长时，已思悲喜事真空。
姻亲陪伴丛林戏，种花赋诗享安乐。

一时死至如浮云，万种威仪事真空。

貌美细眉如柳叶，面白唇红奇如花。

衰老揉拂皮堵塞，年少矜高事真空。

先翁智人争留名，分地建国不忍□。

空名已留尚无一，已成灰土事真空。

明功尽熄不与乐，自行矜高□□□。

趣名争利已忘死，尚独能受事真空。

此刻儿童骑苇马，不觉已老六十过。

荣衰两种如闪电，来来往往事真空。

岁岁买卖游山水，年年寻利无倦日。

争食贪安弃佛道，物稀复随事真空。

今闻

题解：

张义修行洞出土，现藏甘肃省博物馆，文献编号 G21.002［13202］。刻本，经折装，麻纸，3 纸，残件，高 17.7 厘米，宽 10.2 厘米。上下单栏，栏高 15.3 厘米。面 6 行，行 14 字。

劝世诗是古代常见的一种哲理诗，是劝导人们如何处世的有教益的诗歌。该西夏文《劝世诗》以七言形式，每隔一句或两句，便以某某“事真空”为结束词，体裁类似梁武帝时期志公和尚的《万空歌》。其内容，是讲人生一世，富贵与劳苦，欢喜与悲哀，年轻貌美与年老色衰，功名与利禄，生与死，都如过眼云烟，转瞬即逝。正如诗中所言，“争食贪安弃佛道，物稀复随事真空”，点明了该诗的主旨是宣扬佛教思想，劝说世人不要执着于对物欲的追求，方可达到转迷成悟，离苦得乐的境界。该文献史金波先生曾译释研究。①

7. 施食木牍（图版 47、48）

西夏文（图版 47）：

[illegible]……

---

① 史金波：《中国藏西夏文文献新探》，载《西夏学》第 2 辑。

图版 47　施食木牍正面

[illegible]……

[illegible]□[illegible]□□

[illegible]□□□[illegible]□[illegible]□

……

汉文对译：

食施放生者……

时净皿中食施乃可时……

壁殊怛萨未耶□嘛娑余怛哇壁殊多汉三遍诵思空□□

中莲花密中五宝五□□□满增□如思白中红如以唵阿□

……

图版 48　施食木牍背面

西夏文（图版 48）：

……

[illegible]□[illegible]□[illegible]

□[illegible]□[illegible]……

□[illegible]□[illegible]……

陈炳应先生汉译文：

（正面）“施食放生者……为归依七宝，时于净皿中施食乃可。时思……七宝器……壁刍嚩，萨末怛□谟，沙袜余，壁刍答汉。诵三遍，思空。于此空□中，莲华□中，增满五宝五□，呼气再念，以白中如红，

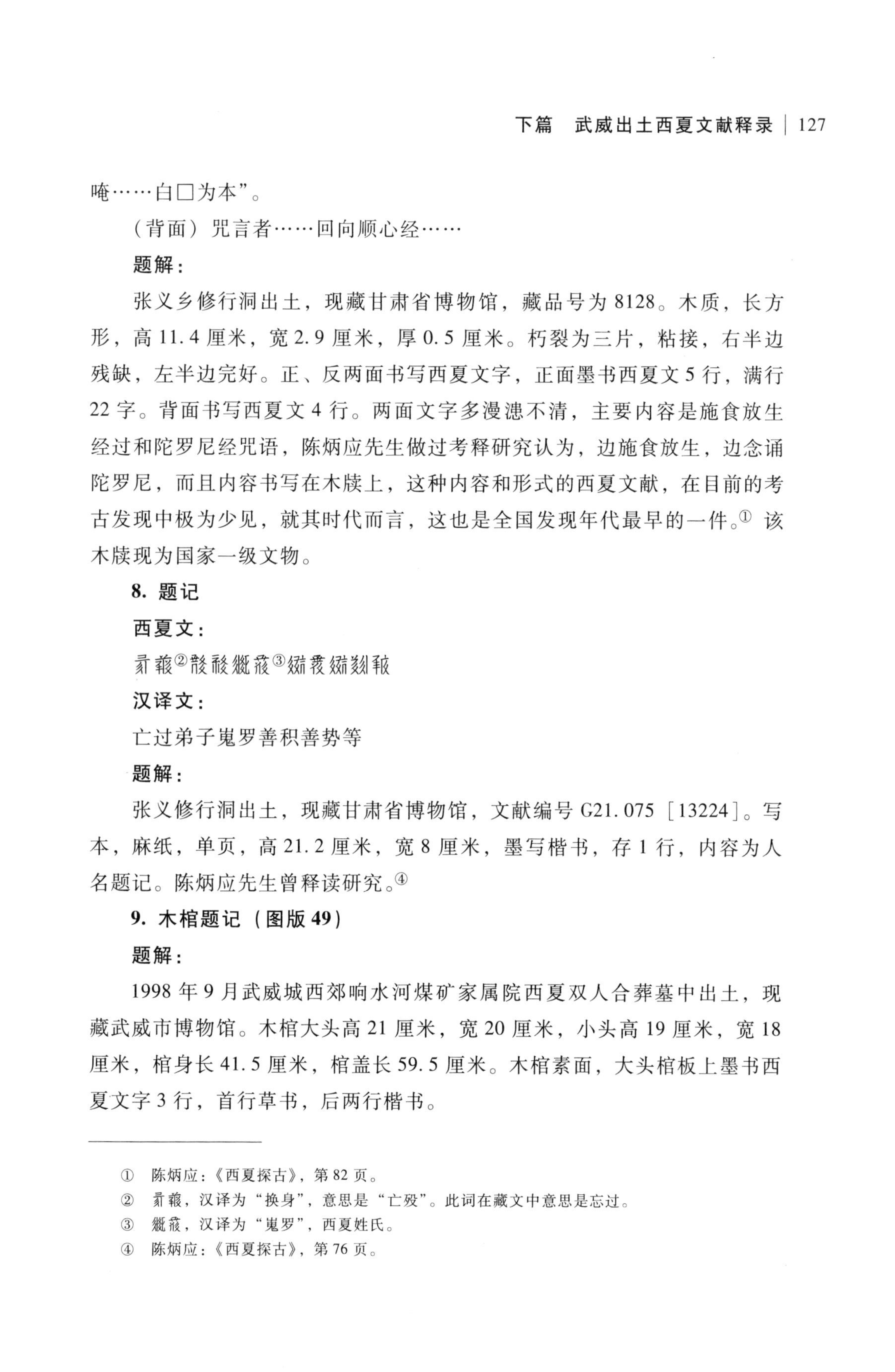

唵……白□为本”。

（背面）咒言者……回向顺心经……

题解：

张义乡修行洞出土，现藏甘肃省博物馆，藏品号为8128。木质，长方形，高11.4厘米，宽2.9厘米，厚0.5厘米。朽裂为三片，粘接，右半边残缺，左半边完好。正、反两面书写西夏文字，正面墨书西夏文5行，满行22字。背面书写西夏文4行。两面文字多漫漶不清，主要内容是施食放生经过和陀罗尼经咒语，陈炳应先生做过考释研究认为，边施食放生，边念诵陀罗尼，而且内容书写在木牍上，这种内容和形式的西夏文献，在目前的考古发现中极为少见，就其时代而言，这也是全国发现年代最早的一件。① 该木牍现为国家一级文物。

8. 题记

西夏文：

[illegible]②[illegible]③[illegible]

汉译文：

亡过弟子嵬罗善积善势等

题解：

张义修行洞出土，现藏甘肃省博物馆，文献编号G21.075［13224］。写本，麻纸，单页，高21.2厘米，宽8厘米，墨写楷书，存1行，内容为人名题记。陈炳应先生曾释读研究。④

9. 木棺题记（图版49）

题解：

1998年9月武威城西郊响水河煤矿家属院西夏双人合葬墓中出土，现藏武威市博物馆。木棺大头高21厘米，宽20厘米，小头高19厘米，宽18厘米，棺身长41.5厘米，棺盖长59.5厘米。木棺素面，大头棺板上墨书西夏文字3行，首行草书，后两行楷书。

---

① 陈炳应：《西夏探古》，第82页。

② [illegible]，汉译为“换身”，意思是“亡殁”。此词在藏文中意思是忘过。

③ [illegible]，汉译为“嵬罗”，西夏姓氏。

④ 陈炳应：《西夏探古》，第76页。

图版 49　木棺题记

说明：

该木棺题记文字有草书，有楷书，字迹漫漶不清，依稀有“[illegible]”字样，汉译为“韦吉祥”，西夏姓氏。

10. 乾祐十六年汉文木板买地券（图版 50）

录文：

维大夏乾祐十六年[①]岁次乙巳六月壬子朔十九日庚

午直祭主[②]曹铁驴次乙巳年四月内殁父亲龟筮

协徒相地袭吉[③]宜于西城郭外厝宅兆谨用（钱）九万

九千九百九十九贯文兼五彩信币买地一段东西七

步南北九步东至青龙西至白虎南至朱雀北至真

武内分勾陈[④]分擘掌四域丘承（丞）墓伯[⑤]封步界畔道路

---

① 大夏乾祐十六年，即西夏仁宗仁孝在位的公元 1185 年。

② 直祭主，即买地者。

③ 龟筮协徒相地袭吉，意思是该墓地已经过风水先生占卜勘验，是吉利之地。

④ 勾陈，指道教中的勾陈大帝，即“勾陈上宫天皇大帝”或“天皇大帝”，职责是协助玉皇大帝执掌南北两极和天、地、人三才，统御众星，持人间兵戈之事。

⑤ 丘承墓伯，即“丘丞墓伯”，是最早的墓葬神煞，掌管亡人灵魂的地下官吏。

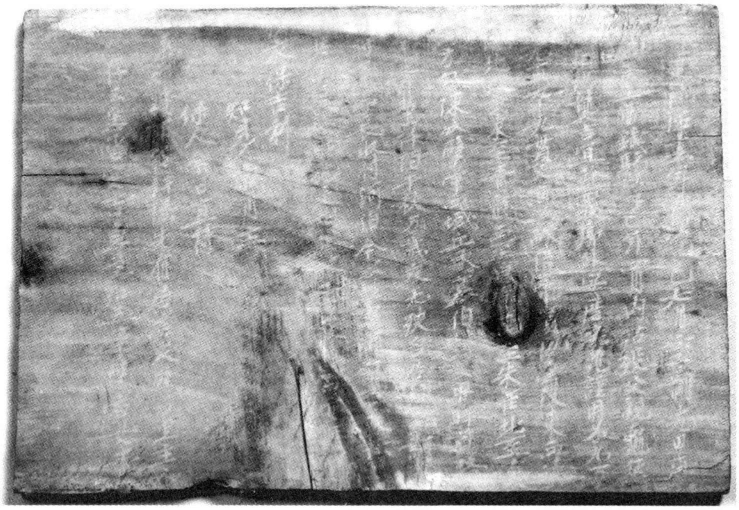

图版 50　乾祐十六年汉文木板买地券

将军亭长发付河伯今次牲牢酒饭百味香
新共为信契财地交相分付工匠修营安厝已
后永保吉利

　　知见人岁月主

　　保人今日直符①

故气邪精不得忏恢（悋）先有居者永避万里主人
内外存亡悉皆安吉急急如五帝使者女青
律令

题解：

1997 年 3 月 29 日，武威武警支队西关家属院地基西夏墓葬中出土，现藏武威市博物馆。柏木质，长方形，长 38 厘米，宽 25.5 厘米，厚 2 厘米。汉文朱砂楷书，自右至左书写，共 15 行，行 2 至 21 字不等。内容记载“直祭主”曹铁驴于乾祐十六年（1185 年），为其亡殁的父亲于“西城郭外”买地下葬

① 今日直符，与“岁月主”均为道教中的神灵。我国古代道教神灵中，岁、月、日、时均有不同的神灵主宰，岁主直符大吉之神，月主直符天罡之神，日主直符河魁之神，时主直符太冲之神。买地券中将他们最为“保人”和“知见人”，目的是为了降妖伏魔，辟邪保吉。

之事。朱安、钟雅萍曾发表考古发掘报告，陈炳应先生和于光建先生等做过研究。①

买地券是汉代时流行的具有迷信色彩的随葬明器，即墓主人家属为死者虚购墓地，并制作木、石、砖瓦、瓷器等不同质地的买地契约，和随葬品一起葬于墓中。契约上刻写买地的价钱，墓地的四至，及祈求死者在阴间平安吉利的祝语和“急急如律令”等迷信色彩浓厚的话语。这是封建土地私有制在意识形态中的反映，这种流传在汉族地区的丧葬习俗，在西夏时期的党项人中也很盛行，反映了中原汉族文化对西夏民族的影响。考古发现，该墓所在位置武警支队，位于武威城西面，这与买地券中记载的“西城郭外”相一致，说明西夏时期的武威城，与现在武威城的地理位置一致，木板内容对考证西夏武威城地理位置具有重要价值。

11. 乾祐二十三年汉文木板买地券（图版51）

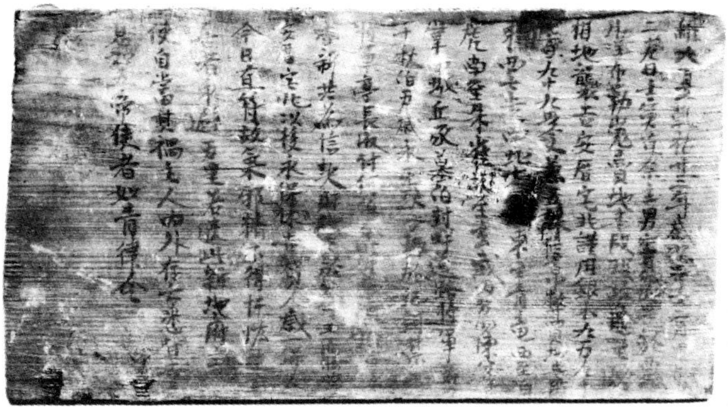

图版51　乾祐二十三年汉文木板买地券

录文：

维大夏乾祐廿三年岁次壬午二月□□□

二十九日壬寅直祭主男窦依死遣于西苑

① 朱安、钟雅萍：《武威西关西夏墓清理简报》，载《陇右文博》2001年第2期；陈炳应：《西夏探古》，第155页；于光建、徐玉萍：《武威西夏墓出土冥契研究》，载《西夏研究》2010年第3期。

外咩步勒嵬[1]买地一段殁故鬼篮□
相地袭吉安厝宅兆谨用银十九万九仟
九百九十九贯文兼五彩信帛币买地壹段
东西七步南北七步东至青龙西至白
虎南至朱雀北至玄武内分勾陈分擘
掌四域丘丞墓伯封畔道路将军□□
千秋百万岁永无殃咎□於犯河禁者
将军亭长收付何佰今以牲牢酒饭百味
香新共为信契财地交於分付工匠修营
安厝宅兆以后永保休吉知见人岁一保人
今日直符故气邪精不得忏恢先有
居者永避万里若违此新地府主
使自当其祸主人内外存亡悉皆吉急
急如五帝使者如青律令

题解：

1998年9月21日，武威城西郊响水河煤矿家属院地基西夏墓葬中出土，现藏武威市博物馆。松木质，长方形，长31.5厘米，宽17.5厘米。汉文朱砂楷书，自右至左书写，共16行。姚永春曾撰写发表考古发掘报告。[2]

武威西夏墓中发现的两件木板买地券，行文格式和文字内容基本相同。据于光建先生考证研究认为，《重校正地理新书》中记录的北宋买地券范文，与武威西夏木板买地券内容如出一辙，说明西夏时期的这种丧葬形式，完全借鉴宋代。[3] 1998年，武威永昌镇发现的一座元代至元二十六年（1289年）的墓葬中，也出土过一件内容和行文格式基本一致的木板买地券，说明到了元代，武威地区依然流行这种风俗。[4]

① 咩步勒嵬，西夏党项族人名。
② 姚永春：《武威西郊西夏墓清理简报》，载《陇右文博》2009年第2期。
③ 于光建：《武威西夏墓出土冥契研究》，载《西夏研究》2010年第3期。
④ 梁继红：《武威元墓清理简报》，载《陇右文博》2003年第2期。

12. 木缘塔汉文题记 2 件

木缘塔汉文题记（1）（图版 52）

图版 52　木缘塔汉文题记（1）

录文：

故考任西经略司都案刘德仁，寿六旬有八，于天庆五年岁次戊午四月十六日亡殁，至天庆七年岁次庚申[①]夏十五日兴工建缘塔，至中秋十三日入课讫。

题解：

1977 年武威西郊林场西夏墓葬中出土，现藏武威市博物馆，宁笃学、

① 庚申，天庆七年即 1200 年，干支为“庚申”。原文为“庚辰”，误。

钟长发曾撰写发表墓葬清理简报。[①] 武威西郊林场，位于市区偏西北约250米处，现为西郊公园。此处同时发现了两座西夏天庆年间刘氏家族墓葬，两座墓相距10米，均为单室砖墓，墓葬中出土大量彩绘木版画和木质随葬器物，还有两件盛放骨灰的木缘塔。

墓主人为刘德仁的墓葬中出土木缘塔较为完好，除了塔底部略有腐朽外，基本完整，制作精致。塔通高76厘米，分塔座、塔身、塔顶、塔刹四部分。塔座四级八角形，饰红色；塔身用长34厘米，宽12.5厘米，厚2厘米的八块木板合成，合缝处以长方形四角带钉的铁片上下两道连接。整个塔身表面涂蓝色，用红色书写梵文咒语，计有“一切如来咒”“一切如来百字咒”“药师琉璃光王佛咒”“圣□光天母心咒”“皈依三宝咒”等。塔身顶部另有长12.5厘米，宽3.5厘米，厚2厘米的八块小木板做榫卯与塔身相连接，表面涂红色，画有斗拱图案。塔顶也由八块略微弯曲的三角形木板组成，骑缝上用同样曲形的木条粘接，每块木板表面上下部绘有云气纹，中间书写朱红色梵文。塔刹底部周围由八块小木板组成围栏，面涂红色。塔刹另制，中心有圆轴与塔顶串连，底座周围绘饰卷草纹，上有两道相轮，刹顶略残。塔顶八角木板的内壁有墨书题记，可知该墓墓主人为刘德仁，曾任西经略司都案，西夏天庆五年（1198年）亡殁，天庆七年（1200年）埋葬。

西夏的丧葬形式很多，有火葬、天葬、土葬、塔葬等，不同的葬俗，包含着不同民族和文化的因素。火葬在西夏党项羌人中盛行已久，随着佛教的传入，火葬成为西夏各个地区葬俗的主流，而且一直延续到元代。《马可波罗游记》中有关于敦煌西夏遗民火葬习俗的详细记录，人死后，尸体焚化，骨灰装入灵匣或缘塔中掩埋，与西夏时期武威火葬习俗相同。武威西夏火葬墓中，出土的葬具非常丰富，有木缘塔、木质灵匣、小木棺、小瓷瓶等，其中以木缘塔最有特点，也最精致。塔，原是中国古代的一种建筑形式，是中国与印度两种文明交会的产物，是伴随着佛教的传播发展而形成和发展的。[②] 古代印度人就流行用塔作为盛放骨灰的葬具，“死者燔骨，取灰建窣

---

① 宁笃学、钟长发：《甘肃武威西郊林场西夏墓清理简报》，载《考古与文物》1980年第3期。

② 梁思成：《中国的艺术与建筑——梁》，中国青年出版社，2013，第47页。

堵”。[1] 宋代流行八角形塔，于是，与之比邻的、崇尚佛教且善于吸纳外来文化的西夏，不但在佛寺建筑中广建佛塔，还把木塔或砖塔作为盛放和埋葬骨灰的葬具，而且这种丧葬形式，甚至到了元代还在武威流行。[2]

题记中出现的“西经略司”“都案”等官职，在西夏法典《天盛律令》中有载：“经略司者，比中书、枢密低一品，然大于诸司。”[3] 经略司是京师以外，主管若干州郡军民事务的衙门，经略使是其最高长官。西夏有东南经略使、西北经略使。考古发现和文献记载表明，西夏的东南经略司在西夏首都中兴府南部的灵州（今宁夏吴忠市境内），西北经略司即西经略司就设在凉州，是最高的政府管理机构，掌管沙洲、瓜州、黑水等地。[4] 都案，是西夏所设各司中承担文书之职的官吏，地位在大人、承旨之下，在案头之上。西夏法典《天盛律令》中记载：“中书、枢密、经略使、次中下末等司都案者，遣干练、晓文字、知律法、善解之人。”[5]

武威木缘塔的形制、题记内容、梵文咒语等，为我们确定墓葬年代，研究西夏的佛教文化，建筑艺术、绘画、西夏职官等提供了重要依据。

木缘塔汉文题记（2）（图版53）

录文：

题记一：故亡考任西路经略司兼安排官□两处都案刘仲达灵匣，时大夏天庆八年岁次辛酉仲春二十三日百五侵晨葬讫，长男刘元秀请记。

题记二：彭城刘庆寿母李氏顺娇，殖大夏天庆元年正月卅日身殁，夫刘仲达讫

题记三：彭城刘庆寿母李氏，殖天庆元年正月卅日讫

题解：

1977年武威西郊林场西夏墓葬中出土，现藏武威市博物馆。[6] 木缘塔已经残破，从顶部题记一可知该墓墓主人为刘仲达。塔残存塔座、塔身两部

① 马端临：《文献通考》，山西古籍出版社，2003，第212页。

② 梁继红：《武威元墓清理简报》，载《陇右文博》2003年第2期。

③ 史金波等译注《天盛改旧新定律令》，第364页。

④ 史金波：《西夏时期的武威》，载《西夏学》第7辑，第2页。

⑤ 史金波等译注《天盛改旧新定律令》，第375页。

⑥ 宁笃学、钟长发：《甘肃武威西郊林场西夏墓清理简报》，载《考古与文物》1980年第3期。

图版 53　木缘塔汉文题记（2）

分。塔座二级六角形，饰红色；塔身用长 34 厘米，宽 12.5 厘米，厚 2 厘米的六块木板合成。塔身底部表面涂红色，上部涂蓝色，用红色书写梵文咒语。塔身顶部残存三层六角形木板，木板的内壁有墨书题记，一层题记记载该墓墓主人刘仲达，彭城（今江苏徐州）人，曾任西经略司兼安排官两处都案，西夏天庆八年（1201 年）埋葬。一层题记记载刘仲达妻子李氏，西夏天庆元年（1194 年）亡殁。另外，墓中还出土了一块未经加工的六角形木板，上面题记也记载了墓主人刘仲达妻子李氏亡殁时间。

二　武威出土西夏文佛经释录

（一）金刚般若波罗蜜多经

西夏文：

[illegible]……

[illegible]

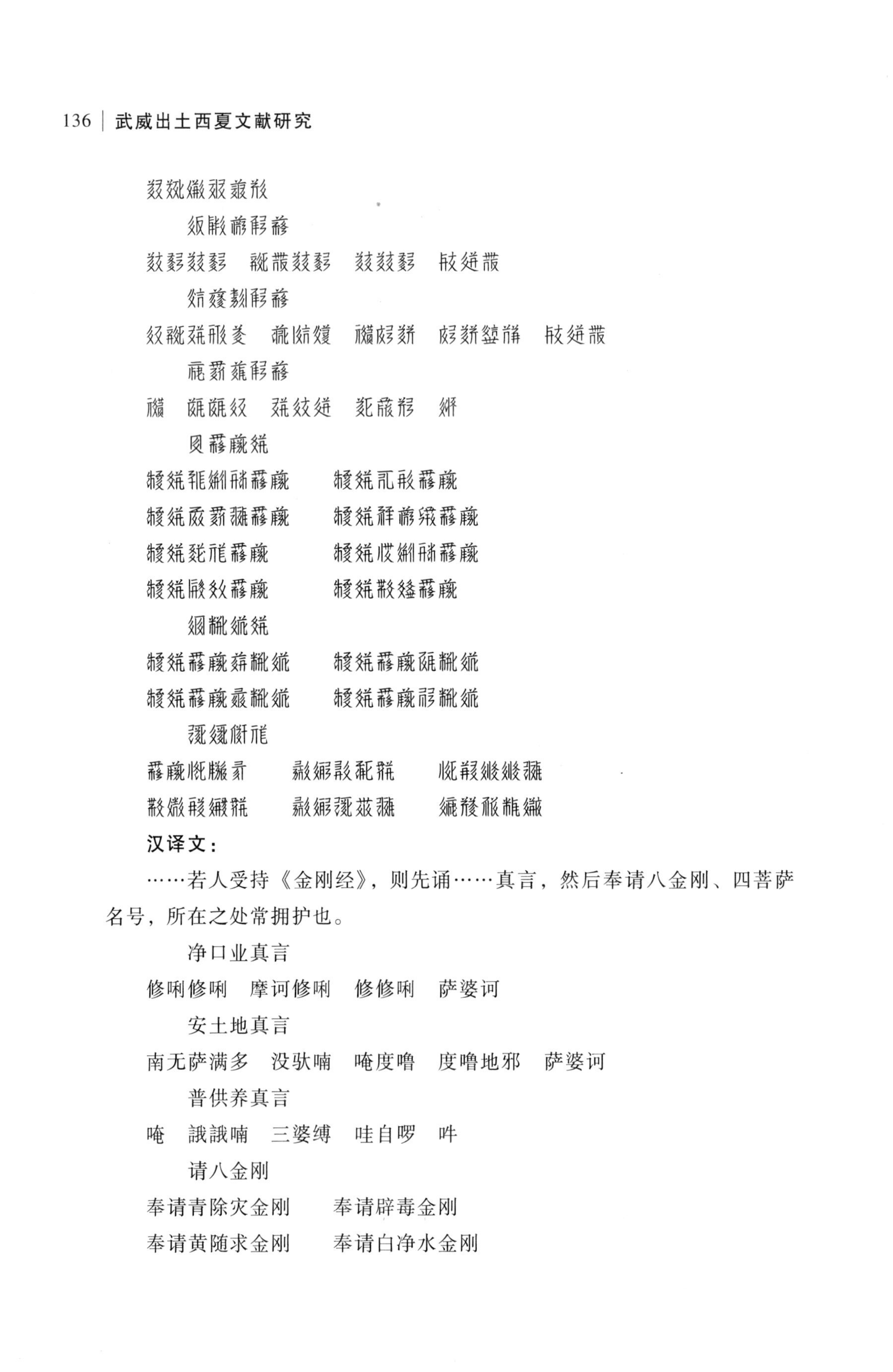

[illegible]

[illegible]

[illegible]

[illegible]

[illegible]

[illegible]

[illegible]

[illegible]

[illegible]

[illegible]

[illegible]

[illegible]

[illegible]

[illegible]

[illegible]

[illegible]

[illegible]

[illegible]

汉译文：

……若人受持《金刚经》，则先诵……真言，然后奉请八金刚、四菩萨名号，所在之处常拥护也。

净口业真言

修唎修唎　摩诃修唎　修修唎　萨婆诃

安土地真言

南无萨满多　没驮喃　唵度噜　度噜地邪　萨婆诃

普供养真言

唵　誐誐喃　三婆缚　哇自啰　吽

请八金刚

奉请青除灾金刚　　奉请辟毒金刚

奉请黄随求金刚　　奉请白净水金刚

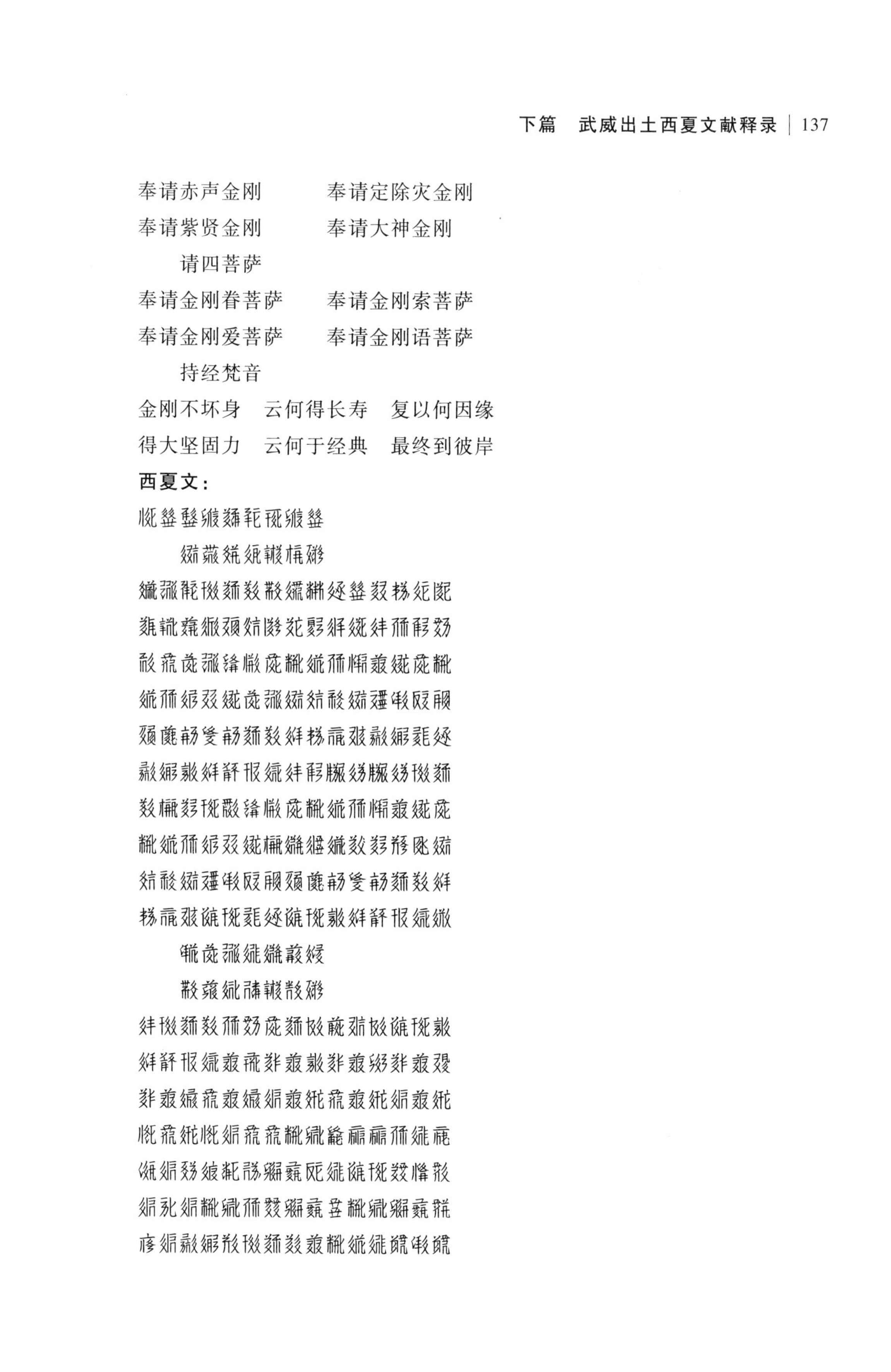

奉请赤声金刚　　　奉请定除灾金刚

奉请紫贤金刚　　　奉请大神金刚

　　请四菩萨

奉请金刚眷菩萨　　奉请金刚索菩萨

奉请金刚爱菩萨　　奉请金刚语菩萨

　　持经梵音

金刚不坏身　云何得长寿　复以何因缘

得大坚固力　云何于经典　最终到彼岸

西夏文：

[illegible]

　　[illegible]

[illegible]

[illegible]

[illegible]

[illegible]

[illegible]

[illegible]

[illegible]

[illegible]

[illegible]

[illegible]

[illegible]

　　[illegible]

　　[illegible]

[illegible]

[illegible]

[illegible]

[illegible]

[illegible]

[illegible]

[illegible]

[illegible]

[illegible]

[illegible]

[illegible]

[illegible]

[illegible]

[illegible]

[illegible]

汉译文：

……敷座而坐。

善现启请分第二

时长老须菩提在大众中，即从座起，偏袒左肩右膝着地，合掌恭敬而白佛言：稀有世尊。如来善护念诸菩萨，善付嘱诸菩萨。世尊，善男子善女人，发阿耨多罗三藐三菩提心时，云何安住，云何降伏胎心。佛言：善哉善哉，须菩提，如汝所说，如来善护念诸菩萨，善付嘱诸菩萨。汝今谛听，当为汝说。善男子善女人，发阿耨多罗三藐三菩提心时，如是安，如是降伏胎心。惟愿世尊，愿今欲闻。

大乘正宗分第三

佛告须菩提：诸菩萨摩诃萨，应如是降伏胎心。若卵生、若胎生、若湿生、若化生；若有色、若无色；若有想、若无想、若非有想非无想，所有一切众生类，我皆令入无余涅槃而灭度之。如是灭度无量无数无边众生，实无众生得灭度者。何以故，须菩提，若菩萨有我相、人相、众生相、寿者相，则实非菩萨。

妙行无住分第四

……所行，此乃不住色布施，不住声香味触法布施。须菩提，菩萨如是不住相布施，何以故。若菩萨不住布施相，则福德不可思量。须菩提，于意云何。东方虚空可思量不，不也。世尊须菩提，南西北方四维上下虚空可思量不……

西夏文：

[illegible]

[illegible]
[illegible]
[illegible]
[illegible]
[illegible]
[illegible]
[illegible]
[illegible]
[illegible]
[illegible]
[illegible]
[illegible]
[illegible]
[illegible]
[illegible]
[illegible]
[illegible]
[illegible]
[illegible]
[illegible]

汉译文：

…若人闻是经典时，不惊、不怖、不畏，则必定其人甚为稀有。何以故？须菩提，如来说第一波罗蜜非第一波罗蜜，则名第一波罗蜜。须菩提，忍辱波罗蜜，如来说非忍辱波罗蜜。何以故，须菩提，我往昔为歌利王割截身体，我于尔时，无我相、无人相、无众生相、无寿者相。何以故？我往昔节节支解，时有我相、人相、众生相、寿者相，则应生嗔恨。须菩提，又念过去于五百世作忍辱仙人，于尔所世，无我相、无人相、无众生相、无寿者相。是故须菩提。菩萨应离一切相，发阿耨多罗三藐三菩提心，不应住色生心，不应住声香味触法生心，应生无所住心。若心有住，则为非住。是故佛

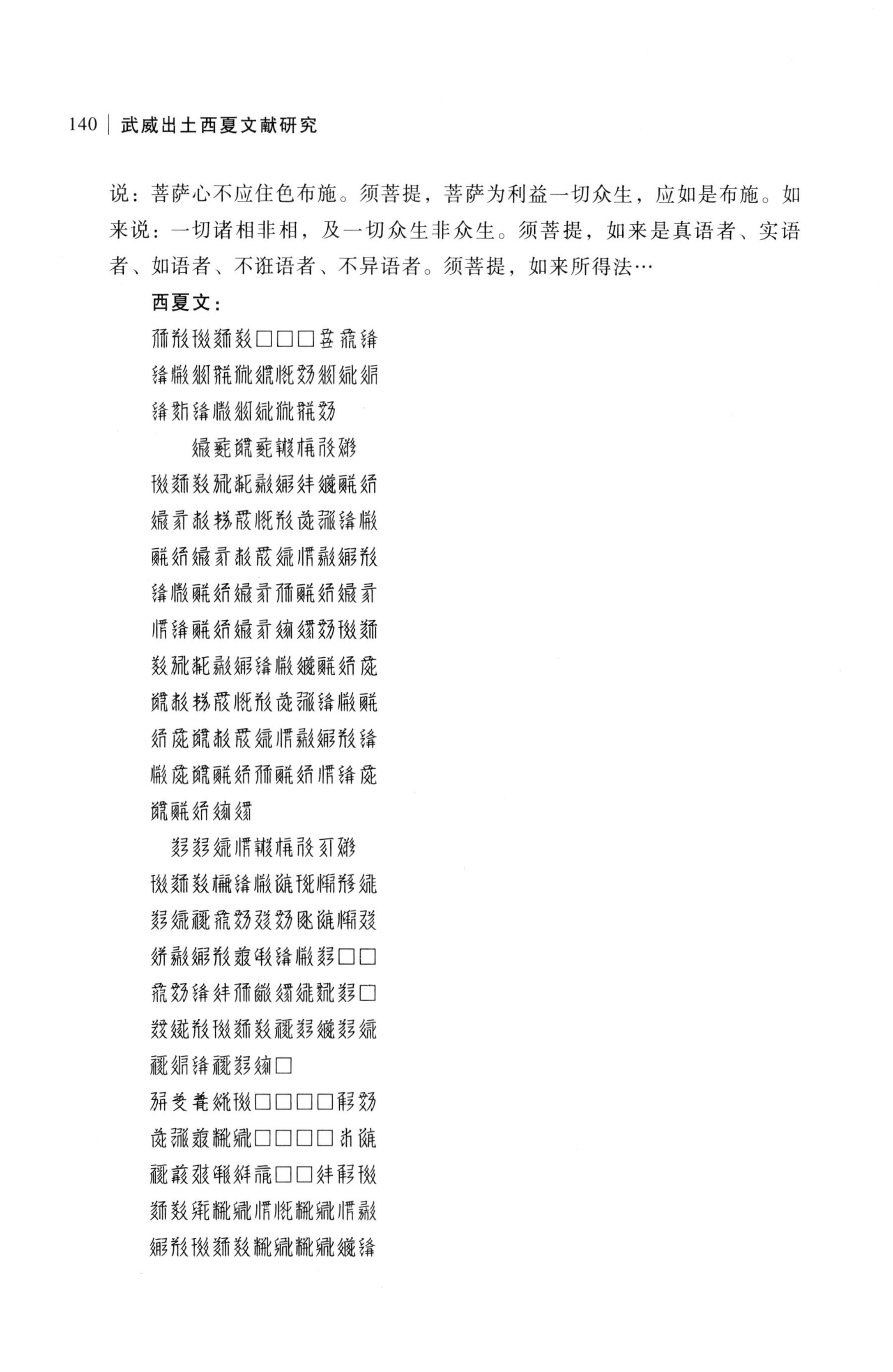

说：菩萨心不应住色布施。须菩提，菩萨为利益一切众生，应如是布施。如来说：一切诸相非相，及一切众生非众生。须菩提，如来是真语者、实语者、如语者、不诳语者、不异语者。须菩提，如来所得法…

西夏文：

[illegible]□□□[illegible]

[illegible]

[illegible]

[illegible]

[illegible]

[illegible]

[illegible]

[illegible]

[illegible]

[illegible]

[illegible]

[illegible]

[illegible]

[illegible]

[illegible]

[illegible]

[illegible]

[illegible]□□

[illegible]□

[illegible]

[illegible]□

[illegible]□□□□[illegible]

[illegible]□□□□[illegible]

[illegible]□□[illegible]

[illegible]

[illegible]

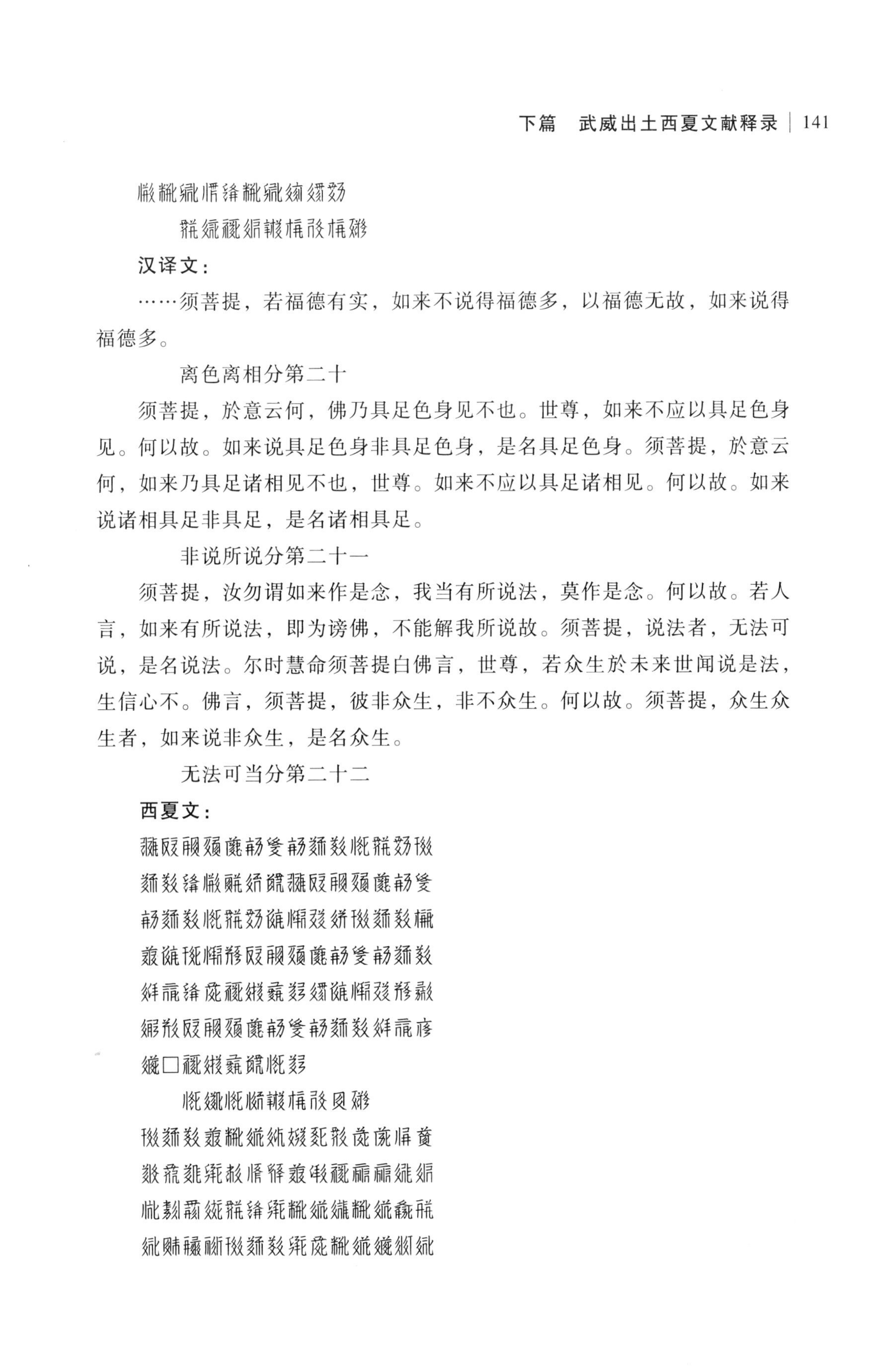

[illegible]

[illegible]

汉译文：

……须菩提，若福德有实，如来不说得福德多，以福德无故，如来说得福德多。

离色离相分第二十

须菩提，於意云何，佛乃具足色身见不也。世尊，如来不应以具足色身见。何以故。如来说具足色身非具足色身，是名具足色身。须菩提，於意云何，如来乃具足诸相见不也，世尊。如来不应以具足诸相见。何以故。如来说诸相具足非具足，是名诸相具足。

非说所说分第二十一

须菩提，汝勿谓如来作是念，我当有所说法，莫作是念。何以故。若人言，如来有所说法，即为谤佛，不能解我所说故。须菩提，说法者，无法可说，是名说法。尔时慧命须菩提白佛言，世尊，若众生於未来世闻说是法，生信心不。佛言，须菩提，彼非众生，非不众生。何以故。须菩提，众生众生者，如来说非众生，是名众生。

无法可当分第二十二

西夏文：

[illegible]

[illegible]

[illegible]

[illegible]

[illegible]

[illegible]

[illegible]□[illegible]

[illegible]

[illegible]

[illegible]

[illegible]

[illegible]

[illegible]
[illegible]
[illegible]
[illegible]
[illegible]
[illegible]
[illegible]

[illegible]

[illegible]
[illegible]
[illegible]
[illegible]
[illegible]
[illegible]

汉译文：

……故，阿耨多罗三藐三菩提不得。须菩提，如来具足相故，阿耨多罗三藐三菩提不得，莫作是念。须菩提，汝若作是念，发阿耨多罗三藐三菩提心者，则说诸法断灭，莫作是念。何以故，发阿耨多罗三藐三菩提心者，于法不说断灭相。

不受不贪分第二十八

须菩提，若菩萨恒河沙等世界中七宝有满，以其布施。若人知一切法无我，得成於忍，则彼菩萨胜前菩萨所得功德。须菩提，彼诸菩萨不受福德故。须菩提白佛言，世尊，云何菩萨不受福德。须菩提，菩萨所作福德，不应贪著，是故说不受福德。

威仪寂静分第二十九

须菩提，若有人言，如来若来若去、若作若卧。是人不解我所说义。何以故，如来者，无所从来，亦无所去，故名如来。

一合理向分第三十

须菩提，若善男子、善女人，以三千大千世界碎为微尘，于意云何，是微尘众宁为多不，甚多，世尊。何以故，若是微尘众有者，佛则不说是微尘众。所以者何，佛说微尘众，即非微尘众，是名微尘众……

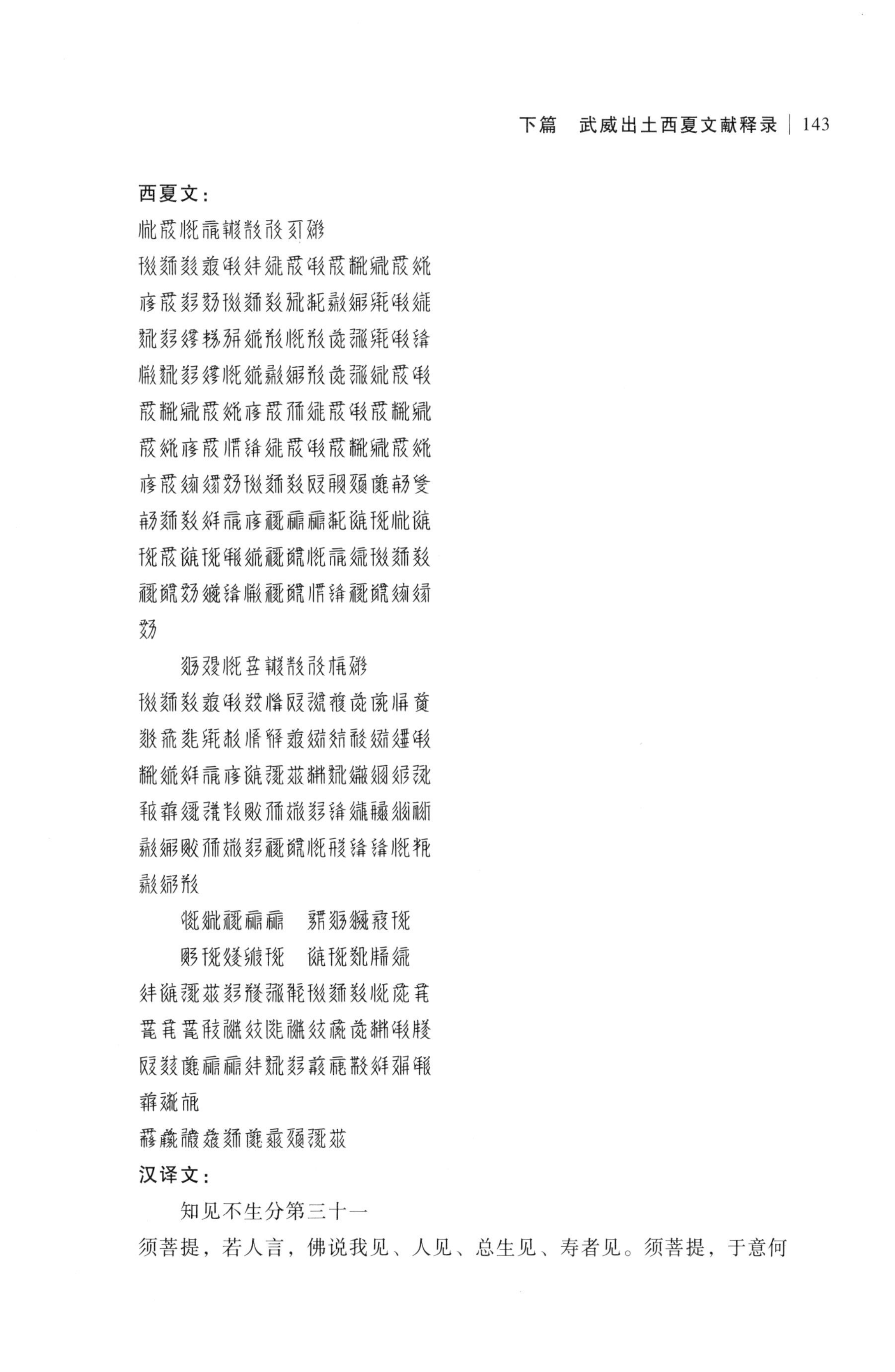

西夏文：

[illegible]

[illegible]
[illegible]
[illegible]
[illegible]
[illegible]
[illegible]
[illegible]
[illegible]
[illegible]
[illegible]
[illegible]

　　[illegible]

[illegible]
[illegible]
[illegible]
[illegible]
[illegible]
[illegible]

　　[illegible]　[illegible]

　　[illegible]　[illegible]

[illegible]
[illegible]
[illegible]
[illegible]

[illegible]

汉译文：

　　知见不生分第三十一

须菩提，若人言，佛说我见、人见、总生见、寿者见。须菩提，于意何云，是人解我说义不，不也，世尊，是人不解如来所说义。何以故，世尊说我见、人见、众生见、寿者见，即非我见、人见、众生见、寿者见，是名我见、人见、众生见、寿者见。须菩提，发阿耨多罗三藐三菩提心者，于一切法，应如是知，如是见，如是言解，不生法相。须菩提，所言法相者，如来说即非法相，是名法相。

变化非真分第三十二

须菩提，若有人以满无量阿僧祇世界七宝持用布施，若有善男子、善女人发菩提心者，持此经，乃至四句偈等，受持读诵，为人演说，其福胜彼。云何为人演说，不取于相，如如不动。何以故。

一切有为法，如梦幻泡影

如露亦如电，应作如是观

佛说是经已，长老须菩提及诸比丘、比丘尼、优婆塞、优婆夷，一切世间、天、人、阿修罗，闻佛所说，皆大欢喜，信受奉行。

金刚般若波罗蜜多经典

题解：

《金刚般若波罗蜜多经》（一下简称《金刚经》）是最负盛名的大乘般若经典之一。其传入中国后，自东晋至唐，历代高僧翻译，译本颇多，《中华大藏经》中存有六个译本，即后秦鸠摩罗什译本，北魏菩提流支译本，南朝陈真谛译本，隋达磨笈多译本《金刚能断般若波罗蜜经》，唐玄奘译本《能断金刚般若波罗蜜多经》，唐义净译本《佛说能断金刚般若波罗蜜多经》。[①] 诸译本中以姚秦天竺三藏法师鸠摩罗什译本译出时间最早，流传最广，也历来最为学人所重。梁昭明太子又将其分作三十二品（章），并以副标题加以注解。西夏时期，三十二品的西夏文与汉文本《金刚经》同时流行，俄藏黑水城文献中保存的西夏文《金刚般若波罗蜜经》题记表明，西夏高僧鲜卑宝源重译并校勘过该经。俄藏黑水城文献中还保存了多种版本的三十二品鸠摩罗什汉译本《金刚经》，内容与武威出土西夏文佛经相同。[②]

武威亥母洞和修行洞共出土 7 种版本的西夏文《金刚经》佛经残页，

---

① 任继愈主编《中华大藏经》卷 8，中华书局，1994，第 298 ~ 355 页。

② 《俄藏黑水城文献》第 1 册，编号俄 TK14《金刚般若波罗蜜多经》，第 299 ~ 309 页。

崔红芬老师曾做过考释研究。① 残页中有部分内容重复，本文在录文和释读时，为保持文献内容的连续，已将重复内容删去。

文献编号 G31·011［6737］，亥母洞出土，现藏武威市博物馆，麻纸，经折装，存 3 面，高 19 厘米，宽 8.5 厘米，上下单栏，栏高 17 厘米，面 7 行，行 17 字。背面裱有白纸，纸上书写西夏字。该文献保存了《金刚经》中“金刚启请”的部分内容。图版见《中国藏西夏文献》第十六卷第 397、398 页。

文献编号 G31.013［6742］，亥母洞出土，现藏武威市博物馆，麻纸，经折装，存 5 面，高 17.8 厘米，宽 9 厘米。上下单栏，栏高 15 厘米，面 6 行，行 15 字。该版本中共保存《金刚经》中第二、第三品的完整内容和第四品的前半部分内容。图版见《中国藏西夏文献》第十六卷第 400 ~402 页。

文献编号 G31·014［6743］，亥母洞出土，现藏武威市博物馆，麻纸，经折装，存 3 面，高 20 厘米，宽 9 厘米，上下单栏，栏高 15 厘米，面 6 行，行 14 字。该文献保存《金刚经》中第十四品的中间部分内容。图版见《中国藏西夏文献》第十六卷第 403、404 页。

文献编号 G31.016［6748］，亥母洞出土，现藏武威市博物馆，麻纸，经折装，存 2 面，高 28 厘米，宽 12 厘米，上下单栏，栏高 23.5，面 6 行，行 15 字。该文献保存了《金刚经》中第十四品的中间部分内容。图版见《中国藏西夏文献》第十六卷第 408 页。

文献编号 G21.037［13214］，张义修行洞出土，现藏甘肃省博物馆，经折装，麻纸，存 4 面，每面高 13.1 厘米，宽 7.2 厘米，上下单栏，栏高 9.7 厘米。存 7 行，行 11 字。该文献保存了《金刚经》二十、二十一、二十二品的完整内容、保存了第十九、二十七、二十八、二十九品的部分内容。图版见《中国藏西夏文献》第十六卷第 295、296 页。

文献编号 G31·010［6736］，亥母洞出土，现藏武威市博物馆，麻纸，经折装，存 2 面，高 19.8 厘米，宽 8.6 厘米，上下单栏，栏高 15 厘米，面 6 行，行 15 字。该文献保存了《金刚经》中第二十七、二十八品的部分内容。图版见《中国藏西夏文献》第十六卷第 396 页。

---

① 崔红芬：《武威亥母洞出土的金刚经考释》，载《西夏学》第 8 辑，第 135 ~144 页。

文献编号 G31.015［6744］，亥母洞出土，现藏武威市博物馆，经折装，存 5 面，高 19.5 厘米，宽 8.5 厘米，上下单栏，栏高 15 厘米，面 6 行，行 14 字。该文献保存了《金刚经》中第三十一、三十二品的完整内容。图版见《中国藏西夏文献》第十六卷第 405～407 页。

（二）佛说圣佛母般若波罗蜜多经

西夏文：	汉文对译：
□□[Tangut script][1][Tangut script]	□□时观自在菩萨摩诃萨佛会中住
□□□[Tangut script]	□□□摩诃萨昔最深般若波罗蜜多
□□□[Tangut script]	□□□依五蕴自性皆空观知
□□[Tangut script]	□□尊者舍利子佛威神力依观自在
[Tangut script]	菩萨摩诃萨与曰若善男子善女人此
□□[Tangut script][2][Tangut script]	□□般若波罗蜜多法门修习欲则何
□□[Tangut script]	□□也时观自在菩萨摩诃萨尊者舍
[Tangut script]	利佛与言曰汝今谛听我言为汝若善
[Tangut script]	男子善女人此最深般若波罗蜜多法
[Tangut script]	门修习欲时五蕴自性皆空观当五蕴
[Tangut script]	自性皆空者何云色者自空也空者自
[Tangut script]	色也色空与不异空色与不异受想行

汉译文：

□□。时观自在菩萨摩诃萨在佛会中，□□□摩诃萨昔最深般若波罗蜜多□□□依，观知五蕴自性皆空。

□□尊者舍利子，依佛威神力，与观自在菩萨摩诃萨曰：若善男子善女人，欲修习此□□般若波罗蜜多法门故，何□□也。

时观自在菩萨摩诃萨与尊者舍利佛言曰：汝今谛听，我为汝言。若善男子善女人，欲修习此最深般若波罗蜜多法门时，当观五蕴自性皆空。五蕴自性皆空者何云，色者自空也，空者自色也，色不异与空，空不异与色。受想

① [Tangut script]，汉译“菩萨摩诃萨”，施护译本为“菩萨”。

② [Tangut script]，汉译“欲”，施护译本为“乐欲”。

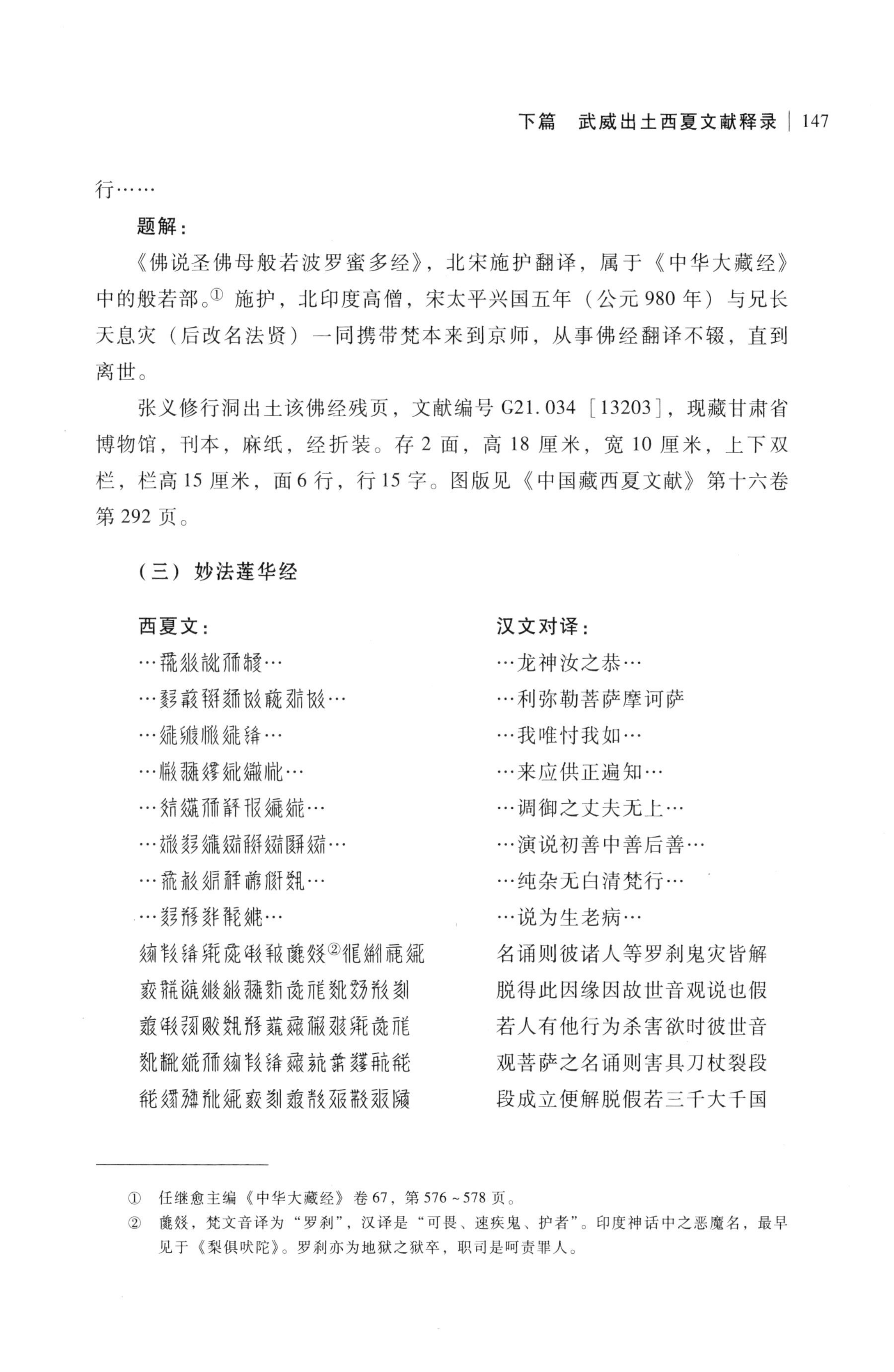

行……

题解：

《佛说圣佛母般若波罗蜜多经》，北宋施护翻译，属于《中华大藏经》中的般若部。[①] 施护，北印度高僧，宋太平兴国五年（公元 980 年）与兄长天息灾（后改名法贤）一同携带梵本来到京师，从事佛经翻译不辍，直到离世。

张义修行洞出土该佛经残页，文献编号 G21.034［13203］，现藏甘肃省博物馆，刊本，麻纸，经折装。存 2 面，高 18 厘米，宽 10 厘米，上下双栏，栏高 15 厘米，面 6 行，行 15 字。图版见《中国藏西夏文献》第十六卷第 292 页。

（三）妙法莲华经

西夏文：	汉文对译：
…[illegible]…	…龙神汝之恭…
…[illegible]…	…利弥勒菩萨摩诃萨
…[illegible]…	…我唯忖我如…
…[illegible]…	…来应供正遍知…
…[illegible]…	…调御之丈夫无上…
…[illegible]…	…演说初善中善后善…
…[illegible]…	…纯杂无白清梵行…
…[illegible]…	…说为生老病…
[illegible][②][illegible]	名诵则彼诸人等罗刹鬼灾皆解
[illegible]	脱得此因缘因故世音观说也假
[illegible]	若人有他行为杀害欲时彼世音
[illegible]	观菩萨之名诵则害具刀杖裂段
[illegible]	段成立便解脱假若三千大千国

① 任继愈主编《中华大藏经》卷 67，第 576～578 页。

② [illegible]，梵文音译为“罗刹”，汉译是“可畏、速疾鬼、护者”。印度神话中之恶魔名，最早见于《梨俱吠陀》。罗刹亦为地狱之狱卒，职司是呵责罪人。

[illegible][1][illegible]	土中夜叉罗刹生满人之害来欲
□[illegible]	□世音观菩萨之名诵〈〉闻则诸
[illegible]	鬼恶等彼人向目张亦不能复害
[illegible]	何能若人罪有不有当无木枷铁
□[illegible][2][illegible]	□桎梏以身缠缚时世音观菩萨
[illegible]	之名诵则自然分离皆段段落立
[illegible]	便解脱假若三千大千国土中怨

汉译文：

……名诵，则彼诸人等皆得解脱罗刹鬼灾。以此因缘故，名观世音也。假若有人将被他人杀害时，诵彼观世音菩萨之名，则害具、刀杖裂成片段，立便解脱。假若三千大千国土中生满夜叉罗刹，欲来害人，[3] 闻□诵观世音菩萨之名，则诸恶鬼等亦不能向彼人张目，何况加害？若人有罪或无罪，木枷铁□桎梏缠缚其身时，诵观世音菩萨之名，则自然分离皆成段坠落，立便解脱。假若三千大千国土中怨……

鸠摩罗什汉译本：

尔时文殊师利语弥勒菩萨摩诃萨及诸大士，善男子等：如我惟忖，今佛世尊欲说大法，雨大法雨，吹大法螺，击大法鼓，演大法义。诸善男子，我于过去诸佛，曾见此瑞，放斯光已，即说大法。是故当知今佛现光，亦复如是，欲令众生，咸得闻知一切世间难信之法，故现斯瑞。

诸善男子，如过去无量无边不可思议阿僧祇劫，尔时有佛，号日月灯明如来、应供、正遍知、明行足、善逝世间解、无上士、调御丈夫、天人师、佛、世尊，演说正法，初善、中善、后善，其义深远，其语巧妙，纯一无杂，具足清白梵行之相。为求声闻者、说应四谛法，度生老病死，究竟涅槃。

……名者，是诸人等皆得解脱罗刹之难。以是因缘，名观世音。若复有

---

① [illegible]，梵文音译为“夜叉”，汉译是“捷疾鬼”“能咬鬼”“轻捷”“勇健”。印度神话中的半神，佛教的护法神，与罗刹同为毗沙门天王的眷属。《维摩诘所说经·佛国品·注》：“‘夜叉’有三种，一在地，二在虚空，三天夜叉也。地夜叉但以财施，故不能飞空，天夜叉以车马施，故能飞行。”

② [illegible]，汉译为“桎梏”。

③ 害人，罗氏译本为“恼人”。

人临当被害，称观世音菩萨名者，彼所执刀杖寻段段坏而得解脱。若三千大千国土满中夜叉、罗刹欲来恼人，闻其称观世音菩萨名者，是诸恶鬼尚不能以恶眼视之，况复加害？设复有人，若有罪、若无罪，杻械枷锁检系其身，称观世音菩萨名者，皆悉断坏即得解脱。若三千大千国土满中怨……

题解：

《妙法莲华经》，简称《法华经》，共有汉译、藏译等多个译本。《中华大藏经》中共收录了三个汉译本，分别是后秦鸠摩罗什译本《妙法莲华经》7卷28品，晋竺法护译本《正法华经》10卷27品，隋阇那崛多和达摩笈多译本《添品妙法莲华经》7卷27品。[1] 后秦鸠摩罗什译本于后世流传最为广泛。

武威出土该西夏文佛经以鸠摩罗什译本为底本翻译而成，共存4页，天梯山石窟和张义修行洞出土，现藏甘肃省博物馆。

天梯山文献编号为G21.59【T21】，麻纸，写本，墨写楷书，书法俊逸，颇具功力。仅有2块残片，因残损严重，已无法确认其装帧形式。文献残页保存该经第一卷《序品》中的内容。图版见《中国藏西夏文献》第十六卷第366页。

张义修行洞文献编号为G21.035【13212】，麻纸，刊本，经折装，高17厘米，宽8.4厘米，上下单栏，栏高13.4厘米。存2面，面6行，行13字。文献保存该经第七卷《观世音菩萨普门品》的内容。图版见《中国藏西夏文献》第十六卷第293页。

校记：

天梯山文献（编号为G21.59［T21］P3和P2）在《中国藏西夏文献》中定名为《佛说圣曜母陀罗尼经》。

（四）大方广佛华严经

西夏文：	汉文对译：
[illegible]	多闻与不离菩萨如是观察知解已复正法

① 任继愈主编《中华大藏经》卷15，第507～597页。

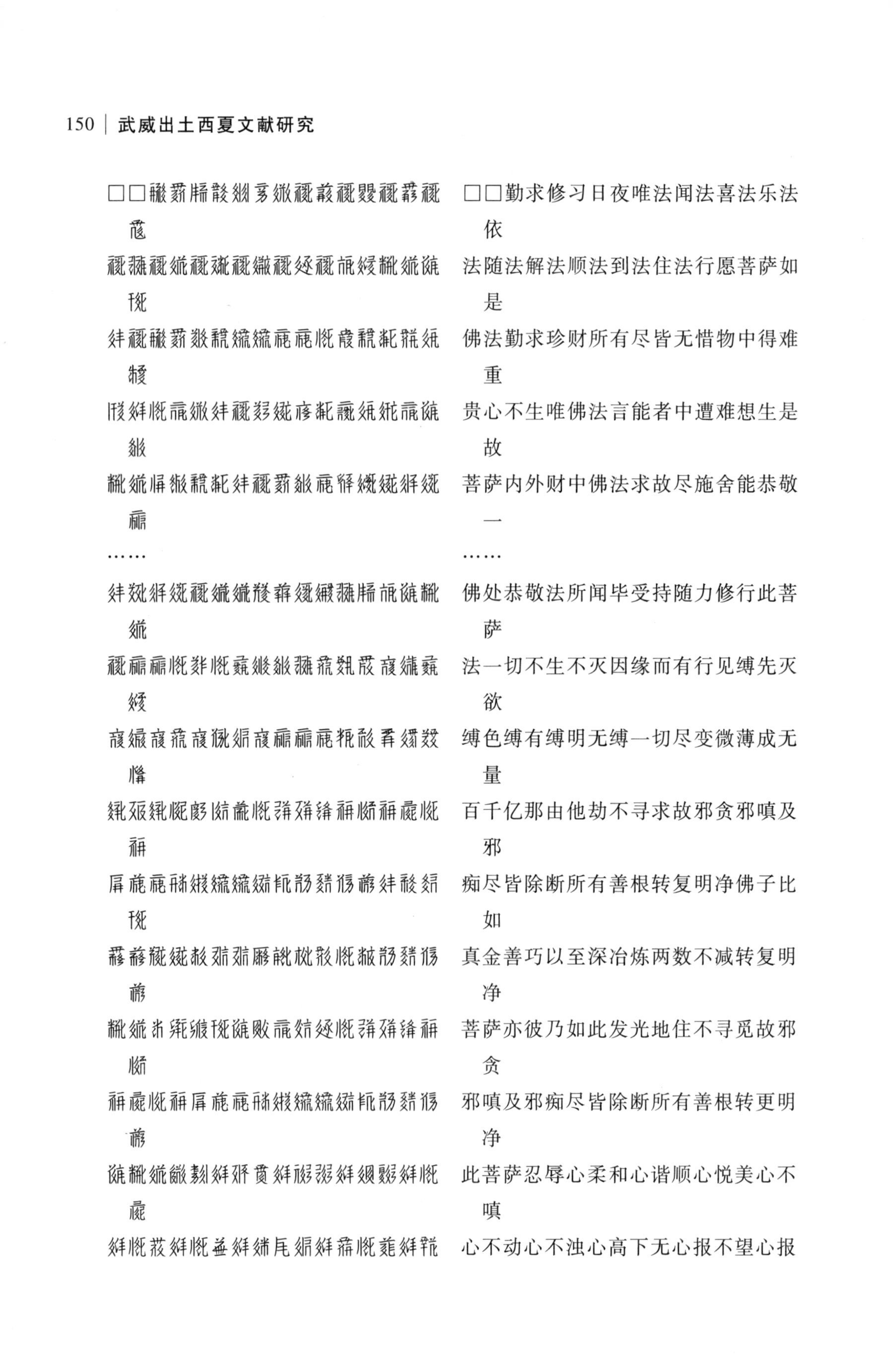

□□[illegible]	□□勤求修习日夜唯法闻法喜法乐法依
[illegible]	法随法解法顺法到法住法行愿菩萨如是
[illegible]	佛法勤求珍财所有尽皆无惜物中得难重
[illegible]	贵心不生唯佛法言能者中遭难想生是故
[illegible]	菩萨内外财中佛法求故尽施舍能恭敬一
……	……
[illegible]	佛处恭敬法所闻毕受持随力修行此菩萨
[illegible]	法一切不生不灭因缘而有行见缚先灭欲
[illegible]	缚色缚有缚明无缚一切尽变微薄成无量
[illegible]	百千亿那由他劫不寻求故邪贪邪嗔及邪
[illegible]	痴尽皆除断所有善根转复明净佛子比如
[illegible]	真金善巧以至深冶炼两数不减转复明净
[illegible]	菩萨亦彼乃如此发光地住不寻觅故邪贪
[illegible]	邪嗔及邪痴尽皆除断所有善根转更明净
[illegible]	此菩萨忍辱心柔和心谐顺心悦美心不嗔
[illegible]	心不动心不浊心高下无心报不望心报

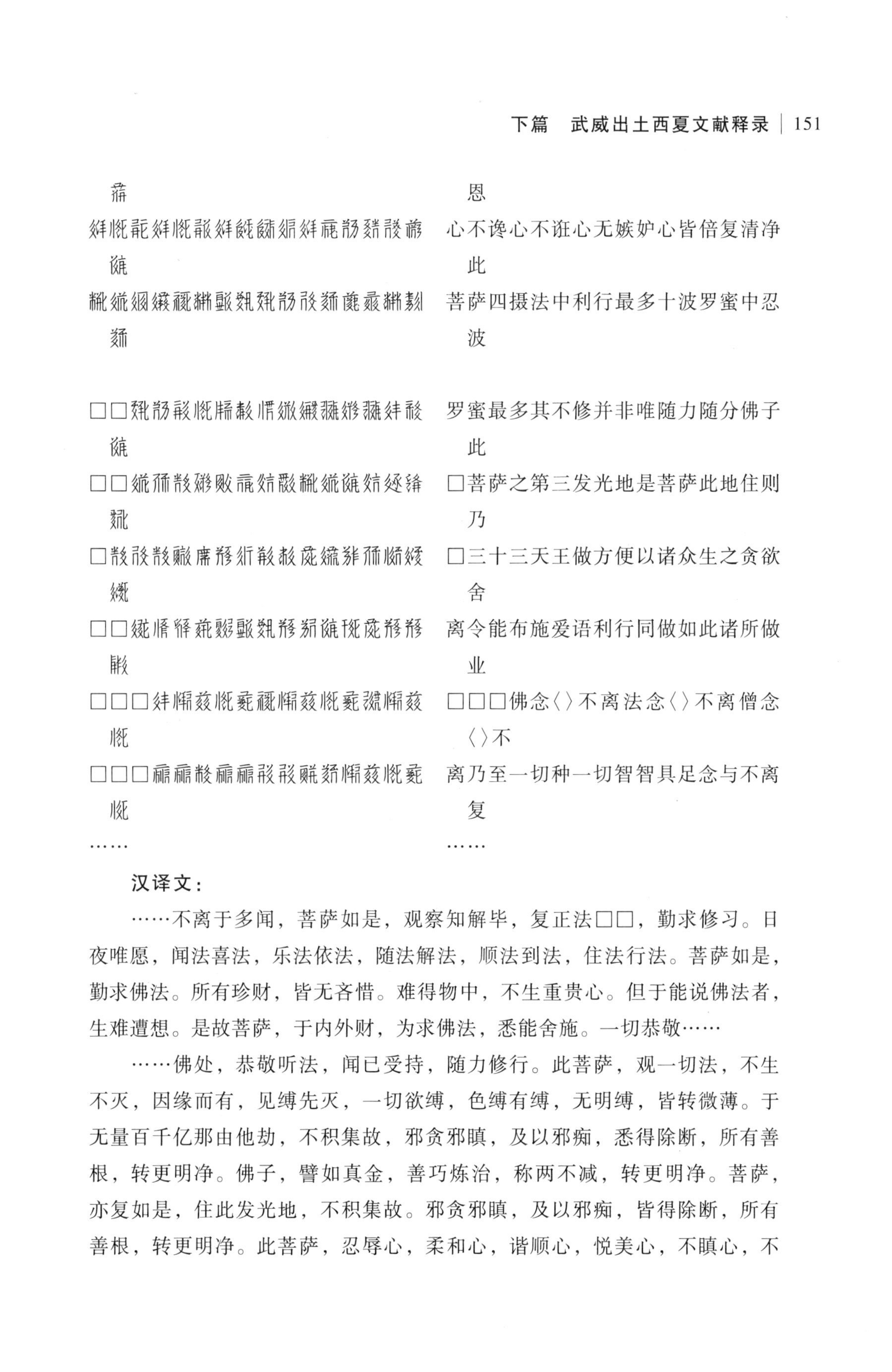

[illegible]	恩
[illegible]	心不谗心不诳心无嫉妒心皆倍复清净此
[illegible]	菩萨四摄法中利行最多十波罗蜜中忍波
□□[illegible]	罗蜜最多其不修并非唯随力随分佛子此
□□[illegible]	□菩萨之第三发光地是菩萨此地住则乃
□[illegible]	□三十三天王做方便以诸众生之贪欲舍
□□[illegible]	离令能布施爱语利行同做如此诸所做业
□□□[illegible]	□□□佛念〈〉不离法念〈〉不离僧念〈〉不
□□□[illegible]	离乃至一切种一切智智具足念与不离复
……	……

汉译文：

……不离于多闻，菩萨如是，观察知解毕，复正法□□，勤求修习。日夜唯愿，闻法喜法，乐法依法，随法解法，顺法到法，住法行法。菩萨如是，勤求佛法。所有珍财，皆无吝惜。难得物中，不生重贵心。但于能说佛法者，生难遭想。是故菩萨，于内外财，为求佛法，悉能舍施。一切恭敬……

……佛处，恭敬听法，闻已受持，随力修行。此菩萨，观一切法，不生不灭，因缘而有，见缚先灭，一切欲缚，色缚有缚，无明缚，皆转微薄。于无量百千亿那由他劫，不积集故，邪贪邪瞋，及以邪痴，悉得除断，所有善根，转更明净。佛子，譬如真金，善巧炼治，称两不减，转更明净。菩萨，亦复如是，住此发光地，不积集故。邪贪邪瞋，及以邪痴，皆得除断，所有善根，转更明净。此菩萨，忍辱心，柔和心，谐顺心，悦美心，不瞋心，不动心，不浊心，无高下心，不望报心，报恩心，不谄心，不诳心，无嫉妒心，皆转清净。此菩萨，于四摄中，利行偏多，十波罗蜜中，忍波罗蜜偏多，余非不修，但随力随分。佛子，是名菩萨第三发光地。菩萨住此地，多作三十三天王，能以方便，令诸众生，舍离贪欲，布施爱语，利行同事。如是一切诸所作业，皆不离念佛，不离念法，不离念僧，乃至不离念具足一切种，一切智智，复作是念。

题解：

武威天梯山出土，文献编号为 G21.056［T27］，现藏甘肃省博物馆。刻本，经折装，麻纸。高 28.5 厘米，宽 11.7 厘米，上下双栏，栏高 20.8 厘米。存 4 面，面 6 行，行 17 字。残存 4 面中除第一面外，其余三面内容相连。内容译自实叉难陀汉译本。图版见《中国藏西夏文献》第十六卷第 253、254 页。

《大方广佛华严经》（以下简称《华严经》）是大乘佛教最重要的经典之一，也是华严宗立宗的主要经典。《中华大藏经》中收录了此经三种汉译本，第一种是东晋佛驮跋陀罗的译本，共六十卷。第二种是唐代于阗实叉难陀的译本，共八十卷。第三种是唐代般若的译本，共四十卷。[①] 三种译本的《华严经》，在西夏时期都被翻译成西夏文广泛流传。

西夏文《华严经》，主要出土于宁夏灵武、内蒙古黑水城、甘肃敦煌、武威等地。存世的西夏文《华严经》，目前分散保存在世界各地，数量很多，版本类型也很丰富。

1917 年宁夏灵武出土了元代木活字本西夏文《华严经》，数量最多，出土后经辗转流传，现分别保存在北京国家图书馆、故宫博物院、宁夏博物馆、宁夏罗雪樵先生处，[②] 甘肃张思温先生处。日本京都大学，日本大阪大学，[③]

① 任继愈主编《中华大藏经》卷 12 全页，卷 13 第 1～452 页。

② 牛达生：《元刊木活字版西夏文佛经〈大方广佛华严经〉第 76 卷考察记》，载《北京图书馆馆刊》1997 年第 1 期。

张思温：《活字版西夏文华严经卷十一至卷十五介绍》，载《文物》1979 年第 10 期。

③ 武宇林、荒川慎太郎主编《日本藏西夏文文献》上册，中华书局，2010，第 1～208、226 页。

法国国家图书馆，美国普林斯顿大学。[①] 另外，宁夏灵武出土的泥活字印本西夏文《华严经》2卷，写本西夏文《华严经》1卷，现保存在北京国家图书馆。[②] 宁夏灵武出土的泥金写本西夏文《华严经》第15卷的残页8面，保存在甘肃省定西县文化馆。[③]

1908年，俄国探险家科兹洛夫在内蒙古额济纳旗黑水城遗址中掘得大量西夏文献，大多数都收藏在俄罗斯科学院东方研究所列宁格勒分所。收藏伊始，苏联学者便开始了对西夏文献的整理研究。俄藏西夏文献中，汉、西夏文《华严经》数量多，版本类型十分丰富。[④] 1914年英人斯坦因也到达黑水城，获得不少西夏遗物，藏于英国国家图书馆，其中也有各种版本的西夏文《华严经》残页。[⑤] 日本天理大学图书馆、北京国家图书馆等地也有收藏。

1908年法国伯希和在敦煌莫高窟所得西夏文文献中，有各种写本和刻本的《华严经》，现存法国国家图书馆。[⑥] 20世纪40年代，张大千曾在莫高窟发现并保存过西夏文文献，后来流散日本和美国，现保存在日本天理大学图书馆的西夏文献，其中有西夏文《华严经》残页。[⑦] 20世纪50年代和80年代，敦煌莫高窟北区又发现不少西夏文献，现保存在敦煌研究院，其中有西夏文《华严经》残页和封面。[⑧]

---

① 刘景云：《法藏敦煌西夏文文献的考订》，载《敦煌研究》，2008年第3期。
曾叔文、何义壮：《谈美国普林斯顿大学藏木活字本大方广佛华严经》，载《文物》1992年第4期。

② 杜建录：《中国藏西夏文献叙录》，载《西夏学》第3辑。

③ 陈炳应：《金书西夏文大方广佛华严经》，载《文物》1989年第5期。

④ 史金波：《西夏出版研究》，第86页。
聂历山、石滨纯太郎：《西夏语译大方广佛华严经入不可思议解说》，1933。

⑤ 胡若飞：《英藏黑水城文献概述》，载《固原师专学报》（社科版）2005年第9期。
崔红芬：《英藏华严经普贤行愿品残页释读》，载《文献》2009年第2期。
于业勋：《英藏西夏文华严普贤行愿品残页考》，载《西夏学》第8辑。

⑥ 《法藏敦煌西夏文献》，北方民族大学和上海古籍出版社，2007。

⑦ 武宇林、荒川慎太郎主编《日本藏西夏文文献》下册，第276、284、294、295、463～533页。
俄军：《甘肃省博物馆馆藏西夏文献述略》，载《考古与文物》2006年第6期。
西田龙雄：《西夏文华严经》，京都大学文学部，1977年。

⑧ 史金波、陈育宁主编《中国藏西夏文献》16卷，第49、150页。
史金波：《敦煌莫高窟北区出土西夏文文献新探》，载《敦煌研究》2000年第3期。

（五）大方广佛华严经普贤行愿品

西夏文：

[illegible]□□□□□□□□□□□[illegible]
[illegible]
[illegible]
[illegible]
[illegible]
[illegible]
[illegible]
[illegible]
[illegible]
[illegible]
[illegible]
[illegible]
[illegible]
[illegible]
[illegible]

汉文对译：

舌根以□□□□□□□□□□□一
一声音言语一切海如出如来一切
之诸功德海宣讲赞叹未来世穷连
续不断其法界国中不遍者无此如
虚空界尽众生界尽众生业尽众生
烦恼尽则我赞方尽虚空界乃至烦恼
尽可无故我此赞叹亦尽可无也念
念连续中断不有身口意业疲厌不
有
复次善男子广供养修言者法界虚
空界尽十方三世佛国一切中最微
微尘有一一微尘中各自世界一切
最微尘数诸佛有一一佛所种种海
会菩萨围绕我此普贤行愿力缘故

汉译文：

……一一舌根，出无尽音声海，一一音声，出一切言辞海，称扬赞叹一切如来诸功德海。穷未来际，相续不断，尽于法界，无不周遍。如是虚空界尽，众生界尽，众生业尽，众生烦恼尽，我赞乃尽。而虚空界乃至烦恼，无有尽故，我此赞叹无有穷尽。念念相续，无有间断，身语意业，无有疲厌。

复次，善男子！言广修供养者，所有尽法界、虚空界，十方三世一切佛刹极微尘中，一一各有一切世界极微尘数佛，一一佛所，种种菩萨海会围绕。我以普贤行愿力故……

题解：

张义修行洞出土，现藏甘肃省博物馆，文献编号 G21.036［13221］。刻本，经折装，麻纸。高 15.2 厘米，宽 8.3 厘米。单栏高 12 厘米。存 2 面，面 7 行，行 14 字。图版见《中国藏西夏文献》第十六卷第 294 页。

《大方广佛华严经普贤行愿品》，简称《普贤行愿品》，唐代罽宾国三藏般若翻译，共四十卷。[1] 其与佛驮跋陀罗译本和实叉难陀译本中的《入法界品》内容的不同之处在于，该经第四十卷中新添加了普贤十种大愿，及重颂之普贤广大愿王清净偈。该经还有藏文译本。

（六）佛说决定毗尼经（图版 54）

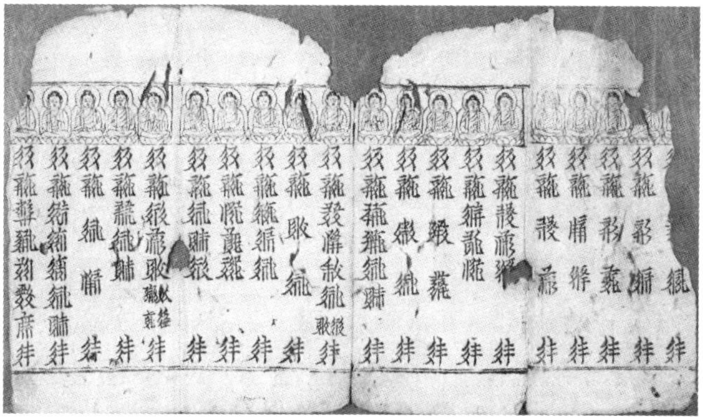

图版 54　佛说决定毗尼经

（原图版见《中国藏西夏文献——甘肃省博物馆藏卷》第十六卷，第 416、417 页）

西夏文：	汉文对译：
[illegible]/[illegible]	南无宝月佛、南无无垢佛
[illegible]/[illegible]	南无离垢佛、南无勇施佛
[illegible]/[illegible]	南无清净佛、南无清净施佛
[illegible]/[illegible][2]	南无娑留那佛、南无水火佛
[illegible]/[illegible]	南无坚德佛、南无旃檀功德佛
[illegible]/[illegible]	南无无量威德花光佛、南无光德佛
[illegible]/[illegible]	南无无忧德佛、南无那罗延佛
[illegible]/[illegible]	南无功德华佛、南无莲花光感通游戏佛

① 《大正新修大正藏》，卷 10，第 661 ~ 850 页。

② 此处《中华大藏经》敦煌三藏汉译本为“南无水天佛”，与西夏文译本不同。

[illegible]	南无财功德佛、南无德念佛
[illegible]	南无善名称功德佛、南无焰红帝幢王佛
[illegible]	等世界一切中诸佛世尊常住
[illegible]	此诸世尊我之慈也若我此生
[illegible]	前生始无死生中生此刻上来
[illegible]□	众罪若自作若他教作令为□
□□[illegible]	□□塔物若僧物若四方佛物
□□[illegible]	□□他教取令取见随喜五无
□□□□[illegible]	□□□□他教为令为见随喜
□□□[illegible]	□□□自为若他教为令为见
□□□□[illegible]	□□□□若藏匿若不藏匿狱
□□□□□[illegible]	□□□□恶趣地边低下贱复
□□□[illegible]	□□□不足寿长天生邪见方
□□□□□□□□□[illegible]	□□□□□□□□□应罪障今

汉译文：

南无宝月佛　南无无垢佛　南无离垢佛　南无勇施佛　南无清净佛　南无清净施佛　南无娑留那佛　南无水火佛　南无坚德佛　南无栴檀功德佛　南无无量掬光佛　南无光德佛　南无无忧德佛　南无那罗延佛　南无功德花佛　南无莲花光游戏神通佛　南无财功德佛　南无德念佛　南无善名称功德佛　南无红炎帝幢王佛……

……如是等一切世界诸佛世尊常住在世，是诸世尊当慈念我。若我此生，若我前生，从无始生死已来所作众罪。若自作若教他作，见作随喜。若塔若僧，若四方僧物，若自取，若教他取，见取随喜。五无间罪，若自作若教他作，见作随喜。十不善道，若自作若教他作，见作随喜。所作罪障，或有覆藏，或不覆藏，应堕地狱饿鬼畜生。诸余恶趣边地下贱及蔑戾车，如是等处所作罪障今皆忏悔。

题解：

《佛说决定毗尼经》，西晋敦煌佚名三藏译。该经共有三个译本，另有唐不空译本，经名为《佛说三十五佛名礼忏文》，唐三藏菩提流支译本，经名为《大宝积经·优婆离会第二十四》。三种译本内容基本相同，在《中华大藏经》中均有收录。①

武威发现的该佛经残页，共有两种版本。

亥母洞文献编号为 G31·019［6761］，现藏武威市博物馆。麻纸，刊本，经折装，存 4 面，高 19 厘米，宽 8 厘米，上下双栏，栏高 15.5 厘米，面 5 行，行 8 字。每行文字都是不同的佛名号，文字上方各对应一身佛像，结跏趺坐于莲花座上，有头光和身光，手印各不相同。该文献于光建老师曾做过译释研究②。

修行洞文献编号 G21·048［13218］，现藏甘肃省博物馆，刊本，经折装，麻纸。上部残缺，残高 13.9 厘米，宽 8.4 厘米。右边和下边有单栏，页面皱折，存 2 面，面 6 行，行最多 12 字。图版见《中国藏西夏文献》第十六卷第 311 页。

校记：

该佛经两个版本的残页在《中国藏西夏文献》中都定名为“佛经残页”。

（七）现在贤劫千佛名经

西夏文：		**汉文对译：**	
[illegible]……		南无海德佛	……
[illegible]	[illegible]	南无月盖佛	南无多焰佛
[illegible]	[illegible]	南无违蓝王佛	南无智称佛
[illegible]	[illegible]	南无觉想佛	南无功德光佛
[illegible]	[illegible]	南无声流布佛	南无满月佛
[illegible]	[illegible]	南无华光佛	南无善成王佛
……	[illegible]	……	南无慧顶佛
[illegible]	[illegible]	南无善住佛	南无意行佛

① 任继愈主编《中华大藏经》。西晋敦煌三藏译《佛说决定毗尼经》卷 9，第 756～765 页。唐不空译《佛说三十五佛名礼忏文》卷 65，第 654、655 页。大唐三藏菩提流支译《大宝积经·优婆离会第二十四》卷 9，第 182～190 页

② 于光建：《武威博物馆藏西夏文佛经定名新考》，载《西夏学》第 8 辑。

[illegible]	南无梵音佛　南无师子佛
[illegible]	南无雷音佛　南无通相佛
[illegible]	南无慧音佛　南无安隐佛
[illegible]	南无梵王佛　南无牛王佛
[illegible]	南无梨陀目佛　南无龙德佛
[illegible]	南无实相佛　南无庄严佛
[illegible]	南无不音没佛　南无华德佛
[illegible]	南无音德佛　南无庄严辞佛
[illegible]	南无勇智佛　南无花积佛
[illegible]	南无花开佛　南无力行佛
[illegible]	南无德积佛　南无上形色佛
[illegible]	南无明曜佛　南无月灯佛
[illegible]	南无威德王佛　南无菩提王佛
[illegible]	南无无尽佛　南无菩提眼佛
[illegible]	南无身充满佛　南无惠国佛
[illegible]	南无最上佛　南无清凉照佛
[illegible]	地狱中堕其时牛头悲哀领以刀剑处
[illegible]	持狱卒目皱驱以剑树上往令若日若
[illegible]①[illegible]	夜万死万生肉镬沸中尽骨碎铜柱侧
[illegible]	置铁嘴在鸟眼珠雕食铜狗牙利首身
[illegible]②[illegible]	抽拔寒冰病苦若煮若烧若灰中埋若
[illegible]	碓以碓若磨以磨若犁以耕若锯以掰

汉译文：

南无海德佛……南无月盖佛，南无多焰佛，南无违蓝王佛，南无智称佛，南无觉想佛，南无功德光佛，南无声流布佛，南无满月佛，南无花光佛，南无善成王佛……

① [illegible]，汉译为“若日若夜”，《中华大藏经》汉译本为“一日一夜”。

② [illegible]，汉译为“若寒冰若病苦若煮若烧灰中埋”，《中华大藏经》汉译本为“寒冰痛炭煮制炮烧”。

南无慧顶佛，南无善住佛，南无意行佛，南无梵音佛，南无师子佛，南无雷音佛，南无通相佛，南无慧音佛，南无安隐佛，南无梵王佛，南无牛王佛，南无梨陀目佛，南无龙德佛，南无实相佛，南无庄严佛，南无不没音佛，南无花德佛，南无音德佛，南无庄严辞佛

南无勇智佛，南无花积佛，南无花开佛，南无力行佛，南无德积佛，南无上形色佛，南无明曜佛，南无月灯佛，南无威德王佛，南无菩提王佛，南无无尽佛，南无菩提眼佛，南无身充满佛，南无惠国佛，南无最上佛，南无清凉照佛……

……堕于地狱。其时牛头哀嚎就持刀剑处，狱卒皱眉往剑树上驱。一日一夜万死万生，肉尽镬汤之中。碎骨铜柱之侧置。铁嘴之鸟啄眼睛，铜狗利牙楂掣身首。寒冰痛炭煮制炮烧，碓捣磨摩犁耕锯解。

题解：

张义修行洞出土，有 2 种版本，共 5 面，现藏甘肃省博物馆。

第一种文献编号 G21.032［13195、13196］，刻本，麻纸，经折装，存 4 面，残页，残高 20.4 厘米，宽 10 厘米。上部单栏，下部残损，面 6 行，行 10 字。上部和中间各有一排跏趺坐佛像，像下各列佛名。图版见《中国藏西夏文献》第十六卷第 288 ~ 290 页。

第二种文献编号 G21.033［13197］，刻本，麻纸，经折装，存 1 面，残高 20 厘米，宽 9.5 厘米，上下单栏，栏高 18 厘米，存 6 行，行 15 字。图版见《中国藏西夏文献》第十六卷第 291 页。

《现在贤劫千佛名经》，又名《集诸佛大功德山》，阙译者人名，《中华大藏经》中收录了“梁录”内容，并附录“开元拾遗附梁录”的内容。①

（八）佛说观弥勒菩萨上升兜率天经

西夏文：

[illegible]
[illegible]
[illegible]

汉文对译：

各宝华执宝座上布此诸莲花自
然皆五百亿宝女生手白拂执帐
内侍立四宝柱有宫殿四角四宝

① 任继愈主编《中华大藏经》卷 22，第 22 ~ 45 页。

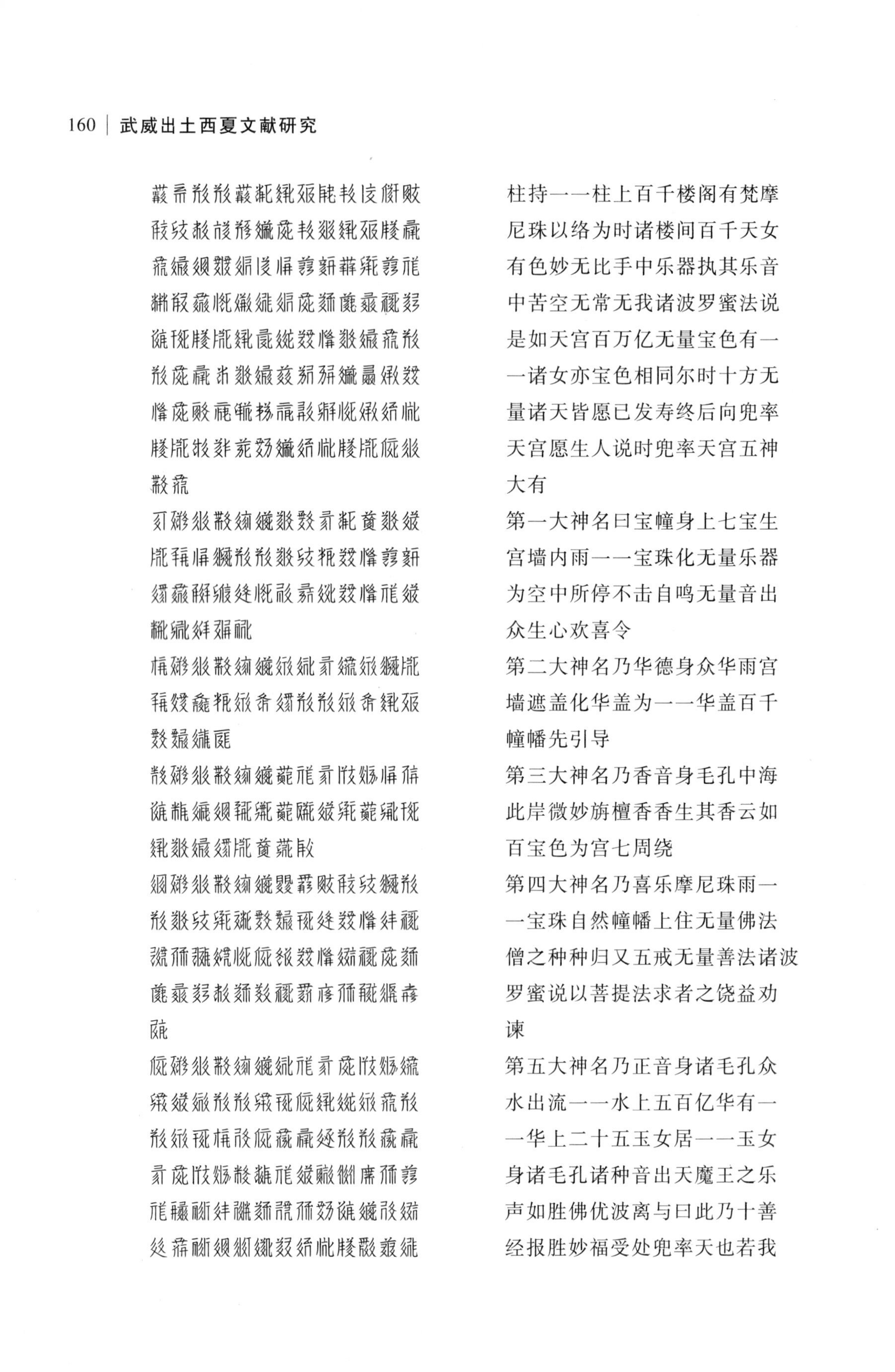

[illegible]

[illegible]

[illegible]

[illegible]

[illegible]

[illegible]

柱持一一柱上百千楼阁有梵摩尼珠以络为时诸楼间百千天女有色妙无比手中乐器执其乐音中苦空无常无我诸波罗蜜法说是如天宫百万亿无量宝色有一一诸女亦宝色相同尔时十方无量诸天皆愿已发寿终后向兜率天宫愿生人说时兜率天宫五神大有

第一大神名曰宝幢身上七宝生宫墙内雨一一宝珠化无量乐器为空中所停不击自鸣无量音出众生心欢喜令

第二大神名乃华德身众华雨宫墙遮盖化华盖为一一华盖百千幢幡先引导

第三大神名乃香音身毛孔中海此岸微妙旃檀香香生其香云如百宝色为宫七周绕

第四大神名乃喜乐摩尼珠雨一一宝珠自然幢幡上住无量佛法僧之种种归又五戒无量善法诸波罗蜜说以菩提法求者之饶益劝谏

第五大神名乃正音身诸毛孔众水出流一一水上五百亿华有一一华上二十五玉女居一一玉女身诸毛孔诸种音出天魔王之乐声如胜佛优波离与曰此乃十善经报胜妙福受处兜率天也若我

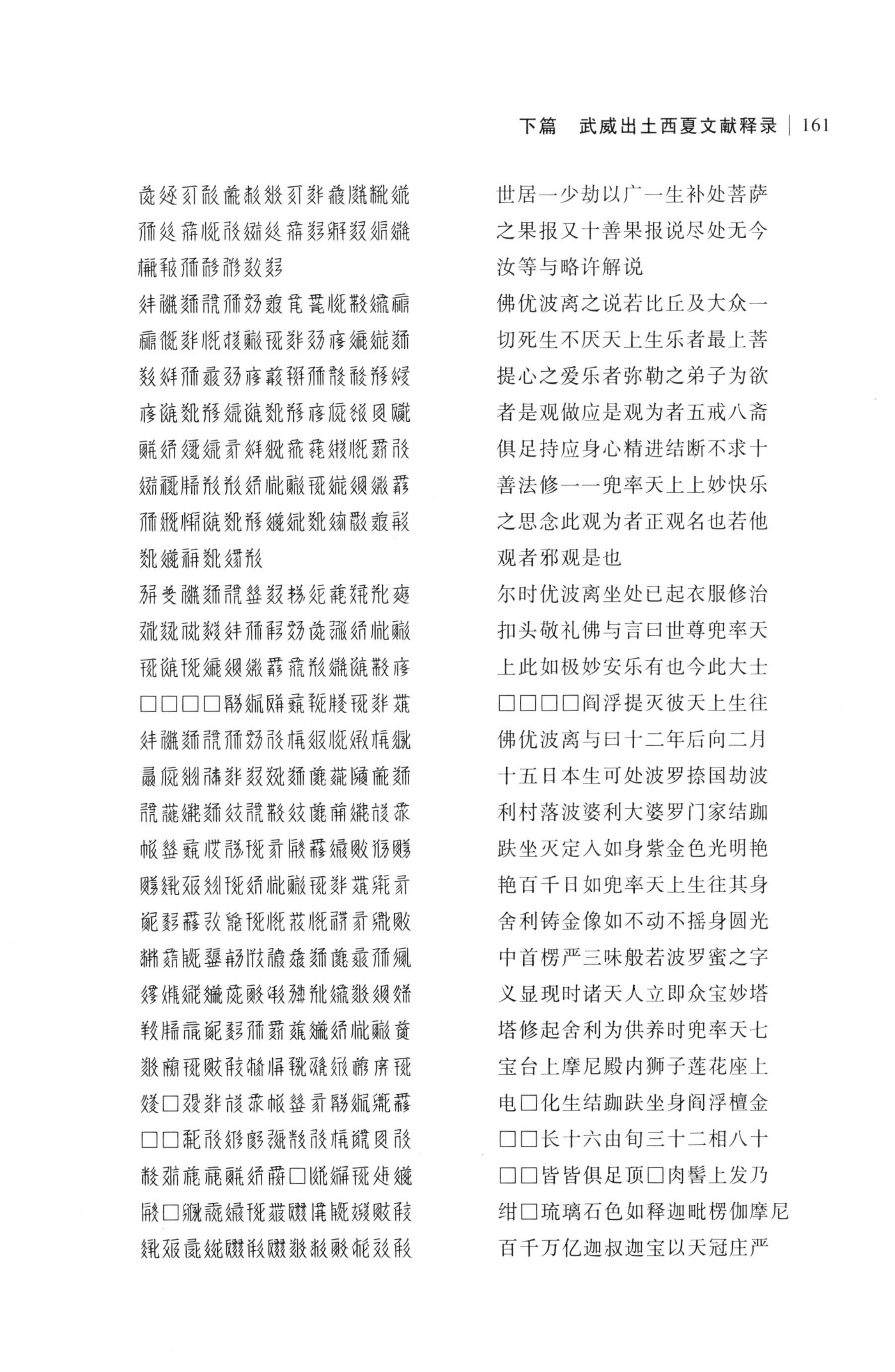

世居一少劫以广一生补处菩萨
之果报又十善果报说尽处无今
汝等与略许解说

佛优波离之说若比丘及大众一
切死生不厌天上生乐者最上菩
提心之爱乐者弥勒之弟子为欲
者是观做应是观为者五戒八斋
俱足持应身心精进结断不求十
善法修一一兜率天上上妙快乐
之思念此观为者正观名也若他
观者邪观是也

尔时优波离坐处已起衣服修治
扣头敬礼佛与言曰世尊兜率天
上此如极妙安乐有也今此大士
□□□□阎浮提灭彼天上生往
佛优波离与曰十二年后向二月
十五日本生可处波罗捺国劫波
利村落波婆利大婆罗门家结跏
趺坐灭定入如身紫金色光明艳
艳百千日如兜率天上生往其身
舍利铸金像如不动不摇身圆光
中首楞严三味般若波罗蜜之字
义显现时诸天人立即众宝妙塔
塔修起舍利为供养时兜率天七
宝台上摩尼殿内狮子莲花座上
电□化生结跏趺坐身阎浮檀金
□□长十六由旬三十二相八十
□□皆皆俱足顶□肉髻上发乃
绀□琉璃石色如释迦毗楞伽摩尼
百千万亿迦叔迦宝以天冠庄严

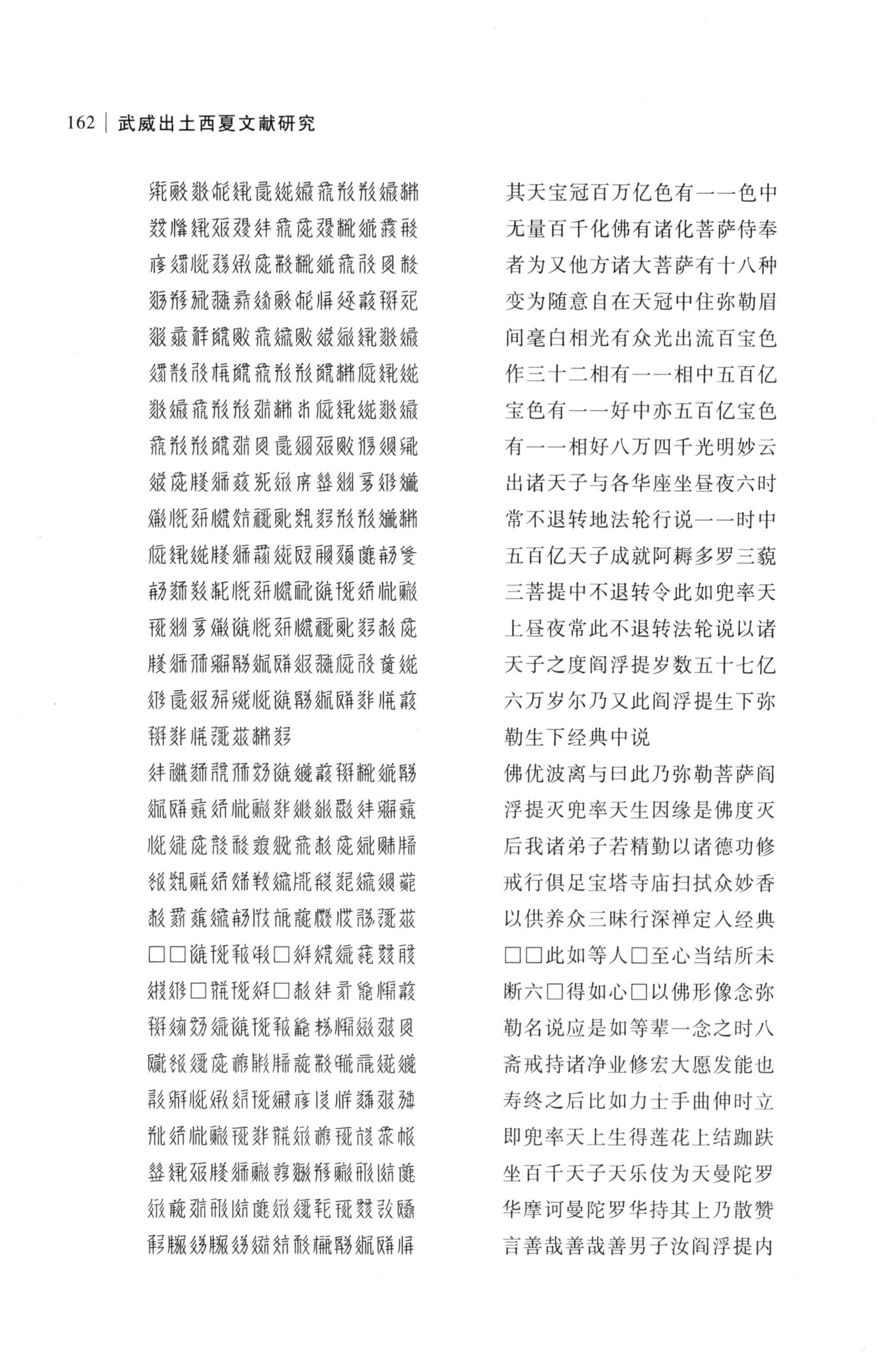

其天宝冠百万亿色有一一色中无量百千化佛有诸化菩萨侍奉者为又他方诸大菩萨有十八种变为随意自在天冠中住弥勒眉间毫白相光有众光出流百宝色作三十二相有一一相中五百亿宝色有一一好中亦五百亿宝色有一一相好八万四千光明妙云出诸天子与各华座坐昼夜六时常不退转地法轮行说一一时中五百亿天子成就阿耨多罗三藐三菩提中不退转令此如兜率天上昼夜常此不退转法轮说以诸天子之度阎浮提岁数五十七亿六万岁尔乃又此阎浮提生下弥勒生下经典中说

佛优波离与曰此乃弥勒菩萨阎浮提灭兜率天生因缘是佛度灭后我诸弟子若精勤以诸德功修戒行俱足宝塔寺庙扫拭众妙香以供养众三昧行深禅定入经典□□此如等人□至心当结所未断六□得如心□以佛形像念弥勒名说应是如等辈一念之时八斋戒持诸净业修宏大愿发能也寿终之后比如力士手曲伸时立即兜率天上生得莲花上结跏趺坐百千天子天乐伎为天曼陀罗华摩诃曼陀罗华持其上乃散赞言善哉善哉善男子汝阎浮提内

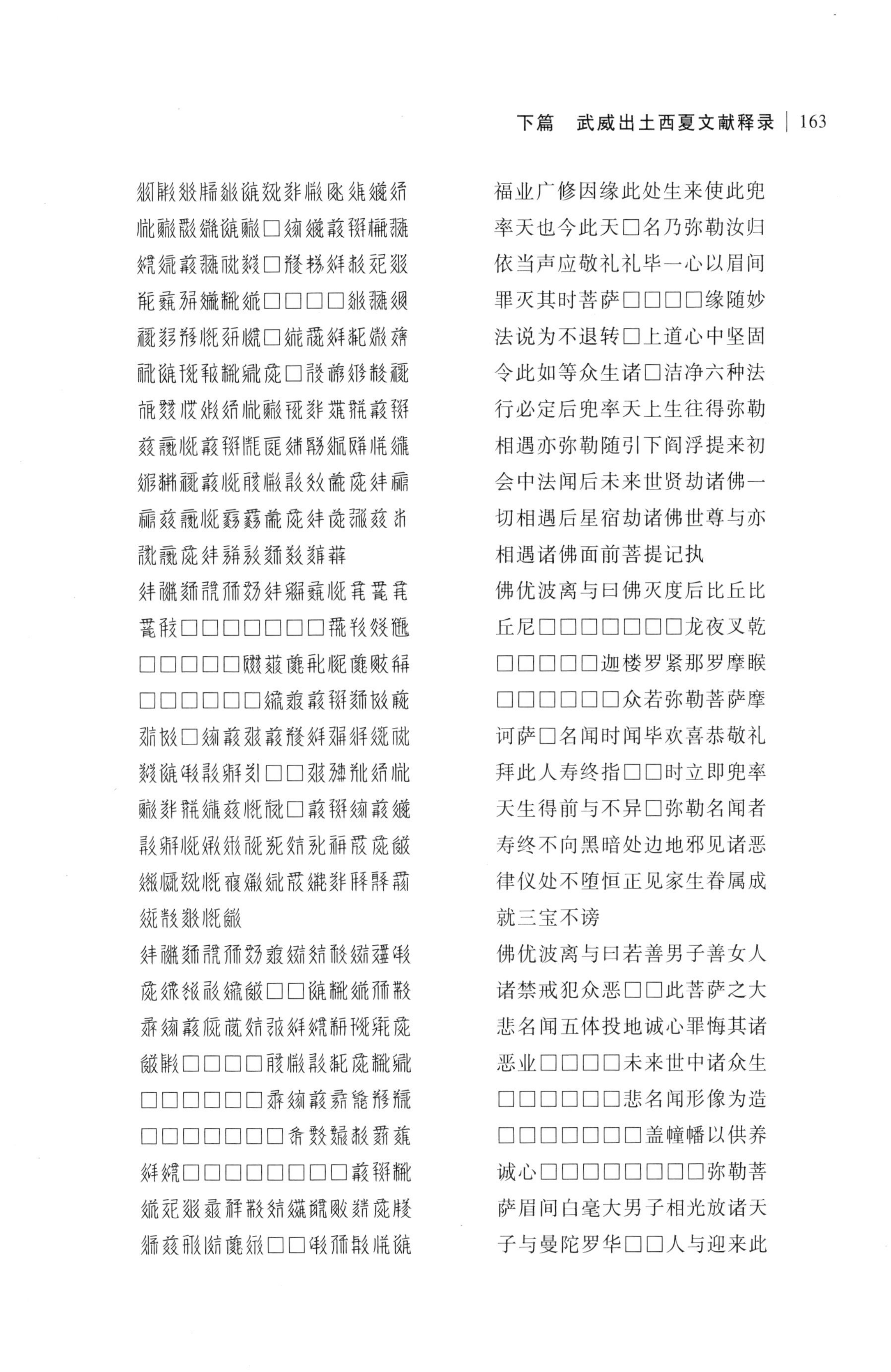

福业广修因缘此处生来使此兜
率天也今此天□名乃弥勒汝归
依当声应敬礼礼毕一心以眉间
罪灭其时菩萨□□□□缘随妙
法说为不退转□上道心中坚固
令此如等众生诸□洁净六种法
行必定后兜率天上生往得弥勒
相遇亦弥勒随引下阎浮提来初
会中法闻后未来世贤劫诸佛一
切相遇后星宿劫诸佛世尊与亦
相遇诸佛面前菩提记执

佛优波离与曰佛灭度后比丘比
丘尼□□□□□□□龙夜叉乾
□□□□□迦楼罗紧那罗摩睺
□□□□□□众若弥勒菩萨摩
诃萨□名闻时闻毕欢喜恭敬礼
拜此人寿终指□□时立即兜率
天生得前与不异□弥勒名闻者
寿终不向黑暗处边地邪见诸恶
律仪处不堕恒正见家生眷属成
就三宝不谤

佛优波离与曰若善男子善女人
诸禁戒犯众恶□□此菩萨之大
悲名闻五体投地诚心罪悔其诸
恶业□□□□未来世中诸众生
□□□□□□悲名闻形像为造
□□□□□□□盖幢幡以供养
诚心□□□□□□□□□弥勒菩
萨眉间白毫大男子相光放诸天
子与曼陀罗华□□人与迎来此

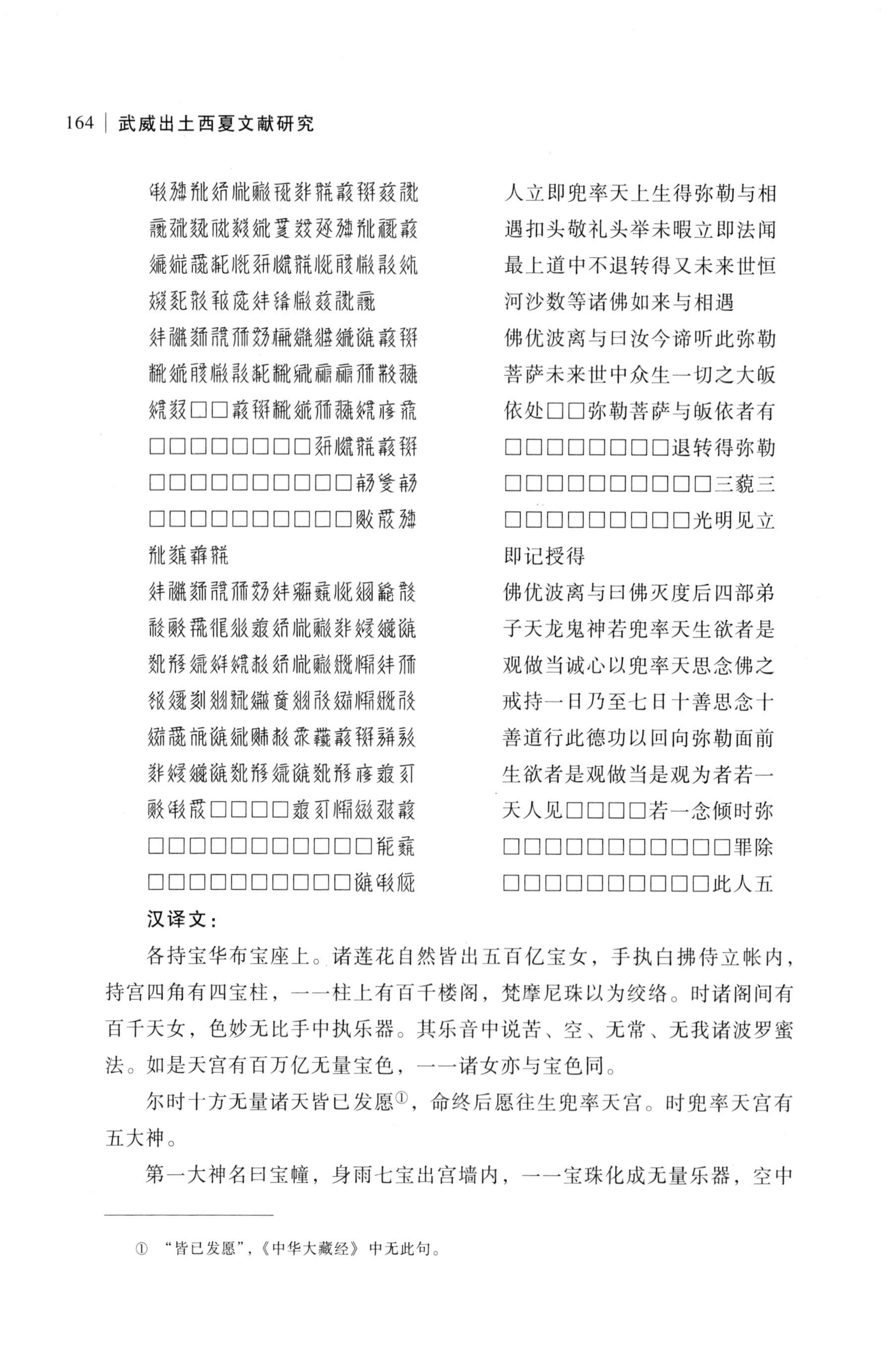

[illegible]	人立即兜率天上生得弥勒与相
[illegible]	遇扣头敬礼头举未暇立即法闻
[illegible]	最上道中不退转得又未来世恒
[illegible]	河沙数等诸佛如来与相遇
[illegible]	佛优波离与曰汝今谛听此弥勒
[illegible]	菩萨未来世中众生一切之大皈
[illegible]□□[illegible]	依处□□弥勒菩萨与皈依者有
□□□□□□□□[illegible]	□□□□□□□□□退转得弥勒
□□□□□□□□□□[illegible]	□□□□□□□□□□□三藐三
□□□□□□□□□□[illegible]	□□□□□□□□□□光明见立
[illegible]	即记授得
[illegible]	佛优波离与曰佛灭度后四部弟
[illegible]	子天龙鬼神若兜率天生欲者是
[illegible]	观做当诚心以兜率天思念佛之
[illegible]	戒持一日乃至七日十善思念十
[illegible]	善道行此德功以回向弥勒面前
[illegible]	生欲者是观做当是观为者若一
[illegible]□□□□[illegible]	天人见□□□□若一念倾时弥
□□□□□□□□□□□[illegible]	□□□□□□□□□□□□罪除
□□□□□□□□□□[illegible]	□□□□□□□□□□□此人五

汉译文：

各持宝华布宝座上。诸莲花自然皆出五百亿宝女，手执白拂侍立帐内，持宫四角有四宝柱，一一柱上有百千楼阁，梵摩尼珠以为绞络。时诸阁间有百千天女，色妙无比手中执乐器。其乐音中说苦、空、无常、无我诸波罗蜜法。如是天宫有百万亿无量宝色，一一诸女亦与宝色同。

尔时十方无量诸天皆已发愿①，命终后愿往生兜率天宫。时兜率天宫有五大神。

第一大神名曰宝幢，身雨七宝出宫墙内，一一宝珠化成无量乐器，空中

① “皆已发愿”，《中华大藏经》中无此句。

乃停，不鼓自鸣，出无量音，令众生欢喜。

第二大神名曰华德，身雨众华，遮盖宫墙化成华盖，一一华盖百千幢幡导引。

第三大神名曰香音，身毛孔中，出微妙海此岸旃檀香气，其香如云作百宝色绕宫七匝。

第四大神名曰喜乐，雨摩尼珠，一一宝珠自然停幢幡上，说无量佛、法、僧之归依，及说五戒、无量善法、诸波罗蜜，饶益劝助求菩提法者。

第五大神名曰正音，身诸毛孔流出众水，一一水上有五百亿华，一一华上住二十五玉女，一一玉女身诸毛孔出诸种音，胜过天魔王[①]之音乐。

佛与优波离曰：此乃兜率天十善果报胜妙福受处。若我住世，以一小劫广说一生补处菩萨果报及十善果报，不能尽，今为汝等略而解说。

佛与优波离曰：若比丘及一切大众，不厌生死乐生天上者，爱敬无上菩提心者，欲为弥勒之弟子者，当作是观。作是观者，应持五戒八斋具足戒，身心精进，不求断结，修十善法，一一思念兜率天上上妙快乐。作是观者，名正观也，若他观者，为邪观也。

尔时，优波离从坐上起，整理衣服头面作礼，与佛言：世尊，兜率天上有如是极妙安乐，今此大士□□阎浮提灭，往生彼天上。

佛与优波离曰：十二年二月十五日后，波罗捺国劫波利村波婆利大婆罗门家可本生处，结跏趺坐如入灭定，身紫金色光明艳赫如百千日，往生兜率天上。其身舍利如铸金像不动不摇，身圆光中首楞严三昧般若波罗蜜字义显现。时诸天人立即修起众宝妙塔供养舍利。时兜率天七宝台上摩尼殿内狮子莲花座上结跏趺坐电□化生，身阎浮檀金□□，长十六由旬，三十二相，八十种好皆悉具足，顶上肉髻上，发绀□琉璃石色，如释迦毗楞伽摩尼、百千万亿迦叔迦宝以严其天冠。其天宝冠有百万亿色，一一色中有无量百千化佛，诸化菩萨以为侍者。复有他方诸大菩萨，作十八种变，随意自在住天冠中。弥勒眉间有白毫相光，流出众光作百宝色。有三十二相，一一相中有五百亿宝色，一一好中亦有五百亿宝色，一一相好出八万四千光明妙云。与诸天子各坐华座，昼夜六时常说不退转地法轮之行。一一时中成就五百亿天子，令

---

① “天魔王”，《中华大藏经》中作“天魔后”。

不退转于阿褥多罗三藐三菩提，如是兜率天昼夜恒说此不退转法轮度诸天子。阎浮提岁数五十七亿六万岁①，尔乃复下生此阎浮提，弥勒下生经中说。

佛与优波离曰：此乃弥勒菩萨阎浮提灭生兜率天因缘也。佛灭度后，我诸弟子若以精勤修诸功德，戒行具足，扫塔□□，以众妙香供养，行众□□，深入禅定，□□经典。□□□□应当至心，结未断如得六□。当以心□念佛形像称弥勒名。如是等辈若一念之时受八戒斋，修诸净业，能□弘大愿也。命终之后譬如壮士屈伸臂时，立便得生兜率天上，结跏趺坐，百千天子作天伎乐，持天曼陀罗华、摩诃曼陀罗华，以散其上，赞言：善哉！善哉！善男子，汝于阎浮提广修福业，来生此□。□□兜率天也，今此天□名曰弥勒，汝□□□。□□□□，□□，□□□□眉间□□相光，灭九十亿劫生死之罪。尔□□□□□□□□□缘为说妙法，令坚固不退转于□上道心。如是等众生□□□□，行六种法，后必定兜率天上得往生。与弥勒相遇，复跟随弥勒来阎浮提，初会中闻法，后未来世值遇贤劫一切诸佛，及宿劫亦与诸佛世尊值遇，诸佛面前□□□□。

佛与优波离曰：佛灭度后，比丘、比丘尼、□□□□□□□龙、夜叉、乾□□□□□、迦楼罗、紧那罗、摩睺□□□□□□众，若闻弥勒菩萨摩诃萨□名时，闻已欢喜恭敬礼拜，此人命终指□□时立便兜率天得生，如前无异。□闻弥勒名者，命终亦不堕黑暗处边地邪见诸恶律仪，恒家生正见，眷属成就，不谤三宝。

佛与优波离曰：若善男子、善女人，犯诸禁戒，众恶□□，闻是菩萨大悲名，五□□□诚心忏悔，彼诸恶业□□□□。未来世中诸众生□□□□□□悲名闻，造立形象，□□□□□□□盖、幢幡以供养，至心□□□□□□□□，弥勒菩萨放眉间白毫大人相光，与诸天子曼陀罗华来迎□□人。此人立即得生兜率天上。值遇弥勒头面礼敬，举头未暇立即闻法，无上道中得不退转，于未来世相遇恒河沙数等诸佛如来。

佛与优波离曰：汝今谛听，是弥勒菩萨于未来世，一切众生之大皈依处，□□有皈依□□□□者，□□□□□□□□退转得。弥勒□□□□□□□□□□三藐三□□□□□□□□□□□光见，既得授记。

① “五十七亿六万岁”，《中华大藏经》中作“五十六亿万岁”。

佛与优波离曰：佛灭度后，四部弟子、天龙鬼神，若欲生兜率天者，当作是观，以诚心思念兜率天，持佛禁戒一日乃至七日，思念十善行十善道，以此功德回向愿生弥勒面前者，当作是观。作是观者，若见一天人、□□□□，若一念顷时弥□□□□□□□□□□□□罪除，□□□□□□□□□□此人五……

题解：

《观弥勒菩萨上升兜率天经》，刘宋沮渠京声汉译，《中华大藏经》中收录。[①] 西夏时期，该经的西夏文和汉文本广为流行，俄藏黑水城文献中，保存了该经汉、西夏两种文字的多个版本，并有仁宗时期的《观弥勒菩萨上升兜率天经施经发愿文》。发愿文记载，仁宗乾祐己酉二十年（1189 年），曾在大度民寺做大法会，仅散施番、汉文《观弥勒菩萨上升兜率天经》就达一十万卷。[②]《俄藏黑水城文献》第二册中，公布了该经的汉文本，经后有“奉天显道耀武宣文神谋睿智制义祛邪惇睦懿恭皇帝谨施”的题款，与施经发愿文中的题款一致，当是仁宗时期印施的汉文佛经。[③]

武威张义修行洞出土的该佛经，现藏甘肃省博物馆，文献编号 G21.031 [13198.8342]。刊本，麻纸，经折装，单面高 22 厘米，宽 10.7 厘米，上下单栏，栏高 16.5 厘米。存 24 面，面 6 行，行 13 字。个别页面版心中间印有汉文“上升”或“五”“六”等数字，系该经经名和页码。陈炳应先生研究认为，从该佛经纸张和印制水平来看，应当是仁宗皇帝在大度民寺散施的佛经之一。[④] 图版见《中国藏西夏文献》第十六卷第 276 ~ 287 页。

（九）维摩诘所说经

1. 维摩诘所说经下卷

西夏文（图版 55）：

[illegible]

[illegible]

① 任继愈主编《中华大藏经》卷 18，第 706 ~ 711 页。

② 段玉泉：《西夏佛教发愿文初探》，载《图书馆理论与实践》，2008 年第 1 期。

③ 《俄藏黑水城文献》第 2 册，第 41 页，编号 TK58。

④ 陈炳应：《西夏探古》，第 82 页。

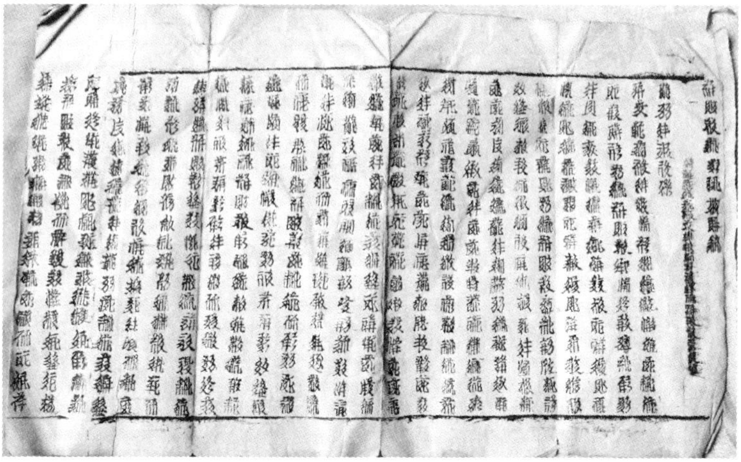

图版 55　维摩诘所说经（1）

[illegible]

[illegible]

---

① [illegible]，汉译为“然何”。

② [illegible]，汉译为“佛八解脱处”。罗什汉译本为“佛说八解脱”，故疑此处“[illegible]”或为“[illegible]”（说）之误。

③ [illegible]，汉译为“汝今受持”。罗什汉译本为“仁者受行”。

④ 罗什汉译本此处有“示诸大众”之句。

⑤ [illegible]，汉译为“美丽、彩饰”，误。此处当为“[illegible]”，即“庄严、端正”。

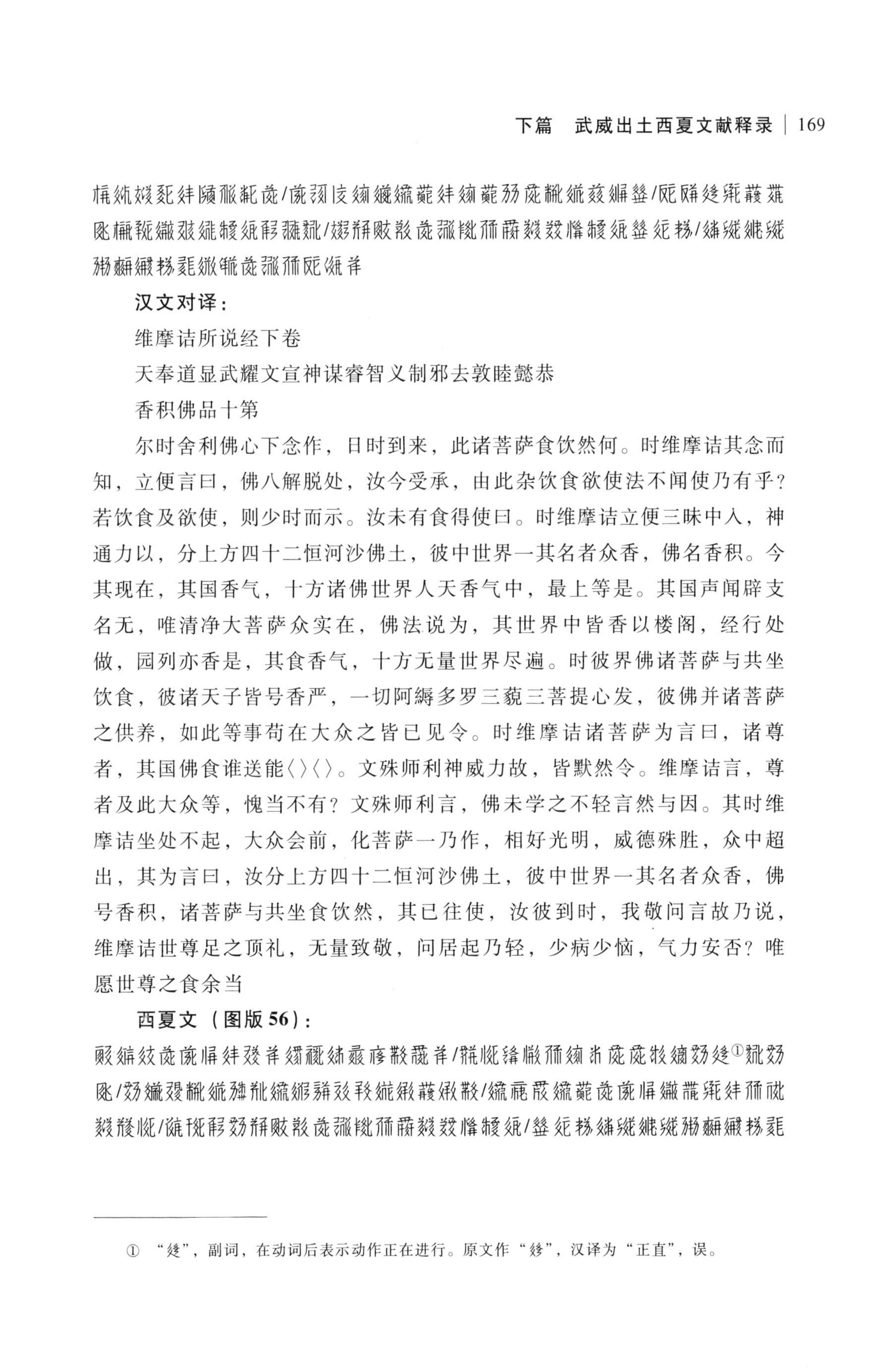

[illegible]

汉文对译：

维摩诘所说经下卷

天奉道显武耀文宣神谋睿智义制邪去敦睦懿恭

香积佛品十第

尔时舍利佛心下念作，日时到来，此诸菩萨食饮然何。时维摩诘其念而知，立便言曰，佛八解脱处，汝今受承，由此杂饮食欲使法不闻使乃有乎？若饮食及欲使，则少时而示。汝未有食得使曰。时维摩诘立便三昧中入，神通力以，分上方四十二恒河沙佛土，彼中世界一其名者众香，佛名香积。今其现在，其国香气，十方诸佛世界人天香气中，最上等是。其国声闻辟支名无，唯清净大菩萨众实在，佛法说为，其世界中皆香以楼阁，经行处做，园列亦香是，其食香气，十方无量世界尽遍。时彼界佛诸菩萨与共坐饮食，彼诸天子皆号香严，一切阿耨多罗三藐三菩提心发，彼佛并诸菩萨之供养，如此等事苟在大众之皆已见令。时维摩诘诸菩萨为言曰，诸尊者，其国佛食谁送能〈 〉〈 〉。文殊师利神威力故，皆默然令。维摩诘言，尊者及此大众等，愧当不有？文殊师利言，佛未学之不轻言然与因。其时维摩诘坐处不起，大众会前，化菩萨一乃作，相好光明，威德殊胜，众中超出，其为言曰，汝分上方四十二恒河沙佛土，彼中世界一其名者众香，佛号香积，诸菩萨与共坐食饮然，其已往使，汝彼到时，我敬问言故乃说，维摩诘世尊足之顶礼，无量致敬，问居起乃轻，少病少恼，气力安否？唯愿世尊之食余当

西夏文（图版56）：

[illegible][1][illegible]

① “[illegible]”，副词，在动词后表示动作正在进行。原文作“[illegible]”，汉译为“正直”，误。

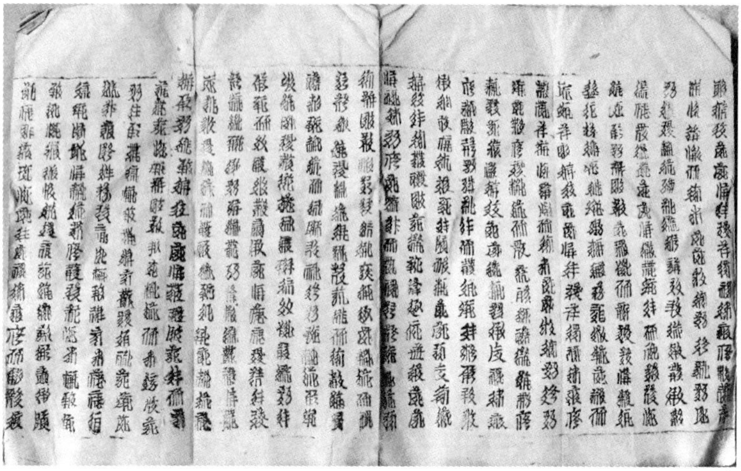

图版 56　维摩诘所说经（2）

[illegible]

汉文对译：

施，娑婆世界中佛事当成，法小乐者大道当得。又如来之名亦到处以名言然

① “[illegible]”，汉译“世界”，原文作“[illegible]”，误。

② “[illegible]”，汉译“道”，原文作“[illegible]”，汉译“枝、条”，误。

③ “[illegible]”，汉译“化”，原文作“[illegible]”，汉译“嬉、笑”，误。

乃言使曰。时化菩萨立便众会前端分，上方已上，大众皆见，众香世界中遍往。彼佛之敬礼毕，复如此言曰，维摩诘世尊足之顶礼，无量致敬，问居起乃轻，少病少恼，气力安否。唯愿世尊之食余当施，娑婆世界中佛事当成，法小乐者大道当得。复如来之名亦到处以名曰然曰。彼诸大士化菩萨之见，有未曾叹，今此大士者，从何〈〉所来？娑婆世界者何所向？其法小乐者何是然曰？立便佛之已问，其佛表言，分下方四十二恒河沙佛土，彼中世界一其名乃娑婆，佛号释迦牟尼〈〉，今其现在，五浊恶世界中，法小乐者诸众生之道法说为，彼菩萨一名维摩诘，思议可不解脱中住，诸菩萨之法说为，因此化菩萨苟，乃放起我之名，及此土赞以，彼菩萨之功德增令然曰。彼菩萨言，其人如此化显能者，德力畏无，神足何有曰。佛言，彼之神力广大，十方界中，尽皆化遣，佛事施作，众生饶益曰。尔时香积如来，众香钵中，香食满散化菩萨为已与。时彼九百万菩萨皆共言曰，我等娑婆世界中，释迦牟尼佛之供养往，并又彼维摩诘等诸菩萨之亦？见〈〉曰。佛言，往可，汝等往时身香已隐使〈〉，彼众生乐著心乃不生，复汝等本身亦尽皆隐当，彼国土中菩萨求者乃不耻。复亦汝等彼等处不敬害障思不生，且此乃何故十方国土，尽空虚如。又诸佛法小乐者之教训欲

西夏文（图版57）：

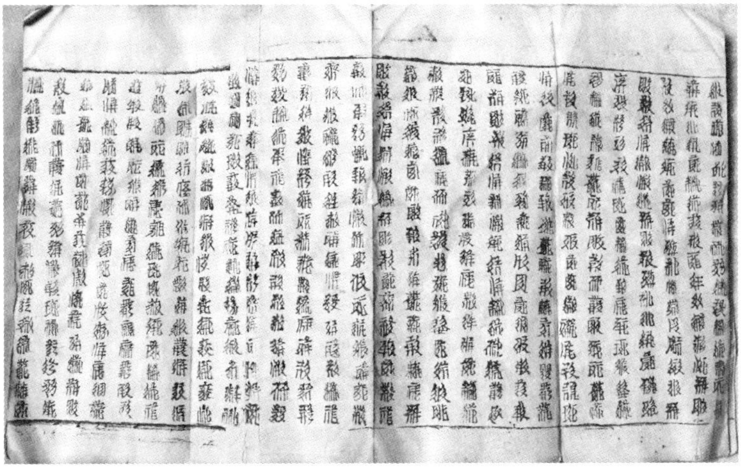

图版57　维摩诘所说经（3）

[illegible]①[illegible]②[illegible]③[illegible]④[illegible]⑤[illegible]⑥[illegible]

汉文对译：

故，清净国土不彼显令说。时化菩萨钵食已受，彼九百万菩萨与遣引，佛神威及，复维摩诘神力，于彼世界中，立便不现，弹指稍时，维摩诘舍中到来。时维摩诘立便九百万师子座化作，严好前如，诸菩萨等皆其上乃坐。时化菩萨钵满香食维摩诘与已施，其食香气毗耶离城及三千大千世界遍熏。毗耶离城中婆罗门、门尊等，此香气闻以身心喜乐，有未曾叹。其时月主盖长者，八万四千人与引导，维摩诘舍中乃来，其室中菩萨多全已在，诸狮子座，高广严好见，故皆大欢喜。诸菩萨及大弟子众皆与敬礼，一面而坐。诸

① “[illegible]”，汉译“指”，原文作“[illegible]”，汉译“对”，误。

② “[illegible]”，汉译“甘露”，原文作“[illegible]”，汉译“平”，误。

③ “[illegible]”，汉译“限量”。

④ “[illegible]”，汉译“有”，原文作“[illegible]”，汉译“恩功”，误。

⑤ “[illegible]”，趋向动词，附在各种动词之前，表示“已……”。原文作“[illegible]”，汉译“强、进”，误。

⑥ “[illegible]”，趋向动词，附在各种动词之前，表示“已……”。原文作“[illegible]”，汉译“强、进”，误。

地神虚空神及欲色界诸天等，亦此香气闻故，皆维摩诘舍中乃来。时维摩诘舍利弗等诸大声闻与语曰：汝等如来之露平食味已饮，且大悲以已熏，限量心以饮当无，不彼除也。时声闻有心下念作，此食甚少，大众皆食所满然曰。化菩萨曰：声闻之德小智小以，如来之无量福慧量当无，四海枯竭为有，此食无尽！诸人一切各须弥山许食，乃至一劫，过亦尽令不得，此者何云？无尽戒、定、智慧、解脱、解脱知见，功德具足者，之所余食是，因此乃尽不可。尔时钵食众会悉饱，故如不短。彼诸菩萨声闻人天，此饭已食者，身皆安乐，一切乐庄严国中菩萨与一礼已成，又诸毛孔中皆妙香出，众香国中诸香树与差别无有。尔时，维摩诘菩萨〈〉已问：香积如来，何如法说〈〉〈〉？彼菩萨曰：我土如来文字以无说，但众香诸。

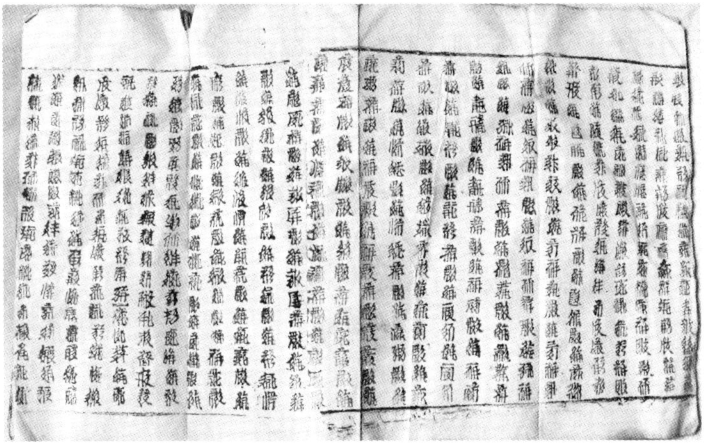

图版 58　维摩诘所说经（4）

西夏文（图版 58）：

[illegible]

[illegible]/[illegible][1][illegible]

汉文对译：

人天之律行入令。菩萨各各香树下坐，妙香闻以，立便德藏三昧一切获得。其三昧得，则菩萨之功德皆悉具足。彼诸菩萨维摩诘与已问：“今彼世尊释迦如来，何如法解说？维摩诘言：“此土众生，粗糙化难，故佛亦粗糙语以调伏。此地狱是，此畜生是，此饿鬼是，此诸难处是，此愚人生处是，此身邪行是，此身邪行之报是，此口邪行是，此口邪行报是；此意邪行是，此意邪行之报是；此杀生是，此杀生报是；此偷盗是，此偷盗报是；此邪淫是，此邪淫报是；此妄语是，妄语报是；此两舌是，两舌报是；此恶口是，此恶口报是；此妄语是，此妄语报是；此贪嫉是，此贪嫉报是；此嗔恼是，此嗔恼报是；此邪见是，此邪见报是；此吝惜是，此吝惜报是；此毁戒是，此毁戒报是；此嗔恚是，此嗔恚报是；此懈怠是，此懈怠报是；此乱意是，此乱意报是；此愚痴是，此愚痴报是；此结戒是，此持戒是，此犯戒是；此应作是，此不应作；此障碍是，此障碍非；此有罪是，此离罪是；此净是，此泥是；此有漏是，此无漏是；此邪道是，此正道是；此有为是，此无为是；此世间是，此涅槃是曰。其化难人之心乃猨猴如，故此诸种种法是，愚心禁止忍耐如象马兽调伏不肯时诸善打击骨中告做则其稍后服。如此刚强难化众生之亦难刚说实乃言。少后律行中入令。彼诸菩萨，闻此言后，皆有未曾叹。今此世尊释迦牟尼佛乃无量自在力隐故，法以众生之度脱，彼诸菩萨亦劳苦受能，

西夏文（图版59）：

[illegible]/[illegible]

---

① “[illegible]”，汉译“肯、许、可”，原文作“[illegible]”，汉译“怪”，误。

图版 59　维摩诘所说经（5）

[illegible]

[illegible]

[illegible]

① “[illegible]”，汉译“智慧”，原文作“[illegible]”，汉译“广、阔”，误。

② “[illegible]”，汉译“阿耨”，原文作“[illegible]”，汉译“计谋”，误。

汉文对译：

无量大悲以，此佛土中乃生矣曰。维摩诘言，此土菩萨诸众生中，大悲坚固真实汝等言如是此土一世众生之饶益，故彼国土中百千劫正修行如胜。此乃何云，此娑婆世界中，十种善法有，余净土中此言无有。十乃何云，布施以贫穷与摄，净戒以毁禁与摄，忍辱以嗔恚与摄，精进以懈怠与摄，禅定以乱意与，摄，智慧以愚痴与摄，灾减除法以八灾与减，大乘法以小乘乐者与度，诸善根以德无人与济，常四摄以众生与成就，此乃十是。彼菩萨曰：菩萨几法成就？则此世界中诸行罪离，净土生也。维摩诘言：菩萨八法成就，则此世界中诸行罪无，净土中生。八法者何云，众生与饶益报不，彼寻众生互换诸苦恼受。所作功德悉皆布施，众中德等，自？无碍。诸菩萨于佛如思生，未闻经契，闻时疑？不生。诸声闻与不彼违背。他供养得时，妒心不生，己利不升，于此言中心意调伏。常自罪知，彼短不说，常一心以诸功德求，是为八也。维摩诘、文殊师利彼大众中此法说时，百千天人皆阿耨多罗三藐三菩提心已发，十千菩萨生无法忍得。

菩萨行品十一第

彼时，佛法说时，其庵罗园地，忽然已广博庄严，众会一切皆金色已作。阿难佛与言问：世尊，何因缘以，此瑞相显？此处已广博庄严，众会一切皆金色作也。佛阿难与曰：此乃维摩诘、文殊师利等，与诸大众恭敬围绕，彼

西夏文（图版60）：

[illegible]
[illegible]
[illegible]
[illegible]
[illegible]①[illegible]
[illegible]
[illegible]
[illegible]
[illegible]
[illegible]

① “[illegible]”，汉译“顶礼”，原文作“[illegible]”，汉译“道”，误。

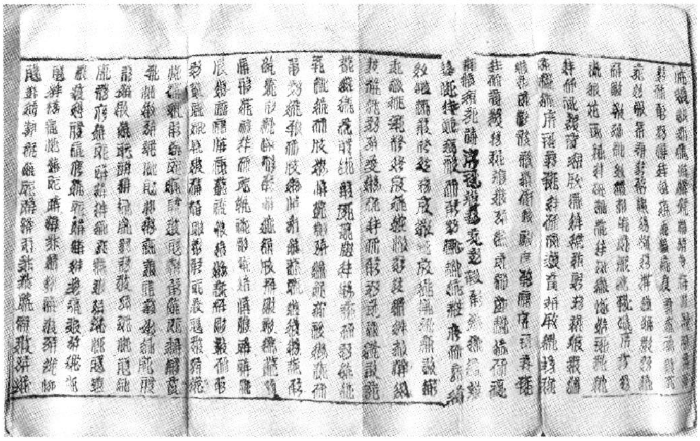

图版 60　维摩诘所说经（6）

[illegible]①[illegible]②[illegible]

汉文对译：

欲来，因故先此瑞相显。于是维摩诘文殊师利与言曰：共于佛处往，诸菩萨与供养敬礼往且曰。文殊师利言：善哉善哉！往，此时是时。维摩诘立便以神力，彼诸大众狮子座与自然，右掌上置，于佛处乃行。到佛处及地上乃置，佛与顶礼，七匝围绕，至心合掌，一面而立；时诸菩萨座上更下，佛与顶礼，七匝围绕，一面而立。诸大弟子，释梵四天王等，皆座上更下，佛之顶礼，一面而立。于是世尊诸菩萨之法如敬问，各本座上已坐〈〉〈〉，示训已受。众已坐，复佛语舍利弗与曰言：汝菩萨大士之自在神力以所为乎？已见唯？见〈〉。汝意于云何？世尊！我其为〈〉见我乃思议不可，心以量稍不得〈〉〈〉。尔时，阿难佛与言曰：世尊！今闻所香乃昔有未曾，何如香是？

① “[illegible]”，汉译“何时”。

② “[illegible]”，表示某一时间或事件的终结之后，汉译“后，即……已”。

佛阿难与曰：此乃彼菩萨之毛孔中香也。于是舍利弗阿难与言曰：我等之毛孔中亦此香气已出。阿难言：此香所从来？表曰：此乃长者维摩诘众香国中取来令，佛之食余气也，彼舍中已饮，饮者毛孔一切中皆香气已出。阿难维摩诘与言曰：香气何时除？维摩诘言：食更除时。其如复除。问言：此食何时除。表言：此食势力七日复方彼如额除。又阿难，若声闻人，正位未入，此方此食饮，则正位乃入，时彼如复除。正位入者，此食饮则心，时彼如复除。若大乘心未发者，此食饮则心已发，时比如复除。生忍无得，此食饮则一生补处得，时比如

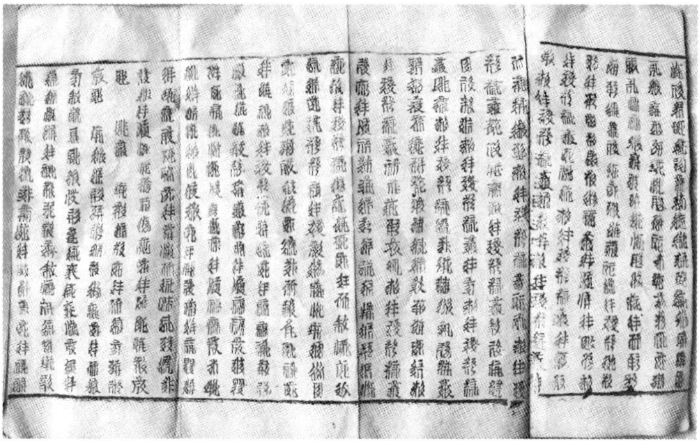

图版 61　维摩诘所说经（7）

西夏文（图版61）：

[illegible]

---

① “[illegible]”，汉译“消、除”，原文作“[illegible]”，汉译“雕刻”，误。

② “[illegible]”，汉译“一样”。

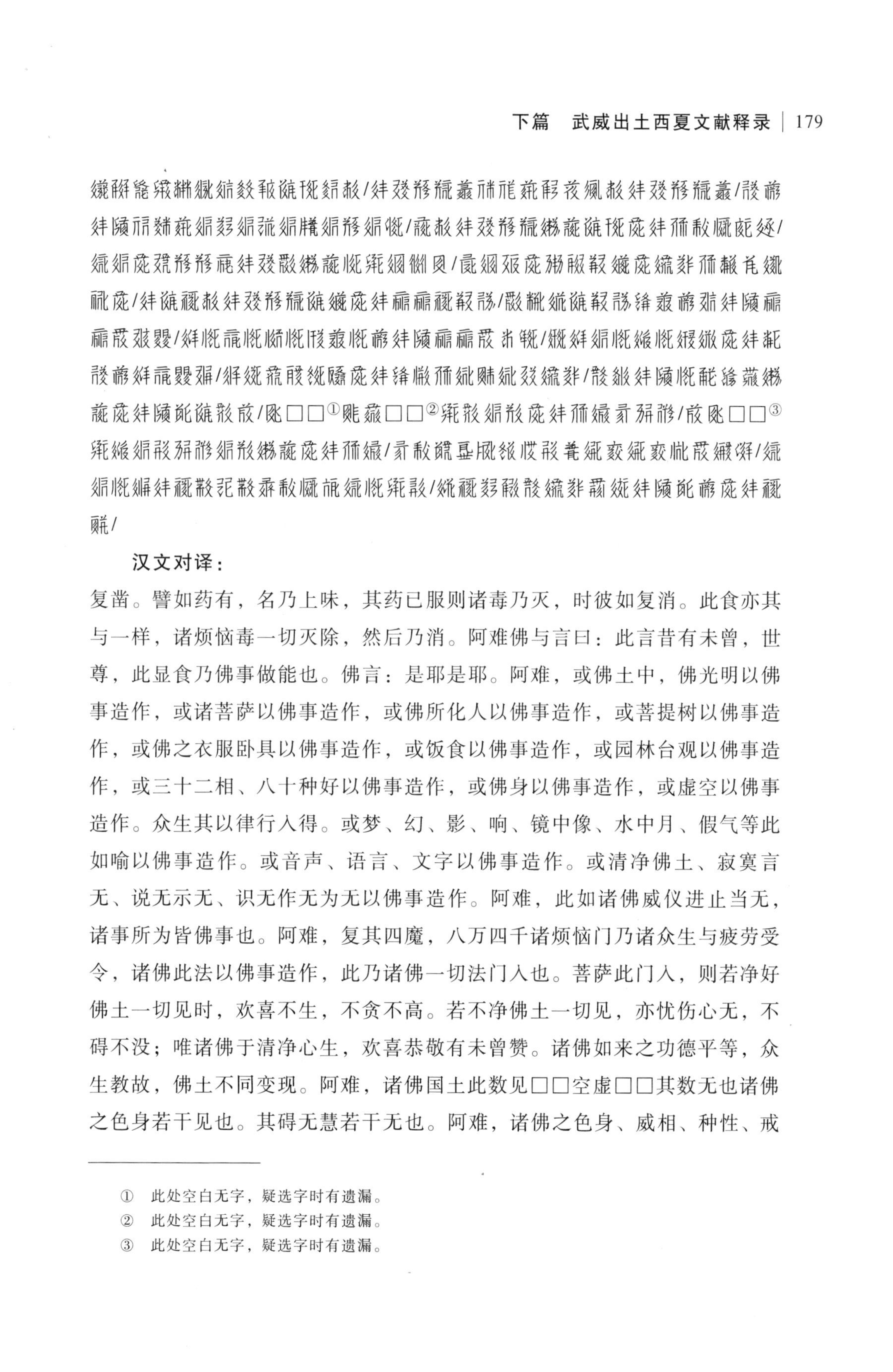

[illegible] □□[1] [illegible] □□[2] [illegible] □□[3] [illegible]/

汉文对译：

复凿。譬如药有，名乃上味，其药已服则诸毒乃灭，时彼如复消。此食亦其与一样，诸烦恼毒一切灭除，然后乃消。阿难佛与言曰：此言昔有未曾，世尊，此显食乃佛事做能也。佛言：是耶是耶。阿难，或佛土中，佛光明以佛事造作，或诸菩萨以佛事造作，或佛所化人以佛事造作，或菩提树以佛事造作，或佛之衣服卧具以佛事造作，或饭食以佛事造作，或园林台观以佛事造作，或三十二相、八十种好以佛事造作，或佛身以佛事造作，或虚空以佛事造作。众生其以律行入得。或梦、幻、影、响、镜中像、水中月、假气等此如喻以佛事造作。或音声、语言、文字以佛事造作。或清净佛土、寂寞言无、说无示无、识无作无为无以佛事造作。阿难，此如诸佛威仪进止当无，诸事所为皆佛事也。阿难，复其四魔，八万四千诸烦恼门乃诸众生与疲劳受令，诸佛此法以佛事造作，此乃诸佛一切法门入也。菩萨此门入，则若净好佛土一切见时，欢喜不生，不贪不高。若不净佛土一切见，亦忧伤心无，不碍不没；唯诸佛于清净心生，欢喜恭敬有未曾赞。诸佛如来之功德平等，众生教故，佛土不同变现。阿难，诸佛国土此数见□□空虚□□其数无也诸佛之色身若干见也。其碍无慧若干无也。阿难，诸佛之色身、威相、种性、戒

① 此处空白无字，疑选字时有遗漏。

② 此处空白无字，疑选字时有遗漏。

③ 此处空白无字，疑选字时有遗漏。

定、智慧、解脱、解脱知见、力畏当无、不共佛法、大慈大悲、威仪所行，及其寿命，法说教化，众生成就，佛国土净，诸佛法俱，

西夏文（图版62）：

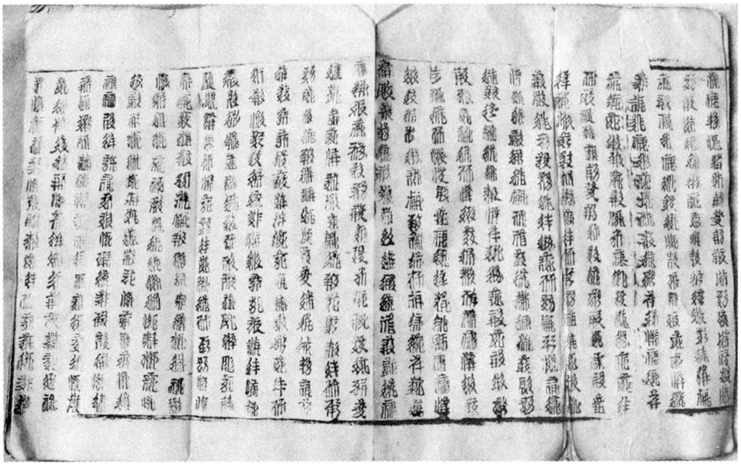

图版62　维摩诘所说经（8）

[illegible]
[illegible]①[illegible]
[illegible]
[illegible]②[illegible]
[illegible]③[illegible]
[illegible]④[illegible]
[illegible]
[illegible]
[illegible]⑤[illegible]
[illegible]

① “[illegible]”，希求式动词前缀，表示说话者期待的愿望。

② “[illegible]”，汉译“不可思议”。

③ “[illegible]”，汉译“懈退”。

④ “[illegible]”，汉译“诸”，原文作“[illegible]”，汉译“世界、京师”，误。

⑤ “[illegible]”，汉译“香”，原文作“[illegible]”，汉译“园”，误。

[illegible]

汉文对译：

悉皆一礼。则故三藐三佛陀曰，多陀阿伽度曰，佛陀名是。阿难，若此三句义广说我，则汝劫寿见亦皆受不能。复三千大千世界中众生教满皆阿难如，多闻一第当是。念皆持当得。彼诸人等劫寿见亦皆受不能。阿难，诸佛之阿耨多罗三藐三菩提乃限量不有，智慧辩才思议不可。阿难佛与言曰，我此往后多闻是我言不敢〈〉。佛阿难与曰：汝？退起当不。此乃何云？我汝与声闻众中最多闻是说我，不然菩萨中及非当能。阿难智诸智人限度以诸菩萨之限量可不，大海一切限量可，其菩萨之禅定智慧皆持辩才，功德一切限量可无也。阿难汝等菩萨之行当乃当能。此维摩诘一时时乃现神通力者，声闻辟支一切百千劫正，何敢已变化亦其得不能。尔时众香世界中所来诸菩萨等合掌以佛与言曰：世尊，我等往昔此土见时，下劣思已生，且由此自己责骂，此心舍离。此乃何云？诸佛之利寻，思议可不。众生度故，各自和所，佛国异现也。惟愿世尊我等之少量法与施〈〉〈〉本土还，如来与念当〈〉。佛诸菩萨与言曰：尽无尽解脱法门有有，汝等学当。尽者为有法也，不尽者为无法也。菩萨者为有不尽，为无不住。何云为有不尽？此乃大慈不离，大悲不舍。一切智心生发，暂时不忘。众生教化，常不倦怠，四摄法于，常念顺行，正法护持，身命不惜，诸善根种，疲厌不有。心常方便回向安住，法求不懈，法说不吝，勤以诸佛与供养。死生中

西夏文（图版63）：

[illegible]

---

① “[illegible]”，汉译“如来”，原文作“[illegible]”，汉译“实来”，误。

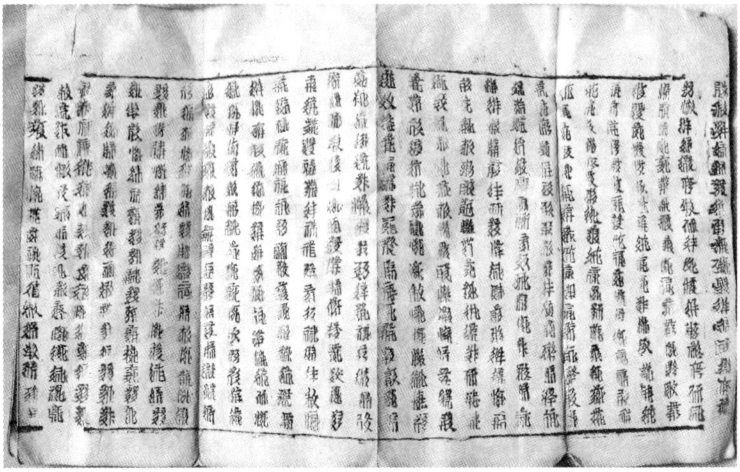

图版 63　维摩诘所说经（9）

[illegible]

汉文对译：

入畏惧当无，盛弱言中忧喜心无，未学者之不畏心无，学者心之佛如恭

---

① “[illegible]”，汉译“身口意”，原文作“[illegible]”，汉译“千争”，误。

② “[illegible]”，汉译“身口意”，原文作“[illegible]”，汉译“千令”，误。

敬，烦乱者之正念发令，远离乐于，高贵不生，自乐不著，他乐时喜。诸禅定在，地狱想生，如生中住，园林想生，求来着见，时导师想生，诸所有舍，一切智俱想生。戒毁者见时，救护想生。诸波罗蜜中，父母想生，道品法中，眷属想生。行发善根，限绝无有。诸净国中严事曰以，自佛土成，限无施行，相好具足，恶一切除，身口意净，死生数无劫中，心常勇健，佛之无量功德闻时，至心不倦。智慧剑以，烦恼贼破，□□处出，众生之负荷解脱令。大精进以，魔军摧毁，常念无实相智慧求，少欲足知，世法不舍，威仪不坏，俗随做能。神通慧起，众生引导，念总持得，所闻不念。诸根解能，众生疑断，说乐辩才，演说碍无。十善法净，人天福受，四无量修，梵天道解，说法劝请，随喜赞现，佛音声得，身口意善，佛威仪得。善法深修，所行殊胜。大乘法以，菩萨僧成，心无系放，众善不失。此如法行，则菩萨之为有不尽名是。何云菩萨为无不住云也？此乃空所修学，空以不证，相无作无所修学，相无作无以不证，起无所修学，起无以不证。无常所观，善本不厌，世苦所观，死生不厌，我无所观，人教不倦。寂灭所观，永不彼灭，远离所观，身心善修，趣无所观，善法归趣，生无所管，生法以一切付。漏无所观，诸漏不断，行无所观，以众生与教化。空无所观，大悲不舍，正法位所观，小乘以不随。诸法虚妄，牢无人无，主无

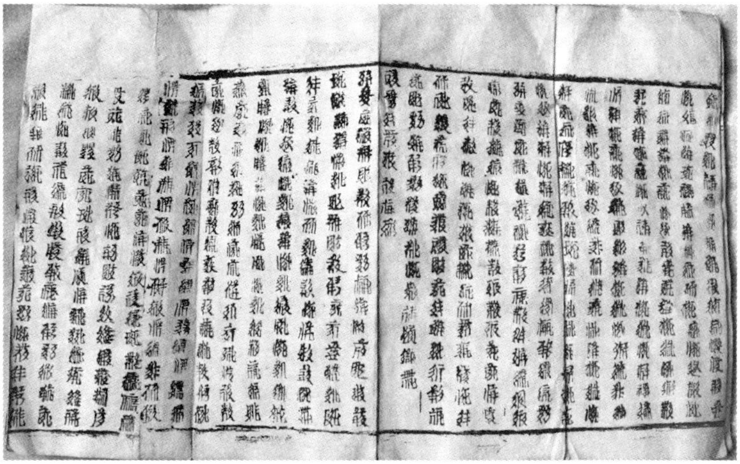

图版 64　维摩诘所说经（10）

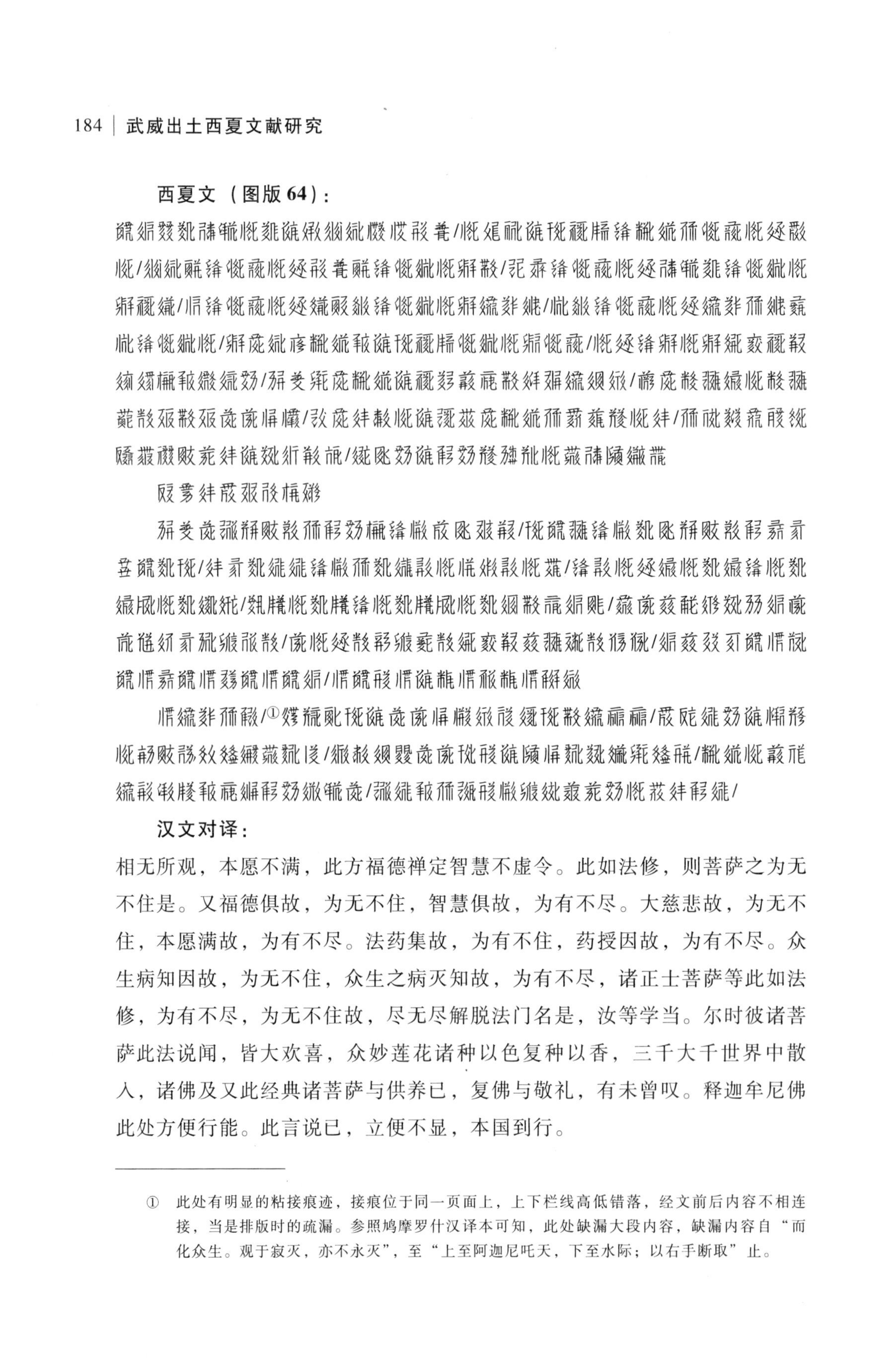

西夏文（图版64）：

[illegible]

[illegible]

[illegible]①[illegible]

汉文对译：

相无所观，本愿不满，此方福德禅定智慧不虚令。此如法修，则菩萨之为无不住是。又福德俱故，为无不住，智慧俱故，为有不尽。大慈悲故，为无不住，本愿满故，为有不尽。法药集故，为有不住，药授因故，为有不尽。众生病知因故，为无不住，众生之病灭知故，为有不尽，诸正士菩萨等此如法修，为有不尽，为无不住故，尽无尽解脱法门名是，汝等学当。尔时彼诸菩萨此法说闻，皆大欢喜，众妙莲花诸种以色复种以香，三千大千世界中散入，诸佛及又此经典诸菩萨与供养已，复佛与敬礼，有未曾叹。释迦牟尼佛此处方便行能。此言说已，立便不显，本国到行。

① 此处有明显的粘接痕迹，接痕位于同一页面上，上下栏线高低错落，经文前后内容不相连接，当是排版时的疏漏。参照鸠摩罗什汉译本可知，此处缺漏大段内容，缺漏内容自“而化众生。观于寂灭，亦不永灭”，至“上至阿迦尼吒天，下至水际；以右手断取”止。

阿閦佛见品十二第

尔时世尊与维摩诘言曰：汝如来见使时何如相以如来观乎？维摩诘言：自身实相观，如佛身观我。我如来之观，往世不来，后世不往，现世不住，色不观，色如不观，色性不观。受想行识不观，识如不观，识性不观，四大起非，虚空界与同，六处无积，眼耳鼻舌身意已过，三界不住，三垢已离，三解脱门与顺，三明明无与等。一相不，异相不，自相不，他相不，相无非，相取非，不此岸，不彼岸，不中流，不众生之。……（此处内容有缺失）瓦造轮如，此世界中送，华珞持如，大众一切见使。此念作，复三昧入，神通力现乃。手右以妙喜世界于断，此土中乃置。时彼神得菩萨复声闻众，余人天等皆？言曰：惟愿世尊我等之谁取来乃救护。不懂佛言：我

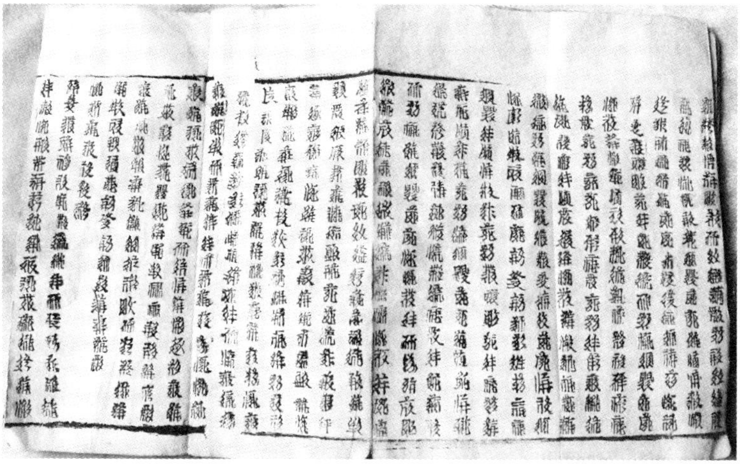

图版 65　维摩诘所说经（11）

西夏文（图版 65）：

[illegible]

[illegible]

[illegible]

[illegible]

[illegible]

① "[illegible]"，汉译"如来"，原文作"[illegible]"，汉译"实来"，误。

[illegible]①[illegible]

[illegible]

[illegible]②[illegible]③[illegible]

汉文对译：

行所及非，维摩诘之神力所是也。余神通未得者皆不知不觉，彼妙喜世界，此土中虽送，然增减当无，此世界亦狭隘当不，本与不异。尔时释迦牟尼佛诸大众与曰：汝妙喜世界不动如来，其国严饰，菩萨行净，弟子白清皆已见，各自表曰皆见。佛曰：若菩萨如此清净佛土见欲，则不动如来乃行道所学当。此妙喜国已现，时娑婆世界中十四那由他人阿耨多罗三藐三菩提心已发，皆妙喜佛土中愿生。释迦牟尼佛皆已记授，彼国生往。时妙喜世界此国土中饶益，事做已毕，本处乃归，大众皆见。佛舍利佛与曰：汝此妙喜世界及不动如来之已共见乎？唯然见，世尊，惟愿众生一切不动如来佛如净土当得，维摩诘如神通力获得。世尊，我等此人已见亲近供养如善利得。诸众生等若佛现在若度灭后，此经典闻，则其亦善利得，复闻信解，受持诵读解说，如法修行，则曰可乃有若手以此经典得，故法宝藏得与已礼。若诵读意趣解说如修行，则诸佛之护念当是。若如此人之供养，则佛与供养与已礼，

① “[illegible]”，汉译“假若”，原文作“[illegible]”，汉译“守护”，误。

② “[illegible]”，汉译“文殊”，原文作“”，汉译“文凉”，误。

③ “[illegible]”，副词，在动词后表示动作正在进行。原文作“[illegible]”，汉译为“正直”，误。

不异若此经典书持，则其之室中如来在也。若此经典闻复随喜能，则其人一切智智得者是。若此经典信持，乃至四句许他人说为能，则其人阿耨多罗三藐三菩提记受得是。

法供养品十三第

尔时释提桓因，彼大众中佛与言曰：世尊，我佛从及文殊师利处百千经典闻，此思

西夏文（图版66）：

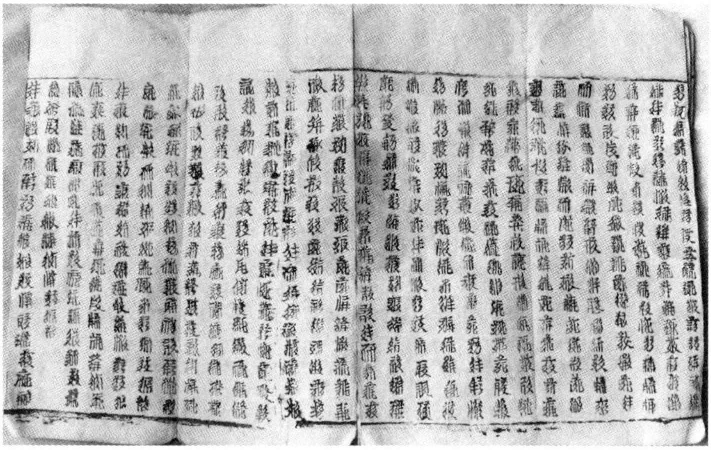

图版66　维摩诘所说经（12）

[illegible]
[illegible]
[illegible]
[illegible]
[illegible]
[illegible][1][illegible]
[illegible]
[illegible]
[illegible]

① "[illegible]"，汉译"守护"，原文作"[illegible]"，误。

[illegible]①[illegible]/②粘纸处[illegible]③[illegible]

汉文对译：

议可不。自在神通决定实相经典。闻可其字我我佛所说意如思我故。若众生此经典闻时，信解受持读诵，亦必定此法得也。更说如修行曰可何有？其人诸恶趣满，诸善门开，常诸佛之念护当为。邪学降服，魔怨摧灭，菩提修治，道场中住。如来之？可足迹以行能也。世尊，若受持读诵说如修行，则我诸眷属与供养侍奉〈〉。聚落城邑山林旷野中，此经典所使处，我等诸眷属与法听受故彼处往〈〉。未信者之信心生令，已信者之护佑〈〉也。佛言：善哉善哉！天帝，汝言如是，我亦欢喜〈〉。此经典中过去未来现在诸佛之思议不可阿耨多罗三藐三菩提说。是故，天帝，若善男子善女人，此经典受持读诵供养，则三世佛为供养与然〈〉。天帝，若三千大千世界中如来纯满，甘蔗竹苇麻林数与等，诸善男子善女人，或一劫？或一劫无?，其数佛之尊重尊敬赞叹所需供养，乃至其数诸佛灭后，舍利及七宝塔起，广一四天下，与等？高梵天中至令，显现庄严为，若一劫？若一劫无?，最妙第一，香花璎珞幡幛幢伎乐以供养做时，帝释天，汝意中何云？其人所植福已多。释提桓因曰：多也。世尊，其人之福百千亿劫过，亦说尽可不也，佛天帝与曰：若善男子善女人，此思议可不解脱经典闻后，信解受持读诵修行，则福彼于多。此乃何云，诸佛菩提，皆其从出。菩提相者，限量不有，此因缘以福量可不也。佛释天帝与言曰：昔过去无量阿僧祇劫于

---

① “[illegible]”，汉译“假若”，原文作“[illegible]”，汉译“守护”，误。

② 此处有明显的粘接痕迹，前后纸张相互叠压，栏线高低错落不平，前页末行字迹被后页纸遮盖1/3。但是前后页经文内容相连。

③ “[illegible]”，汉译“假若”，原文作“[illegible]”，汉译“守护”，误。

西夏文（图版67）：

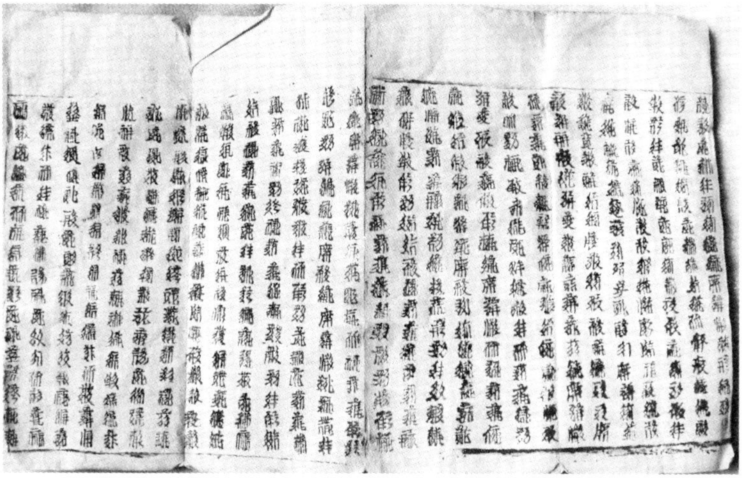

图版67　维摩诘所说经（13）

[illegible]
[illegible]
[illegible]
[illegible]①[illegible]
[illegible]
[illegible]
[illegible]
[illegible]
[illegible]
[illegible]②[illegible]
[illegible]
[illegible]
[illegible]
[illegible]
[illegible]

① “[illegible]”，汉译“如来”，原文作“[illegible]”，汉译“实来”，误。

② “[illegible]”，副词，在动词后表示动作正在进行。原文作“[illegible]”，汉译为“正直”，误。

[illegible]
[illegible]

汉文对译：

前面世中，佛一名乃药王如来、应供、正遍知、明行圆满、善逝、世间解、丈夫之调御、无上、天人师、佛、世尊。彼世界名大庄严，劫名庄严，佛寿二十劫小，又三十六亿那由他声闻众，十二亿菩萨众有。天帝，尔时转轮圣王一名乃宝盖，七宝具足，四天下主，千子俱有，端正勇健，怨敌伏能。尔时，宝盖自亲属与药王如来与供养，诸种种物施，五劫已满，五劫过后，千子与曰：汝等亦我如深心以佛与供养当也。于是千子父训言受，药王如来之乃供养。五劫已满，所需乃施，其王子一名乃月盖，自独思念：此供养于特殊乃有然也？佛神力以，空中天人语曰：善男子，法供养乃诸供养于胜也。月盖问曰：法供养乃云何为也？天曰：汝今药王如来处已问往，汝之法供养言说为也。其时月盖王子药王如来处乃往。佛与稽首，一面而立，佛与言曰：世尊，诸供养中法供养胜，法供养者云何为也？佛曰：善男子，法供养乃诸佛所言最深经典，世间一切信难受难，皆妙见难，清净染无，分别者思以得当非。菩萨法藏中摄，陀罗尼印以印不退转至，六度成就，义分别善，菩提法与随顺，诸经典中最上等是。大慈悲入，诸魔事及复邪见与离，因缘法与随顺。我无人无众生无解者无空相无为无起无，众生与道场中坐令，妙法轮转，诸天龙神、乾达婆等皆共叹誉。众生与佛法藏中入令。诸圣贤之智慧一切摄。诸菩萨之行当道说，诸法实相义中依。

西夏文（图版68）：

[illegible]
[illegible]
[illegible]
[illegible]
[illegible]
[illegible]
[illegible]①

---

① 此后文字缺失，参考罗什汉译本可知，缺失内容自“不依人。随顺法相，无所入，无所归”，至“是故天帝，当以法之供养，供养于佛”止。

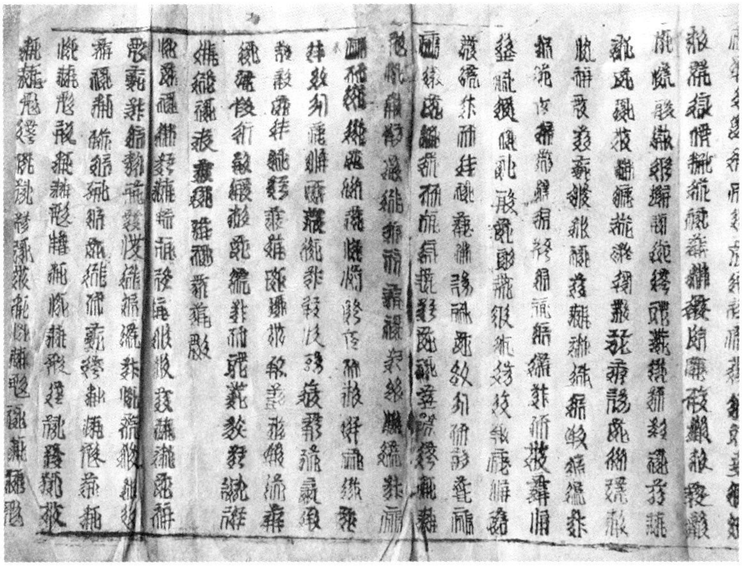

图版 68　维摩诘所说经（14）

（原图版见《中国藏西夏文献——甘肃省博物馆藏卷》第十六卷，第 457 ~ 486 页）

汉文对译：

依。无常苦空我无寂灭法说，禁毁众生一切之救能，诸魔道及贪著者与畏怖令能。诸佛圣贤皆共叹称。死生苦背，涅槃乐示，十方三世诸佛所说，若如是经典等闻时，信解受持读诵，方便力以，诸众生与分别解说，分明显现，法守护能故，法供养是。又诸法中说于修行，十二因缘与随顺，诸邪见离，生无忍得，必定我无，众生无有，因缘果报法中违无争无，诸我与离。义于依靠，语于不依靠。智于依靠，识于不依靠。义前了经典于依靠，义不前了经典于不依靠。法于依靠……

汉译文：

维摩诘所说经下卷

奉天显道耀武宣文神谋睿智制义去邪敦睦懿恭

香积佛品第十

尔时舍利佛心下作念，日时到来，此诸菩萨何食饮然。时维摩诘知其意，立便言曰：佛八解脱处，汝今受持，此刻汝欲杂饮食令法不闻者有乎。

若欲饮食，则少时而示。令汝未有得食。时维摩诘立便入三昧中，以神通力，分上方四十二恒河沙佛土。彼中世界有一名乃众香，佛名香积。今其现在，其国香气，十方诸佛世界人天香气中，是最上等。彼土无声闻辟支名，唯实有清净大菩萨众，佛为说法，其世界中皆以香做楼阁、经行处，园苑亦香也。其食香气，十方无量世界尽遍。时彼界佛与诸菩萨共坐饮食，彼诸天子皆号香严，发一切阿缛多罗三藐三菩提心，供养彼佛并诸菩萨，如此等事皆已令大众见。时维摩诘与诸菩萨言曰，诸尊者，其国佛食谁送能。因文殊师利神威力，皆默然。维摩诘言，尊者及此大众等，当无有愧。文殊师利言，佛未学，不谤言。其时维摩诘坐处不起，大众会前乃作一化菩萨，相好光明，威德殊胜，超出众中。其作言曰，汝分上方四十二恒河沙佛土，彼中世界有一名乃众香，佛号香积。与诸菩萨共坐饮食，令汝往彼，汝到彼处时，说我敬问之言，维摩诘顶礼世尊之足，致敬无量，居起轻利，少病少恼，气力乃安。唯愿世尊当施余食，娑婆世界中当成佛事，令乐小法者当得大道，亦愿如来之名到处闻名。时化菩萨立便于众会前，升于上方，大众皆见其往至众香世界中。其敬礼佛毕，复如此言曰，维摩诘顶礼世尊之足，致敬无量，居起轻利。少病少恼，气力乃安。唯愿世尊当施余食，娑婆世界中当成佛事，使乐小法者当得大道。复愿如来之名亦到处闻名曰。彼诸大士见化菩萨，叹未曾有，今此大士，所从何来，娑婆世界何方所在，何为乐小法者，立便问佛，彼佛告曰，分下方四十二恒河沙佛土，彼中世界有一名乃娑婆，佛号释迦牟尼，今其现在，五浊恶世界中，为乐小法诸众生说做道法。彼有菩萨名维摩诘，住不可思议解脱中，为诸菩萨说法，因此化此菩萨，乃放扬我名，复赞此土，令彼菩萨之功德增。彼菩萨言，其人如此能化显，乃德力无畏，神足何有。佛言，彼之神力广大，十方界中悉皆遣化，施作佛事，饶益众生。尔时香积如来众香钵中，散满香食，与化菩萨。时彼九百万菩萨皆共言曰，我等欲往娑婆世界中供养释迦牟尼佛，并欲见维摩诘等诸菩萨。佛言，可往，汝等往时令身香隐，彼众生乃不生乐著心，又汝等本行亦悉皆当隐，彼国土中求菩萨者乃不耻。又汝等于彼处莫生不敬，莫生害障想。所以者何。十方国土，尽如空虚。又诸佛欲教化乐小法者，不令显其清净国土也。时化菩萨已受钵食，与彼九百万菩萨遣引，以佛神威及维摩诘神力，于彼世界中，立便不现，弹指之间，来到维摩诘舍中。时维摩诘立便化作九百万师子座，严好如前，诸菩萨等皆坐其上。时化菩萨以满钵香食施与维摩诘，其食香气普熏毗耶离城及三千大千世界。毗耶离城中婆罗门、居士等，闻此香气，身心喜乐，叹未曾有。其时长者主月盖，八万四千人与引导，来维摩诘舍中，见其室中菩萨甚多，诸狮子座，高广严好，故皆大欢喜。敬礼诸菩萨及大弟子众，一面而坐。诸地神虚空神及欲色界诸天等，亦闻此香气，皆来维摩诘舍中。时维摩诘对舍利弗等诸大声闻曰：汝等如来之甘露味食已食，大悲所熏，不应以限量意饮，不除彼也。时有声闻心下作念，此食甚少，大众皆食岂饱？化菩萨曰：不应以声闻之小德小智，称量如来之无量福慧。四海有枯竭，此食无尽！一切诸人须弥山若干食，乃至一劫过，亦不能尽，此者何云？无尽戒、定、智慧、解脱、解脱知见，功德具足者之余食，因此不可尽。尔时钵食悉饱众会，如故不减。彼诸菩萨声闻天人，食此饭者，身皆安乐，成为一切乐庄严国中菩萨一样。又诸毛孔中皆出妙香，与众香国中诸香树无有差别。尔时，维摩诘问菩萨，香积如来，如何说法？彼菩萨曰：我土如来无文字说，唯以众香令诸天人入律行。菩萨各各香树下坐，闻妙香，立便获得一切德藏三昧。其三昧得，则菩萨之功德皆悉具足。彼诸菩萨问维摩诘，今彼世尊释迦如来，如何说法？维摩诘言：此土众生，粗糙难化，故佛亦以粗糙语调伏。此是地狱，是畜生，是饿鬼，是诸难处，是愚人生处，是身邪行，此身邪行之报是，是口邪行，是口邪行报；是意邪行，是意邪行之报；是杀生，是杀生报；是偷盗，是偷盗报；是邪淫，是邪淫报；是妄语，是妄语报；是两舌，是两舌报；是恶口，是恶口报；是妄语，是妄语报；是贪嫉，是贪嫉报；是嗔恼，是嗔恼报；是邪见，是邪见报；是吝惜，是吝惜报；是毁戒，是毁戒报；是嗔恚，是嗔恚报；是懈怠，是懈怠报；是乱意，是乱意报；是愚痴，是愚痴报；是结戒，是持戒，是犯戒；是应作，是不应作；是障碍，非障碍；是有罪，是离罪；是净，是泥；是有漏，是无漏；是邪道，是正道；是有为，是无为；是世间，是涅槃。其难化之人心如猨猴，故以此诸种种法，禁治监督愚心。如象马兽，调伏不肯时，诸种打击击打骨中，则稍后调服。如此刚强难化众生，以苦切之言。稍后乃入律行中。彼诸菩萨，闻此言后，皆叹未曾有。今此世尊释迦牟尼佛，隐无量自在力，以法度脱众生。彼诸菩萨亦能受劳苦，以无量大悲，生此佛土中。维摩诘言：此土菩萨于诸众生中大悲坚固，真实所言，如是此土一世饶益众生，故彼国土中百千劫正修行殊胜。此乃何云，此娑婆世界中，有十种善法，余净土中无有此言。何者为十。以布施摄贫穷，以净戒摄毁禁，以忍辱摄嗔恚，以精进摄懈怠，以禅定摄乱意，以智慧摄愚痴，以减除灾法减八灾，以大乘法度乐小乘者，以诸善根济无德者，常以四摄成就众生，此为十。彼菩萨曰：菩萨成就几法。则此世界中诸行罪离，生净土也。维摩诘言：菩萨成就八法，则此世界中诸行罪无，生净土中。八法者何？饶益众生不报，代受彼众生诸苦恼。所作功德悉皆布施，众生平等，自谦无碍。诸菩萨生如佛想。未闻经契，闻时不生疑怪。不与诸声闻相违背。他得供养时，不生妒心，不高己利，于此言中调伏心意。常自知罪，不说彼短，常以一心求诸功德，是为八也。维摩诘、文殊师利于大众中说此法时，百千天人皆发阿耨多罗三藐三菩提心，十千菩萨得无生法忍。

菩萨行品第十一

尔时佛说法时，其庵罗园地，忽然广博庄严，一切众会皆作金色。阿难与佛言：世尊，以何因缘，显此瑞相。此处广博庄严，一切众会皆作金色也。佛与阿难曰：此乃维摩诘、文殊师利等，与诸大众恭敬围绕，彼欲来，因故先显此瑞相。于是维摩诘与文殊师利言曰：共往佛处，与诸菩萨供养敬礼。文殊师利言：善哉善哉！往，此时是时。维摩诘立便以神力，彼诸大众与狮子座自然置右掌上，乃行于佛处。及到佛处乃置地上，与佛顶礼，七匝围绕，至心合掌，一面而立；时诸菩萨离于座，与佛顶礼，围绕七匝，一面而立。诸大弟子，释梵四天王等，皆离于座，向佛顶礼，一面而立。于是世尊如法敬问诸菩萨，各令坐本座，示训已受。众已坐定，佛语舍利弗曰：汝见菩萨大士之自在神力之所为乎？唯然已见。于汝意云何？世尊！我见其为不可思议，不得以心量。尔时，阿难与佛言曰：世尊！今所闻香，昔未曾有，是何香？佛与阿难曰：此乃彼菩萨之毛孔中香也。于是舍利弗与阿难言曰：我等之毛孔中亦出此香气。阿难言：此香所从来。表曰：此乃长者维摩诘，众香国中取来佛之余食气也，于彼舍中饮，饮者一切毛孔中皆出香气。阿难与维摩诘言曰：香气何时消。维摩诘言：食消时然后复消。问言：此食何时消。表言：此食势力七日之后方消。又阿难，若声闻人，未入正位，此后饮此食，则入正位，然后乃消。已入正位者，饮此食则心得解脱，然后乃消。若未发大乘心者，饮此食则心已发，然后乃消。心已发后饮此食，得无生忍，然后乃消。饮此食则得一生补处，然后乃消。譬如有药，名乃上味，其药已服则诸毒乃灭，然后乃消。此食亦与其一样，灭除一切诸烦恼毒，然后乃消。阿难与佛言曰：此言昔未曾有，世尊，此显食能做佛事也。佛言：是耶是耶。阿难，或佛土中，以佛光明造作佛事，或以诸菩萨造作佛事，或以佛所化人造作佛事，或以菩提树造作佛事，或以佛之衣服卧具造作佛事，或以饭食造作佛事，或以园林台观造作佛事，或以三十二相、八十种好造作佛事，或以佛身造作佛事，或以虚空造作佛事。众生因此得入律行。或以梦、幻、影、响、镜中像、水中月、时焰，如此等喻造作佛事。或以音声、语言、文字造作佛事。或以清净佛土、寂寞无言、无说无示、无识无作无为，造作佛事。阿难，如此诸佛威仪当无进止，所为诸事皆佛事也。阿难，其四魔，八万四千诸烦恼门，诸众生为止疲劳，诸佛以此法造作佛事，此乃入一切诸佛法门也。菩萨入此门，则若见一切净好佛土时，不生欢喜，不贪不高。若见一切不净佛土，亦无忧伤心，不碍不没；唯于诸佛生清净心，欢喜恭敬，未曾有赞。诸佛如来功德平等，教化众生故，变现佛土不同。阿难，汝见诸佛国土，□□空虚□□其数无也。汝见诸佛之色身若干也，其无碍慧无若干也。阿难，诸佛色身、威相、种性、戒定、智慧、解脱、解脱知见、力无所畏、不共佛法、大慈大悲、威仪所行，及其寿命，说法教化，成就众生，净佛国土，俱诸佛法，悉皆一样。则故曰三藐三佛陀，曰多陀阿伽度，名为佛陀。阿难，若我广说此三句义，则汝劫寿过亦皆不能受。复三千大千世界中满众生，皆如阿难，多闻第一，得念总持，彼诸人等劫寿过亦皆不能受。阿难，诸佛之阿耨多罗三藐三菩提，乃无有限量，智慧辩才不可思议。阿难与佛言曰，我此后不敢自谓多闻也。佛与阿难曰：汝勿起懈退。此乃何云？我说汝声闻众中最是多闻，不然，菩萨中当不能。阿难，以诸智人智限度诸菩萨，不可限量，一切大海可限量，菩萨之禅定智慧总持辩才，一切功德无可限量也。阿难，汝等菩萨所行者当置。此维摩诘一时所现神通力，一切声闻辟支百千正劫，何敢变化亦不能及。尔时众香世界中所来诸菩萨等，合掌与佛言曰：世尊，我等往昔见此土时，生下劣想，因此自责，舍离此心。此乃何云。诸佛方便，不可思议。度众生故，各自随应，现佛国异也。惟愿世尊，施我等少量法，还于本土，当念如来。佛与诸菩萨言曰：有一有尽无尽解脱法门，汝等当学。尽者有为法也，不尽者无为法也。菩萨者不尽有为，不住无为。何云不尽有为。此乃不离大慈，不舍大悲。生发一切智心，随时不忘。教化众生，常不倦怠，于四摄法，常念顺行，护持正法，不惜身命，种诸善根，无有疲厌。心常安住方便回向，求法不懈，说法不吝，勤以供养诸佛。故入生死无所畏惧，兴衰言中心无忧喜，对未学者无不敬心，对学者恭敬心如佛。对烦乱者令发正念，远离乐中，不生高贵，不著自乐，时喜他乐。在诸禅定，生地狱想，住死生中，生园林想，见来求者，时生导师想，舍诸所有，生一切智俱想。见戒毁者时，生救护想。诸波罗蜜中，生父母想，道品法中，生眷属想。发行善根，无有限止。以诸净国中严事，成己佛土，行无限施，具足相好，除一切恶，净身口意。生死无数劫中，心常勇健，闻佛之无量功德时，至心不倦。以智慧剑，破烦恼贼，出阴界处，众生之负荷令解脱。以大精进，摧毁魔军，常求无念实相智慧，少欲知足，不舍世法，不坏威仪，做能俗随。起神通慧，引导众生，得念总持，所闻不忘。善解诸根，断众生疑，乐说辩才，演说无碍。净十善法，受天人福，修四无量，解梵天道。劝请说法，随喜赞现，得佛音声，身口意善，得佛威仪。深修善法，所行殊胜。以大乘法，成菩萨僧，心无系放，不失众善。行如此法，则是名菩萨不尽有为。何云菩萨不住无为？此乃修学空，不以空证，修学无相无作，不以无相无作证，修学无起，不以无起证。观于无常，不厌善本，观世苦，不厌死生，观无我，教人不倦。观寂灭，不永灭彼，观远离，身心修善，观归无，归趣善法，观生无，以生法荷负一切。观无漏，不断诸漏，观无所行以教化众生。观无空，不舍大悲，观正法位，不随小乘。观诸法虚妄，无牢无人，无主无相，本愿不满，不虚此向福德禅定智慧。修如此法，则是菩萨不住无为。又俱福德故，不住无为，俱智慧故，不尽有为。大慈悲故，不住无为，满本愿故，不尽有为。集法药故，不住无为，随授药故，不尽有为。因知众生病故，不住无为，知众生病灭故，不尽有为。诸正士菩萨等，修如此法，不尽有为，不住无为，是名尽无尽解脱法门，汝等当学。尔时彼诸菩萨闻说此法，皆大欢喜，以众妙莲花，诸种色，诸种香，散入三千大千世界中，供养诸佛，及此经典并诸菩萨，敬礼于佛，叹未曾有。释迦牟尼佛此处能行方便。此言说已，立便不显，行到本国。

见阿閦佛品第十二

尔时，世尊与维摩诘言曰：汝欲见如来时，以如何相观如来乎？维摩诘言：观自身实相，如观佛身。我观如来，往世不来，后世不往，现世不住，不观色，不观色如，不观色性。不观受想行识，不观识如，不观识性，非四大起，同于虚空界，六处无积，眼耳鼻舌身意已过，三界不住，三垢已离，顺三解脱门，三明与无明等。不一相，不异相，不自相，不他相，非无相，非取相，不此岸，不彼岸，不中流，众生之训……（此处内容有缺失）如瓦造轮，送于此世界，如持华珞，使一切大众见。作此念，复入三昧，乃现神通力。以右手断妙喜世界，乃置此土中。时彼神得菩萨及声闻众，余天人等皆共言曰：惟愿世尊，谁取我等，来乃救护。不动佛言：我非我所行，是维摩诘之神力也。余未得神通者皆不知不觉，彼妙喜世界，虽送此土中，当无增减，此世界亦不狭隘，与本不异。尔时释迦牟尼佛与诸大众曰：汝已见妙喜世界不动如来，其国严饰，菩萨行净，弟子清白。各自表曰，皆见。佛曰：若菩萨欲见如此清净佛土，则当学不动如来所行道。现此妙喜国时，娑婆世界中十四那由他人，发阿耨多罗三藐三菩提心，皆愿生妙喜佛土中。释迦牟尼佛皆已记授，彼国往生。时妙喜世界此国土中饶益事已做毕，乃归本处，大众皆见。佛与舍利佛曰：汝已共见此妙喜世界及不动如来乎。唯然已见，世尊，惟愿一切众生当得净土，如不动如来佛。如维摩诘获得神通力。世尊，我等已见此人亲近供养，如得善利。诸众生等，若佛现在，若度灭后，闻此经典，则其亦得善利，复闻信解，受持诵读解说，如法修行，则曰可有。若以手得此经典，故与得法宝藏一样。若读诵解说意趣如修行，则为诸佛之护念。若供养如此人，则与供养佛一样无异。若书持此经典，则其室中有如来也。若闻此经典并能随喜，则其人乃一切智智得者。若信持此经典，乃至四句许，能为他人说，则是其人得受阿褥多罗三藐三菩提记。

法供养品第十三

尔时，释提桓因，彼大众中与佛言曰：世尊，我从佛及文殊师利处闻百千经典，未闻此不可思议，自在神通，决定实相经典。如我想佛所说意，若众生闻此经典时，信解受持读诵，亦必定得此法也。更何况说如修行？其人闭诸恶趣，开诸善门，常为诸佛之所护念。降伏邪学，摧灭魔怨，修治菩提，道场中住。以如来之足迹可□能行也。世尊，若受持读诵如说修行，则我与诸眷属供养聚落城邑、山林旷野中，此经典所置，我等与诸眷属，听受法故，往彼处。未信者令生信心，已信者当护佑也。佛言：善哉善哉！天帝，如汝言是，我亦欢喜。此经典中说过去未来现在诸佛，不可思议阿耨多罗三藐三菩提。是故，天帝，若善男子善女人，受持读诵供养此经典，则为供养三世佛。天帝，若三千大千世界中如来纯满，甘蔗竹苇麻林诸等，诸善男子善女人，或一劫足，或一劫不足，与彼诸佛恭敬尊重，赞叹供养所需，乃至其诸佛灭后，舍利及七宝塔起，广与一四天下等，高下令至梵天中，显现庄严。若一劫足，若一劫不足，最妙第一，香花璎珞，幡幢伎乐，而做供养时。帝释天，汝意何云？其人所植福已多。释提桓因曰：多也。世尊，其人之福百千亿劫过，亦不可说尽也。佛与天帝曰：若善男子善女人，闻此不可思议解脱经典后，信解受持，读诵修行，则福多于彼。此乃何云。诸佛菩提，皆从其生。菩提相者，不可限量，以此因缘福不可量也。佛与天帝释言曰：过去无量阿僧祇劫面前，世中有佛名乃药王如来、应供、正遍知、明行圆满、善逝、世间解、调御丈夫、无上、天人师、佛、世尊。彼世界名大庄严，劫名庄严，佛寿二十小劫，又三十六亿那由他声闻僧，菩萨僧有十二亿。天帝，尔时有转轮圣王名乃宝盖，七宝具足，主四天下，有千子俱，端正勇健，能伏怨敌。尔时，宝盖自与亲属供养药王如来，施种种物，已满五劫，五劫过后，告千子曰：汝等亦当如我以深心供养佛也。于是千子受父训言，乃供养药王如来。五劫已满，乃施所需。其王一子名乃月盖，独自思念：比此供养殊胜者有乎？以佛神力，空中天人语曰：善男子，法供养乃胜于诸供养也。月盖问曰：云何为法供养也。天曰：汝今可往问药王如来，为汝说法供养也。其时月盖王子乃往药王如来处。向佛稽首，一面而立，与佛言曰：世尊，诸供养中法供养胜，云何为法供养也？佛曰：善男子，法供养乃诸佛所言最深经典，世间一切难信难受，皆妙难见，清净无染，分别者非以思当得。菩萨法藏中摄，陀罗尼印以印。至不退转，成就六度，善分别义，随顺菩提法，诸经典中最上等。入大慈悲，离诸魔事及邪见，随顺因缘法。无我无人无众生无解者无空相无为无起，令众生道场中坐，转妙法轮，诸天龙神、乾达婆等皆共叹誉。令众生入佛法藏中。摄诸圣贤一切智慧。说诸菩萨所行之道，依诸法实相之义中。说无常苦空无我寂灭法，能救一切禁毁众生，诸魔道及贪著者能令畏怖。诸佛圣贤皆共称叹。背死生苦，示涅槃乐，十方三世诸佛所说，若闻如是等经典时，信解受持读诵，以方便力，与诸众生分别解说，显现分明，能守护法故，是名法供养。又于诸法中说修行，随顺十二因缘，离诸邪见，得无生忍，必定无我无有众生，于因缘果报法中无违无争，离诸我所。依靠于义，不依靠于语。依靠于智，不依靠于识。依靠了义经典，不依靠不了义经典。依靠法……（十三卷卷尾及十四卷内容缺失）

题解：

《维摩诘所说经》是影响中土一千多年的一部重要经典，传入中国后先后共译出六个汉译本，即后汉时期由严佛调在洛阳译出的《古维摩经》两卷，三国时期由支谦在武昌译出的《维摩诘经》两卷，西晋时期由竺法兰译出的《毘摩罗诘经》三卷，西晋时期由竺法护译出的《维摩诘所说法门经》一卷，后秦鸠摩罗什在长安译出的《维摩诘所说经》，也称《不思议解脱经》三卷，唐太宗时期由玄奘在长安译出的《说无垢称经》六卷。其中严佛调译本、竺法兰译本、竺法护译本早已失传，现存的三国之谦译本、后秦鸠摩罗什译本收录在《中华大藏经》中。① 西夏时期又被翻译成西夏文字广泛流传。

亥母洞出土的西夏文《维摩诘所说经》，是以鸠摩罗什汉译本为底本翻译而成，现存武威市博物馆，文献编号为 G31.029［6725］。泥活字印本，麻纸，经折装，高 28.5 厘米，宽 11.6 厘米，上下单栏，栏高 22 厘米，每面 7 行，行 17 字，共存一册 54 面。其中共保存《维摩诘所说经》下卷中四品的内容，包括《香积佛品第十》和《菩萨行品第十一》的完整内容，《见阿閦佛品第十二》和《法供养品第十三》的大部分内容。该经文卷首完整，有经题为《维摩诘所说经下卷》，经题后有落款，内容为西夏仁宗仁孝皇帝的封号，“奉天显道耀武宣文神谋睿智制义袪邪惇睦懿恭”。最为独特的是，该印本经名和经文内容由泥活字印刷而成，但是经名和经文之间的仁孝皇帝 20 字的落款，却是雕版印刷而成。这一独具特色的印刷方式，当是西夏独创。该泥活字版本是目前国内保存最早的，也是唯一完整的泥活字版印本实物，现已被列为国家珍贵古籍名录。孙寿岭、牛达生、史金波等先生先后对

① 任继愈主编《中华大藏经》，卷 15、卷 16。

其做过实验和考证、研究。[1]

校记：

《中国藏西夏文献》中，该佛经图版排列有遗漏，本文展示该文献所有图版为补充。

2. 维摩诘所说经上卷残页

图版 69　维摩诘所说经上卷残页

（原图版见《中国藏西夏文献——甘肃省博物馆藏卷》第十六卷，第 487 页）

西夏文（图版 69）：

……[illegible]

汉文对译：

……说身隐往欲何敢神通

① 孙寿岭：《西夏泥活字版佛经》，载《中国文物报》1994 年 3 月 27 日。
牛达生：《西夏泥活字印本〈维摩诘所说经〉及其学术价值》，载《中国印刷》2000 年第 12 期。
史金波、雅森·吾守尔：《中国活字印刷术的发明和早期传播——西夏和回鹘活字印刷术研究》，第 47 ~ 49 页。
史金波：《泥活字印刷研究的新发现和新进展》，载《中国印刷》，2007 年。

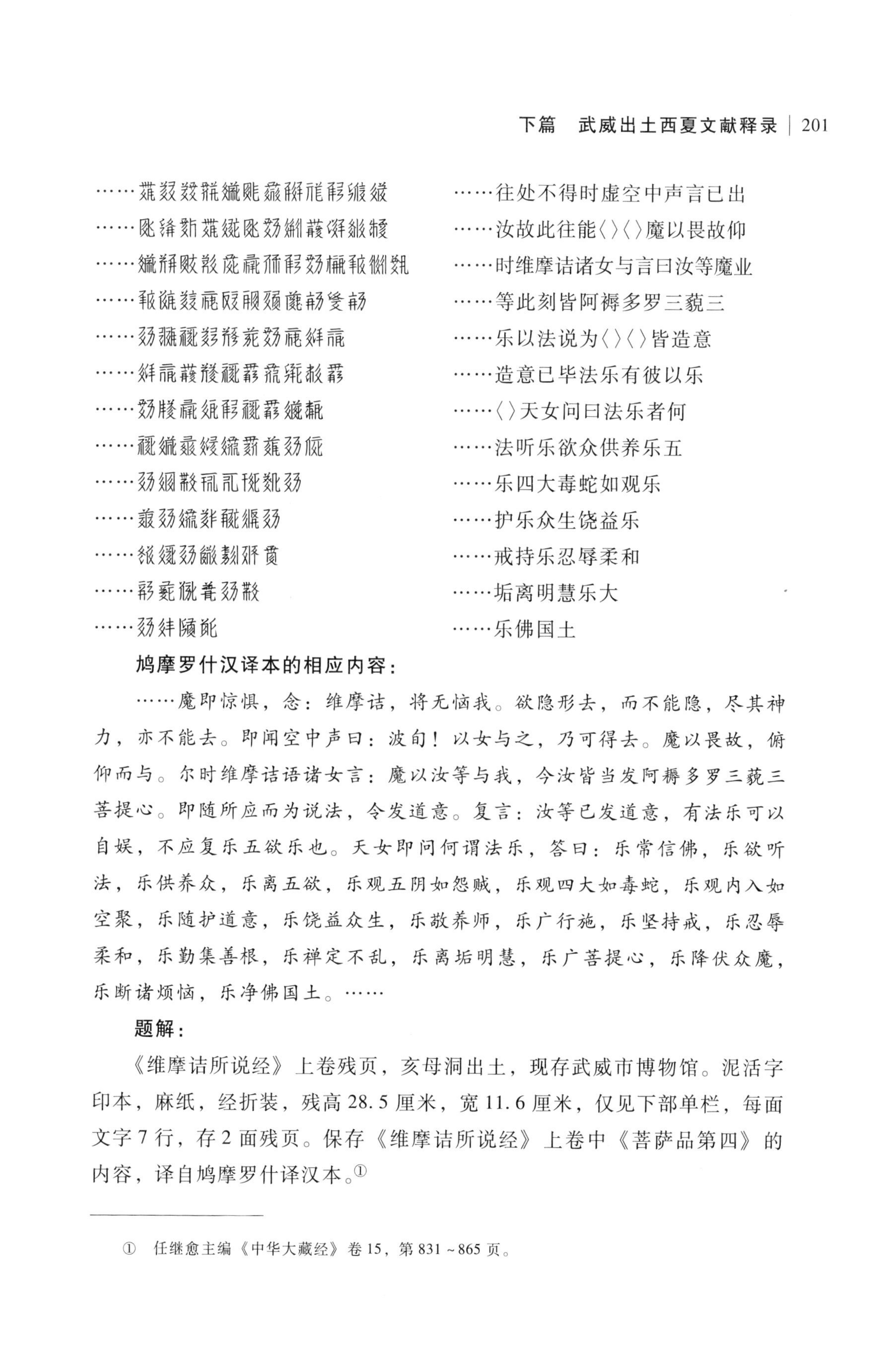

……[illegible]	……往处不得时虚空中声言已出
……[illegible]	……汝故此往能〈〉〈〉魔以畏故仰
……[illegible]	……时维摩诘诸女与言曰汝等魔业
……[illegible]	……等此刻皆阿褥多罗三藐三
……[illegible]	……乐以法说为〈〉〈〉皆造意
……[illegible]	……造意已毕法乐有彼以乐
……[illegible]	……〈〉天女问曰法乐者何
……[illegible]	……法听乐欲众供养乐五
……[illegible]	……乐四大毒蛇如观乐
……[illegible]	……护乐众生饶益乐
……[illegible]	……戒持乐忍辱柔和
……[illegible]	……垢离明慧乐大
……[illegible]	……乐佛国土

鸠摩罗什汉译本的相应内容：

……魔即惊惧，念：维摩诘，将无恼我。欲隐形去，而不能隐，尽其神力，亦不能去。即闻空中声曰：波旬！以女与之，乃可得去。魔以畏故，俯仰而与。尔时维摩诘语诸女言：魔以汝等与我，今汝皆当发阿耨多罗三藐三菩提心。即随所应而为说法，令发道意。复言：汝等已发道意，有法乐可以自娱，不应复乐五欲乐也。天女即问何谓法乐，答曰：乐常信佛，乐欲听法，乐供养众，乐离五欲，乐观五阴如怨贼，乐观四大如毒蛇，乐观内入如空聚，乐随护道意，乐饶益众生，乐敬养师，乐广行施，乐坚持戒，乐忍辱柔和，乐勤集善根，乐禅定不乱，乐离垢明慧，乐广菩提心，乐降伏众魔，乐断诸烦恼，乐净佛国土。……

题解：

《维摩诘所说经》上卷残页，亥母洞出土，现存武威市博物馆。泥活字印本，麻纸，经折装，残高 28.5 厘米，宽 11.6 厘米，仅见下部单栏，每面文字 7 行，存 2 面残页。保存《维摩诘所说经》上卷中《菩萨品第四》的内容，译自鸠摩罗什译汉本。①

① 任继愈主编《中华大藏经》卷 15，第 831～865 页。

（十）金光明最胜王经

1. 金光明最胜王经流传序（图版 70）

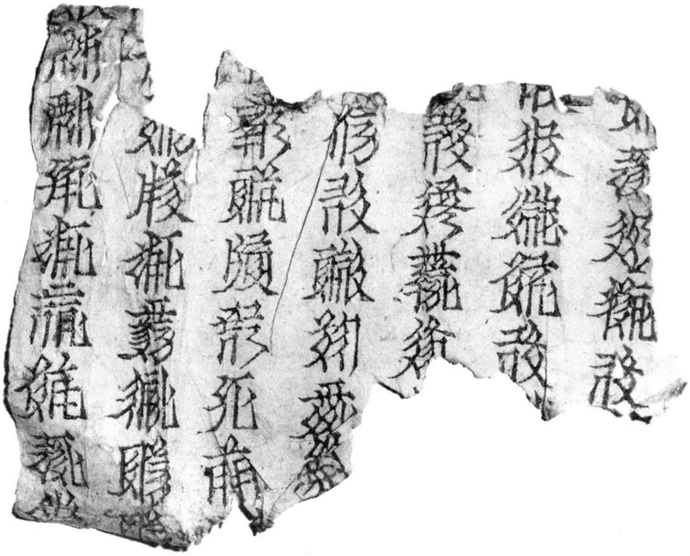

图版 70　金光明最胜王经流传序

西夏文：	汉文对译：
…[illegible]…	…此经重译十…
…[illegible]…	…三年己未[①]十…
…[illegible]…	…清义趣全…
…[illegible]…	…盛明皇帝母[②]…
…[illegible]…	…安全国师[③]沙门…
…[illegible]…	…天上星月闪…
…[illegible]…	…耀其中起此经广…

① 三年己未十月，当指武则天在位的长安三年，即公元 703 年。此经国家图书馆藏本保存较为完整，其中有“壬卯三年己未十月”的记载，误。据史金波先生考，长安三年，干支应当是“癸卯”。

② 盛明皇帝，指西夏惠宗皇帝李秉常，1087～1139 年在位。

③ 安全国师，指西夏时期的回鹘高僧白智光。

国图藏本汉译文：

大周朝长安二年中，义净三藏在长安西明寺中，奉敕重译此经，为十卷三十一品，长安岁次壬卯三年己未十月庚戌四日昼全已竟。文词明清，义趣集全，未曾有也。次始奉白高大夏国盛明皇帝，母梁氏皇太后敕，渡解三藏安全国师沙门白智光，译汉为番。文华明，天上星月闪闪。义妙澄，海中宝光耀耀。自此起，此经广传，帝王后妃，顶承行敬。臣民僧俗，识写诵持。

题解：

《金光明最胜王经流传序》，元代沙门慧觉集录，北京国家图书馆收藏的该西夏文文献，内容完整，史金波先生在著作《西夏佛教史略》中附录了原文，并做了完整的译释。[1] 景泰所藏该文献仅存残页，景泰县五佛寺石窟中出土，现藏景泰县文化馆。刻本，麻纸，经折装，残存文字7行，内容与国图藏本相同。同时出土的还有若干《金光明最胜王经》残页。

2. 金光明最胜王经

图版71　金光明最胜王经卷四

① 史金波：《西夏佛教史略》，第310~311页。

西夏文［（图版71）右一中］：	汉文对译：
□□□□□□□[illegible]	□□□□□□□诸善根成就也五者甚
□□□□□[illegible]	□□□□得故也善男子此者菩萨摩
□□□□□[illegible]	□□□□□罗蜜成就名也善男子复五
□□□□□□[illegible]①	□□□□□□萨精进波罗蜜成就五者
□□□□□[illegible]	□□□□□诸烦恼与共住不乐二者福
□□□□□[illegible]	□□□□□不受三者诸苦行行难之事
[illegible]	于厌心不生四者大慈悲以利益摄受众
[illegible]	生一切之方便成熟令五者不退转地求
[illegible]	欲善男子此者菩萨摩诃萨精进波罗蜜
[illegible]	成就是名善男子复五法依菩萨摩诃萨
[illegible]	静虑波罗蜜成就五者何所是一者诸善
[illegible]	法摄不散令也二者常解脱愿二边不着

汉译文：

……成就众生诸善根也。五者为得甚［深无生法忍］② 故。善男子，是名菩萨摩［诃萨］成就［忍辱波］罗蜜。善男子，复［依］五［法，菩萨摩诃］萨成就精进波罗蜜。［云何］为五，［一者］与诸烦恼不乐共住。二者福［德未具］不受［安乐］。三者于诸难行苦行之事不生厌心。四者以大慈悲摄受利益，方便成熟一切众生。五者愿求不退转地。善男子，是名菩萨摩诃萨成就精进波罗蜜。善男子，复依五法。菩萨摩诃萨成就静虑波罗蜜。云何为五，一者于诸善法，摄令不散也。二者常愿解脱不着二边……

西夏文（图版72、73）	汉文对译
[illegible]③	和当今皇帝
…[illegible]	…言曰今法门有
…[illegible]	…菩萨之修所行
…[illegible]	…母是是语

---

① “[illegible]”，汉译“精进波罗蜜”，唐义净汉译本为“勤策波罗蜜”。

② ［］内的字，文献中缺失，参考义净汉译本所补。

③ 此句字体略小，考其内容“当今皇帝”，似为题款。

图版 72　金光明最胜王经卷七（1）

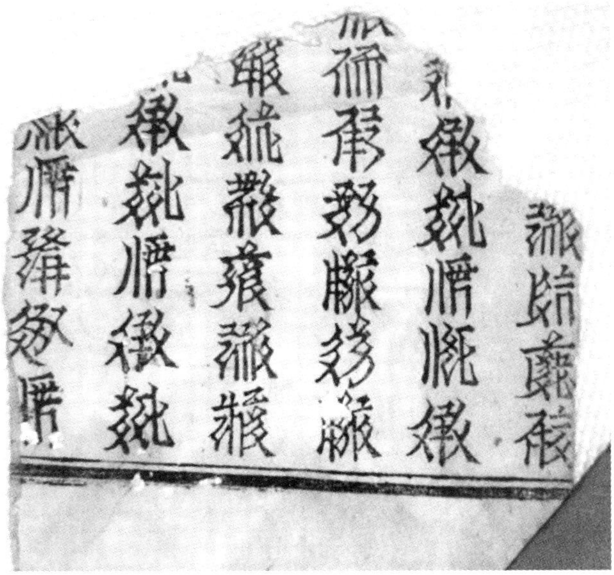

图版 73　金光明最胜王经卷七（2）

…[illegible]	…尊陀罗尼
…[illegible]	…方处非非方
…[illegible]	…与告曰善哉善
…[illegible]	…信解大乘尊重
…[illegible]	…方处非方处
…[illegible]	…来非现在非

相应的汉文本内容：

尔时世尊。告具寿舍利子。今有法门。名无染着陀罗尼。是诸菩萨所修行法。过去菩萨之所受持。是菩萨母。说是语已。具寿舍利子。白佛言。世尊。陀罗尼者。是何句义。世尊。陀罗尼者。非方处。非非方处。作是语已。佛告舍利子。善哉善哉。舍利子。汝于大乘。已能发起。信解大乘。尊重大乘。如汝所说。陀罗尼者。非方处。非非方处。非法非非法。非过去非未来非现在非事非非事。非缘非非缘。非行非非行。无有法生亦无法灭。然为利益诸菩萨故。作如是说。

图版 74　金光明最胜王经卷九

西夏文［（图版 74）中—右—左］：	**汉文对译：**
[illegible]	引彼池内十千鱼已死未死同看往彼以

[illegible]	实虚显现王此言闻立便人遣其子与引
[illegible]	导令池边到往彼池中曼陀罗花聚多已
[illegible]	使诸鱼亦已死因见见又还做王之广所
[illegible]	说做王其言闻已欢喜心生有未曾叹尔
[illegible]	时佛菩提树神善女天之言曰汝今知当
[illegible]	往昔长者子水持者我身既是水施长者
[illegible]	者妙幢既是彼二子中第一子水满者银幢
[illegible]	既是第二子水藏者银光既是彼天自在光
[illegible]	王者汝菩提树神是此十千鱼者十千天
[illegible]	子是我往昔水以鱼济食于尽饱满令甚深
[illegible]	十二缘起并其与相应陀罗尼咒说为又
……（此处缺失一行文字）	
[illegible]	我处来欢喜法听因故我皆之阿耨多罗
[illegible]	三藐三菩提记授名号说做善女天我往
[illegible]	昔死生诸有中轮回广利益为于无量众
[illegible]	生之悉次第无上觉成记与授令汝等尽皆
[illegible]	皆出离勤求放逸不做且说尔时大众是
[illegible]	所说闻悉皆大慈悲以一切之救护苦行
[illegible]	勤修因故无上菩提证得醒悟最深心发
[illegible]	欢喜信受。
[illegible]	金光明最胜王经契卷九第

汉译文：

［流水答言，王可遣使，并我二子］往彼池所验其虚实，彼十千鱼为死为活。王闻是语，即便遣使及子向彼池边。见其池中多有曼陀罗花聚诸鱼并死。见已驰还为王广说。王闻是语，已心生欢喜，叹未曾有。尔时佛告菩提树神善女天曰，汝今当知，昔时长者子流水者即我身是，持水长者即妙幢是。彼二子中。长子水满即银幢是。次子水藏即银光是。彼天自在光王者，即汝菩提树神是。十千鱼者即十千天子是。我往昔以水济鱼与食令饱，为说甚深十二缘起并此相应陀罗尼咒。又［为称彼宝髻佛名，因此善根得生天上。］今来我所欢喜听法，我皆当为授于阿耨多罗三藐三菩提

记说其名号。善女天，如我往昔于生死中轮回诸有广为利益，今无量众生悉令次第成无上觉与其授记，汝等皆应勤求出离勿为放逸。尔时大众闻说是已悉皆悟解，由大慈悲救护一切。勤修苦行，方能证获无上菩提。咸发深心，信受欢喜。

金光明最胜王经卷第九

题解：

景泰县五佛寺石窟出土，现藏景泰县文化馆，共 10 面，残页，麻纸，刻本，经折装，最完整的一面高 31 厘米，宽 11.8 厘米，每面文字 6 行，行 16 字。其中 2 面是内封面，有印刷题签，仅有一西夏字汉译为九。8 面经文内容为《金光明最胜王经》第四卷、第七卷和第九卷的内容，其翻译底本，采用唐高僧义净译本。[1] 该佛经《中国藏西夏文献》中未收录。

《金光明最胜王经》（以下简称《金光明经》）是西夏时期非常流行的一部佛经。西夏在惠宗秉常、仁宗仁孝、襄宗安全时期分别对此经进行翻译、校勘、复译经疏等，直到蒙元时期，西夏遗民继续雕刻印行西夏文《金光明经》，崔红芬女士曾做过详细的研究。[2] 目前已知的保存在国内外的西夏文《金光明经》，无论数量、内容或版本形式，都非常丰富。北京国家图书馆藏《金光明经》，是蒙元时期的刻本，共 700 多面，其中保存了流传序 10 面。

（十一）佛说解百生冤结陀罗尼经等陀罗尼

西夏文：

1. 诵经功德文（图版 75）

…[illegible]/…[illegible]/…[illegible]/□□[illegible]/[illegible]/[illegible]/[illegible]/[illegible]/[illegible]/[illegible]/[illegible]/[illegible]/[illegible]/[illegible]/[illegible]/[illegible]/[illegible]/

① 任继愈主编《中华大藏经》卷 16，第 246～334 页。

② 崔红芬：《西夏金光明最胜王经信仰研究》，载《敦煌研究》2008 年第 2 期。

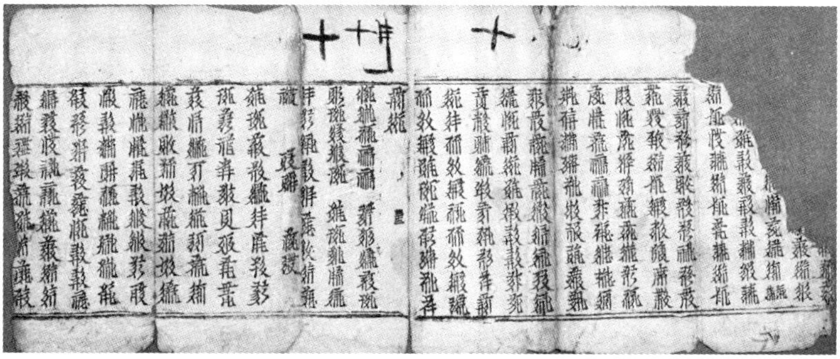

图版 75　佛说解百生冤结陀罗尼经等陀罗尼（1）

原图版见《中国藏西夏文献——甘肃省博物馆藏卷》第十六卷，第 413～415 页）

[illegible]

汉译文：

……菩提……护善神……念。我名某甲□□此世，若他世中依戒，善根依定，善根依识，善根自护，若为他教，为见随喜等，以善根力，国王大臣、又诸施主、父母、上师、一切法界众生，生老病死，立即能渡四重之海，资粮加行，见道修证，道不习，平等德觉不成就。此方世世各生七种功，人身殊妙，当成就佛之神力，法之神力，僧之神力。说如此愿，立即当成就。

一切有为法，如梦幻泡影，如露亦如电，应作如是观。

2. 佛说解百生冤结陀罗尼经（图版 75、76）

[illegible][1]/

[illegible]/

[illegible]

[illegible]

---

① 该经版本，每单面刻 5 行字，此处前后两纸叠压，遮盖了前页一行，当为“尼经契”三字。

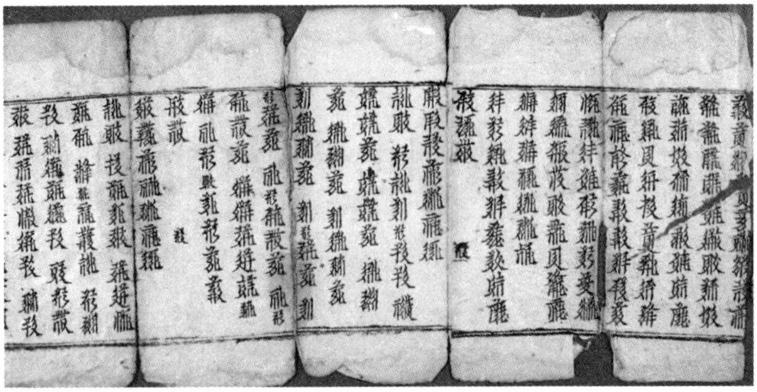

图版 76　佛说解百生冤结陀罗尼经等陀罗尼（2）

（原图版见《中国藏西夏文献——甘肃省博物馆藏卷》第十六卷，第 418 ~ 421 页）

汉译文：

佛说解百生冤结陀罗尼经

唵　阿阿　暗恶

闻如是，一时佛在毗耶离城音乐树下，与八千比丘众聚。时有一菩萨名曰普光菩萨摩诃萨，众皆知识，说往世因缘，未来世中，末法众生，多为罪苦，结冤雠已，世世皆须相遇。若有善男子善女人，闻此陀罗尼，七日七夜，洁净斋戒，日日永久，诵此普光菩萨摩诃萨名号及此陀罗尼八百遍，七日足则罪皆消灭，世世冤家不相遇。佛说是语，尔时，四众人民、天龙八部，咸悉欢喜，受教奉行。

佛说解百生冤结陀罗尼经　终

《嘉兴藏》汉文本内容：

佛说解百生冤结陀罗尼经

闻如是，一时佛在毗耶离城音乐树下，与八千比丘众俱。时有一菩萨名曰普光菩萨摩诃萨，众所知识，说往昔因缘。未来世中，末法众生，多仇罪苦，结冤仇已，世世皆须相遇。若有善男子善女人，闻是陀罗尼，七日七夜，洁净斋戒。日日清朝，念此普光菩萨摩诃萨名号，及念此陀罗尼一百八遍，七日满足，尽得消灭，冤家不相遇会。佛说是语时，四众人名，天龙八部，咸悉欢喜，受教奉行。

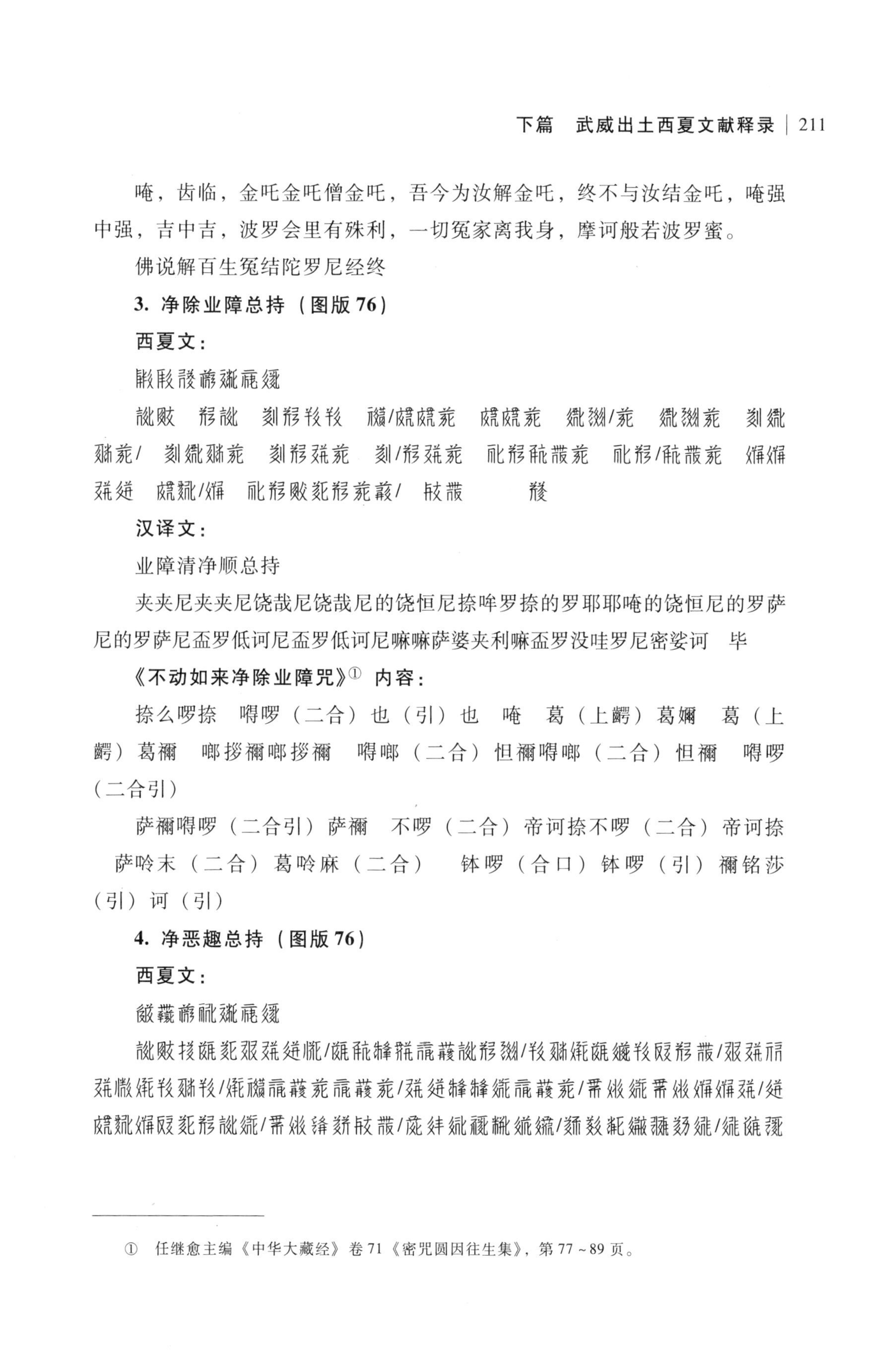

唵，齿临，金吒金吒僧金吒，吾今为汝解金吒，终不与汝结金吒，唵强中强，吉中吉，波罗会里有殊利，一切冤家离我身，摩诃般若波罗蜜。

佛说解百生冤结陀罗尼经终

3. 净除业障总持（图版76）

西夏文：

[illegible]

[illegible]/[illegible]/[illegible]/[illegible]/[illegible]/[illegible]/[illegible]/[illegible]/

汉译文：

业障清净顺总持

夹夹尼夹夹尼饶哉尼饶哉尼的饶恒尼捺哞罗捺的罗耶耶唵的饶恒尼的罗萨尼的罗萨尼盃罗低诃尼盃罗低诃尼嘛嘛萨婆夹利嘛盃罗没哇罗尼密娑诃　毕

《不动如来净除业障咒》[1] 内容：

捺么啰捺　嘚啰（二合）也（引）也　唵　葛（上齶）葛嫲　葛（上齶）葛禰　唧拶禰唧拶禰　嘚唧（二合）怛禰嘚唧（二合）怛禰　嘚啰（二合引）

萨禰嘚啰（二合引）萨禰　不啰（二合）帝诃捺不啰（二合）帝诃捺　萨吟末（二合）葛吟麻（二合）　钵啰（合口）钵啰（引）禰铭莎（引）诃（引）

4. 净恶趣总持（图版76）

西夏文：

[illegible]

[illegible]/[illegible]/[illegible]/[illegible]/[illegible]/[illegible]/[illegible]/[illegible]/[illegible]/[illegible]/[illegible]/[illegible]/[illegible]

① 任继愈主编《中华大藏经》卷71《密咒圆因往生集》，第77～89页。

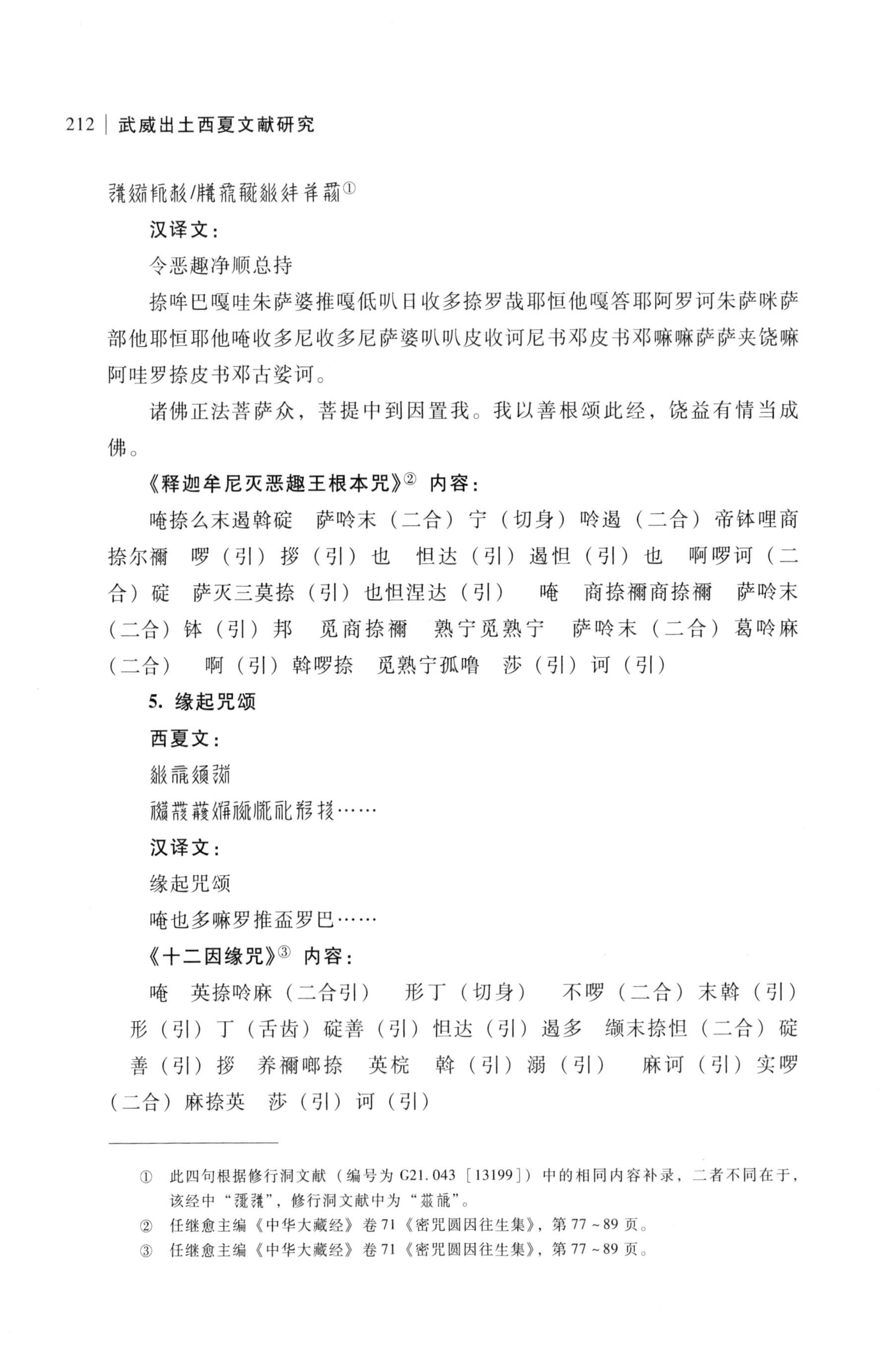

[illegible]/[illegible]①

汉译文：

令恶趣净顺总持

捺哞巴嘎哇朱萨婆推嘎低叭日收多捺罗哉耶恒他嘎答耶阿罗诃朱萨咪萨部他耶恒耶他唵收多尼收多尼萨婆叭叭皮收诃尼书邓皮书邓嘛嘛萨萨夹饶嘛阿哇罗捺皮书邓古娑诃。

诸佛正法菩萨众，菩提中到因置我。我以善根颂此经，饶益有情当成佛。

《释迦牟尼灭恶趣王根本咒》② 内容：

唵捺么末遏斡碇　萨呤末（二合）宁（切身）呤遏（二合）帝钵哩商捺尔禰　啰（引）捞（引）也　怛达（引）遏怛（引）也　啊啰诃（二合）碇　萨灭三莫捺（引）也怛涅达（引）　唵　商捺禰商捺禰　萨呤末（二合）钵（引）邦　觅商捺禰　熟宁觅熟宁　萨呤末（二合）葛呤麻（二合）　啊（引）斡啰捺　觅熟宁孤噜　莎（引）诃（引）

5. 缘起咒颂

西夏文：

[illegible]

[illegible]……

汉译文：

缘起咒颂

唵也多嘛罗推盃罗巴……

《十二因缘咒》③ 内容：

唵　英捺呤麻（二合引）　形丁（切身）　不啰（二合）末斡（引）形（引）丁（舌齿）碇善（引）怛达（引）遏多　缬末捺怛（二合）碇善（引）捞　养禰唧捺　英梡　斡（引）溺（引）　麻诃（引）实啰（二合）麻捺英　莎（引）诃（引）

---

① 此四句根据修行洞文献（编号为 G21.043［13199］）中的相同内容补录，二者不同在于，该经中“[illegible]”，修行洞文献中为“[illegible]”。

② 任继愈主编《中华大藏经》卷 71《密咒圆因往生集》，第 77～89 页。

③ 任继愈主编《中华大藏经》卷 71《密咒圆因往生集》，第 77～89 页。

今此咒句准经翻译即是颂曰

诸法从缘起　如来说是因

彼法因缘盖　是大沙门说

若造佛像，安置舍利如芥子许，或写法颂安置其中，如我现身等无有异，凡修功德诵此庆成。

题解：

亥母洞出土，现藏武威市博物馆，共两件。第一件文献编号 G31.18［6747］，刊本，麻纸，经折装，存 5 面，高 20 厘米，宽 8.5 厘米，上下双栏，栏高 13 厘米，面 5 行，行 10 字。第二件文献编号 G31.020［6762］，刊本，麻纸，经折装，存 7 面，高 20 厘米，宽 8.3 厘米，上下双栏，栏高 14 厘米，面 5 行，行 9 字。两件佛经残页中，除了保存《佛说解百生冤结陀罗尼经》的完整内容外，还保存了《诵经功德文》《净除业障总持》《净恶趣总持》及《缘起咒颂》等几个小陀罗尼的内容。宁夏大学段玉泉老师曾对两件文献做过译释研究①。

《佛说解百生冤结陀罗尼经》收录在《嘉兴大藏经》卷 19 中的《诸经日诵集要》中。《净除业障总持》《净恶趣总持》和《缘起咒颂》等几个陀罗尼，在汉文本的《密咒圆因往生集》中有可以对勘的内容，分别是《不动如来净除业障咒》《释迦牟尼灭恶趣王根本咒》和《十二因缘咒》。

（十二）毗卢遮那法身顶相印轮文众生三灾怖畏令物取作恶业救拔经

西夏文：

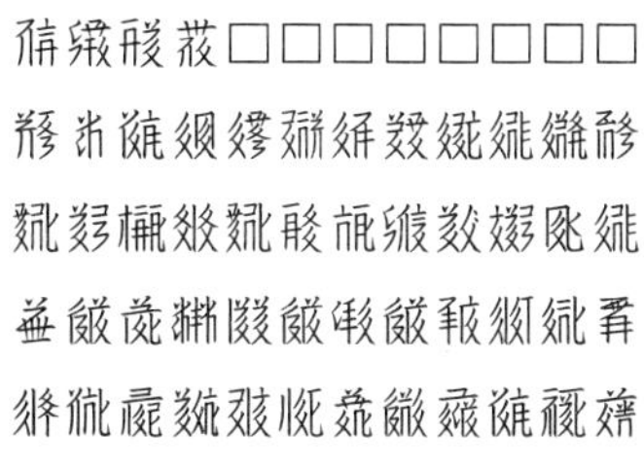

汉文对译：

海水取动□□□□□□□□□

为亦此妙义书写无能我今略

乃言汝广所传行所解说〈〉我

浊恶世中官恶人恶等福德薄

浅多嗔坏时又亲害嫉此法密

① 段玉泉：《佛说解百生冤结陀罗尼经考释》，载《西夏研究》2010 年第 4 期；段玉泉：《武威亥母洞遗址出土的两件西夏文献考释》，载《西夏学》第 8 辑。

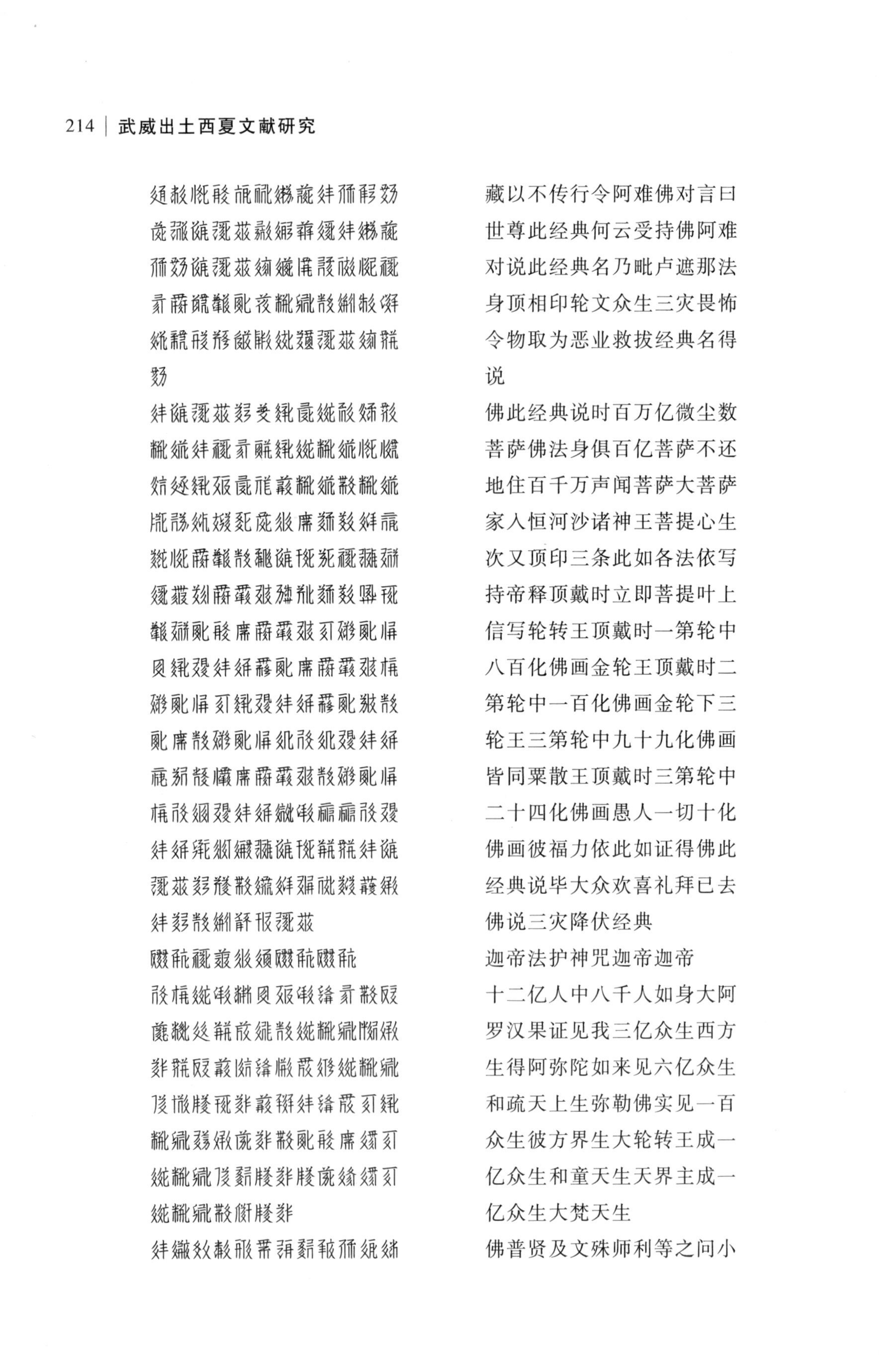

藏以不传行令阿难佛对言曰
世尊此经典何云受持佛阿难
对说此经典名乃毗卢遮那法
身顶相印轮文众生三灾畏怖
令物取为恶业救拔经典名得
说

佛此经典说时百万亿微尘数
菩萨佛法身俱百亿菩萨不还
地住百千万声闻菩萨大菩萨
家入恒河沙诸神王菩提心生
次又顶印三条此如各法依写
持帝释顶戴时立即菩提叶上
信写轮转王顶戴时一第轮中
八百化佛画金轮王顶戴时二
第轮中一百化佛画金轮下三
轮王三第轮中九十九化佛画
皆同粟散王顶戴时三第轮中
二十四化佛画愚人一切十化
佛画彼福力依此如证得佛此
经典说毕大众欢喜礼拜已去
佛说三灾降伏经典

迦帝法护神咒迦帝迦帝

十二亿人中八千人如身大阿
罗汉果证见我三亿众生西方
生得阿弥陀如来见六亿众生
和疏天上生弥勒佛实见一百
众生彼方界生大轮转王成一
亿众生和童天生天界主成一
亿众生大梵天生

佛普贤及文殊师利等之问小

[illegible]	三灾时此印顶腕中悬者立即
[illegible]	此如生处得见我此印闻得可
[illegible]	无见得可无又得持者〈〉岂何
[illegible]	有最妙稀有法者若善男子菩
[illegible]	萨心有此信转时先浴洗需清
[illegible]	新衣穿若净衣无则香水香烟
[illegible]	以熏亦许有一清室处众宝香
[illegible]	烧水中墨研墨中佗兀末混香
[illegible]	烟以熏应惟至诚以陀罗尼诵
[illegible]	念续不断令
[illegible]	佛顶陀罗尼咒　唵本轮香上
[illegible]	百八遍诵水上百八遍诵然后
[illegible]	又取顶戴持可修者白黄红色
[illegible]	食以斋为彼食中酥酪乳酪粟
[illegible]	米粳稻米椒色黄菜竹苗嫩椒
[illegible]（[illegible]）[illegible]	干胡豆（汉语）面鼠酪等食写者人
[illegible]	饮欲时食具数香烟上受各陀
[illegible]	罗尼一遍乃诵其后立即心语
[illegible]	愿发我众生渡苦离佛智中当
[illegible]	入十方饥苦者皆当饱满此愿
[illegible]	生时声不得当心口默然以诵
[illegible]	即已立即食饮终此印三条
[illegible]	写一条乃数量百八文乃不过

[illegible]

三条各皆此与一样共三百二十四字六

[illegible]	波罗密离受本也成就生处
[illegible]	因缘此是故寿灾免然亦此故也
[illegible]	此宝得时一钱咒一遍各诵可
[illegible]	写者顶戴者边无福得如来悄
[illegible]	悄金色手伸此二人之顶周十

[illegible]	方诸佛赞言善哉善哉善男子
[illegible]	善女人等汝今佛神通法力已
[illegible]	俱此法印得身上挂故我常念
[illegible]	护畏恐与不遇恶道中不入佛
[illegible]	境界生佛境界到天境界生天
[illegible]	境界到思念可无思念处无量
[illegible]	测最难边无德功此如神力虚
[illegible]	空边与等到圣知可若鸠释迦
[illegible]	此印写时百八光明宝瓶量施
[illegible]	三条各皆此所如若轮转王此
[illegible]	印写时百八如意宝珠取授三
[illegible]	条各皆此所如若粟散王此印
[illegible]	写时百八金钱取授三条各皆
[illegible]	此所如佛普贤对说我此印功
[illegible]	力言虚空尽有此法尽无四大
…[illegible]	…百亿须弥山取笔

汉译文：

……海水取……做，亦不能书写此妙义。我为汝解说，汝当广为传行。浊恶世中恶官恶人等福德薄浅多嗔裂时及相嫉妒，此法密藏不传行。阿难对佛说，世尊，云何受持此经典。佛对阿难说，此经名叫毗卢遮那法身顶相印轮文众生畏怖三灾取命物救拔恶业经。佛说此经典时，百万亿微尘数俱菩萨佛法身，百亿菩萨住不退转地，百千万声闻菩萨大菩萨入宫，恒河沙诸神王菩提造意。次又顶印三条，此如各法依写持。帝释顶戴时立即菩提叶上写印，轮转王顶戴时第一轮中画八百化佛，金轮王顶戴时第二轮中画一百化佛，金轮下三轮王第三轮中画九十九化佛，然后粟散王顶戴时第三轮中画二十四化佛，一切愚人画十化佛，依彼福力此如证得。佛说此经典毕，大众欢喜礼拜而去。

佛说降伏三灾经

迦帝护法神咒　迦帝迦帝

……十二亿人中八千人实身大阿罗汉证果，三亿众生西方得生，见阿弥陀如来，六亿众生生和疏天上，实见弥勒佛，一百众生生彼方界成大轮转王，一亿众生生和童天成天界主，一亿众生生大梵天。

佛问普贤及文殊师利等，小三灾时，腕上有此印顶者，立即此如可得生，闻此印不可得不可见，复得持者，岂何有。最妙希有法者，若善男子众生心多转此信时，需先沐浴清洁，着新净服，如无净服则亦可以香水香烟祭。有一净室，宝香，沸水中研墨混佗兀毛末，香烟以祭，惟当诚心诵念陀罗尼，令续不断。

唵本轮香上诵百八遍，水上诵百八遍，又取顶戴当持，修者以白黄红色食为斋，彼食中酥酪乳酪粟米粳稻米椒色黄菜竹苗嫩椒干胡豆（汉语）面鼠酪等，食写者人欲饮时，食具数香烟上受，各陀罗尼一遍各诵。彼又立即发心语愿，我渡众生离苦，当入佛智，十方饥苦者皆当饱满，发此愿时，声不可遇，心口默解以诵，立即食饮毕。此信写三条，每一条百八个字，各不渡，三条相同（共三百二十四字），六波罗密离受本也（成就生处是此因缘，故寿灾免除亦此因缘）。得此宝时，一钱咒当诵一遍，写者顶戴者得无边妙，如来悄悄伸金色手于此二种人，顶周十方诸佛赞叹：善哉善哉，善男子善女人等，汝今已具佛神圣法力，得此法印挂身上，则我常念护，不遇畏怖，不入恶道，从佛境界到佛境界，从天境界到天境界，不可思议，不可思议，最难测量无边功德，如此神力虚空边相等。普贤当知，若桥释迦写此印时，百八光明宝瓶量授，三条皆如此。轮转王写此印时，百八如意宝珠取授，三条皆如此，粟散王写此印时，百八金钱取授，三条皆如此，佛与普贤曰，我言此印功力，虚空有尽，此法无尽，四大…百亿须弥山取，笔……

题解：

亥母洞出土，现藏武威市博物馆，文献编号 G31.022［6764］。刻本，经折装，存 14 面，高 18.5 厘米，宽 9 厘米，上下单栏，栏高 15 厘米，面 6 行，行 12 字。图版见《中国藏西夏文献》第十六卷第 417～434 页。

该文献中包含两个佛经，《毗卢遮那法身顶相印轮文众生三灾怖畏令物取作恶业救拔经》和《佛说降伏三灾经》，后者有经题。

（十三）净国求生礼佛盛赞颂（图版 77）

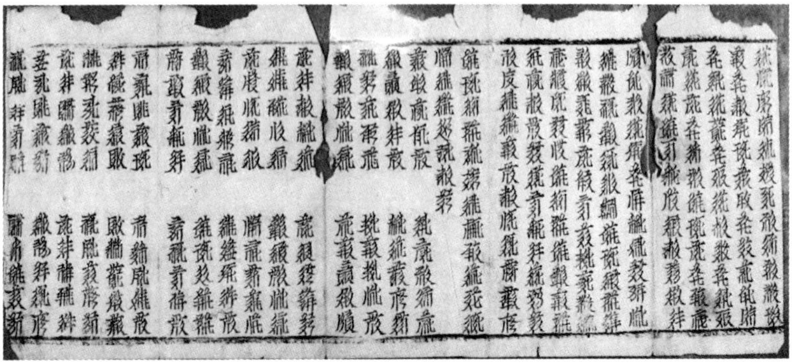

图版 77　净国求生礼佛盛赞颂

（原图版见《中国藏西夏文献——甘肃省博物馆藏卷》第十六卷，第 422 ~ 426 页）

西夏文：

…[illegible]/…[illegible]/…[illegible]/…[illegible]/…[illegible]/…[illegible]/[illegible]

[illegible]□□[illegible]□□□[illegible]/[illegible]/[illegible]

[illegible]

[illegible]

[illegible]

[illegible]

[illegible]

[illegible]

[illegible]

[illegible]

[illegible]

[illegible]

[illegible]

[illegible]

[illegible]

[illegible]

[illegible]

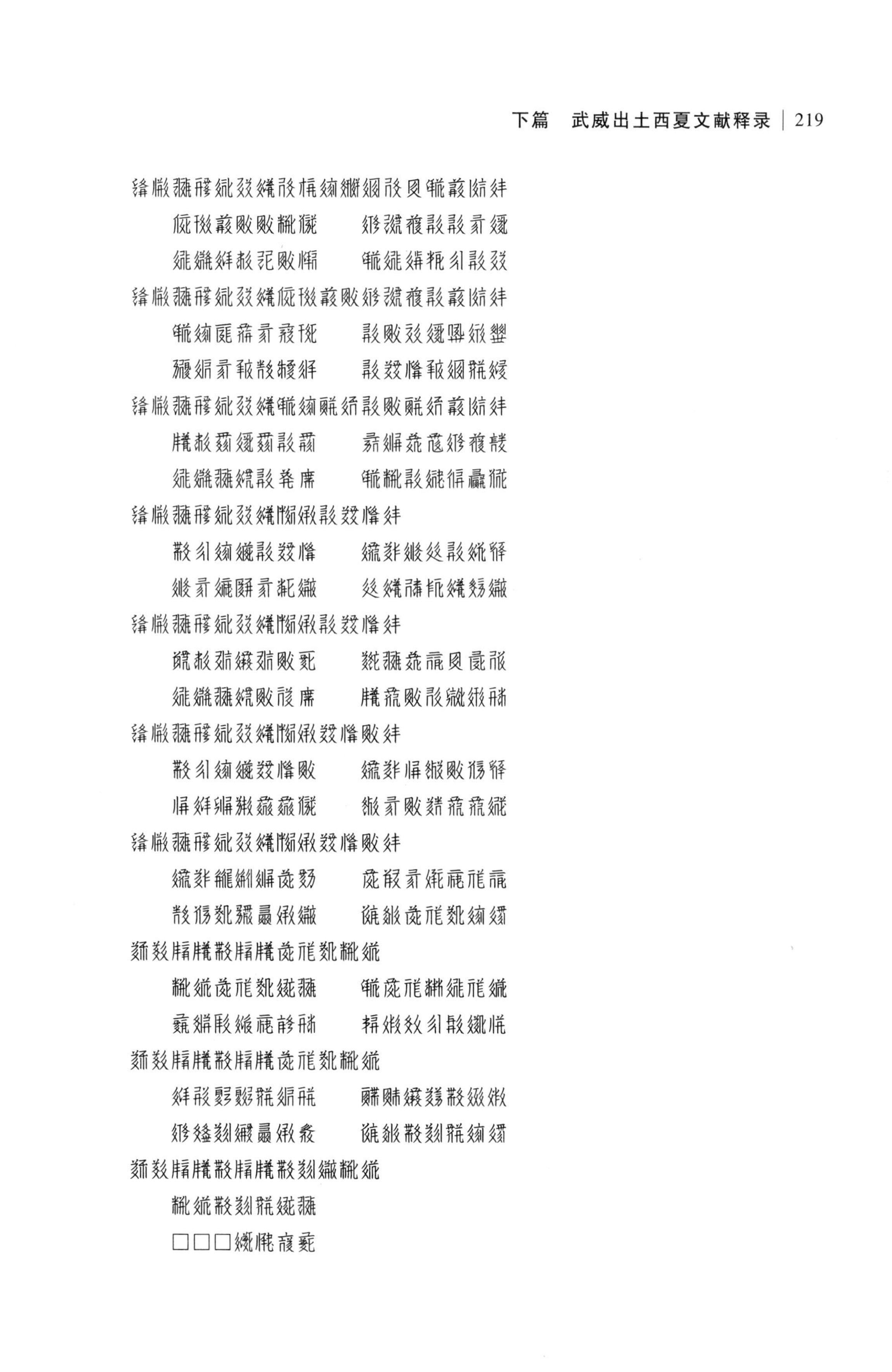

[illegible]

[illegible] [illegible]

[illegible] [illegible]

[illegible]

[illegible] [illegible]

[illegible] [illegible]

[illegible]

[illegible] [illegible]

[illegible] [illegible]

[illegible]

[illegible] [illegible]

[illegible] [illegible]

[illegible]

[illegible] [illegible]

[illegible] [illegible]

[illegible]

[illegible] [illegible]

[illegible] [illegible]

[illegible]

[illegible] [illegible]

[illegible] [illegible]

[illegible]

[illegible] [illegible]

[illegible] [illegible]

[illegible]

[illegible] [illegible]

[illegible] [illegible]

[illegible]

[illegible]

□□□[illegible]

[illegible]

汉译文：

…法…/界遍至/…神通戏/…变显日夜/…不不可说/……中不可说不可说。/众生之□□业□□□智。/资粮皆乃圆满，当成共同最上正觉，各自净国庄严，各自众生招学　阿弥陀佛当无偏党。唯愿：阿弥陀佛慈悲求明证。

乃至空虚世界尽　众生复业烦恼尽

如是一切无尽故　我愿究竟恒无尽

发愿毕

敬礼阿弥陀佛之归依

思佛发愿文　毕

净国求生礼佛盛赞颂

林峰岭寂真国师集

归依十方三宝尊　阿弥陀佛大圣主

观音势至海聚众　勇勤合掌敬礼拜

如来应供正遍知最上三宝尊

我今归依礼　法界明月住

极乐净国中　上品莲花生

十二名号名实合　四十八愿愿心随

我今以耳闻慈名　愿复生身圣愿同

如来应供正遍知十二名号四十八愿弥陀佛

五须弥明明普照　六僧祇世世身持

我今以心念慈明　愿我神变圣世平

如来应供正遍知五须弥光六僧祇寿弥陀佛

愿名随报如身影　寿光正持花叶榻

无身倒等三恭敬　无量寿等四欲得

如来应供正遍知愿名俱足寿光俱足弥陀佛

以识持热热寿成　自共依亲六善逝

我今归依寿山王　普愿世代夭折过

如来应供正遍知西方无量寿佛

大圣名乃无量寿　众生因果寿命施

因身最后到身上　果识根本识聚遍

如来应供正遍知西方寿无量佛

以相善摄善光会　依次相生八万渡

我今归依光络王　有情光增迷暗除

如来应供正遍知西方无量光佛

大圣名乃无量光　众生内外施光明

心中混通照空虚　身外放光所有明

如来应供正遍知西方无量光佛

众生灾祸共世说　诸苦逼身皆发声

三明观察十方遍　因此观世音名是

菩提勇识大勇识观世音菩萨

观世音菩萨能依　愿诸声中闻我声

尽时障害皆消除　死后圣贤来迎接

菩提勇识大勇识观世音菩萨

心智和合取无得　体功招选大测绝

六神通力十方动　因此大势得成名

菩提勇识大勇识大势至菩萨

菩萨大势得能依　…

□□□舍捆缚离　…

菩提勇识大勇识大…

题解：

亥母洞出土，现存武威市博物馆，文献编号 G31.021［6749］。麻纸，刻本，经折装，高 21 厘米，宽 9 厘米，上下单栏，栏高 15.5 厘米。存 7 面，面 6 行，行 22 字。

文献中保存的《净国求生礼佛盛赞颂》，是名为“林峰岭寂真国师”所集录的赞颂偈，颂偈前有“思佛发愿文”，发愿文中的四句偈，“乃至空虚世界尽，众生复业烦恼尽。如是一切无尽故，我愿究竟恒无尽”，出自《大方广佛华严经》卷第四十中“普贤广大愿王清净偈”。

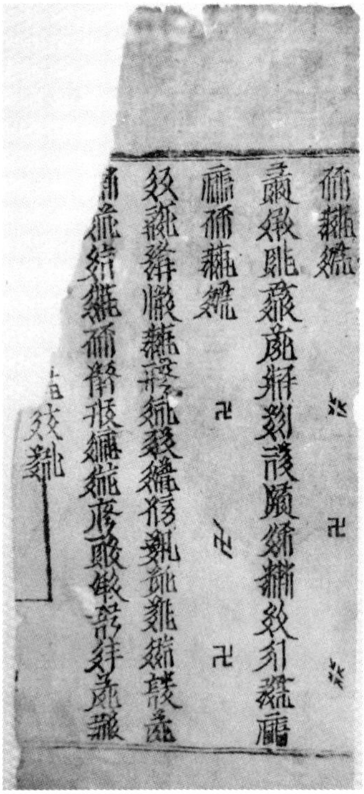

图版 78　礼佛大忏悔文

（十四）礼佛大忏悔文（图版 78）

西夏文：

[illegible]

[illegible][1][illegible]

[illegible]

[illegible]

[illegible]

…[illegible]——

汉译文

皈依……皈依十方尽虚空界君国尘网中一切诸佛。南无皈依十方尽虚空界一切尊法。南无皈依十方尽虚空界一切贤圣僧。南无如来应供正遍知明行足善逝世间解无上士调御丈夫天人师佛世尊。

题解：

该经共存 1 面，景泰县五佛寺石窟出土，现存景泰县文化馆，《中国藏西夏文献》中未收录。刻本，麻纸，经折装，基本完整，高 21 厘米，宽 8.5 厘米。每面文字 6 行，行 16 字。

（十五）普贤广大愿王清净偈等偈颂

西夏文：

□□□□□□□　　[illegible]

[illegible]　　[illegible]

[illegible]　　[illegible]

---

① [illegible]，汉意"君国尘网中"，汉文本中无。陶渊明《归园田居》诗中有"误落尘网中，一去十三年"，意思是说自己误入仕途十三年不得自由，诗中把仕途比作"尘世的罗网"。国图藏完整的"金光明最胜王经流传序"中，有"网络未除"之语。

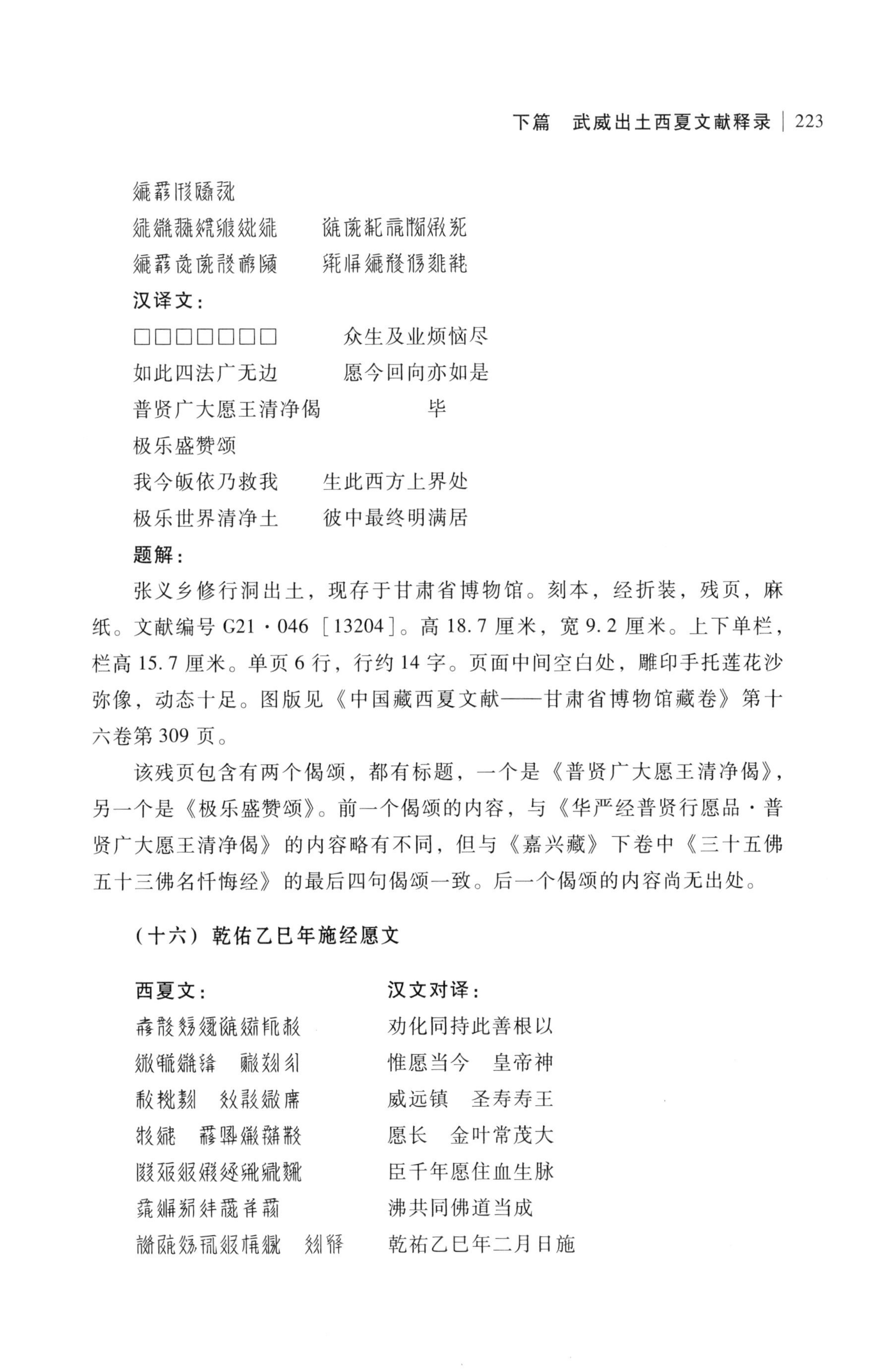

[illegible]

[illegible]　　[illegible]

[illegible]　　[illegible]

汉译文：

□□□□□□□　　众生及业烦恼尽

如此四法广无边　　愿今回向亦如是

普贤广大愿王清净偈　　毕

极乐盛赞颂

我今皈依乃救我　　生此西方上界处

极乐世界清净土　　彼中最终明满居

题解：

张义乡修行洞出土，现存于甘肃省博物馆。刻本，经折装，残页，麻纸。文献编号 G21·046［13204］。高 18.7 厘米，宽 9.2 厘米。上下单栏，栏高 15.7 厘米。单页 6 行，行约 14 字。页面中间空白处，雕印手托莲花沙弥像，动态十足。图版见《中国藏西夏文献——甘肃省博物馆藏卷》第十六卷第 309 页。

该残页包含有两个偈颂，都有标题，一个是《普贤广大愿王清净偈》，另一个是《极乐盛赞颂》。前一个偈颂的内容，与《华严经普贤行愿品·普贤广大愿王清净偈》的内容略有不同，但与《嘉兴藏》下卷中《三十五佛五十三佛名忏悔经》的最后四句偈颂一致。后一个偈颂的内容尚无出处。

（十六）乾佑乙巳年施经愿文

西夏文：	汉文对译：
[illegible]	劝化同持此善根以
[illegible]	惟愿当今　皇帝神
[illegible]	威远镇　圣寿寿王
[illegible]	愿长　金叶常茂大
[illegible]	臣千年愿住血生脉
[illegible]	沸共同佛道当成
[illegible]	乾祐乙巳年二月日施

汉译文：

以此善根，使持劝化，惟愿当今皇帝，神威远扬，圣寿万岁为王。金叶常茂，大臣千秋长存。一切众生，当共成佛道。乾佑乙巳年二月日施

题解：

张义修行洞出土，现藏甘肃省博物馆，文献编号 G21.30［13215］。刊本，麻纸，经折装，高 12.7 厘米，宽 6.6 厘米，上下双栏，栏高 9 厘米，存 2 面，面 5 行，行 8 字。尾题“乾佑乙巳年二月日施”。陈炳应先生曾做过研究。[①] 图版见《中国藏西夏文献——甘肃省博物馆藏卷》第十六卷第 275 页。

（十七）金刚经颂（图版 79）

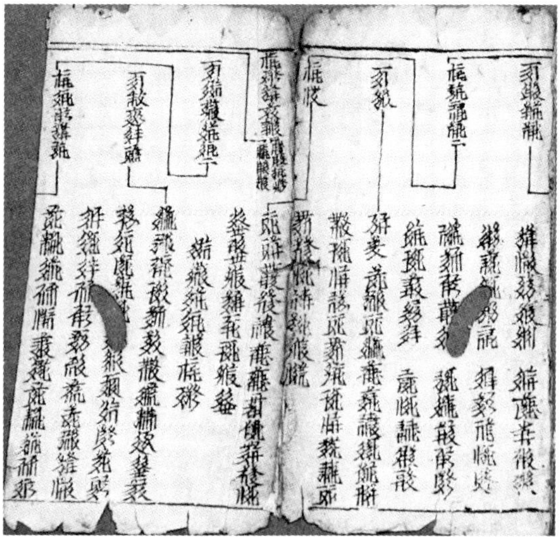

图版 79　金刚经颂

（原图版见《中国藏西夏文献——甘肃省博物馆藏卷》第十六卷，第 399 页）

西夏文：

[illegible]

[illegible]二

---

① 陈炳应：《西夏探古》，第 82 页。

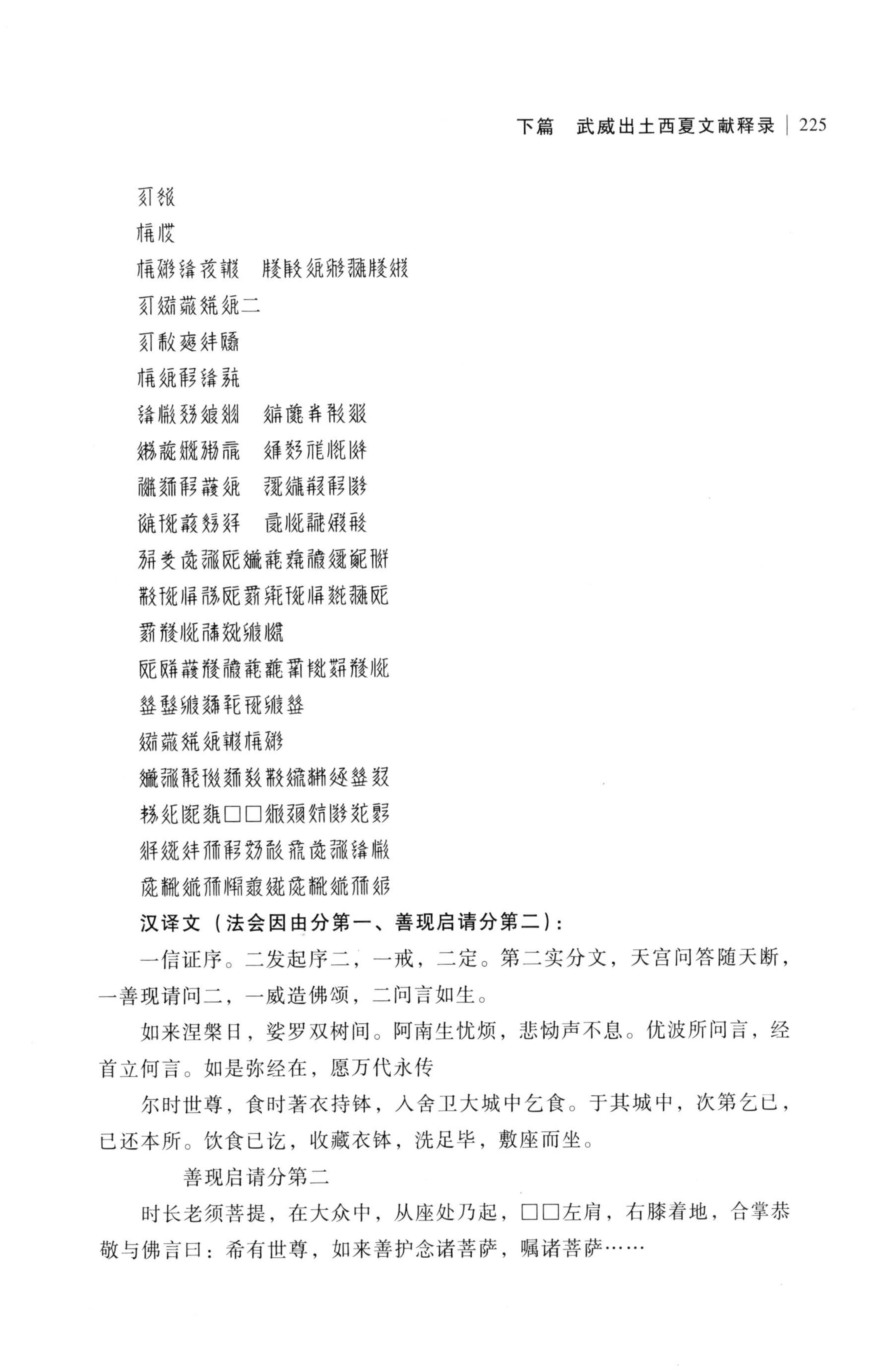

[illegible]

[illegible]

[illegible]　[illegible]

[illegible]二

[illegible]

[illegible]

[illegible]　[illegible]

[illegible]　[illegible]

[illegible]　[illegible]

[illegible]　[illegible]

[illegible]

[illegible]

[illegible]

[illegible]

[illegible]

[illegible]

[illegible]

[illegible]□□[illegible]

[illegible]

[illegible]

汉译文（法会因由分第一、善现启请分第二）：

一信证序。二发起序二，一戒，二定。第二实分文，天宫问答随天断，一善现请问二，一威造佛颂，二问言如生。

如来涅槃日，娑罗双树间。阿南生忧烦，悲恸声不息。优波所问言，经首立何言。如是弥经在，愿万代永传

尔时世尊，食时著衣持钵，入舍卫大城中乞食。于其城中，次第乞已，已还本所。饮食已讫，收藏衣钵，洗足毕，敷座而坐。

善现启请分第二

时长老须菩提，在大众中，从座处乃起，□□左肩，右膝着地，合掌恭敬与佛言曰：希有世尊，如来善护念诸菩萨，嘱诸菩萨……

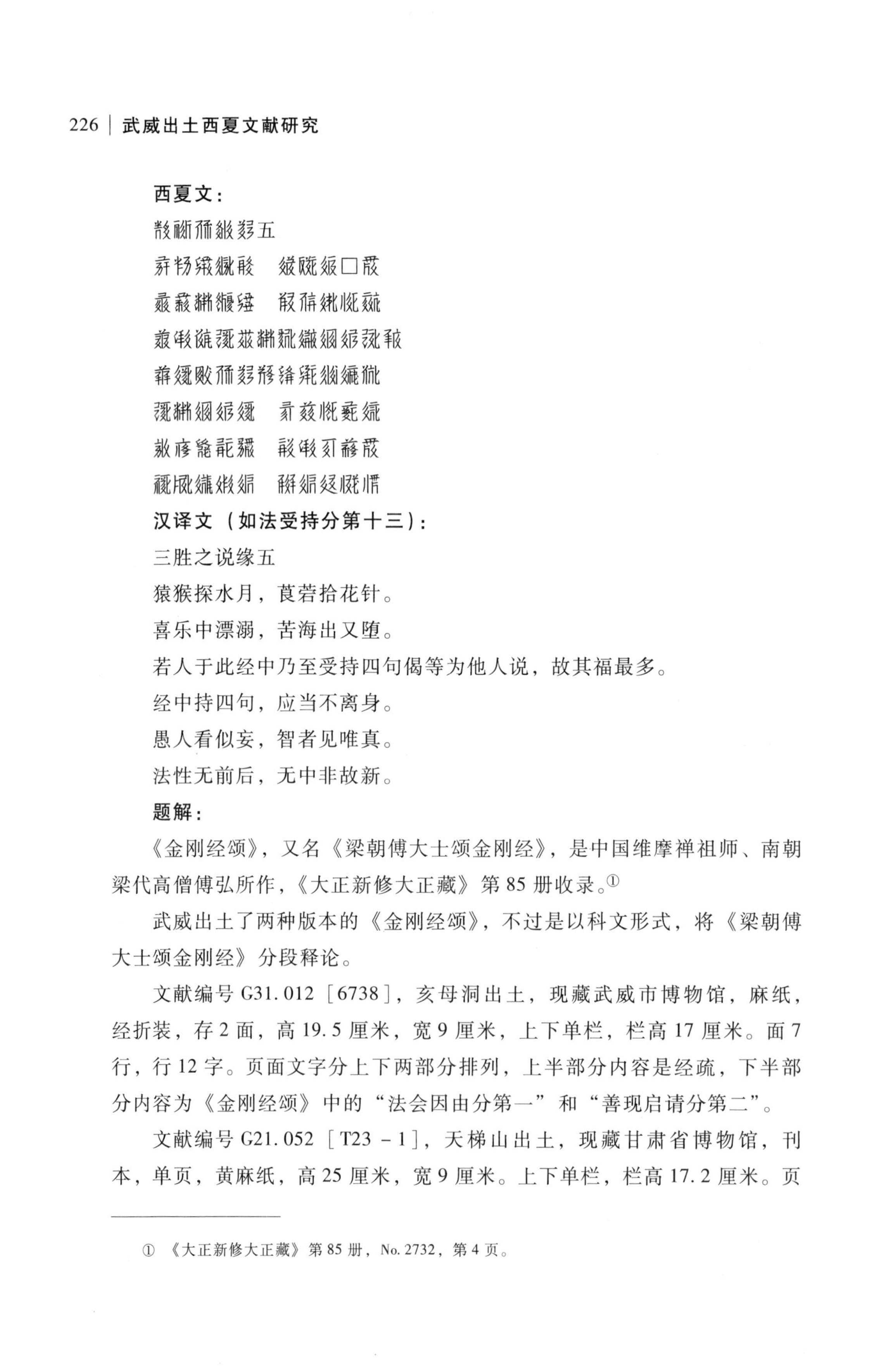

西夏文：

[illegible]五

[illegible]　[illegible]□[illegible]

[illegible]　[illegible]

[illegible]

[illegible]

[illegible]　[illegible]

[illegible]　[illegible]

[illegible]　[illegible]

汉译文（如法受持分第十三）：

三胜之说缘五

猿猴探水月，莨菪拾花针。

喜乐中漂溺，苦海出又堕。

若人于此经中乃至受持四句偈等为他人说，故其福最多。

经中持四句，应当不离身。

愚人看似妄，智者见唯真。

法性无前后，无中非故新。

题解：

《金刚经颂》，又名《梁朝傅大士颂金刚经》，是中国维摩禅祖师、南朝梁代高僧傅弘所作，《大正新修大正藏》第85册收录。①

武威出土了两种版本的《金刚经颂》，不过是以科文形式，将《梁朝傅大士颂金刚经》分段释论。

文献编号G31.012［6738］，亥母洞出土，现藏武威市博物馆，麻纸，经折装，存2面，高19.5厘米，宽9厘米，上下单栏，栏高17厘米。面7行，行12字。页面文字分上下两部分排列，上半部分内容是经疏，下半部分内容为《金刚经颂》中的“法会因由分第一”和“善现启请分第二”。

文献编号G21.052［T23－1］，天梯山出土，现藏甘肃省博物馆，刊本，单页，黄麻纸，高25厘米，宽9厘米。上下单栏，栏高17.2厘米。页

① 《大正新修大正藏》第85册，No.2732，第4页。

面文字分上下两部分排列，上半部分仅列一行标题“三胜之说缘五”，位居中央。下半部分列七行文字，内容是《金刚经颂》中“如法受持分第十三”的最后一段。图版见《中国藏西夏文献》第十六卷第314页。

校记：

该文献陈炳应老师曾做过译释研究①，文中定名为“三胜之说缘”，《中国藏西夏文献》中定名为“佛经残页”。

（十八）志公大师十二时歌注解（图版80、81）

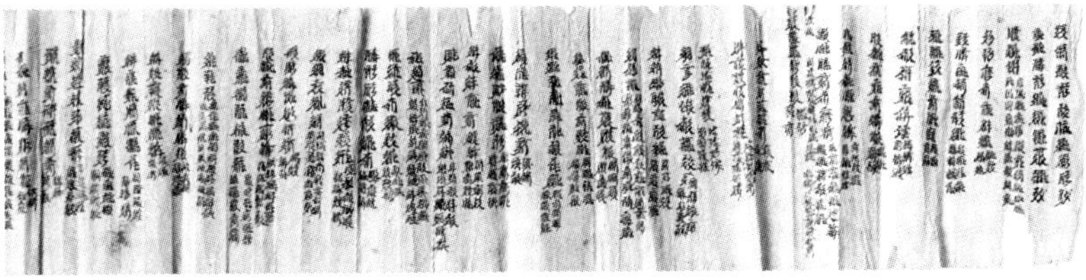

图版80　志公大师十二时歌注解（1）

（原图版见《中国藏西夏文献——甘肃省博物馆藏卷》第十六卷，第516～520页）

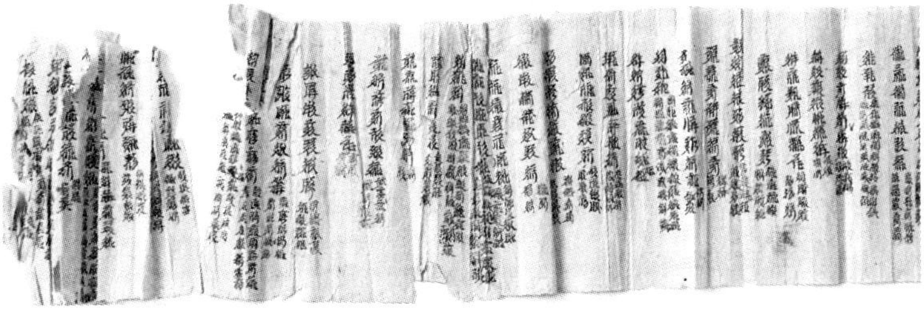

图版81　志公大师十二时歌注解（2）

西夏文：

[illegible]

[illegible]

汉文对译：

志公②大师十二时歌注解

道园③宗师依经解

① 陈炳应：《天梯山石窟西夏文献译释》，载《考古与文物》1983年第3期。

② 志公，南朝齐梁时期的佛教高僧，作品有《十二时颂》等。

③ 道园，宋景德年间有高僧名道原，曾撰《景德传灯录》，其中收录志公《十二时颂》。此道园为《十二时颂》作注解，疑其为西夏僧人。

[illegible] 天晓寅[1]。

[illegible]，[illegible]。[illegible][2] [illegible]，[illegible]

天晓时节，明暗分离。寅者，其时食欲停止迷惑，人心明白苦难尽。

[illegible] 癫狂者[3]尚有道心。

[illegible] 谁没有尔。

[illegible] 贫苦中承受无量劫。

[illegible] 日日劳苦灰上集庆。

[illegible] 不信自己有如意珍[4]。

[illegible]过后祈求寻找

[illegible] 持小财，沉迷海。

[illegible] 持则沉著如没。

[illegible]［[illegible]］[5] [illegible] 有毫厘希求自己是尘。

[illegible][6] 狗咬干骨。

[illegible] 不住旧时无相貌[7]。

[illegible] 自己不能住，先生何所居。

[illegible] 外求知识亦非真。

[illegible]，[illegible]

因往昔成道不住，故外寻求高者。

[illegible] 日出卯。

[illegible]，[illegible]。[illegible][8][illegible] [illegible]，[illegible]。

---

① 原文为“平旦寅”。

② [illegible]，汉译为“寅”，指寅时，凌晨三点到五点之间，对应属相是虎，故称“寅虎”。中医认为，寅时大地开始由阴到阳的转化，也是人体阳气的开始，此时人们需要保持熟睡第二天就会精力充沛。

③ 原文为“狂机”，指狂迷者，未悟的学人。

④ 喻指自身具备的真如佛性。

⑤［[illegible]］，汉意为“尘”。此字原文作“[illegible]”，汉意“谷、穴”，根据汉文意思修正为“[illegible]”。

⑥ [illegible]，汉译为“狗咬干骨”。当地俗语有“瘦狗咬干骨，吃着没肉，扔了可惜”，有“鸡肋”之意。

⑦ 佛法认为世间一切事物都不能久住不变，都处于生灭成坏之中，故无固定之相貌。

⑧ [illegible]，汉译为“卯”，指卯时，凌晨五点到七点之间。卯与冒同，万物冒地而出，又称为“日出”“日始”“破晓”，万物因阳气生发冒地而出。卯在十二生肖中是兔。

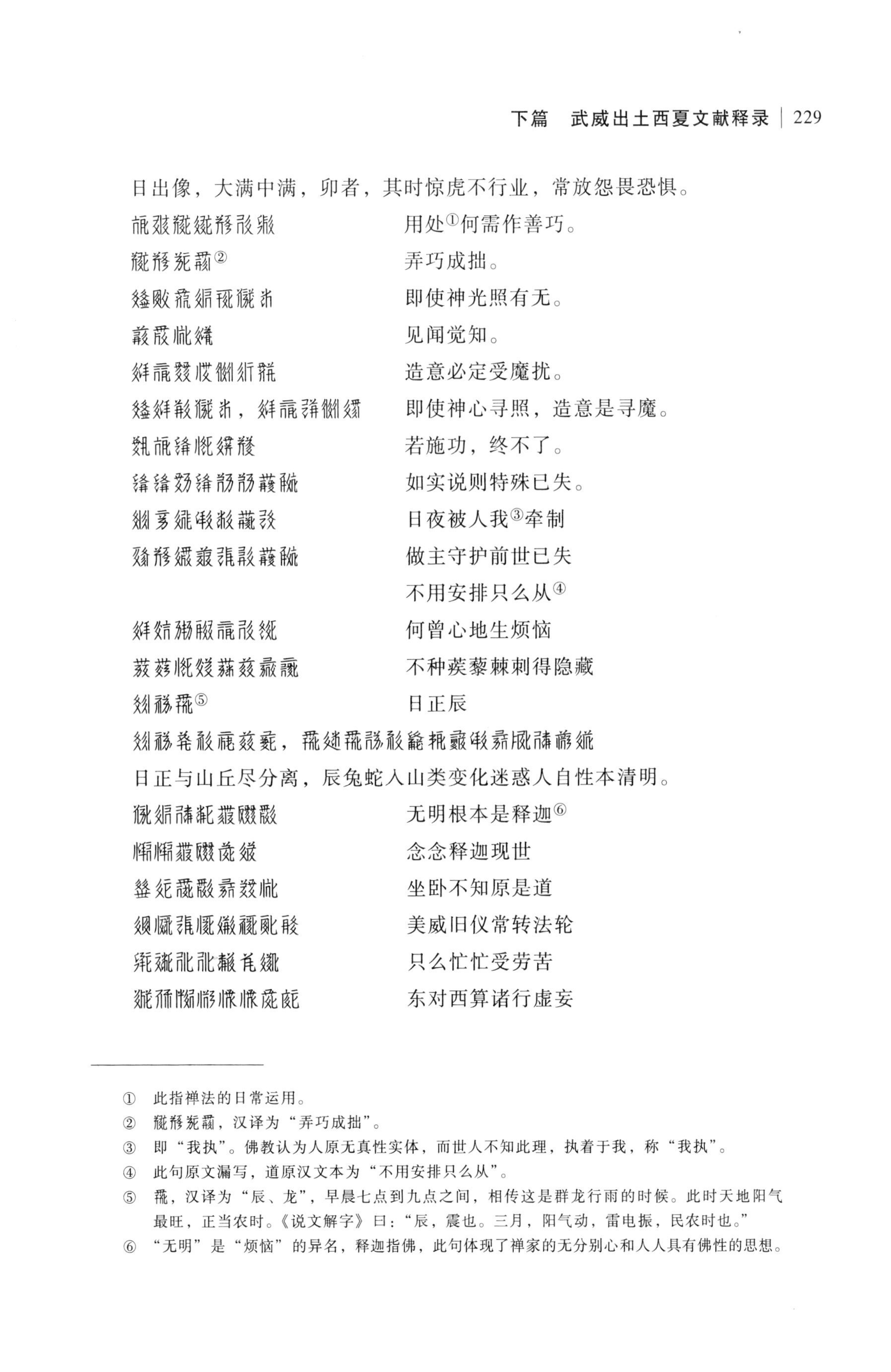

日出像，大满中满，卯者，其时惊虎不行业，常放怨畏恐惧。

[illegible]	用处[1]何需作善巧。
[illegible][2]	弄巧成拙。
[illegible]	即使神光照有无。
[illegible]	见闻觉知。
[illegible]	造意必定受魔扰。
[illegible]，[illegible]	即使神心寻照，造意是寻魔。
[illegible]	若施功，终不了。
[illegible]	如实说则特殊已失。
[illegible]	日夜被人我[3]牵制
[illegible]	做主守护前世已失
	不用安排只么从[4]
[illegible]	何曾心地生烦恼
[illegible]	不种蒺藜棘刺得隐藏
[illegible][5]	日正辰

[illegible]，[illegible]

日正与山丘尽分离，辰兔蛇入山类变化迷惑人自性本清明。

[illegible]	无明根本是释迦[6]
[illegible]	念念释迦现世
[illegible]	坐卧不知原是道
[illegible]	美威旧仪常转法轮
[illegible]	只么忙忙受劳苦
[illegible]	东对西算诸行虚妄

---

① 此指禅法的日常运用。

② [illegible]，汉译为“弄巧成拙”。

③ 即“我执”。佛教认为人原无真性实体，而世人不知此理，执着于我，称“我执”。

④ 此句原文漏写，道原汉文本为“不用安排只么从”。

⑤ [illegible]，汉译为“辰、龙”，早晨七点到九点之间，相传这是群龙行雨的时候。此时天地阳气最旺，正当农时。《说文解字》曰：“辰，震也。三月，阳气动，雷电振，民农时也。”

⑥ “无明”是“烦恼”的异名，释迦指佛，此句体现了禅家的无分别心和人人具有佛性的思想。

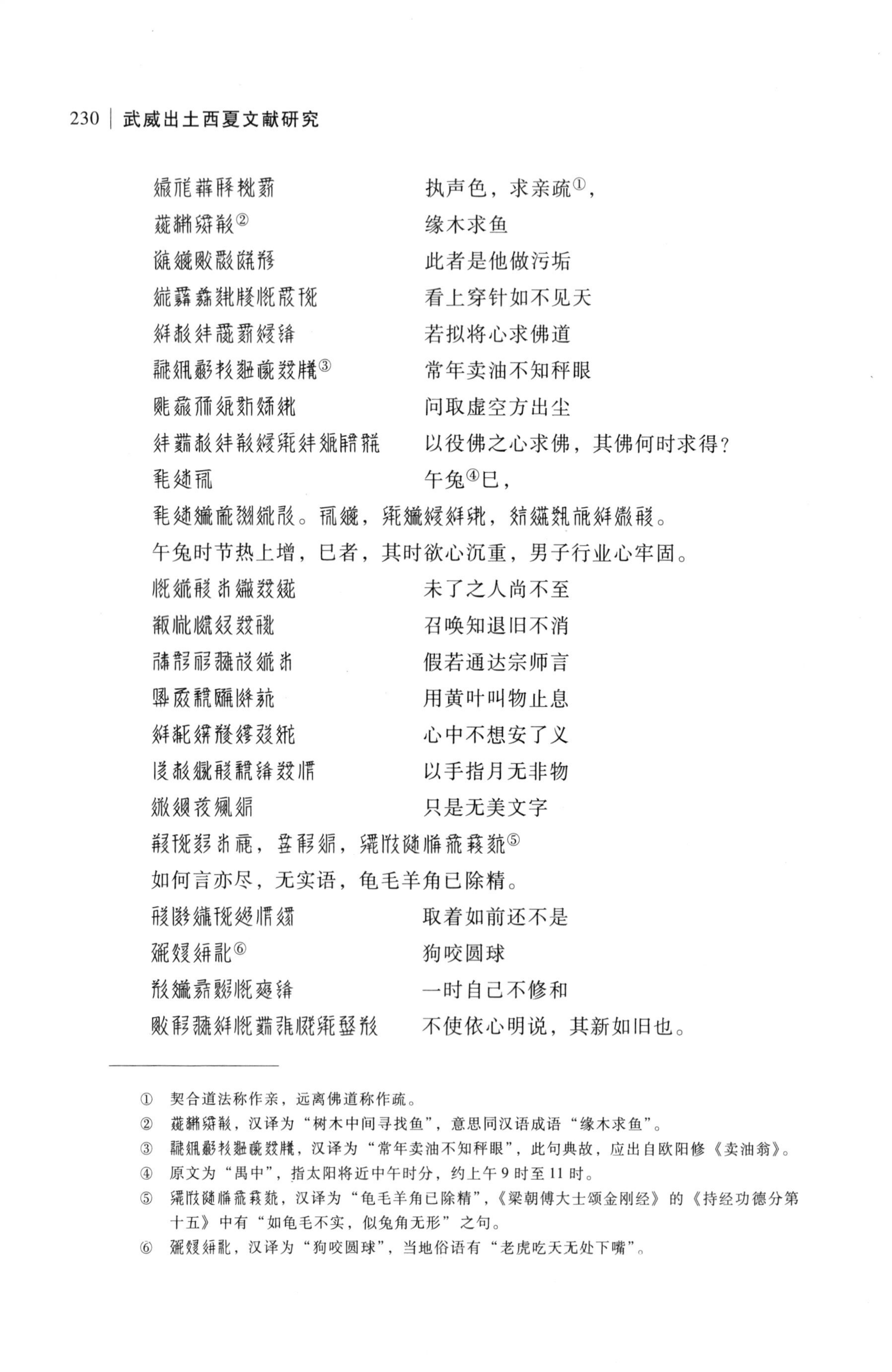

[illegible]　执声色，求亲疏[①]，

[illegible][②]　缘木求鱼

[illegible]　此者是他做污垢

[illegible]　看上穿针如不见天

[illegible]　若拟将心求佛道

[illegible][③]　常年卖油不知秤眼

[illegible]　问取虚空方出尘

[illegible]　以役佛之心求佛，其佛何时求得？

[illegible]　午兔[④]巳，

[illegible]

午兔时节热上增，巳者，其时欲心沉重，男子行业心牢固。

[illegible]　未了之人尚不至

[illegible]　召唤知退旧不消

[illegible]　假若通达宗师言

[illegible]　用黄叶叫物止息

[illegible]　心中不想安了义

[illegible]　以手指月无非物

[illegible]　只是无美文字

[illegible][⑤]

如何言亦尽，无实语，龟毛羊角已除精。

[illegible]　取着如前还不是

[illegible][⑥]　狗咬圆球

[illegible]　一时自己不修和

[illegible]　不使依心明说，其新如旧也。

---

① 契合道法称作亲，远离佛道称作疏。

② [illegible]，汉译为“树木中间寻找鱼”，意思同汉语成语“缘木求鱼”。

③ [illegible]，汉译为“常年卖油不知秤眼”，此句典故，应出自欧阳修《卖油翁》。

④ 原文为“禺中”，指太阳将近中午时分，约上午9时至11时。

⑤ [illegible]，汉译为“龟毛羊角已除精”，《梁朝傅大士颂金刚经》的《持经功德分第十五》中有“如龟毛不实，似兔角无形”之句。

⑥ [illegible]，汉译为“狗咬圆球”，当地俗语有“老虎吃天无处下嘴”。

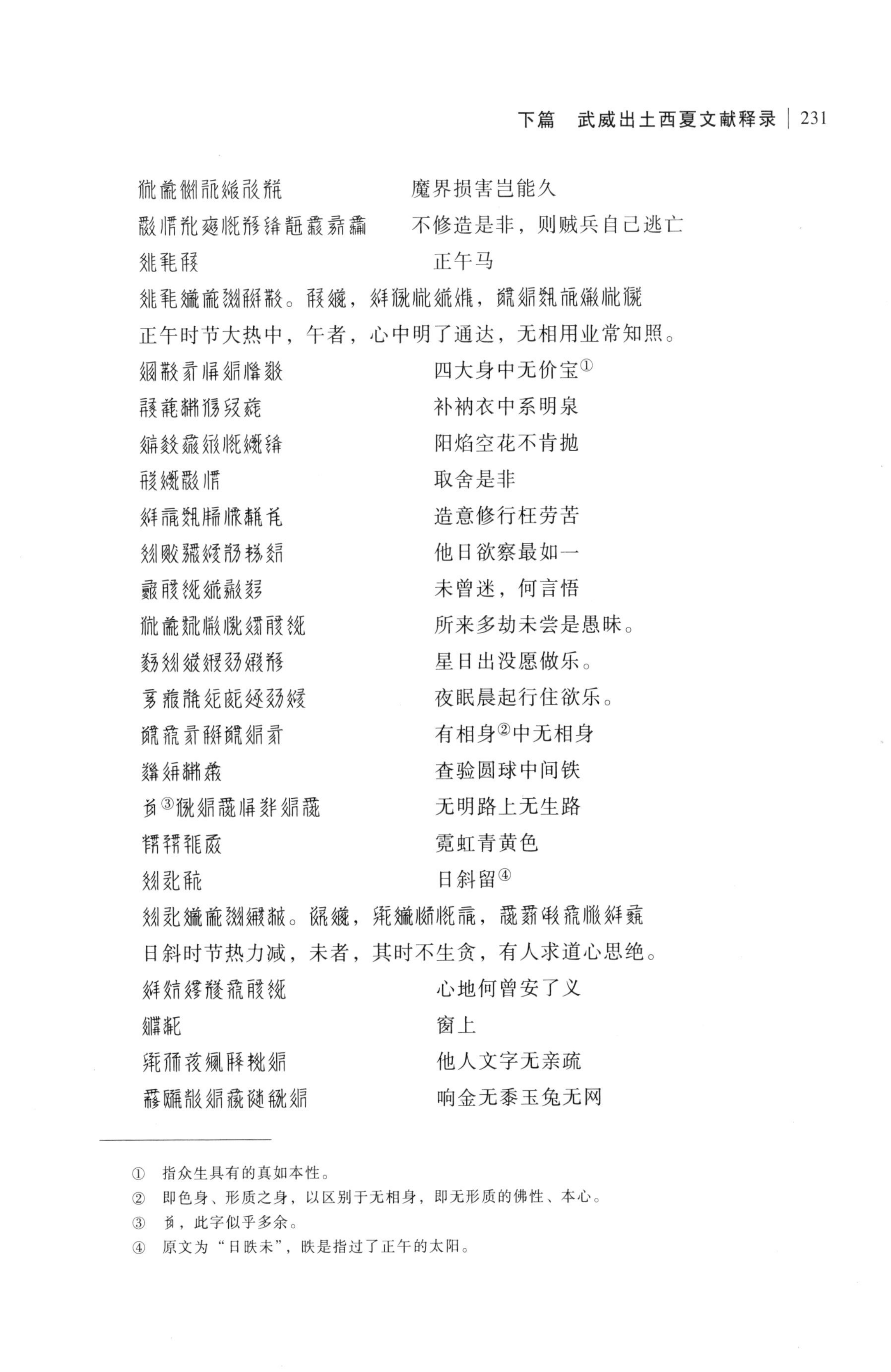

[illegible]　魔界损害岂能久
[illegible]　不修造是非，则贼兵自己逃亡
[illegible]　正午马

[illegible]

正午时节大热中，午者，心中明了通达，无相用业常知照。

[illegible]　四大身中无价宝①
[illegible]　补衲衣中系明泉
[illegible]　阳焰空花不肯抛
[illegible]　取舍是非
[illegible]　造意修行枉劳苦
[illegible]　他日欲察最如一
[illegible]　未曾迷，何言悟
[illegible]　所来多劫未尝是愚昧。
[illegible]　星日出没愿做乐。
[illegible]　夜眠晨起行住欲乐。
[illegible]　有相身②中无相身
[illegible]　查验圆球中间铁
[illegible]③[illegible]　无明路上无生路
[illegible]　霓虹青黄色
[illegible]　日斜留④

[illegible]

日斜时节热力减，未者，其时不生贪，有人求道心思绝。

[illegible]　心地何曾安了义
[illegible]　窗上
[illegible]　他人文字无亲疏
[illegible]　响金无黍玉兔无网

① 指众生具有的真如本性。

② 即色身、形质之身，以区别于无相身，即无形质的佛性、本心。

③ [illegible]，此字似乎多余。

④ 原文为“日昳未”，昳是指过了正午的太阳。

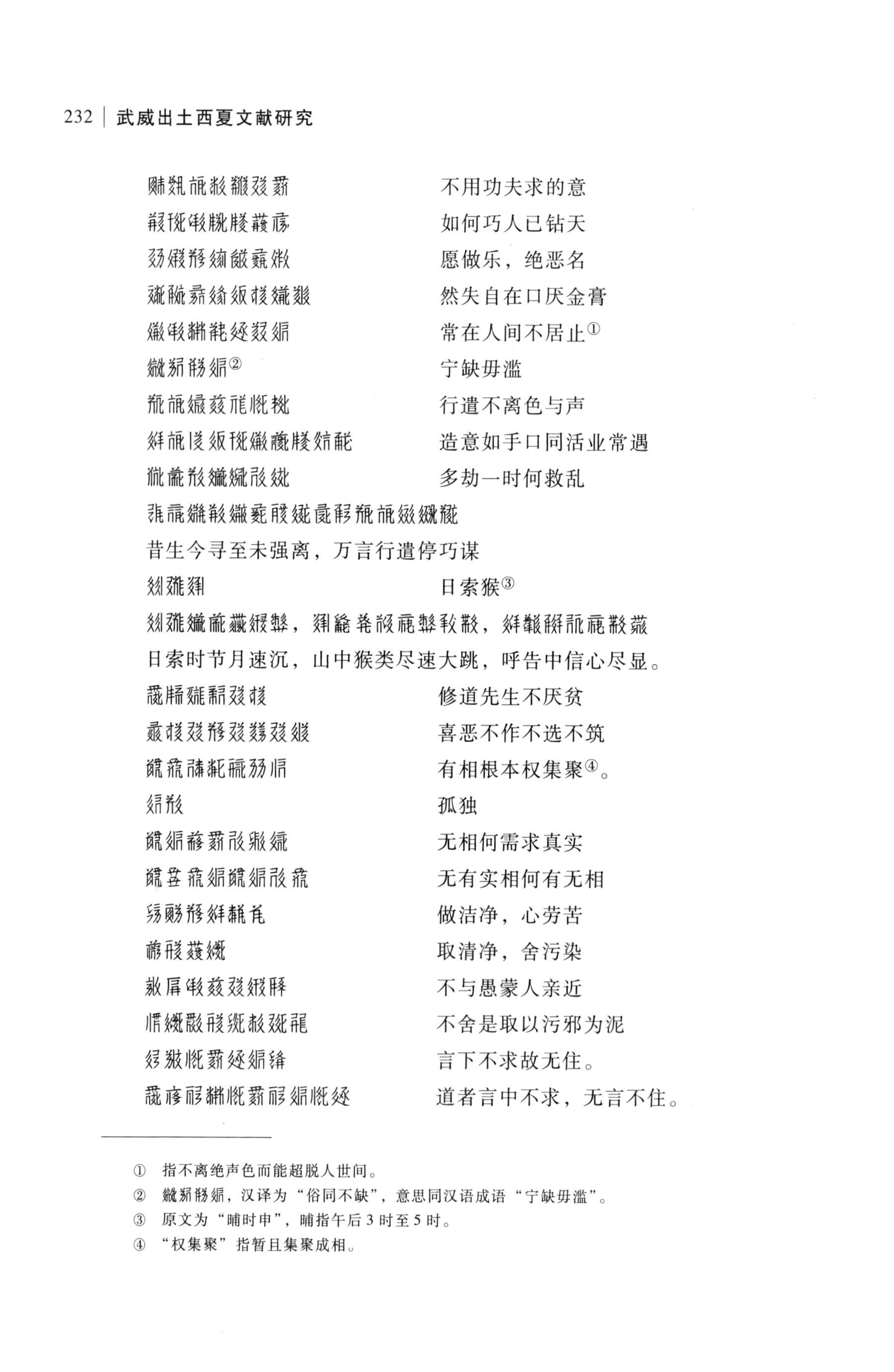

[illegible] 不用功夫求的意

[illegible] 如何巧人已钻天

[illegible] 愿做乐，绝恶名

[illegible] 然失自在口厌金膏

[illegible] 常在人间不居止①

[illegible]② 宁缺毋滥

[illegible] 行遣不离色与声

[illegible] 造意如手口同活业常遇

[illegible] 多劫一时何救乱

[illegible]

昔生今寻至未强离，万言行遣停巧谋

[illegible] 日索猴③

[illegible]，[illegible]，[illegible]

日索时节月速沉，山中猴类尽速大跳，呼告中信心尽显。

[illegible] 修道先生不厌贫

[illegible] 喜恶不作不选不筑

[illegible] 有相根本权集聚④。

[illegible] 孤独

[illegible] 无相何需求真实

[illegible] 无有实相何有无相

[illegible] 做洁净，心劳苦

[illegible] 取清净，舍污染

[illegible] 不与愚蒙人亲近

[illegible] 不舍是取以污邪为泥

[illegible] 言下不求故无住。

[illegible] 道者言中不求，无言不住。

① 指不离绝声色而能超脱人世间。

② [illegible]，汉译为“俗同不缺”，意思同汉语成语“宁缺毋滥”。

③ 原文为“晡时申”，晡指午后3时至5时。

④ “权集聚”指暂且集聚成相。

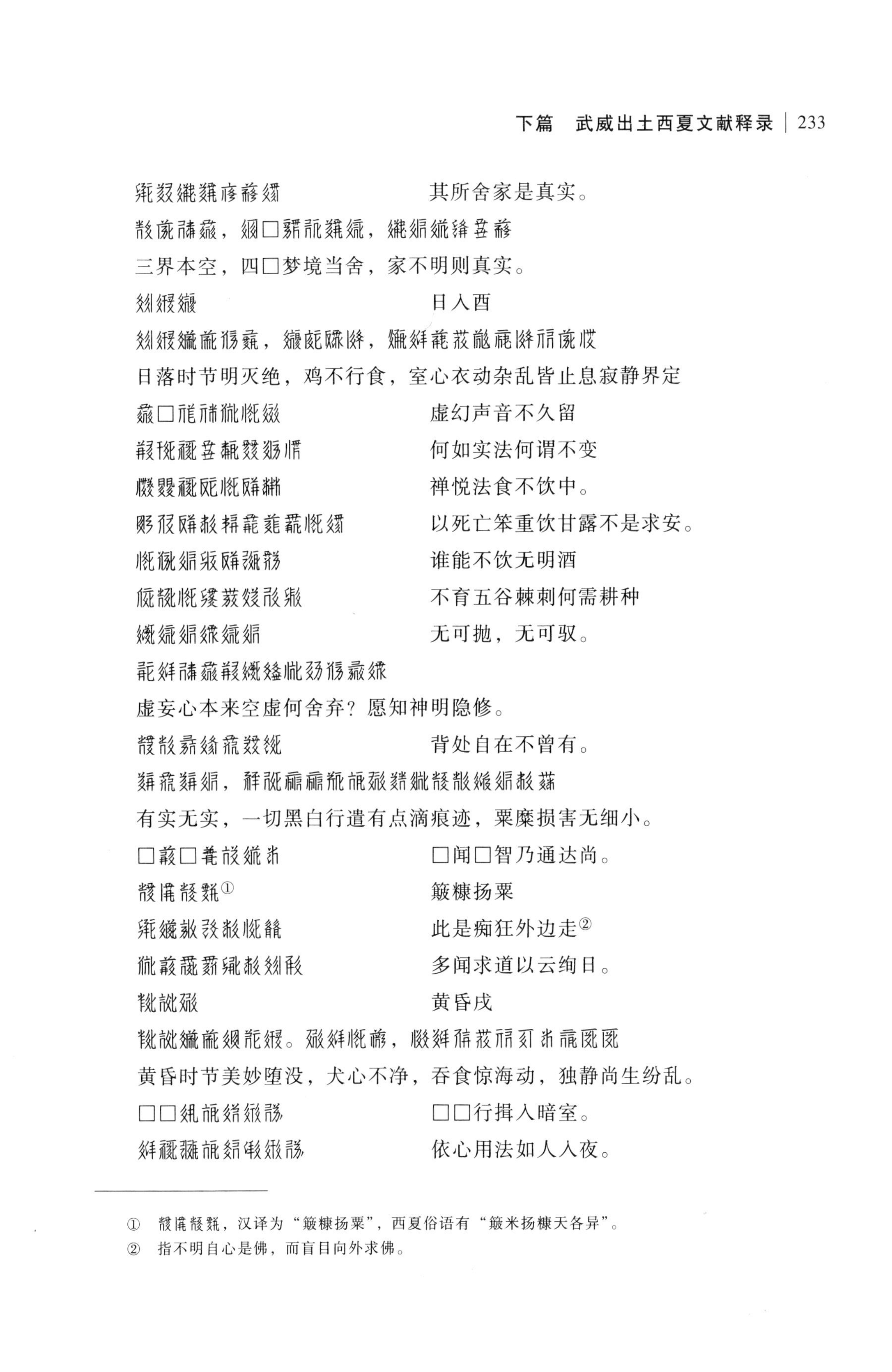

[illegible]　　其所舍家是真实。

[illegible]

三界本空，四□梦境当舍，家不明则真实。

[illegible]　　日入酉

[illegible]

日落时节明灭绝，鸡不行食，室心衣动杂乱皆止息寂静界定

[illegible]　　虚幻声音不久留

[illegible]　　何如实法何谓不变

[illegible]　　禅悦法食不饮中。

[illegible]　　以死亡笨重饮甘露不是求安。

[illegible]　　谁能不饮无明酒

[illegible]　　不育五谷棘刺何需耕种

[illegible]　　无可抛，无可驭。

[illegible]

虚妄心本来空虚何舍弃？愿知神明隐修。

[illegible]　　背处自在不曾有。

[illegible]

有实无实，一切黑白行遣有点滴痕迹，粟糜损害无细小。

[illegible]　　□闻□智乃通达尚。

[illegible][1]　　簸糠扬粟

[illegible]　　此是痴狂外边走[2]

[illegible]　　多闻求道以云绚日。

[illegible]　　黄昏戌

[illegible]

黄昏时节美妙堕没，犬心不净，吞食惊海动，独静尚生纷乱。

[illegible]　　□□行揖入暗室。

[illegible]　　依心用法如人入夜。

---

① [illegible]，汉译为“簸糠扬粟”，西夏俗语有“簸米扬糠天各异”。

② 指不明自心是佛，而盲目向外求佛。

□□□□[illegible]	□□□□劫历尚
…[illegible]…[illegible]	…昔今照…增减无

道原汉文本[①]内容：

平旦寅，狂机内有道人身。穷苦已经无量劫，不信常擎如意珍。

若捉物，入迷津，但有纤毫即是尘。不著旧时无相貌，外求知识也非真。

日出卯，用处不须生善巧。纵使神光照有无，起意便遭魔事扰。

若施功，终不了，日夜被他人我拗。不用安排只么从，何曾心地生烦恼。

食时辰，无明本是释迦身。坐卧不知元是道，只么忙忙受苦辛。认声色，觅疏亲，只是他家染污人。若拟将心求佛道，问取虚空始出尘。

禺中巳，未了之人教不至。假饶通达祖师言，莫向心头安了义。只守玄，没文字，认著依前还不是。暂时自肯不追寻，旷劫不遭魔境使。

日南午，四大身中无价宝。阳焰空华不肯抛，作意修行转辛苦。不曾迷，莫求悟，任你朝阳几回暮。有相身中无相身，无明路上无生路。

日昳未，心地何曾安了义？他家文字没亲疏，勿起功夫求的意。任纵横，绝忌讳，长在人间不居世。运用不离声色中，历劫何曾暂抛弃。

晡时申，学道先须不厌贫。有相本来权积聚，无形何用要安真。作净洁，却劳神，莫认愚痴作近邻。言下不求无处所，暂时唤作出家人。

日入酉，虚幻声音终不久。禅悦珍馐尚不餐，谁能更饮无明酒。勿可抛，勿可守，荡荡逍遥不曾有。纵你多闻达古今，也是痴狂外边走。

黄昏戌，狂子施功投暗室。假使心通无量时，历劫何曾异今日。拟商量，却啾唧，转使心头黑如漆。昼夜舒光照有无，痴人唤作波罗蜜。

人定亥，勇猛精进成懈怠。不起纤毫修学心，无相光中常自在。超释迦，越祖代，心有微尘还质碍。放荡长如痴兀人，他家自有通人爱。

夜半子，心住无生即生死。生死何曾属有无，用时便用无文字。祖师言，外边事，识取起时还不是。作意搜求实没踪，生死魔来任相试。

鸡鸣丑，一颗圆光明已久。内外推寻觅总无，境上施为浑大有。不见头，亦无手，世界坏时渠不朽。未了之人听一言，只这如今谁动口。

① （宋）道原著、顾宏义译注《景德传灯录》，第 2327 ~2332 页。

题解：

亥母洞出土，现藏武威市博物馆，文献编号为 G31.032［6750］。该文献为手写本，卷子式，质地为浅黄色麻纸，总长 120 厘米，高 17 厘米，由三页纸粘接成。文献卷首完整，卷尾残佚四段歌词及注解。全文为墨书西夏文楷书，共残存大字六十八行，每行七言，内容是志公所做《十二时歌》，每行大字下均有两行小字注解，字数不等。

《十二时歌》或称《十二时颂》，南朝齐梁时期的高僧宝志（也称宝公、志公）所作，“注解”即保留了志公《十二时颂》原文本意，也加入了具有本民族特点的元素，语言朴实、生动、直白而富有哲理，是不可多得的研究西夏语言的资料。

（十九）五更转（图版 82）

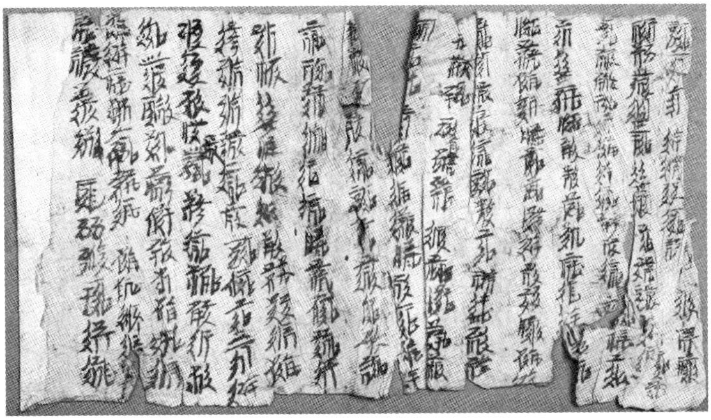

图版 82　五更转

（原图版见《中国藏西夏文献——甘肃省博物馆藏卷》第十六卷，第 515 页）

西夏文：

[illegible]，[illegible]。[illegible]，[illegible]。[illegible]，[illegible]，[illegible]。

[illegible]，[illegible]。[illegible]，[illegible]。[illegible]，[illegible]，[illegible]。

[illegible]，[illegible]。[illegible]，[illegible]。[illegible]，[illegible]

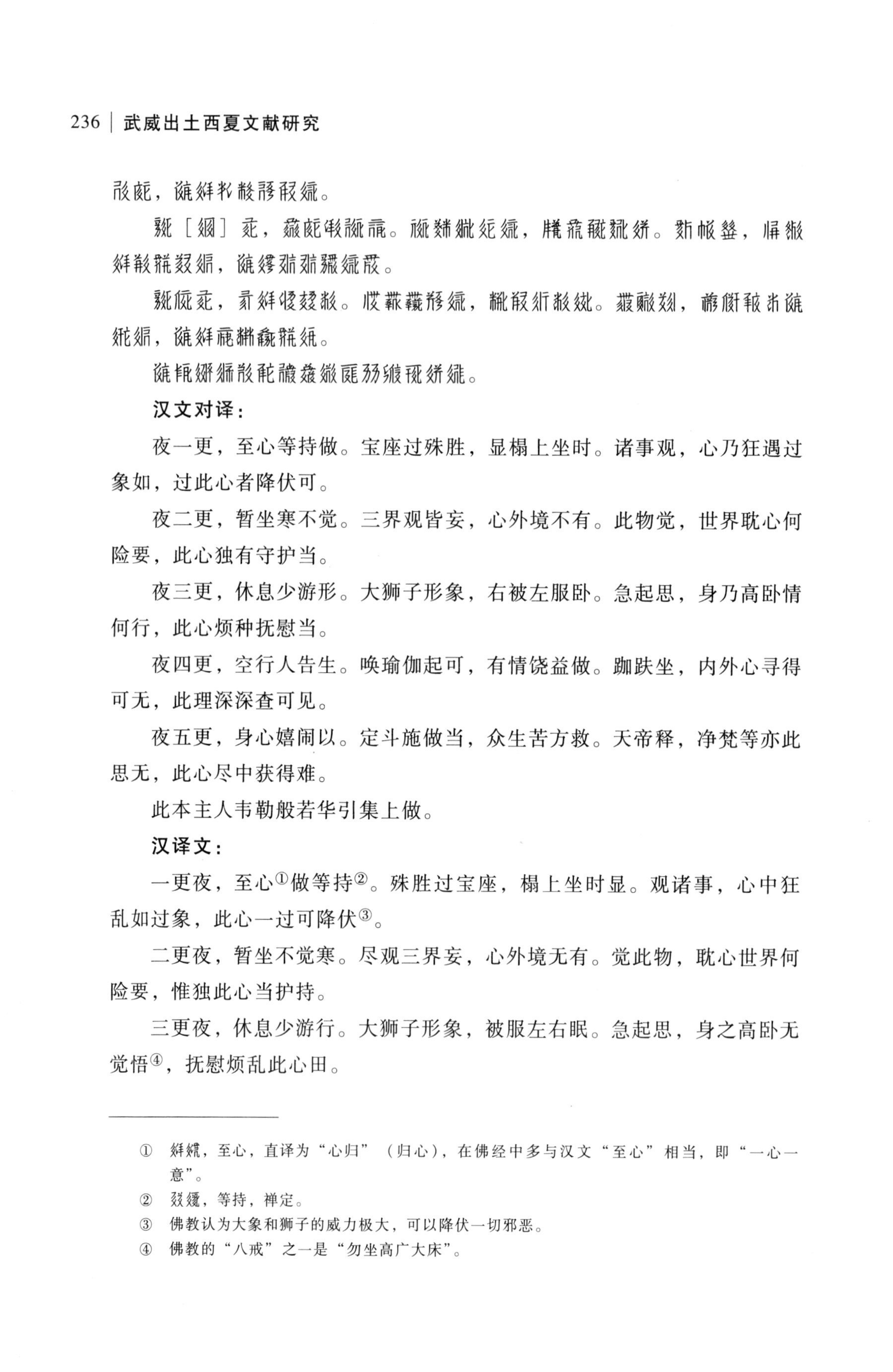

[illegible]，[illegible]。

[illegible]［[illegible]］[illegible]，[illegible]。[illegible]，[illegible]。[illegible]，[illegible]，[illegible]。

[illegible]，[illegible]。[illegible]，[illegible]。[illegible]，[illegible]，[illegible]。

[illegible]。

汉文对译：

夜一更，至心等持做。宝座过殊胜，显榻上坐时。诸事观，心乃狂遇过象如，过此心者降伏可。

夜二更，暂坐寒不觉。三界观皆妄，心外境不有。此物觉，世界耽心何险要，此心独有守护当。

夜三更，休息少游形。大狮子形象，右被左服卧。急起思，身乃高卧情何行，此心烦种抚慰当。

夜四更，空行人告生。唤瑜伽起可，有情饶益做。跏趺坐，内外心寻得可无，此理深深查可见。

夜五更，身心嬉闹以。定斗施做当，众生苦方救。天帝释，净梵等亦此思无，此心尽中获得难。

此本主人韦勒般若华引集上做。

汉译文：

一更夜，至心[①]做等持[②]。殊胜过宝座，榻上坐时显。观诸事，心中狂乱如过象，此心一过可降伏[③]。

二更夜，暂坐不觉寒。尽观三界妄，心外境无有。觉此物，耽心世界何险要，惟独此心当护持。

三更夜，休息少游行。大狮子形象，被服左右眠。急起思，身之高卧无觉悟[④]，抚慰烦乱此心田。

---

① [illegible]，至心，直译为“心归”（归心），在佛经中多与汉文“至心”相当，即“一心一意”。

② [illegible]，等持，禅定。

③ 佛教认为大象和狮子的威力极大，可以降伏一切邪恶。

④ 佛教的“八戒”之一是“勿坐高广大床”。

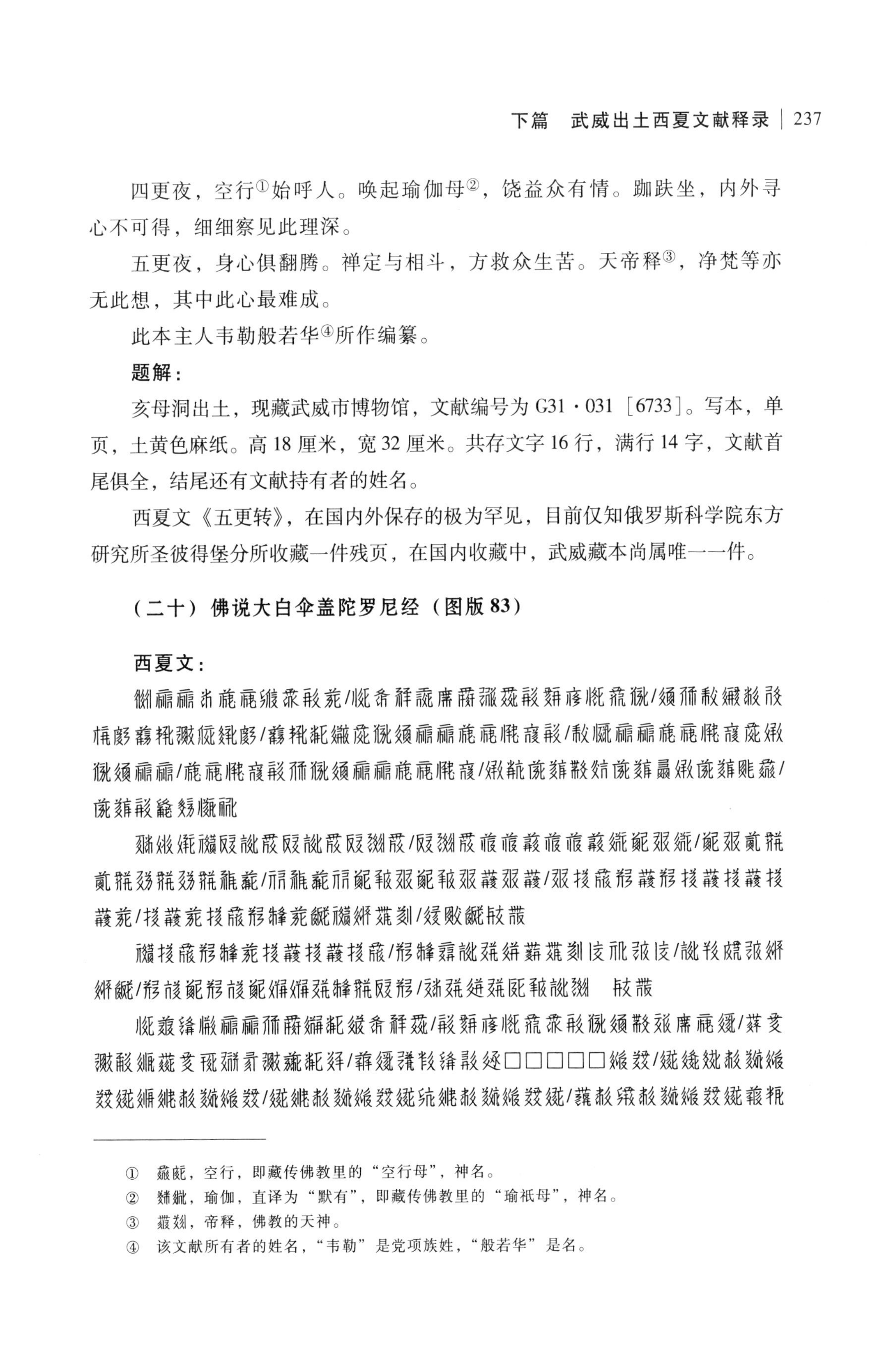

四更夜，空行①始呼人。唤起瑜伽母②，饶益众有情。跏趺坐，内外寻心不可得，细细察见此理深。

五更夜，身心俱翻腾。禅定与相斗，方救众生苦。天帝释③，净梵等亦无此想，其中此心最难成。

此本主人韦勒般若华④所作编纂。

题解：

亥母洞出土，现藏武威市博物馆，文献编号为 G31 · 031 ［6733］。写本，单页，土黄色麻纸。高 18 厘米，宽 32 厘米。共存文字 16 行，满行 14 字，文献首尾俱全，结尾还有文献持有者的姓名。

西夏文《五更转》，在国内外保存的极为罕见，目前仅知俄罗斯科学院东方研究所圣彼得堡分所收藏一件残页，在国内收藏中，武威藏本尚属唯一一件。

（二十）佛说大白伞盖陀罗尼经（图版 83）

西夏文：

[illegible]

[illegible]

[illegible]

[illegible]

① [illegible]，空行，即藏传佛教里的“空行母”，神名。

② [illegible]，瑜伽，直译为“默有”，即藏传佛教里的“瑜祇母”，神名。

③ [illegible]，帝释，佛教的天神。

④ 该文献所有者的姓名，“韦勒”是党项族姓，“般若华”是名。

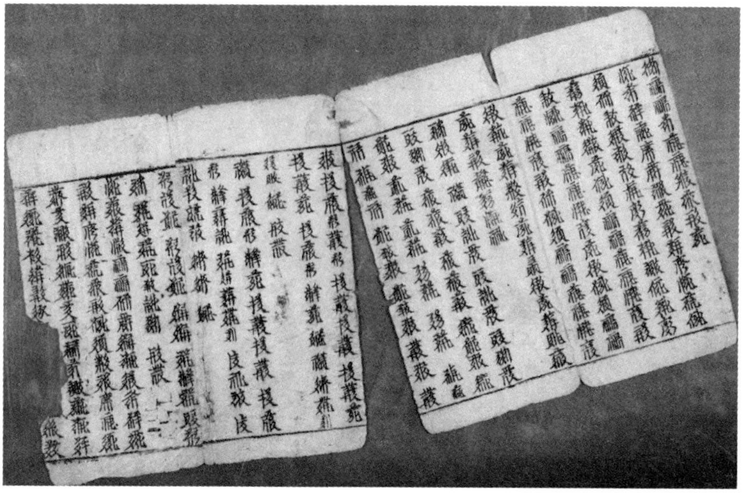

图版 83　佛说大白伞盖陀罗尼经

（原图版见《中国藏西夏文献——甘肃省博物馆藏卷》第十六卷，第 454～456、442、409～412 页）

[illegible]

[illegible]

汉译文：

一切魔亦悉皆回遮。又以白伞盖金刚王顶髻母余能者无敌明咒之威力，于十二由旬或五百由旬至一切诸明咒悉皆系缚，余者一切威势皆系缚，诸方一切明咒皆系缚，余者一切明咒皆系缚。方隅结界、大地结界、十方结界、虚空结界、余类结界令伏定。

怛寧达　唵　啊捺呤　啊捺呤　啊拶呤　啊拶呤　伽伽弥　伽伽弥

觅折矴　觅折矴　嚩哩二合；嚩哩二合　桑引铭　桑引铭　折泥矴　折泥矴　捺矴　捺矴　末日啰二合　捺啰二合　末捺末捺　末捺你　末捺你　末日啰二合　钵你　发　唵　吽　实㖿　辣没　发　莎诃

唵　末日啰二合　钵你　末捺末捺末日啰二合　钵舍捺　萨婆得实㖿　永兮能　永　捺也葛能吽吽　发　啰屹折　啰屹折　麻麻　萨钵哩二合　啊啰星　萨哩二合咄泥　捺拶　莎诃

又若以此如来一切之顶鬘中出白伞盖母余无能敌者回遮明咒大荫王总持，书于桦皮、白氎或树皮上，置于身或挂于颈上，受持诵读，则命住□□□。□□不能害，器械不能害，疫病不能害，病不能害，痢病不能害，火、水不能害，一切变化病患不能害，和毒不能害，蛊毒不能害，非时夭寿不能侵，一切诸斜魔、诸鬼神，如意欢喜成就。八万四千俱胝劫中得宿命智，八万四千那由多俱胝金刚王、嗔怒王等持明咒诸天，亦恒常拥护、救护、覆护，八十四类金刚王差母及仆使等恒守护救护，彼等称心欢喜成就。又世世生处，不受施碍、罗刹、出者、饿鬼、食肉魔、臭魔、身臭魔等身，不生贫穷者中。又与无量恒河沙数相等，获诸佛如来等之福德。若受持如来一切之顶鬘中出白伞盖母余无能敌者回遮大荫王明咒，则不行梵行者亦成梵行，不能忍者亦能成忍，不清净者亦成清净，无近住戒得近住戒，造五无间罪者亦能清净，往昔业障悉皆消灭。若女人欲求子者，受持如来一切之顶鬘中出白伞盖母余无能敌者回遮大荫王明咒，即得具足寿命福德威力之子，若命终时，往生极乐世界，离一切贪嗔痴、我慢傲慢等。若人病、牛病、畜病、损害传染病、谷害、杂乱、他之一切兵聚，如来应供正等正觉，如来一切之顶髻上出盖白母余能者不有回遮明咒大荫王总持置于幢顶，恭敬作广大供养，与彼幢总持一同置于诸城门或法堂、家宅、村邑、聚落、墓地及山中，则人病、牛病、畜病、损害传染病、谷害、杂乱、他之一切兵聚等悉皆能回遮消灭。又护螺龙王、大黑龙王、喜龙王、近喜龙王等一切龙王勤修而依时降雨、依时发雷，一切病及损害尽皆消灭。

唵　吽　能噜没　讫哩二合实怛噜没　末捺　末捺　萨得实怛捺　啰屹折　啰屹折　麻没萨萨咄实折　莎诃

题解：

亥母洞出土，现藏武威市博物馆。三种版本，共 12 面，第一种文献编号 G31.28［6763］，刊本，麻纸，经折装，存 4 面，高 15.5 厘米，宽 8.8 厘米，上下单栏，栏高 14 厘米，面 6 行，行 14 字。

第二种文献编号 G31.025［6741］，刊本，麻纸，经折装，存 2 面，高 18.3 厘米，宽 7 厘米，上下单栏，栏高 14 厘米，面 6 行，行 14 字。

第三种文献编号 G31.017［6745］，刊本，麻纸，经折装，存 6 面，高 18.5 厘米，宽 9 厘米，上下单栏，栏高 15 厘米，面 6 行，行 14 字。

存世的《佛说大白伞盖陀罗尼经》有汉文和藏文的多种译本。《中华大藏经》中收录了两个汉译本，即元代三藏法师沙罗巴所译《佛顶大白伞盖陀罗尼经》，和元代高僧真智等译《佛说大白伞盖总持陀罗尼经》。[①] 亥母洞出土文献，段玉泉老师曾做过考释研究，认为其翻译的底本与俄藏该文献相同，是译自藏文的佛经。[②]

（二十一）佛母大孔雀明王经

西夏文：	汉文对译：
[Tangut]□□□□□□□	诃诸大阴母集之索诃□□□□□□□
[Tangut]□□□□□□□	龙阴之索诃诸施害母□□□□□□□
[Tangut]□□□□	之索诃诸金翅阴母之索诃诸□□□□
[Tangut]□□□□	母之索诃诸宫内住之索诃诸□□□□

① 任继愈主编《中华大藏经》卷 71，第 1～7 页。

② 段玉泉：《武威亥母洞遗址出土的两件西夏文献考释》，载《西夏学》第 8 辑。

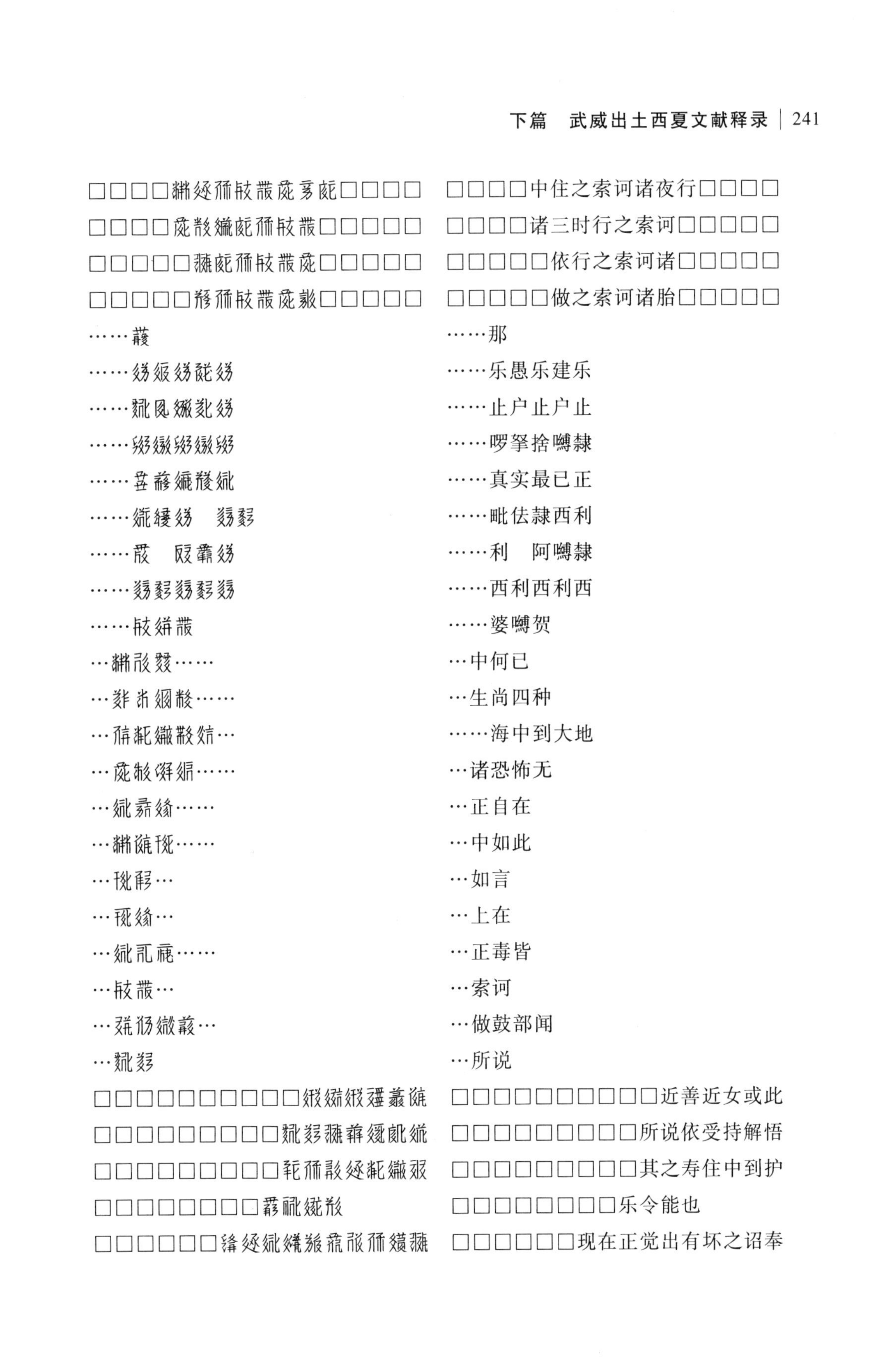

□□□□[illegible]□□□□	□□□□中住之索诃诸夜行□□□□
□□□□[illegible]□□□□□	□□□□诸三时行之索诃□□□□□
□□□□□[illegible]□□□□□	□□□□□依行之索诃诸□□□□□
□□□□□[illegible]□□□□□	□□□□□做之索诃诸胎□□□□□
……[illegible]	……那
……[illegible]	……乐愚乐建乐
……[illegible]	……止户止户止
……[illegible]	……啰挐捨囒隸
……[illegible]	……真实最已正
……[illegible]　[illegible]	……毗佉隸西利
……[illegible]　[illegible]	……利　阿囒隸
……[illegible]	……西利西利西
……[illegible]	……婆囒贺
…[illegible]……	…中何已
…[illegible]……	…生尚四种
…[illegible]…	……海中到大地
…[illegible]……	…诸恐怖无
…[illegible]……	…正自在
…[illegible]……	…中如此
…[illegible]…	…如言
…[illegible]…	…上在
…[illegible]……	…正毒皆
…[illegible]…	…索诃
…[illegible]…	…做鼓部闻
…[illegible]	…所说
□□□□□□□□□□[illegible]	□□□□□□□□□□近善近女或此
□□□□□□□□□[illegible]	□□□□□□□□□所说依受持解悟
□□□□□□□□□[illegible]	□□□□□□□□□其之寿住中到护
□□□□□□□□[illegible]	□□□□□□□□乐令能也
□□□□□□[illegible]	□□□□□□现在正觉出有坏之诏奉

西夏文	汉译
[illegible]	此明咒王阴大密咒总持以某甲之护佑救
[illegible]	护受持恺悌安乐成令当若界记时东方
[illegible]□□□□□	乃寻胃你而记先如西方亦□□□□□
[illegible]□□□□□□	记南方亦乃寻胃你而记□□□□□□
[illegible]□□□□□□□□	你而记诸隅遍尚自□□□□□□□□
[illegible]□□□□□□□□□	最喜四天王之道□□□□□□□□□
□[illegible]……	□百千……
□[illegible]…	□若颈上悬……
[illegible]…	尔时狱监害……
[illegible]…	何故求依皆得演法……
[illegible]…	各念时其乃恶趣……
[illegible]…	智富乐趣中生诸……
[illegible]…	最胜广大事地……
[illegible]□[illegible]…	其□情……
[illegible]…	尔时……
[illegible]…	害施病……
[illegible]…	大千国……
[illegible]…	尔时当……
[illegible]…	意乱等……
[illegible]…	行中清……
[illegible]…	乙青……
□[illegible]…	□已……
……[illegible]……	……非……
……[illegible]……	……魅饿鬼精……
……[illegible]……	……癫令者……
……[illegible]……	……咒成就……
……[illegible]……	……居数亦此……
……[illegible]……	……拥护百年……
	……

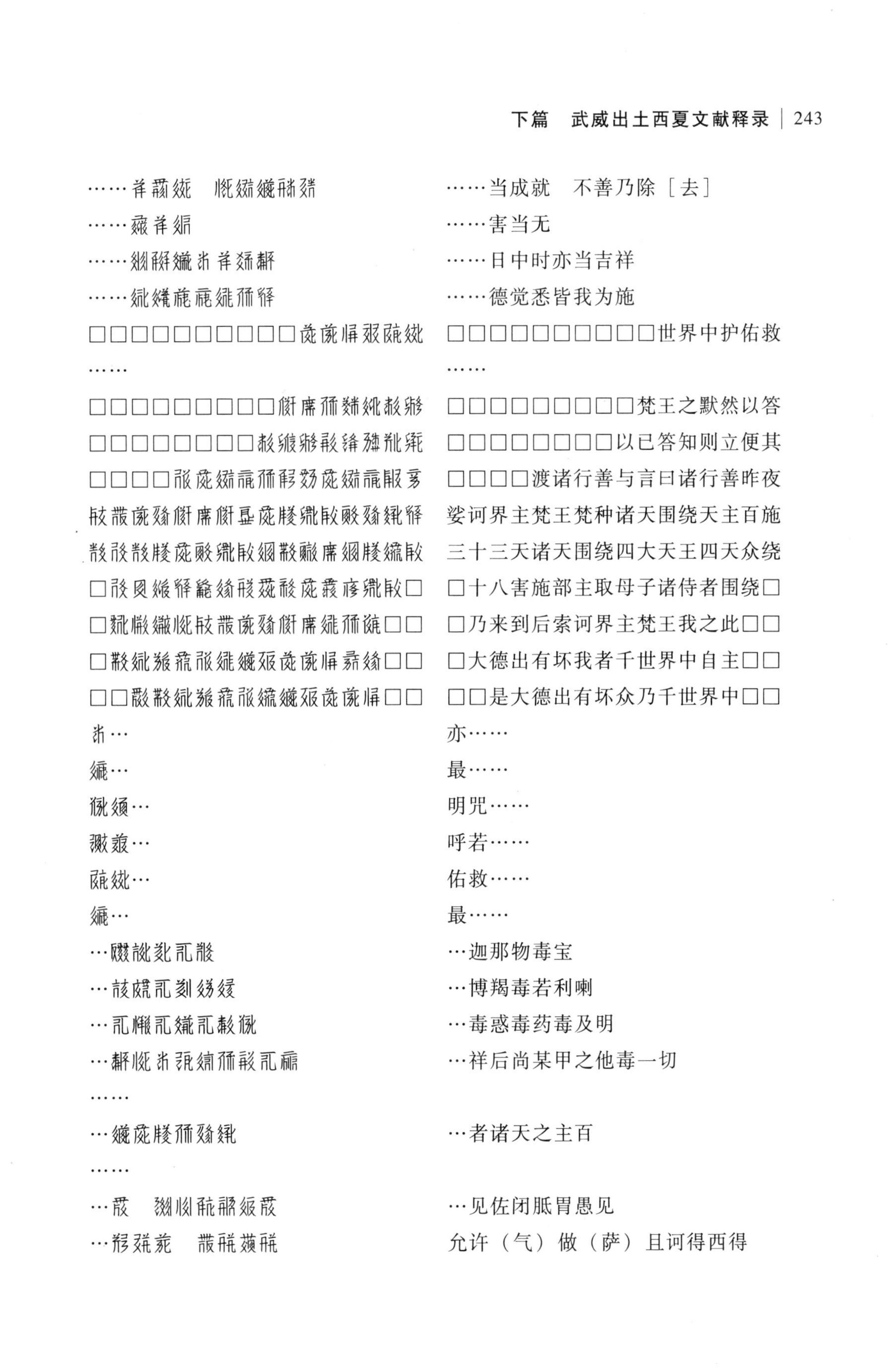

……[illegible]	……当成就　不善乃除［去］
……[illegible]	……害当无
……[illegible]	……日中时亦当吉祥
……[illegible]	……德觉悉皆我为施
□□□□□□□□□□[illegible]	□□□□□□□□□□世界中护佑救
……	……
□□□□□□□□□[illegible]	□□□□□□□□□梵王之默然以答
□□□□□□□□[illegible]	□□□□□□□□以已答知则立便其
□□□□[illegible]	□□□□渡诸行善与言曰诸行善昨夜
[illegible]	娑诃界主梵王梵种诸天围绕天主百施
[illegible]	三十三天诸天围绕四大天王四天众绕
□[illegible]□	□十八害施部主取母子诸侍者围绕□
□[illegible]□□	□乃来到后索诃界主梵王我之此□□
□[illegible]□□	□大德出有坏我者千世界中自主□□
□□[illegible]□□	□□是大德出有坏众乃千世界中□□
[illegible]…	亦……
[illegible]…	最……
[illegible]…	明咒……
[illegible]…	呼若……
[illegible]…	佑救……
[illegible]…	最……
…[illegible]	…迦那物毒宝
…[illegible]	…博羯毒若利喇
…[illegible]	…毒惑毒药毒及明
…[illegible]	…祥后尚某甲之他毒一切
……	
…[illegible]	…者诸天之主百
……	
…[illegible]	…见佐闭胝胃患见
…[illegible]	允许（气）做（萨）且诃得西得

[illegible]	…速停（帝）西喊（醢）吹（诃）
[illegible]	…帝地帝则狭则
[illegible]	…西速多速多西
[illegible]	…贪欲
[illegible]	…众威
[illegible]	…毒母此真实言
[illegible]	…诸毒一切皆地中同不
[illegible]	…摩摩三门犬跛陀罗
[illegible]	…定做……生
[illegible]	…饮与其气（允）且其方……
[illegible]	…苏　摩狭摩狭　狭狭……

题解：

天梯山出土，现存甘肃省博物馆，文献编号 G21.038［T28－1］。麻纸，刻本，经折装，共存 13 个残页。上下双栏，栏高 21.5 厘米，每面 6 行，行 16 字。页面空白处装饰各种纹饰，有单个菱形◆、四瓣菱形、圆圈○、卍形和莲花宝幢图案。图版见《中国藏西夏文献——甘肃省博物馆藏卷》第十六卷第 298～302 页。

《佛母大孔雀明王经》有唐代高僧不空的汉译本，保存在《中华大藏经》第 65 卷中，内容与藏文译本不同。① 西夏文《佛母大孔雀明王经》，译自藏文，分上下两卷，北京图书馆保存下卷的内容，经名后有“奉天显道耀武宣文神谋睿智制义祛邪惇睦懿恭皇帝神校”的题款，可知是西夏仁宗时期校刊本，王静如先生做过译释研究。② 日本天理大学附属天理图书馆也收藏了该经上卷的两面残页。③ 武威出土佛经内容中，有“明咒王阴大密咒总持”之语，不同于北京藏本中的“种咒王阴大孔雀”之语，陈炳应先生做过译释研究，认为武威译本是经过重新校译的佛经。④

① 任继愈主编《中华大藏经》卷 65，第 540～574 页。

② 王静如：《西夏研究》丛书《王静如专辑》，中国社会科学出版社，2007，第 180 页。

③ 武宇林、荒川慎太郎主编《日本藏西夏文文献》下册，第 379、380 页。

④ 陈炳应：《天梯山石窟西夏文献译释》，载《考古与文物》1983 年第 3 期。

（二十二）大千守护经中说五种守护吉祥颂等经颂（图版84）

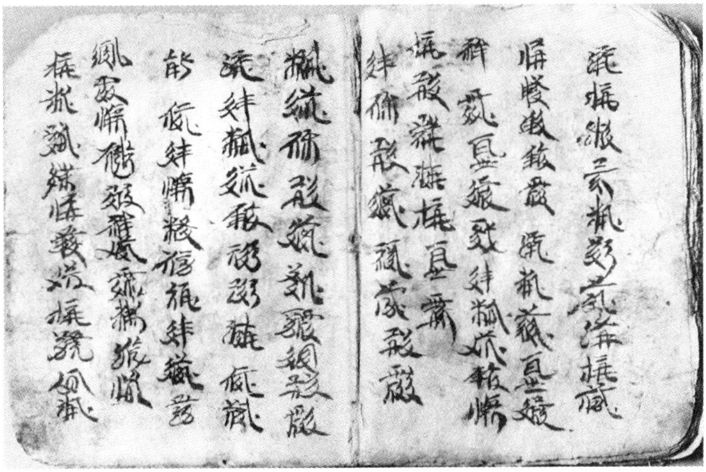

图版84　大千守护经中说五种守护吉祥颂等经颂

（原图版见《中国藏西夏文献——甘肃省博物馆藏卷》第十六卷，第488～514页）

1. 无名经颂

西夏文：	汉文对译：
[illegible]	明护菩萨中令皈依
[illegible]	智明金生道中能救拔
[illegible]	天人身上令割除
[illegible]	离八智害障道中告
[illegible]	文殊菩萨中令皈依
[illegible]	智明障害道中能救拔
[illegible]	修罗身上令割除
[illegible]	离九智明园道中告
[illegible]	大势至菩萨中令皈依
[illegible]	智明明园道中能救拔
[illegible]	菩萨身上令割除
[illegible]	离十智真金道中告
[illegible]	智明真金道中能救拔

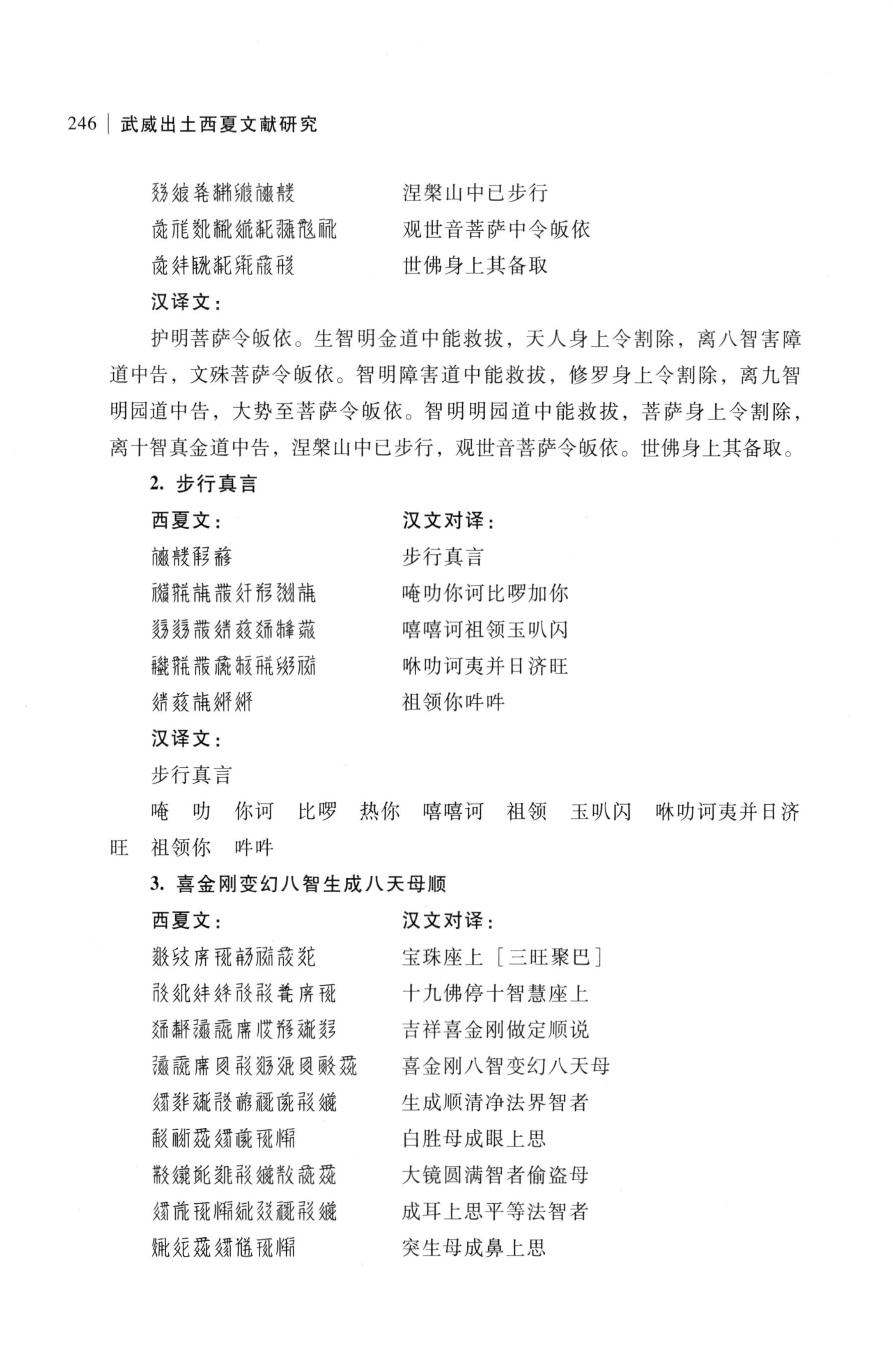

[illegible]	涅槃山中已步行
[illegible]	观世音菩萨中令皈依
[illegible]	世佛身上其备取

汉译文：

护明菩萨令皈依。生智明金道中能救拔，天人身上令割除，离八智害障道中告，文殊菩萨令皈依。智明障害道中能救拔，修罗身上令割除，离九智明园道中告，大势至菩萨令皈依。智明明园道中能救拔，菩萨身上令割除，离十智真金道中告，涅槃山中已步行，观世音菩萨令皈依。世佛身上其备取。

2. 步行真言

西夏文：	汉文对译：
[illegible]	步行真言
[illegible]	唵叻你诃比啰加你
[illegible]	嘻嘻诃祖领玉叭闪
[illegible]	咻叻诃夷并日济旺
[illegible]	祖领你吽吽

汉译文：

步行真言

唵　叻　你诃　比啰　热你　嘻嘻诃　祖领　玉叭闪　咻叻诃夷并日济旺　祖领你　吽吽

3. 喜金刚变幻八智生成八天母顺

西夏文：	汉文对译：
[illegible]	宝珠座上［三旺聚巴］
[illegible]	十九佛停十智慧座上
[illegible]	吉祥喜金刚做定顺说
[illegible]	喜金刚八智变幻八天母
[illegible]	生成顺清净法界智者
[illegible]	白胜母成眼上思
[illegible]	大镜圆满智者偷盗母
[illegible]	成耳上思平等法智者
[illegible]	突生母成鼻上思

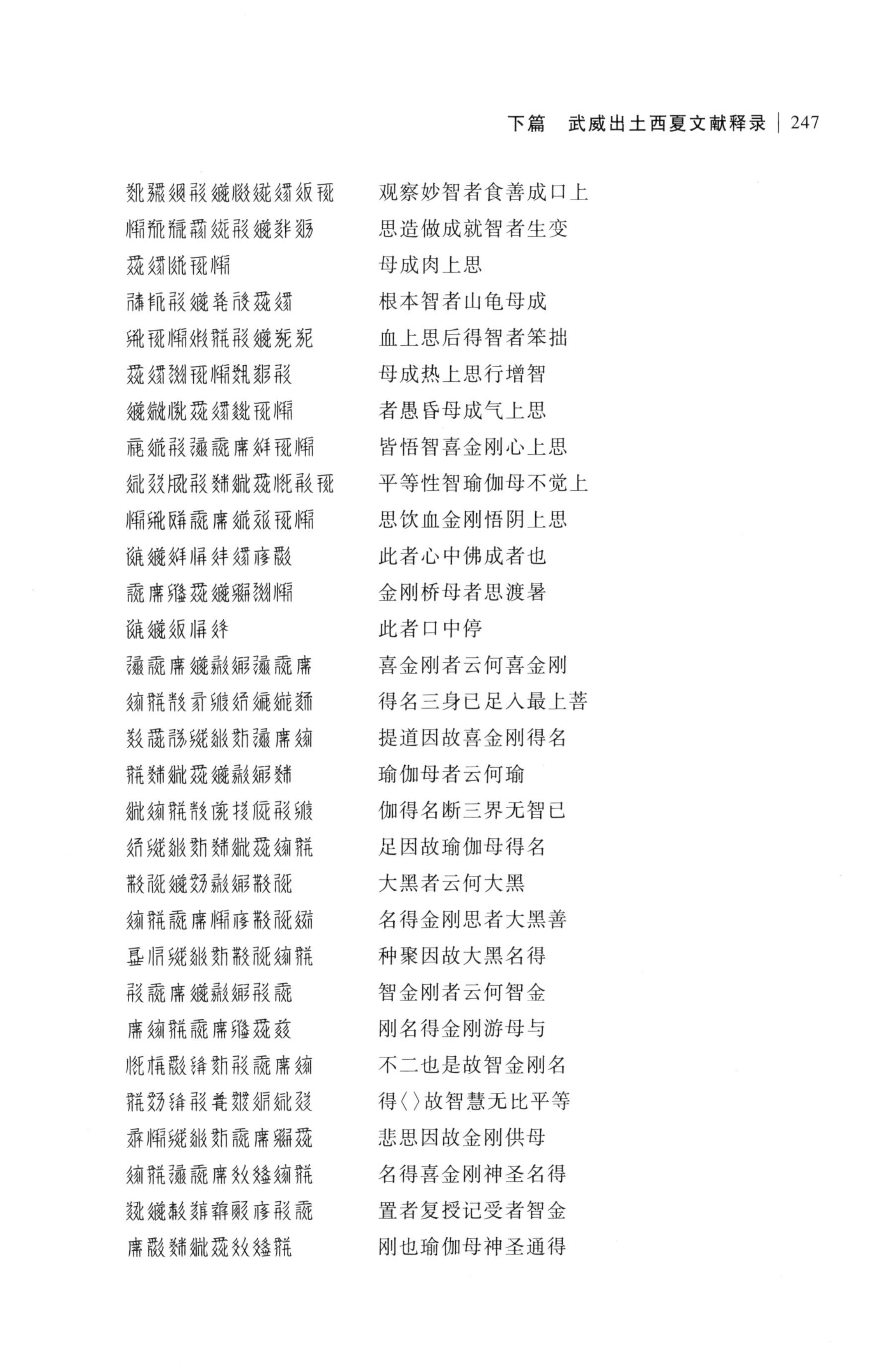

[illegible]	观察妙智者食善成口上
[illegible]	思造做成就智者生变
[illegible]	母成肉上思
[illegible]	根本智者山龟母成
[illegible]	血上思后得智者笨拙
[illegible]	母成热上思行增智
[illegible]	者愚昏母成气上思
[illegible]	皆悟智喜金刚心上思
[illegible]	平等性智瑜伽母不觉上
[illegible]	思饮血金刚悟阴上思
[illegible]	此者心中佛成者也
[illegible]	金刚桥母者思渡暑
[illegible]	此者口中停
[illegible]	喜金刚者云何喜金刚
[illegible]	得名三身已足入最上菩
[illegible]	提道因故喜金刚得名
[illegible]	瑜伽母者云何瑜
[illegible]	伽得名断三界无智已
[illegible]	足因故瑜伽母得名
[illegible]	大黑者云何大黑
[illegible]	名得金刚思者大黑善
[illegible]	种聚因故大黑名得
[illegible]	智金刚者云何智金
[illegible]	刚名得金刚游母与
[illegible]	不二也是故智金刚名
[illegible]	得〈〉故智慧无比平等
[illegible]	悲思因故金刚供母
[illegible]	名得喜金刚神圣名得
[illegible]	置者复授记受者智金
[illegible]	刚也瑜伽母神圣通得

[illegible]	何为金刚渡母也
[illegible]	此之神者大黑也

汉译文：

宝珠座上［三旺聚巴］，十九佛住十智慧座上，吉祥喜金刚说禅定，喜金刚变幻八智生成八天母：清净法界智乃是白胜母眼上想，大镜圆满智乃是偷盗母耳上想，平等法智乃是突生母鼻上想，观察妙智乃是善食口上想，造做成就智乃是生变母肉上想，根本智乃是山龟母血上想，后得智乃是笨拙母热上想，行增智乃是愚昏母气上想。皆智解喜金刚心上想，平等性智瑜伽母不觉上想，饮血金刚解阴上想，此乃心中成佛者也。金刚桥母者思渡暑，此乃口中停。喜金刚云何得名喜金刚？三身已足，入最上菩提道，因故得名喜金刚。瑜伽母云何得名瑜伽母？断三界，五智俱足，因故得名瑜伽母。大黑天云何得名大黑天？思金刚王者聚大黑善种，因故得名大黑天。智金刚云何得名智金刚？与金刚游戏母不二也，是故得名智金刚。则因智慧无比平等悲思故，得名金刚度母，得名神圣喜金刚。置者及授记受者智金刚也，瑜伽母神神通何得乃金刚度母也，此之神者大黑天也。

4. 色空分离真言

西夏文：	汉文对译：
[illegible]	色空分离真言
[illegible]	阿拔次啰迦归叻耶
[illegible]	哞哞帕怛娑诃
[illegible]	若日百八遍诵当
[illegible]	不成佛当令持一世
[illegible]	指弹过时成佛不难也
[illegible]	此种语者依次耳中当传
[illegible]	其后不可妄传。
[illegible]	真实成佛记乃毕

汉译文：

色空分离真言

唵拔次啰　迦归叻耶　吽吽　帕怛　娑诃

若日百八遍诵，不成佛当令持一世，顷刻间成佛不难也。此种语乃依次当传耳中，此后不可妄传。真实成佛记乃毕。

5. 敬礼真实师生真言

西夏文：	汉文对译：
絳蕔彨𢿉𦈌禨𧸠彨蕔	真实师生之敬礼真言
䃾𦉿縦𦊦縦禨𦖽䔢	唵殊捺怛捺那拔次
𦖾𢿉𦖽𦚢𦛠□𦜈𦝒𧸞	啰萨拔缚阿□嘛哞狭
𦡵𦢃𦣗𦤇𦖽𦥍𦦥𦧃𦧺	涅槃世界十二乘法皆
𦨩𦣗𦩜𦧺𦨩𦪔𦫗𦬮𦭞	聚诸佛皆聚尘土数说
𦡵𦢃𦣗𦤇𦮵𦯫𦰢	涅槃世界虚空满
𦱧𦲃𦳂𦴍𦵌𦶄𦷝	八叶莲花寿根续，
𦸡𦖽𦴍𦹯𦺓𦻛𦼊	心清净时彼岸到，
𦽝𦾞𦿢𧀈𦸡𧁴𧂔	没额合掌如恭敬。
𦣗𧃘𧄞𧄞𦧺禨𧸠	一切诸尊皆敬礼，
𧅗𧆨𧇟𧈙絳𧉯𧊳	智中狮子如面前，
𦮵𦳂𧋧𧆨𧌰𧍠𧎩	虚花山中无禁者，
𧅗絳𧏧𧐄𧑶𧒟𧓁	智如长大蛇脱皮。
𧅗𧔯𦴍𧕛𧖚𦯫𧗢	觉行净持禽空飞，
𦯫蕔𧅗絳𧘨𧙂𧎩	虚实智实害障无，
𧚁𧛎𧜝𦰢𧝍𧞞𧎩	已明来满足迹无，
𧅗𧟉𦯫蕔𦻛𦼊	觉后虚实彼岸到。
𧅗𧠗𦶄𦩜𦴍𧡴𧢬	智种本佛净表主，
𦼊𧣌𧤜𧥗𧚁𧦒𧧒	到头天宫已受著，
𧨞𧅗𦯫𦲃𦖾𦧺𧡴	三智空生发皆表，
𧅗𧩰𧪂𧫗𧅗𧬠𧭫	觉悟后增智谋忍。
𧮔𧯗𧰡𧱋𧅗𦈌𧲛	菩提身报觉之体，
𧨞𧅗𦶄𧳞𧱋𧆨𧴦	三智本母身中近，
𧵍𧶗𧷘𧸡𧹭禨𧸠	金刚密谋赞礼拜，
𧵍𧶗𦯫𧆨𦴍𧺠𧕛	金刚空中净根持。
𧻫𦈌𦶄𧺠𧨞𧅗𧼩	彼之根本三智招，
𧉯𦯫𧽙𧳞𧾤𧿆𧜝	空行母前道场来，

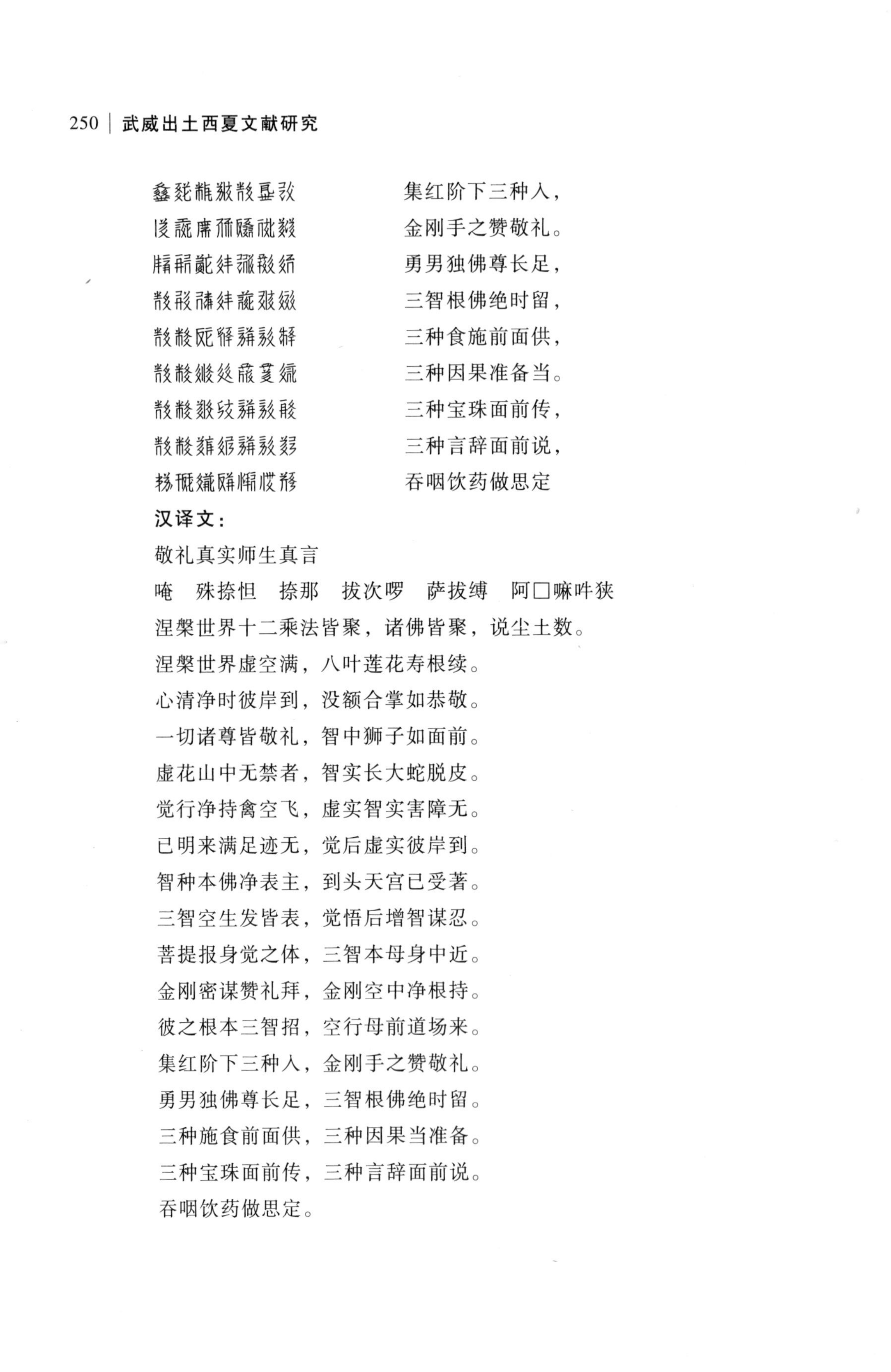

𗱕𗷇𗨉𗂧𗖵𗢳[illegible]	集红阶下三种人，
[illegible]	金刚手之赞敬礼。
[illegible]	勇男独佛尊长足，
[illegible]	三智根佛绝时留，
[illegible]	三种食施前面供，
[illegible]	三种因果准备当。
[illegible]	三种宝珠面前传，
[illegible]	三种言辞面前说，
[illegible]	吞咽饮药做思定

汉译文：

敬礼真实师生真言

唵　殊捺怛　捺那　拔次啰　萨拔缚　阿□嘛吽狭

涅槃世界十二乘法皆聚，诸佛皆聚，说尘土数。

涅槃世界虚空满，八叶莲花寿根续。

心清净时彼岸到，没额合掌如恭敬。

一切诸尊皆敬礼，智中狮子如面前。

虚花山中无禁者，智实长大蛇脱皮。

觉行净持禽空飞，虚实智实害障无。

已明来满足迹无，觉后虚实彼岸到。

智种本佛净表主，到头天宫已受著。

三智空生发皆表，觉悟后增智谋忍。

菩提报身觉之体，三智本母身中近。

金刚密谋赞礼拜，金刚空中净根持。

彼之根本三智招，空行母前道场来。

集红阶下三种人，金刚手之赞敬礼。

勇男独佛尊长足，三智根佛绝时留。

三种施食前面供，三种因果当准备。

三种宝珠面前传，三种言辞面前说。

吞咽饮药做思定。

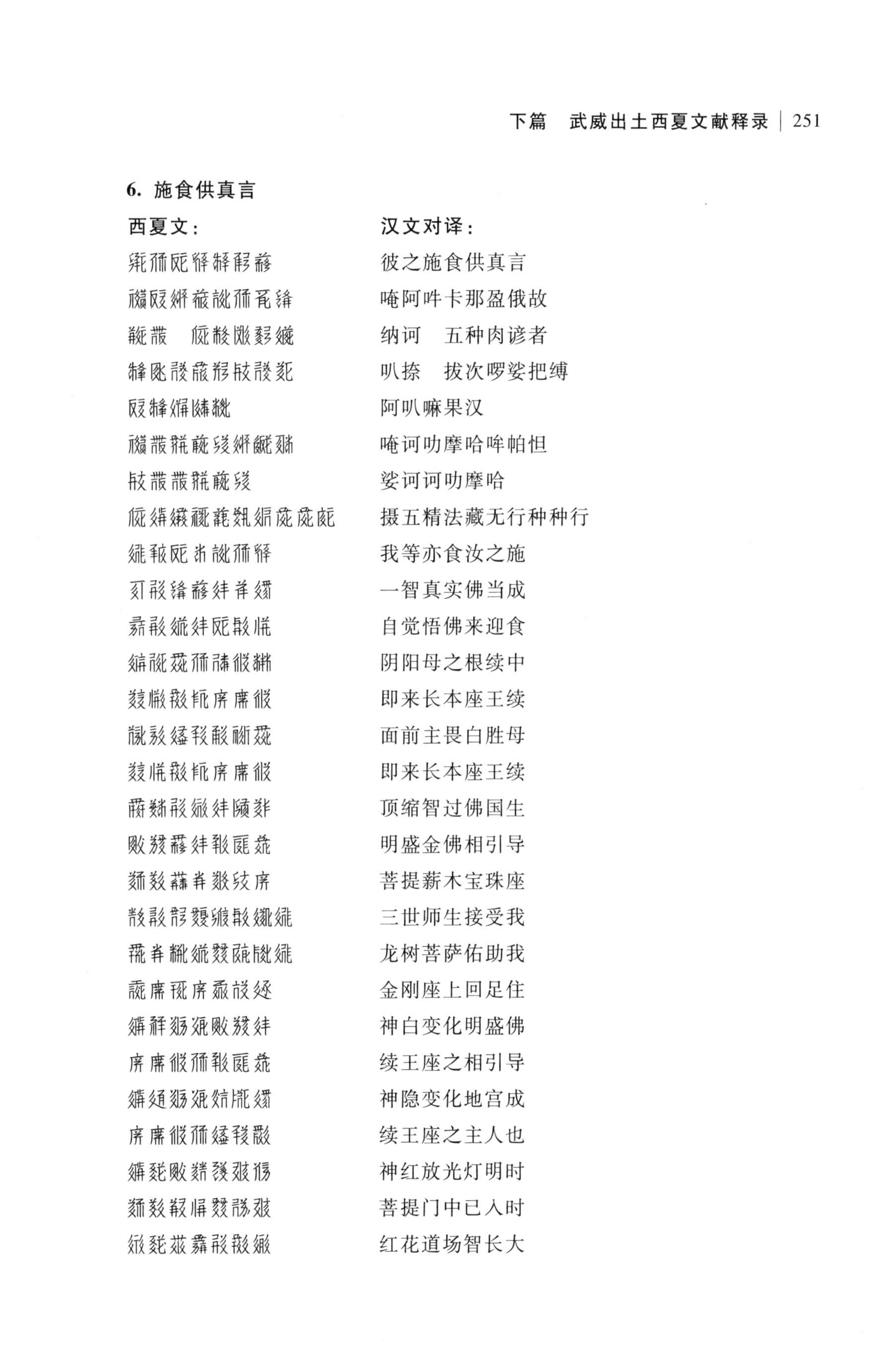

6. 施食供真言

西夏文：	汉文对译：
[illegible]	彼之施食供真言
[illegible]	唵阿吽卡那盈俄故
[illegible]	纳诃　五种肉谚者
[illegible]	叭捺　拔次啰娑把缚
[illegible]	阿叭嘛果汉
[illegible]	唵诃叻摩哈哞帕怛
[illegible]	娑诃诃叻摩哈
[illegible]	摄五精法藏无行种种行
[illegible]	我等亦食汝之施
[illegible]	一智真实佛当成
[illegible]	自觉悟佛来迎食
[illegible]	阴阳母之根续中
[illegible]	即来长本座王续
[illegible]	面前主畏白胜母
[illegible]	即来长本座王续
[illegible]	顶缩智过佛国生
[illegible]	明盛金佛相引导
[illegible]	菩提薪木宝珠座
[illegible]	三世师生接受我
[illegible]	龙树菩萨佑助我
[illegible]	金刚座上回足住
[illegible]	神白变化明盛佛
[illegible]	续王座之相引导
[illegible]	神隐变化地宫成
[illegible]	续王座之主人也
[illegible]	神红放光灯明时
[illegible]	菩提门中已入时
[illegible]	红花道场智长大

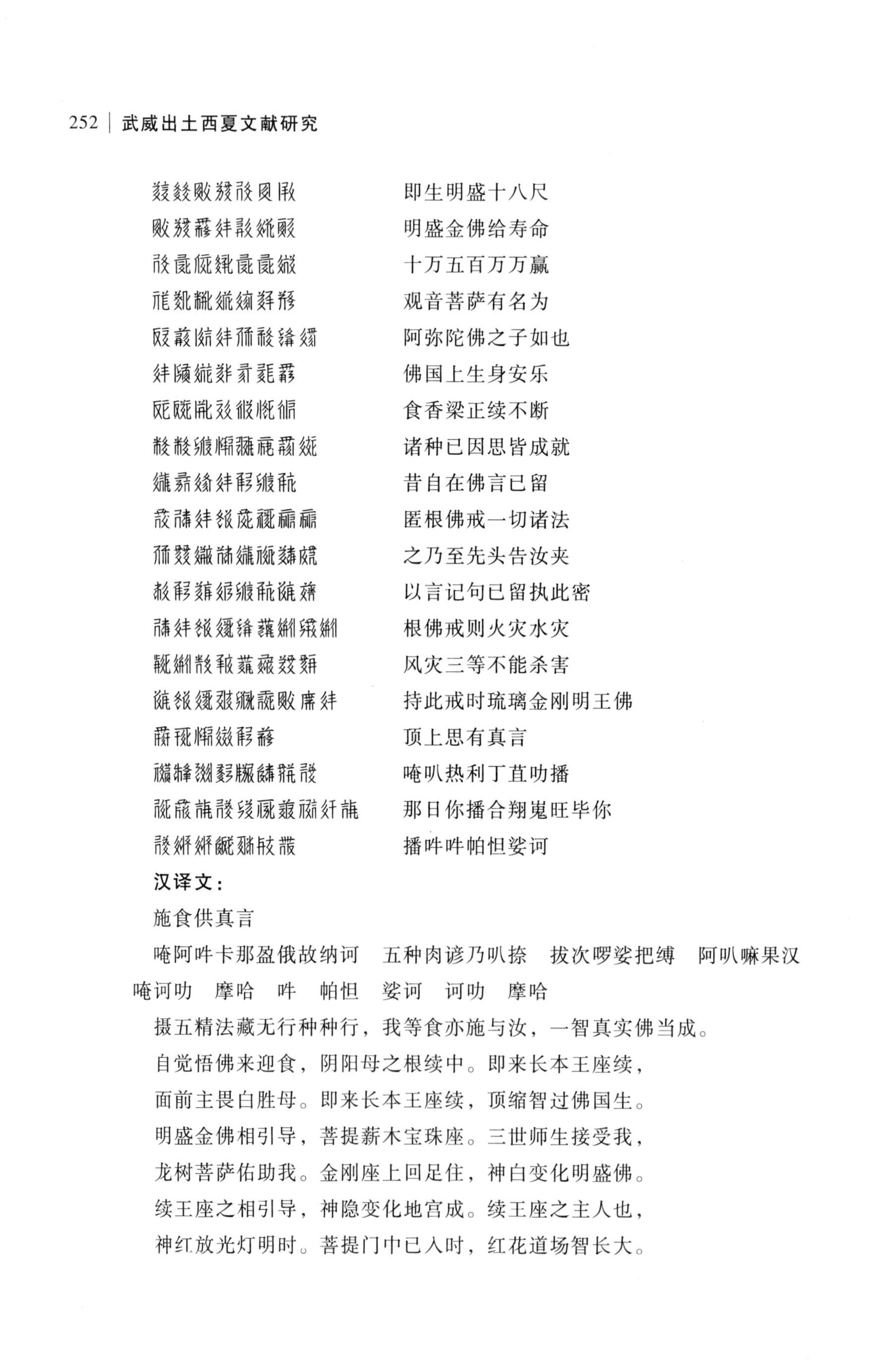

[illegible]	即生明盛十八尺
[illegible]	明盛金佛给寿命
[illegible]	十万五百万万赢
[illegible]	观音菩萨有名为
[illegible]	阿弥陀佛之子如也
[illegible]	佛国上生身安乐
[illegible]	食香梁正续不断
[illegible]	诸种已因思皆成就
[illegible]	昔自在佛言已留
[illegible]	匿根佛戒一切诸法
[illegible]	之乃至先头告汝夹
[illegible]	以言记句已留执此密
[illegible]	根佛戒则火灾水灾
[illegible]	风灾三等不能杀害
[illegible]	持此戒时琉璃金刚明王佛
[illegible]	顶上思有真言
[illegible]	唵叭热利丁苴叻播
[illegible]	那日你播合翔嵬旺毕你
[illegible]	播吽吽帕怛娑诃

汉译文：

施食供真言

唵阿吽卡那盈俄故纳诃　五种肉谚乃叭捺　拔次啰娑把缚　阿叭嘛果汉唵诃叻　摩哈　吽　帕怛　娑诃　诃叻　摩哈

摄五精法藏无行种种行，我等食亦施与汝，一智真实佛当成。

自觉悟佛来迎食，阴阳母之根续中。即来长本王座续，

面前主畏白胜母。即来长本王座续，顶缩智过佛国生。

明盛金佛相引导，菩提薪木宝珠座。三世师生接受我，

龙树菩萨佑助我。金刚座上回足住，神白变化明盛佛。

续王座之相引导，神隐变化地宫成。续王座之主人也，

神红放光灯明时。菩提门中已入时，红花道场智长大。

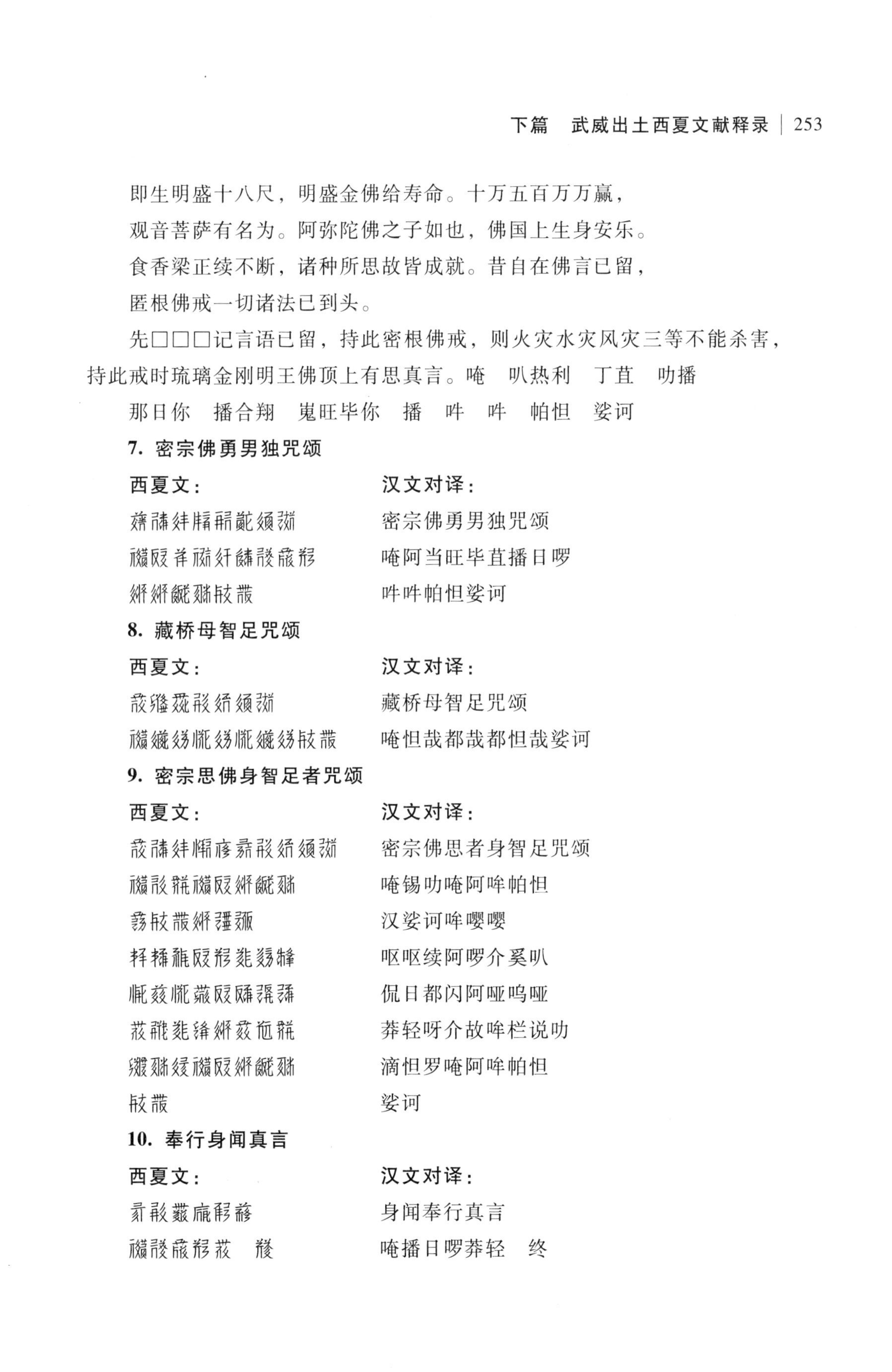

即生明盛十八尺，明盛金佛给寿命。十万五百万万赢，

观音菩萨有名为。阿弥陀佛之子如也，佛国上生身安乐。

食香梁正续不断，诸种所思故皆成就。昔自在佛言已留，

匿根佛戒一切诸法已到头。

先□□□记言语已留，持此密根佛戒，则火灾水灾风灾三等不能杀害，持此戒时琉璃金刚明王佛顶上有思真言。唵　叭热利　丁苴　叻播

那日你　播合翔　嵬旺毕你　播　吽　吽　帕怛　娑诃

7. 密宗佛勇男独咒颂

西夏文：	汉文对译：
[illegible]	密宗佛勇男独咒颂
[illegible]	唵阿当旺毕苴播日啰
[illegible]	吽吽帕怛娑诃

8. 藏桥母智足咒颂

西夏文：	汉文对译：
[illegible]	藏桥母智足咒颂
[illegible]	唵怛哉都哉都怛哉娑诃

9. 密宗思佛身智足者咒颂

西夏文：	汉文对译：
[illegible]	密宗佛思者身智足咒颂
[illegible]	唵锡叻唵阿哞帕怛
[illegible]	汉娑诃哞嘤嘤
[illegible]	呕呕续阿啰介奚叭
[illegible]	侃日都闪阿哑呜哑
[illegible]	莽轻呀介故哞栏说叻
[illegible]	滴怛罗唵阿哞帕怛
[illegible]	娑诃

10. 奉行身闻真言

西夏文：	汉文对译：
[illegible]	身闻奉行真言
[illegible]　[illegible]	唵播日啰莽轻　终

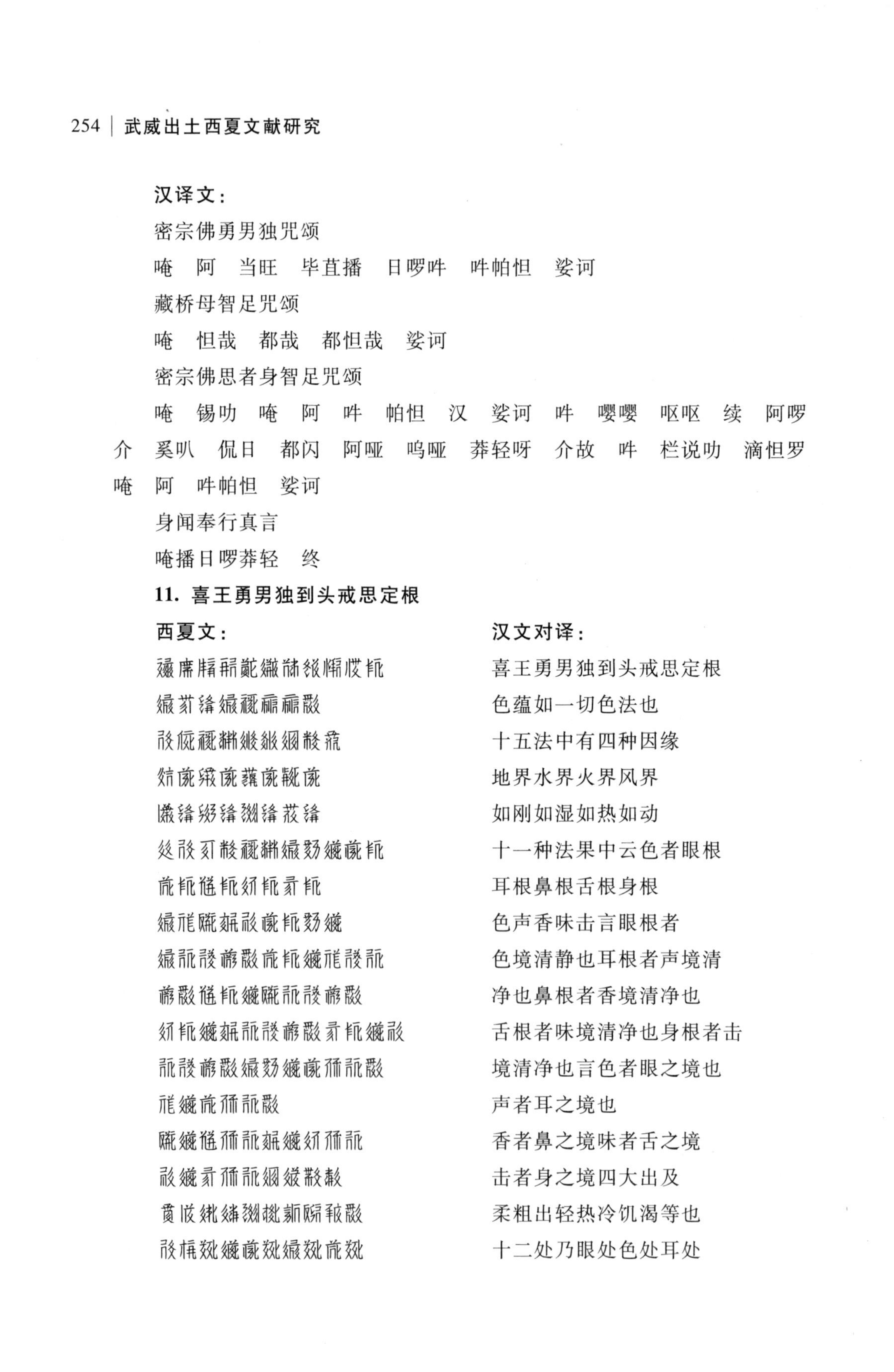

汉译文：

密宗佛勇男独咒颂

唵　阿　当旺　毕苴播　日啰吽　吽帕怛　娑诃

藏桥母智足咒颂

唵　怛哉　都哉　都怛哉　娑诃

密宗佛思者身智足咒颂

唵　锡叻　唵　阿　吽　帕怛　汉　娑诃　吽　嘤嘤　呕呕　续　阿啰
介　奚叭　侃日　都闪　阿哑　鸣哑　莽轻呀　介故　吽　栏说叻　滴怛罗
唵　阿　吽帕怛　娑诃

身闻奉行真言

唵播日啰莽轻　终

11. 喜王勇男独到头戒思定根

西夏文：	汉文对译：
[illegible]	喜王勇男独到头戒思定根
[illegible]	色蕴如一切色法也
[illegible]	十五法中有四种因缘
[illegible]	地界水界火界风界
[illegible]	如刚如湿如热如动
[illegible]	十一种法果中云色者眼根
[illegible]	耳根鼻根舌根身根
[illegible]	色声香味击言眼根者
[illegible]	色境清静也耳根者声境清
[illegible]	净也鼻根者香境清净也
[illegible]	舌根者味境清净也身根者击
[illegible]	境清净也言色者眼之境也
[illegible]	声者耳之境也
[illegible]	香者鼻之境味者舌之境
[illegible]	击者身之境四大出及
[illegible]	柔粗出轻热冷饥渴等也
[illegible]	十二处乃眼处色处耳处

[illegible]	声处鼻处香处舌处味处
[illegible]	身处击处谋处法处
[illegible]	色声香味击法等亦如昔说也
[illegible]	十八界者眼界色界眼识界
[illegible]	耳界声界耳识界鼻界香界鼻识界
[illegible]	舌界味界舌识界身界击界身识界
[illegible]	谋界法界谋识界眼等界及色等界
[illegible]	者昔处等言如种识六界乃
[illegible]	目等上依靠时色等诸种察
[illegible]	当悟也谋界者其如数昔
[illegible]	过后生者也六种识之宫示
[illegible]	缘其因十八而定也
[illegible]	色蕴者十二处及十八界及
[illegible]	法处招可乃法界一方也
[illegible]	识蕴者谋处及七情界等是
[illegible]	余三蕴及色蕴之一方其数
[illegible]	无为等及法处及法界等是

汉译文：

喜王勇男独到头戒思定根

色蕴如一切色法。十五法中有四种因缘，地界水界火界风界，如刚如湿如热如动。十一种法果中云色者，眼根耳根鼻根舌根身根，色声香味击。云眼根者色境清静也，耳根者声境清净也，鼻根者香境清净也，舌根者味境清净也，身根者击境清净也。言色者眼之境也，声者耳之境也，香者鼻之境，味者舌之境，击者身之境。四大出及粗细轻重冷热饥渴等也。十二处，乃眼处色处耳处声处鼻处香处舌处味处身处击处谋处法处，色声香味击法等亦如前所说也。十八界者，眼界色界眼识界耳界声界耳识界鼻界香界鼻识界舌界味界舌识界身界击界身识界意识界法界谋识界眼等界，及色等界者如前所说。种识六界乃目等上依靠时色等诸种当察解也，意识界者其数先过后出者也，六种识之宫示故，因其十八而定也。色蕴者十二处及十八界及法处当招，法界所向也。情蕴者意识处及七情界等，余三蕴及色蕴之所向，其数无为等，及法处及法界等也。

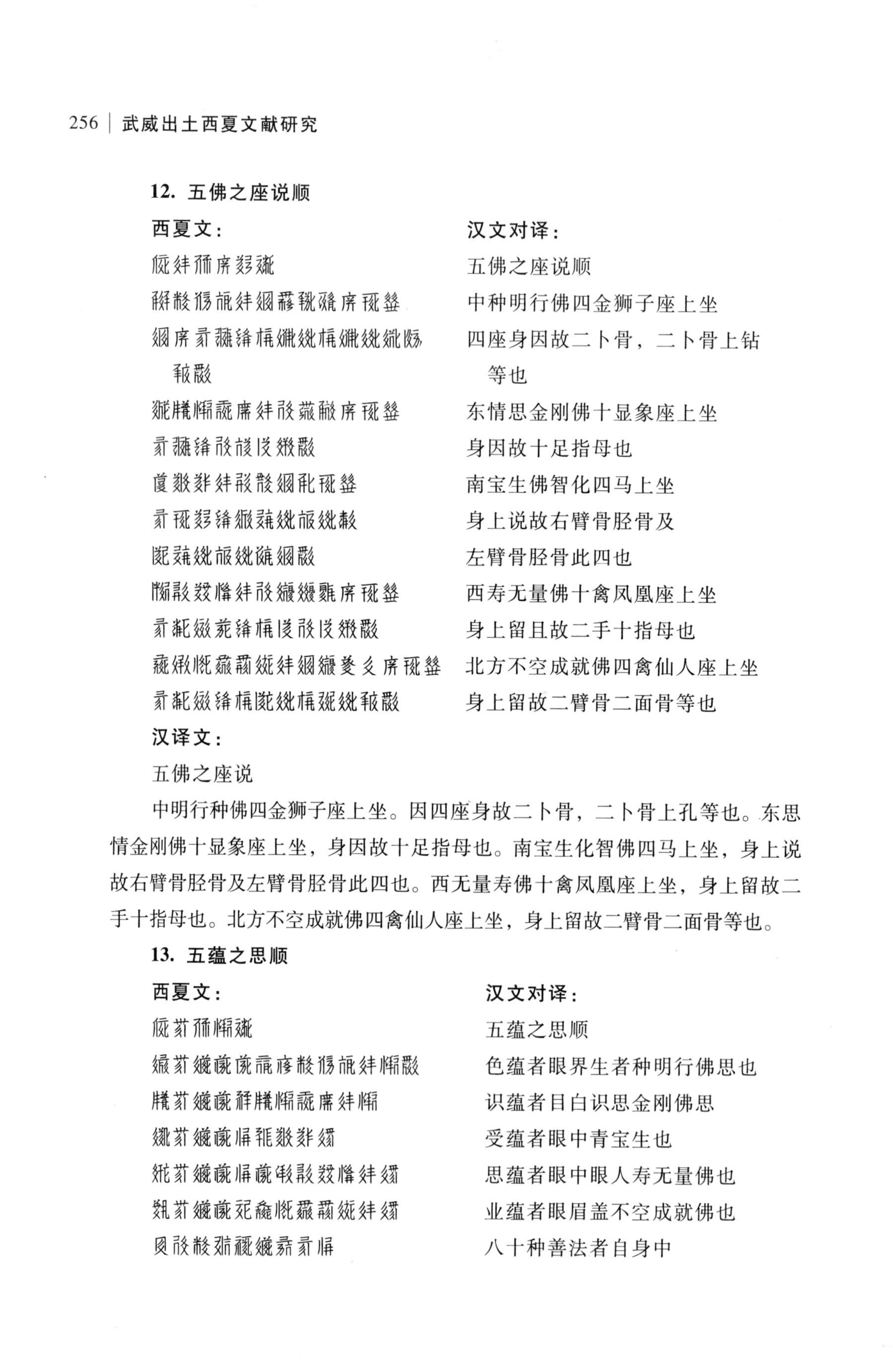

12. 五佛之座说顺

西夏文：	汉文对译：
[illegible]	五佛之座说顺
[illegible]	中种明行佛四金狮子座上坐
[illegible]	四座身因故二卜骨，二卜骨上钻等也
[illegible]	东情思金刚佛十显象座上坐
[illegible]	身因故十足指母也
[illegible]	南宝生佛智化四马上坐
[illegible]	身上说故右臂骨胫骨及
[illegible]	左臂骨胫骨此四也
[illegible]	西寿无量佛十禽凤凰座上坐
[illegible]	身上留且故二手十指母也
[illegible]	北方不空成就佛四禽仙人座上坐
[illegible]	身上留故二臂骨二面骨等也

汉译文：

五佛之座说

中明行种佛四金狮子座上坐。因四座身故二卜骨，二卜骨上孔等也。东思情金刚佛十显象座上坐，身因故十足指母也。南宝生化智佛四马上坐，身上说故右臂骨胫骨及左臂骨胫骨此四也。西无量寿佛十禽凤凰座上坐，身上留故二手十指母也。北方不空成就佛四禽仙人座上坐，身上留故二臂骨二面骨等也。

13. 五蕴之思顺

西夏文：	汉文对译：
[illegible]	五蕴之思顺
[illegible]	色蕴者眼界生者种明行佛思也
[illegible]	识蕴者目白识思金刚佛思
[illegible]	受蕴者眼中青宝生也
[illegible]	思蕴者眼中眼人寿无量佛也
[illegible]	业蕴者眼眉盖不空成就佛也
[illegible]	八十种善法者自身中

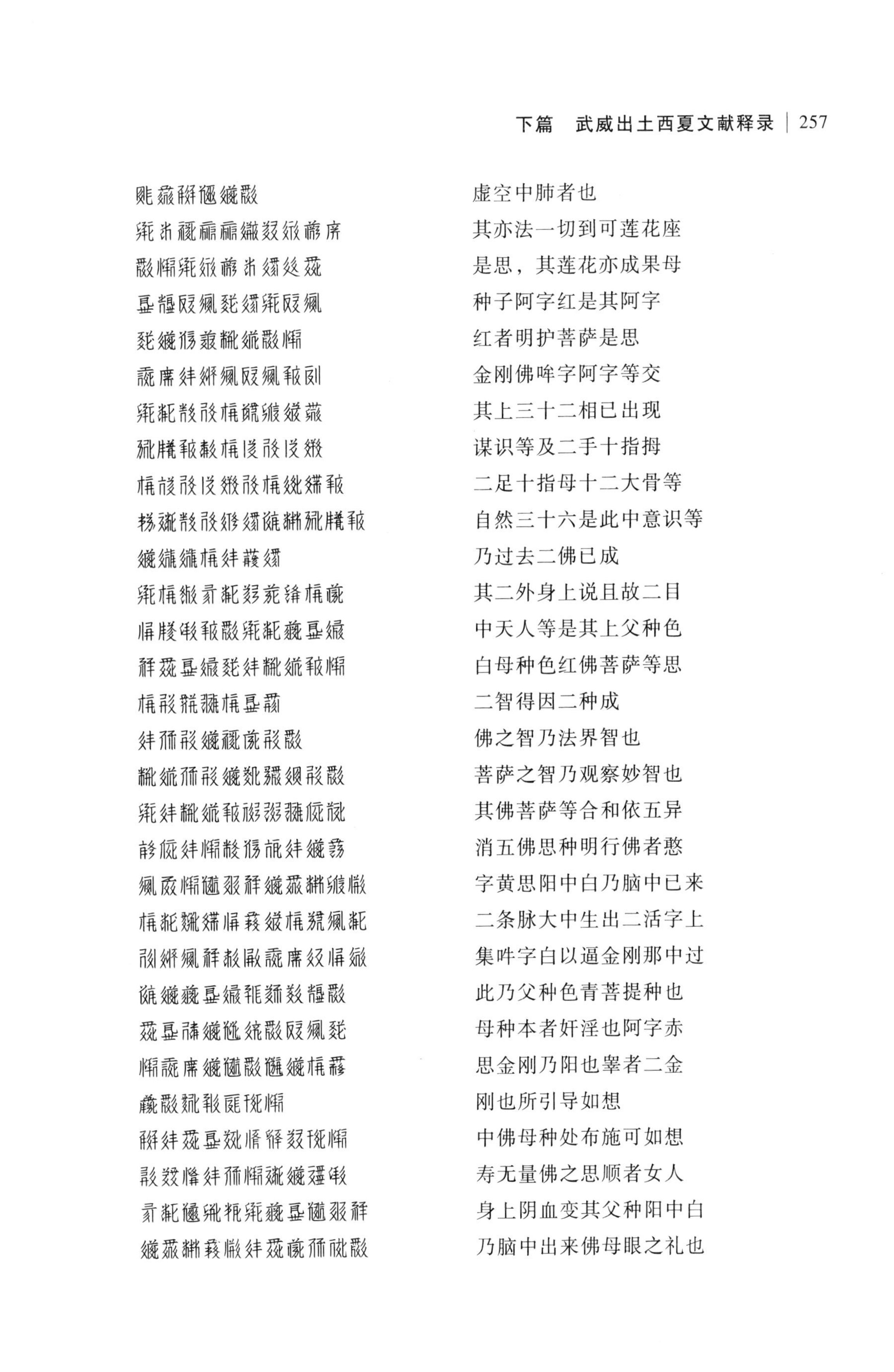

虚空中肺者也
其亦法一切到可莲花座
是思，其莲花亦成果母
种子阿字红是其阿字
红者明护菩萨是思
金刚佛哞字阿字等交
其上三十二相已出现
谋识等及二手十指拇
二足十指母十二大骨等
自然三十六是此中意识等
乃过去二佛已成
其二外身上说且故二目
中天人等是其上父种色
白母种色红佛菩萨等思
二智得因二种成
佛之智乃法界智也
菩萨之智乃观察妙智也
其佛菩萨等合和依五异
消五佛思种明行佛者憨
字黄思阳中白乃脑中已来
二条脉大中生出二活字上
集吽字白以逼金刚那中过
此乃父种色青菩提种也
母种本者奸淫也阿字赤
思金刚乃阳也睾者二金
刚也所引导如想
中佛母种处布施可如想
寿无量佛之思顺者女人
身上阴血变其父种阳中白
乃脑中出来佛母眼之礼也

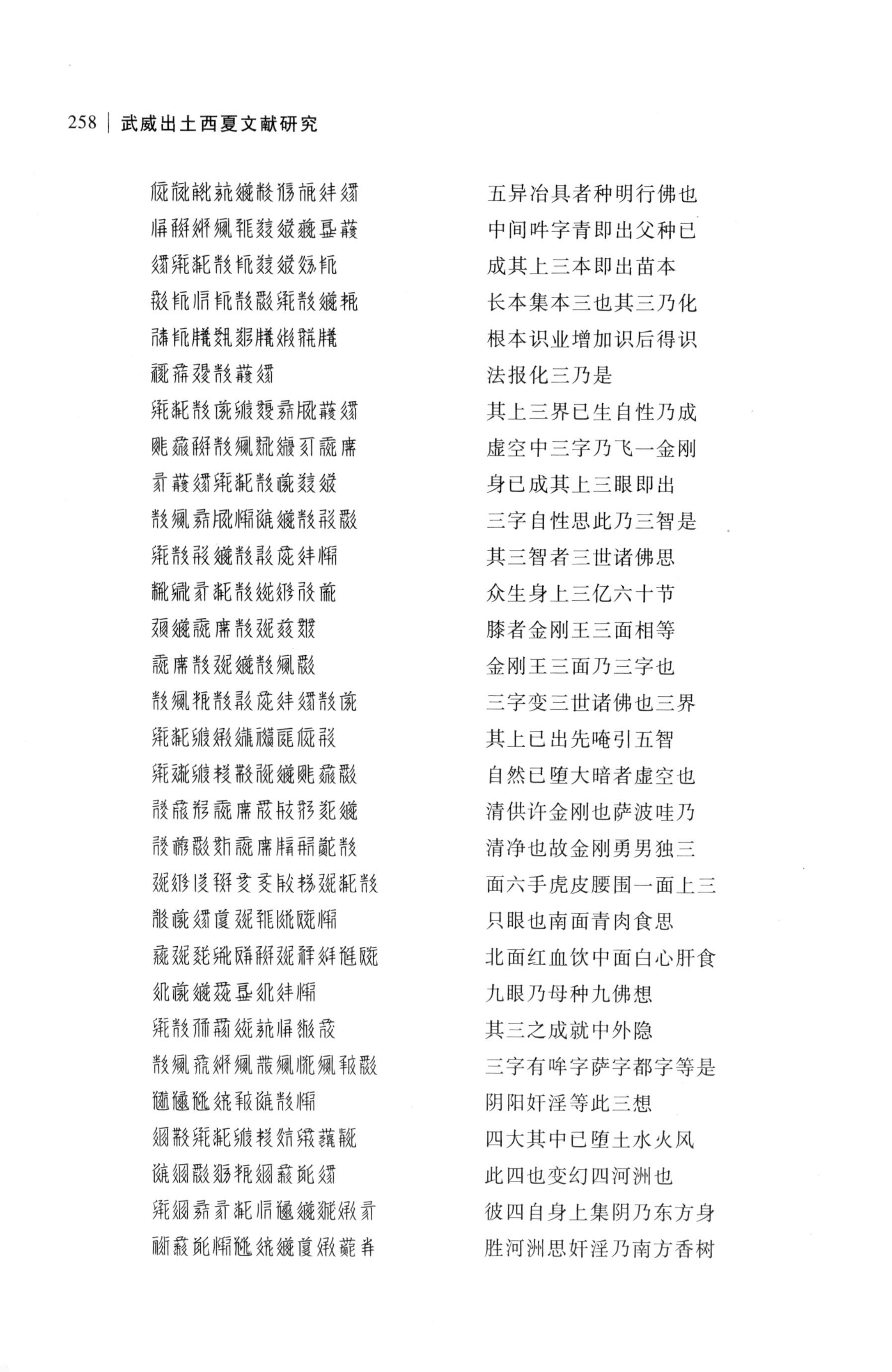

五异治具者种明行佛也
中间吽字青即出父种已
成其上三本即出苗本
长本集本三也其三乃化
根本识业增加识后得识
法报化三乃是
其上三界已生自性乃成
虚空中三字乃飞一金刚
身已成其上三眼即出
三字自性思此乃三智是
其三智者三世诸佛思
众生身上三亿六十节
膝者金刚王三面相等
金刚王三面乃三字也
三字变三世诸佛也三界
其上已出先唵引五智
自然已堕大暗者虚空也
清供许金刚也萨波哇乃
清净也故金刚勇男独三
面六手虎皮腰围一面上三
只眼也南面青肉食思
北面红血饮中面白心肝食
九眼乃母种九佛想
其三之成就中外隐
三字有哞字萨字都字等是
阴阳奸淫等此三想
四大其中已堕土水火风
此四也变幻四河洲也
彼四自身上集阴乃东方身
胜河洲思奸淫乃南方香树

河洲思阳乃西方象卖卖洲
思睾者北方俱炉洲思
思者身乃须弥山成汉字
青以成令此五种因五
佛乃出现中诸明行佛乃
化骏肉食思东方情思金刚王
佛乃狮子肉食思南方宝生
佛显象肉食思西方寿无
量佛乃人肉食思北方不
空成就佛乃飞禽肉食

汉译文：

五蕴之思顺

色蕴者眼界生，乃明行种佛想也。识蕴者眼白思情，金刚佛想。受蕴者眼中生青宝也。思蕴者眼中人为寿无量佛。行蕴者眼眉盖是不空成就佛。八十种善法乃自身中、虚空中肺者也。其亦想一切法可遍莲花座也，其莲花亦成果实母种红色阿字，其红色阿字乃做明护菩萨想。金刚佛吽字、阿字等交其上，三十二相已出现，意识等复二手十指拇二足十指母十二大骨等自然成为三十六。此中情识等过去二佛已成。其二外身上说故二目中是天人等，其上父种色白，母种色红，做佛菩萨等思，因得二智成二种。佛之智乃法界智也，菩萨之智乃观察妙智也，其佛菩萨等合和故，消五异思五佛。明行种佛乃想黄色憨字，阳中白乃脑中已来，二条脉大中生出二活字，上集白色吽字，逼金刚那中过。此乃青色父种，菩提种也。母种本乃奸淫也，想赤色阿字。金刚乃阳也，睾者二金刚所引导如想。中佛母种处可布施如想无量寿佛想也。女人身上阴血变，其父种阳中白乃脑中出来，敬礼佛母眼也。五异治具者种明行佛也，中间青色吽字即出，父种已成。其上三本即出，苗本长本集本三也，其三乃化根本识，业增加识，后得识，化三法报。其上三界已生，自性乃成。虚空中三字乃飞，一金刚身已成，其上三眼即出三字自性想，此乃三智。其三智乃三世诸佛想。众生身上三亿六十节膝者，金刚王三面相等。金刚王三面乃三字，三字变三世诸佛也。三界其中已出，先唵引五智自然已堕，大暗者虚空也，清供许金刚也，萨波哇乃清净也。故金刚勇男独三面六手，

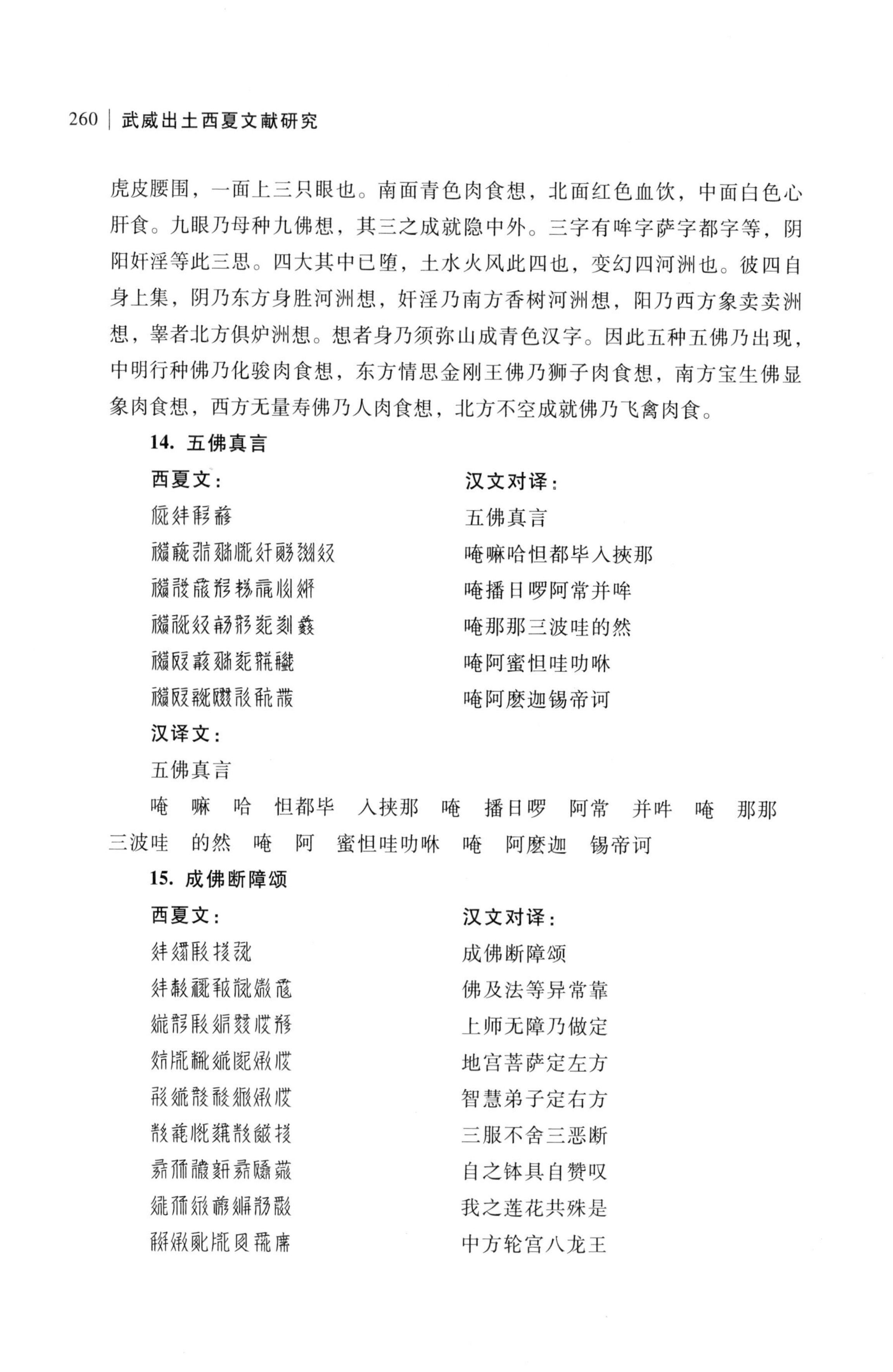

虎皮腰围，一面上三只眼也。南面青色肉食想，北面红色血饮，中面白色心肝食。九眼乃母种九佛想，其三之成就隐中外。三字有哞字萨字都字等，阴阳奸淫等此三思。四大其中已堕，土水火风此四也，变幻四河洲也。彼四自身上集，阴乃东方身胜河洲想，奸淫乃南方香树河洲想，阳乃西方象卖卖洲想，睾者北方俱炉洲想。想者身乃须弥山成青色汉字。因此五种五佛乃出现，中明行种佛乃化骏肉食想，东方情思金刚王佛乃狮子肉食想，南方宝生佛显象肉食想，西方无量寿佛乃人肉食想，北方不空成就佛乃飞禽肉食。

14. 五佛真言

西夏文：	汉文对译：
[illegible]	五佛真言
[illegible]	唵嘛哈怛都毕入挟那
[illegible]	唵播日啰阿常并哞
[illegible]	唵那那三波哇的然
[illegible]	唵阿蜜怛哇叻咻
[illegible]	唵阿麽迦锡帝诃

汉译文：

五佛真言

唵　嘛　哈　怛都毕　入挟那　唵　播日啰　阿常　并吽　唵　那那　三波哇　的然　唵　阿　蜜怛哇叻咻　唵　阿麽迦　锡帝诃

15. 成佛断障颂

西夏文：	汉文对译：
[illegible]	成佛断障颂
[illegible]	佛及法等异常靠
[illegible]	上师无障乃做定
[illegible]	地宫菩萨定左方
[illegible]	智慧弟子定右方
[illegible]	三服不舍三恶断
[illegible]	自之钵具自赞叹
[illegible]	我之莲花共殊是
[illegible]	中方轮宫八龙王

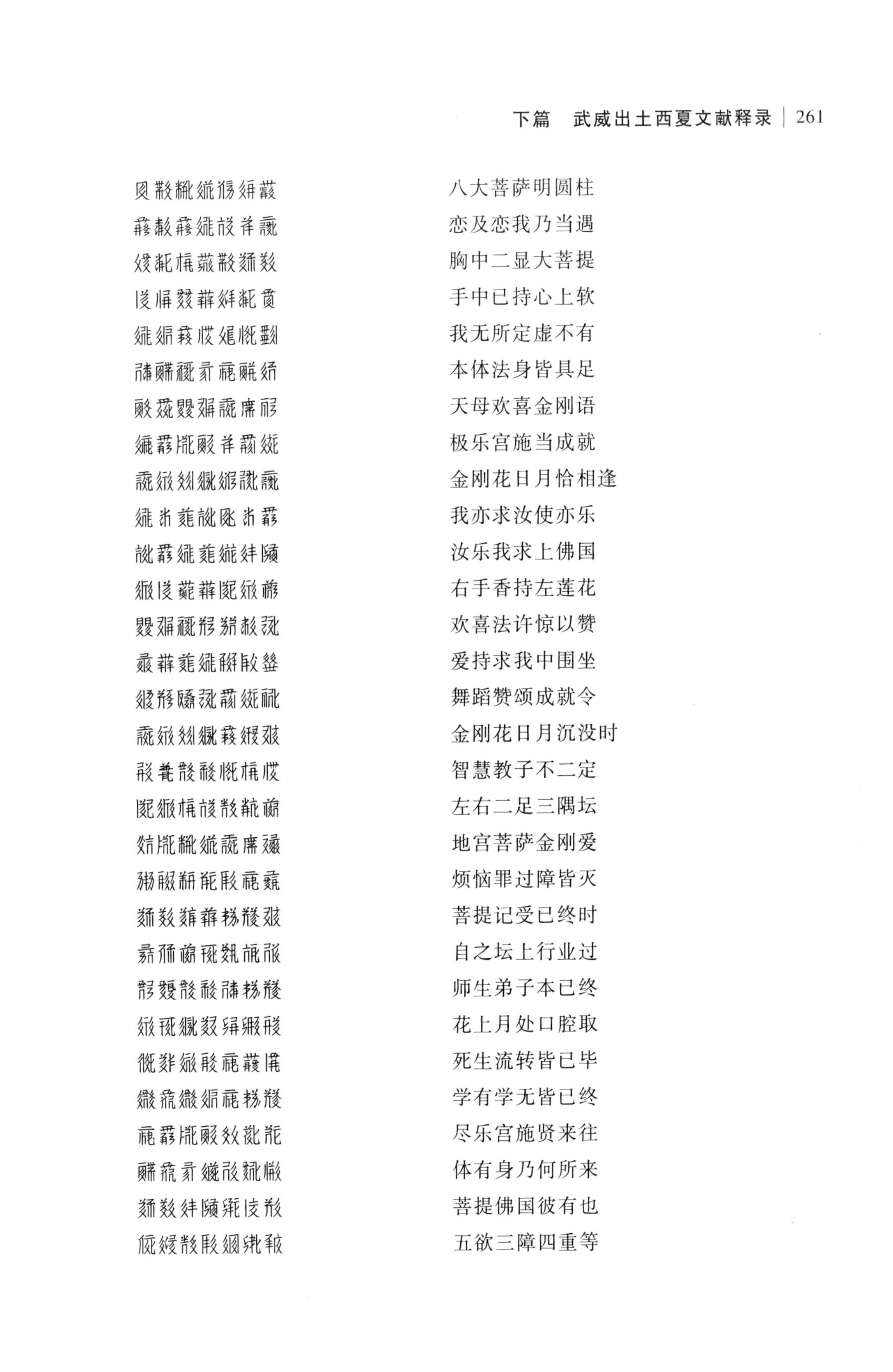

[illegible]	八大菩萨明圆柱
[illegible]	恋及恋我乃当遇
[illegible]	胸中二显大菩提
[illegible]	手中已持心上软
[illegible]	我无所定虚不有
[illegible]	本体法身皆具足
[illegible]	天母欢喜金刚语
[illegible]	极乐宫施当成就
[illegible]	金刚花日月恰相逢
[illegible]	我亦求汝使亦乐
[illegible]	汝乐我求上佛国
[illegible]	右手香持左莲花
[illegible]	欢喜法许惊以赞
[illegible]	爱持求我中围坐
[illegible]	舞蹈赞颂成就令
[illegible]	金刚花日月沉没时
[illegible]	智慧教子不二定
[illegible]	左右二足三隅坛
[illegible]	地宫菩萨金刚爱
[illegible]	烦恼罪过障皆灭
[illegible]	菩提记受已终时
[illegible]	自之坛上行业过
[illegible]	师生弟子本已终
[illegible]	花上月处口腔取
[illegible]	死生流转皆已毕
[illegible]	学有学无皆已终
[illegible]	尽乐宫施贤来往
[illegible]	体有身乃何所来
[illegible]	菩提佛国彼有也
[illegible]	五欲三障四重等

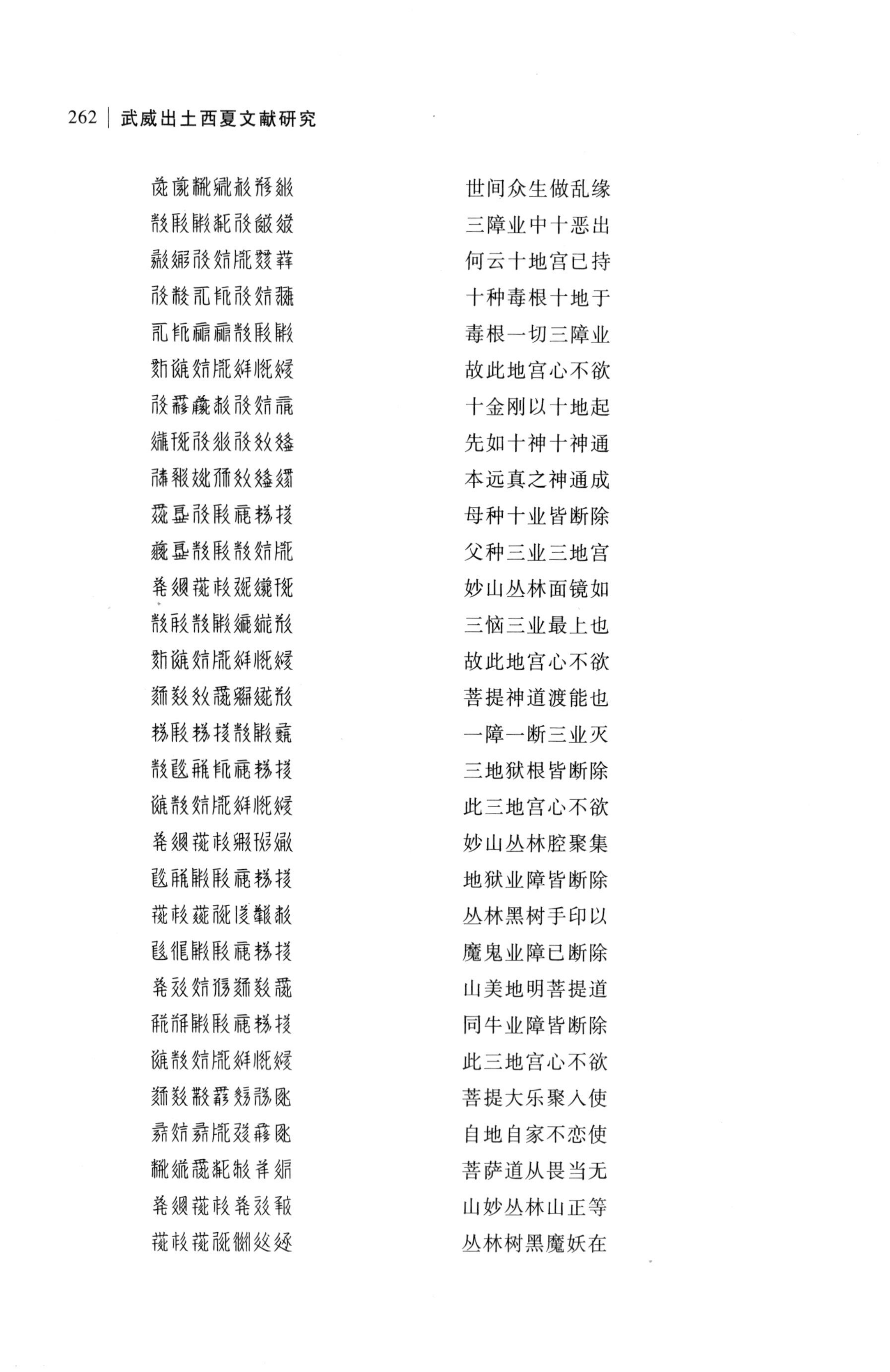

世间众生做乱缘
三障业中十恶出
何云十地宫已持
十种毒根十地于
毒根一切三障业
故此地宫心不欲
十金刚以十地起
先如十神十神通
本远真之神通成
母种十业皆断除
父种三业三地宫
妙山丛林面镜如
三恼三业最上也
故此地宫心不欲
菩提神道渡能也
一障一断三业灭
三地狱根皆断除
此三地宫心不欲
妙山丛林腔聚集
地狱业障皆断除
丛林黑树手印以
魔鬼业障已断除
山美地明菩提道
同牛业障皆断除
此三地宫心不欲
菩提大乐聚入使
自地自家不恋使
菩萨道从畏当无
山妙丛林山正等
丛林树黑魔妖在

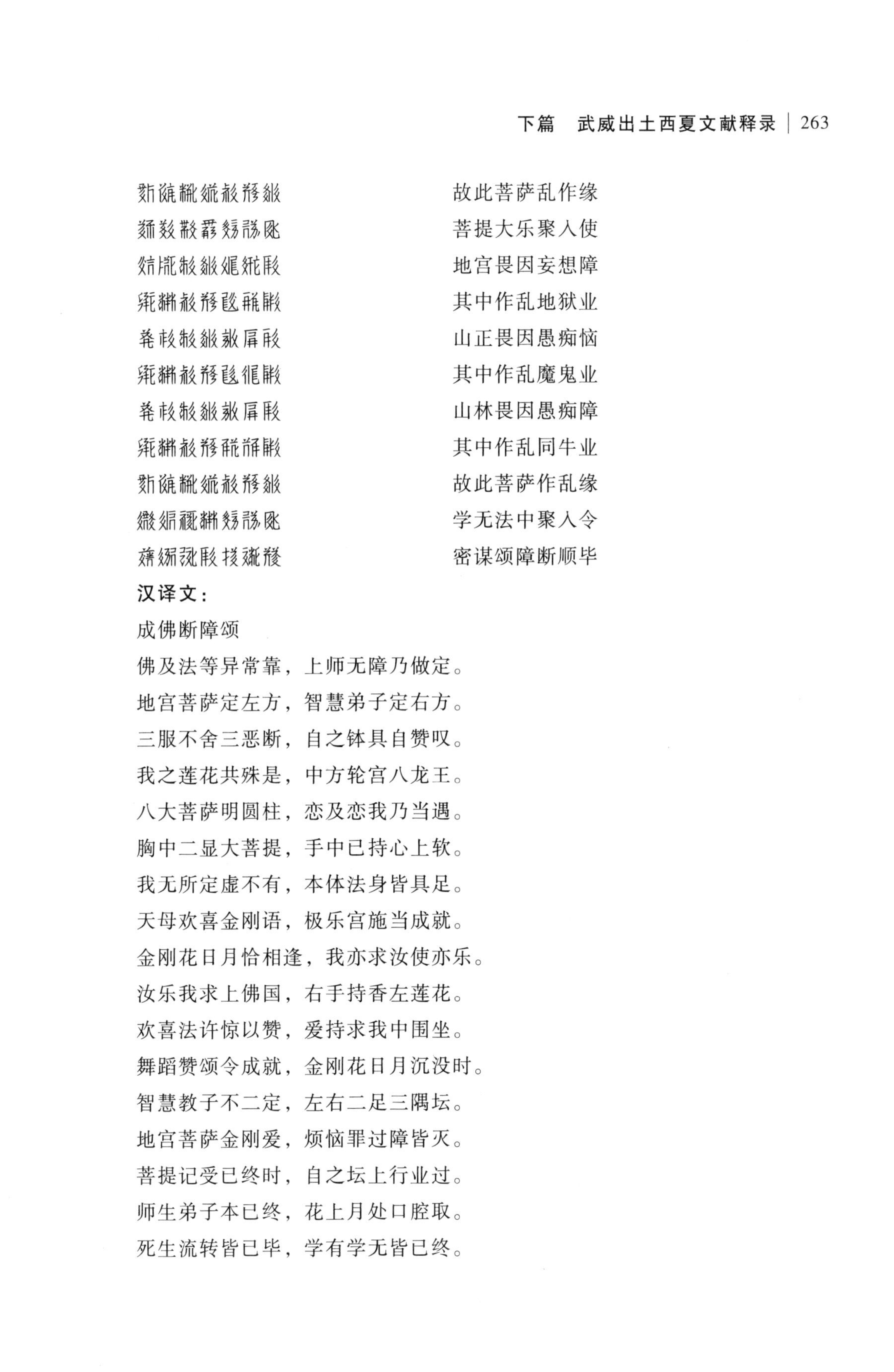

[illegible]	故此菩萨乱作缘
[illegible]	菩提大乐聚入使
[illegible]	地宫畏因妄想障
[illegible]	其中作乱地狱业
[illegible]	山正畏因愚痴恼
[illegible]	其中作乱魔鬼业
[illegible]	山林畏因愚痴障
[illegible]	其中作乱同牛业
[illegible]	故此菩萨作乱缘
[illegible]	学无法中聚入令
[illegible]	密谋颂障断顺毕

汉译文：

成佛断障颂

佛及法等异常靠，上师无障乃做定。

地宫菩萨定左方，智慧弟子定右方。

三服不舍三恶断，自之钵具自赞叹。

我之莲花共殊是，中方轮宫八龙王。

八大菩萨明圆柱，恋及恋我乃当遇。

胸中二显大菩提，手中已持心上软。

我无所定虚不有，本体法身皆具足。

天母欢喜金刚语，极乐宫施当成就。

金刚花日月恰相逢，我亦求汝使亦乐。

汝乐我求上佛国，右手持香左莲花。

欢喜法许惊以赞，爱持求我中围坐。

舞蹈赞颂令成就，金刚花日月沉没时。

智慧教子不二定，左右二足三隅坛。

地宫菩萨金刚爱，烦恼罪过障皆灭。

菩提记受已终时，自之坛上行业过。

师生弟子本已终，花上月处口腔取。

死生流转皆已毕，学有学无皆已终。

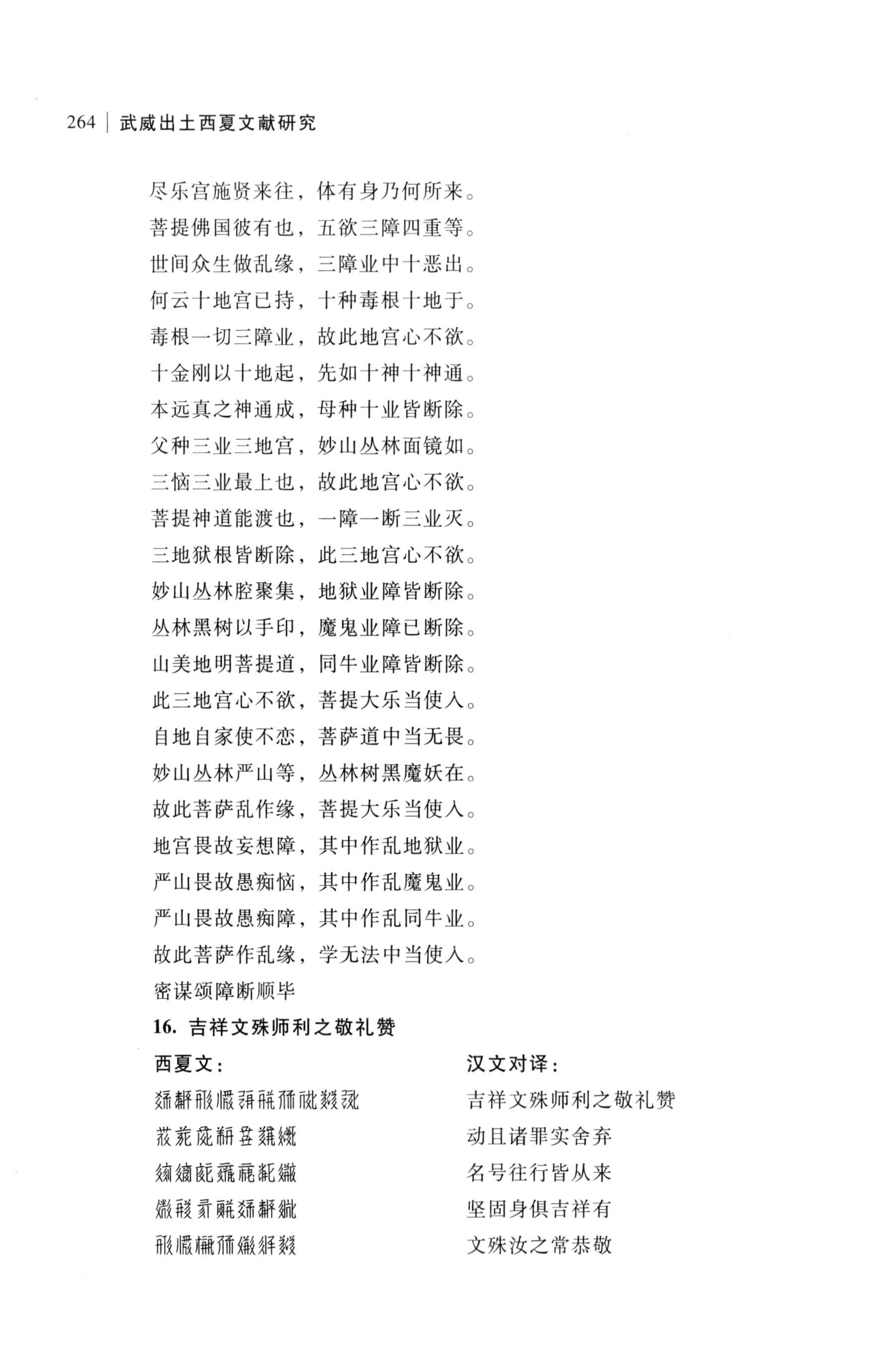

尽乐宫施贤来往，体有身乃何所来。
菩提佛国彼有也，五欲三障四重等。
世间众生做乱缘，三障业中十恶出。
何云十地宫已持，十种毒根十地于。
毒根一切三障业，故此地宫心不欲。
十金刚以十地起，先如十神十神通。
本远真之神通成，母种十业皆断除。
父种三业三地宫，妙山丛林面镜如。
三恼三业最上也，故此地宫心不欲。
菩提神道能渡也，一障一断三业灭。
三地狱根皆断除，此三地宫心不欲。
妙山丛林腔聚集，地狱业障皆断除。
丛林黑树以手印，魔鬼业障已断除。
山美地明菩提道，同牛业障皆断除。
此三地宫心不欲，菩提大乐当使入。
自地自家使不恋，菩萨道中当无畏。
妙山丛林严山等，丛林树黑魔妖在。
故此菩萨乱作缘，菩提大乐当使入。
地宫畏故妄想障，其中作乱地狱业。
严山畏故愚痴恼，其中作乱魔鬼业。
严山畏故愚痴障，其中作乱同牛业。
故此菩萨作乱缘，学无法中当使入。
密谋颂障断顺毕

16. 吉祥文殊师利之敬礼赞

西夏文：	**汉文对译：**
[illegible]	吉祥文殊师利之敬礼赞
[illegible]	动且诸罪实舍弃
[illegible]	名号往行皆从来
[illegible]	坚固身俱吉祥有
[illegible]	文殊汝之常恭敬

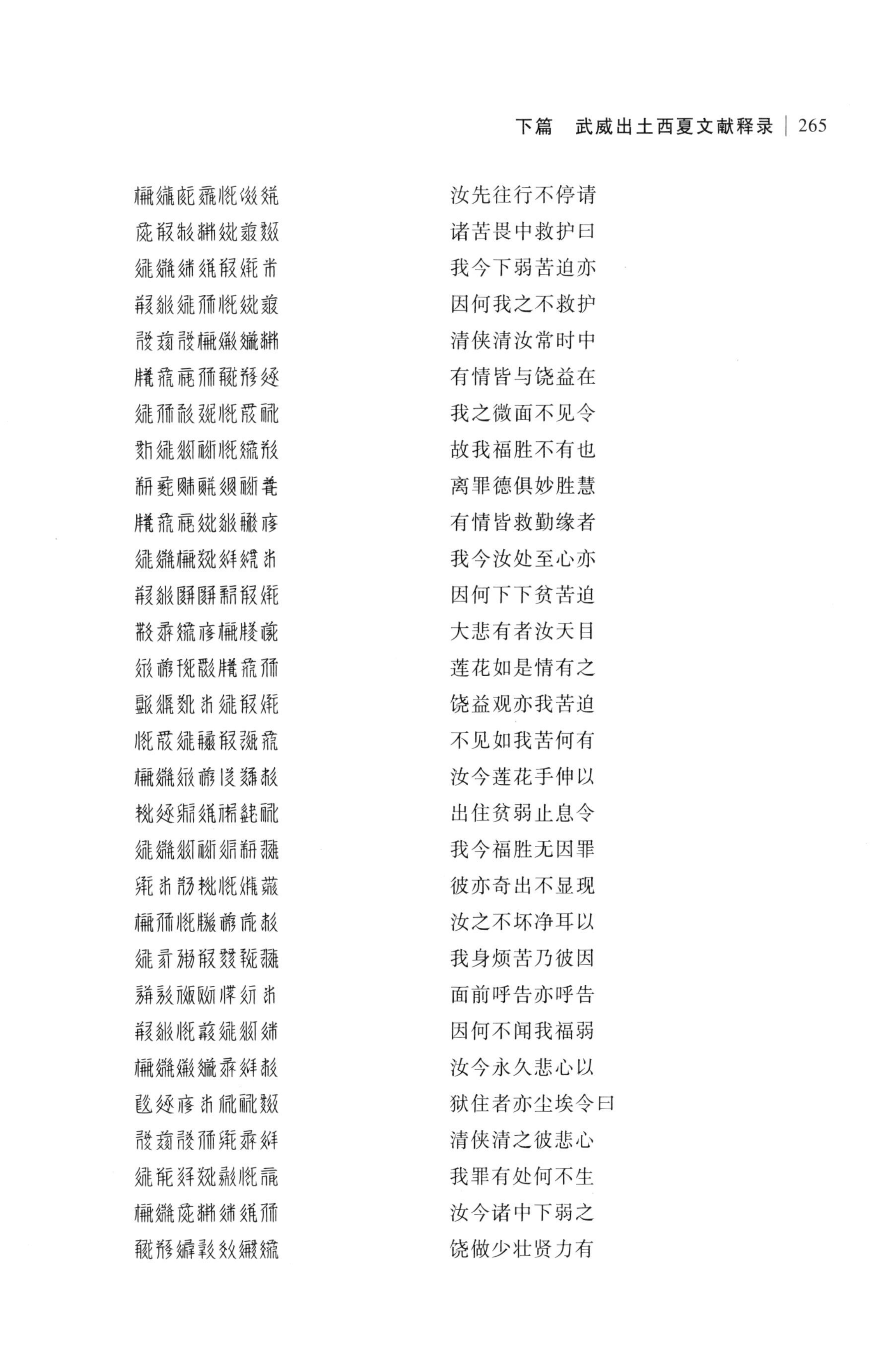

汝先往行不停请
诸苦畏中救护曰
我今下弱苦迫亦
因何我之不救护
清侠清汝常时中
有情皆与饶益在
我之微面不见令
故我福胜不有也
离罪德俱妙胜慧
有情皆救勤缘者
我今汝处至心亦
因何下下贫苦迫
大悲有者汝天目
莲花如是情有之
饶益观亦我苦迫
不见如我苦何有
汝今莲花手伸以
出住贫弱止息令
我今福胜无因罪
彼亦奇出不显现
汝之不坏净耳以
我身烦苦乃彼因
面前呼告亦呼告
因何不闻我福弱
汝今永久悲心以
狱住者亦尘埃令曰
清侠清之彼悲心
我罪有处何不生
汝今诸中下弱之
饶做少壮贤力有

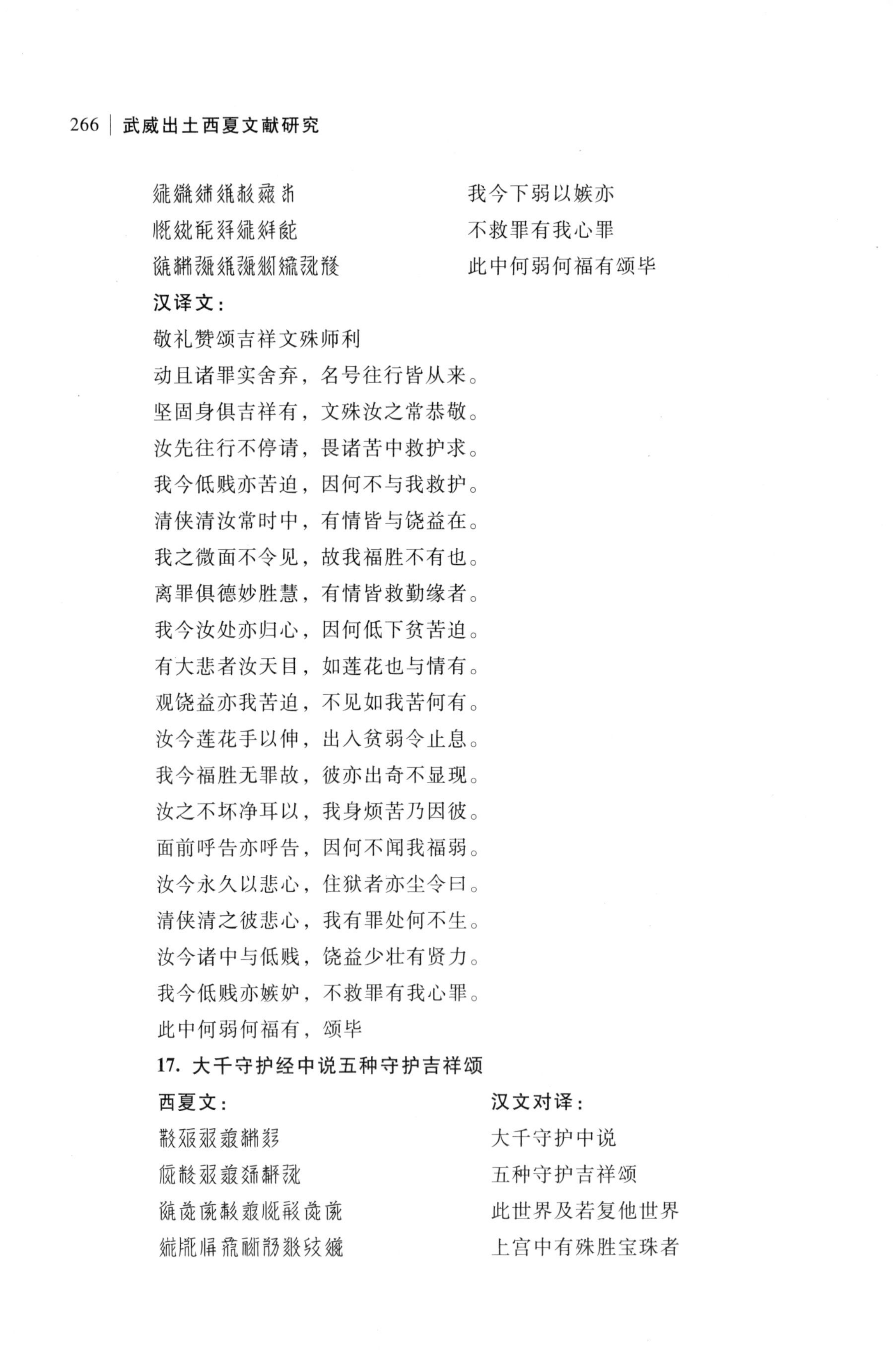

[illegible]	我今下弱以嫉亦
[illegible]	不救罪有我心罪
[illegible]	此中何弱何福有颂毕

汉译文：

敬礼赞颂吉祥文殊师利

动且诸罪实舍弃，名号往行皆从来。

坚固身俱吉祥有，文殊汝之常恭敬。

汝先往行不停请，畏诸苦中救护求。

我今低贱亦苦迫，因何不与我救护。

清侠清汝常时中，有情皆与饶益在。

我之微面不令见，故我福胜不有也。

离罪俱德妙胜慧，有情皆救勤缘者。

我今汝处亦归心，因何低下贫苦迫。

有大悲者汝天目，如莲花也与情有。

观饶益亦我苦迫，不见如我苦何有。

汝今莲花手以伸，出入贫弱令止息。

我今福胜无罪故，彼亦出奇不显现。

汝之不坏净耳以，我身烦苦乃因彼。

面前呼告亦呼告，因何不闻我福弱。

汝今永久以悲心，住狱者亦尘令曰。

清侠清之彼悲心，我有罪处何不生。

汝今诸中与低贱，饶益少壮有贤力。

我今低贱亦嫉妒，不救罪有我心罪。

此中何弱何福有，颂毕

17. 大千守护经中说五种守护吉祥颂

西夏文：	汉文对译：
[illegible]	大千守护中说
[illegible]	五种守护吉祥颂
[illegible]	此世界及若复他世界
[illegible]	上宫中有殊胜宝珠者

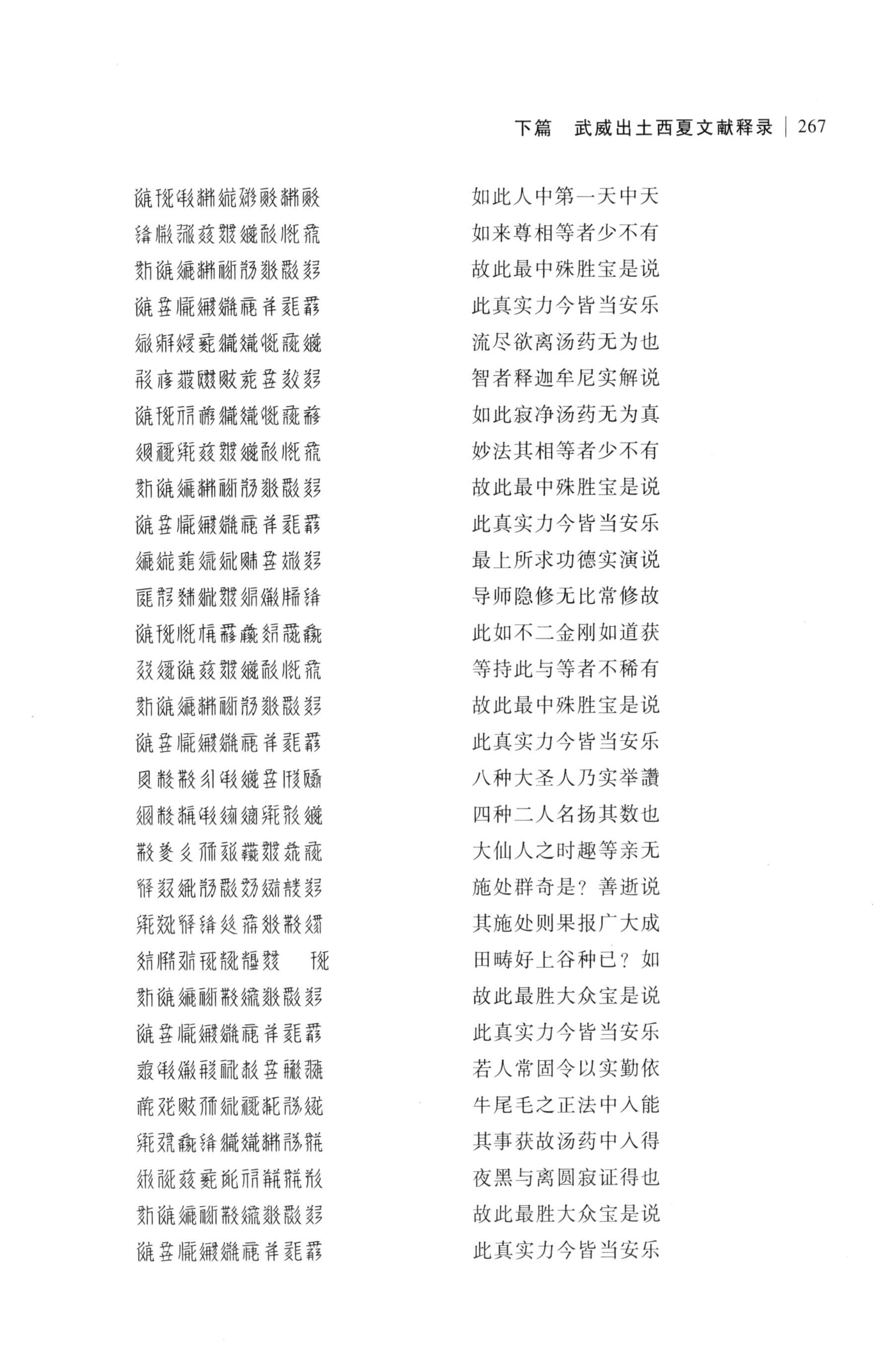

如此人中第一天中天
如来尊相等者少不有
故此最中殊胜宝是说
此真实力今皆当安乐
流尽欲离汤药无为也
智者释迦牟尼实解说
如此寂净汤药无为真
妙法其相等者少不有
故此最中殊胜宝是说
此真实力今皆当安乐
最上所求功德实演说
导师隐修无比常修故
此如不二金刚如道获
等持此与等者不稀有
故此最中殊胜宝是说
此真实力今皆当安乐
八种大圣人乃实举讚
四种二人名扬其数也
大仙人之时趣等亲无
施处群奇是？善逝说
其施处则果报广大成
田畴好上谷种已？如
故此最胜大众宝是说
此真实力今皆当安乐
若人常固令以实勤依
牛尾毛之正法中入能
其事获故汤药中入得
夜黑与离圆寂证得也
故此最胜大众宝是说
此真实力今皆当安乐

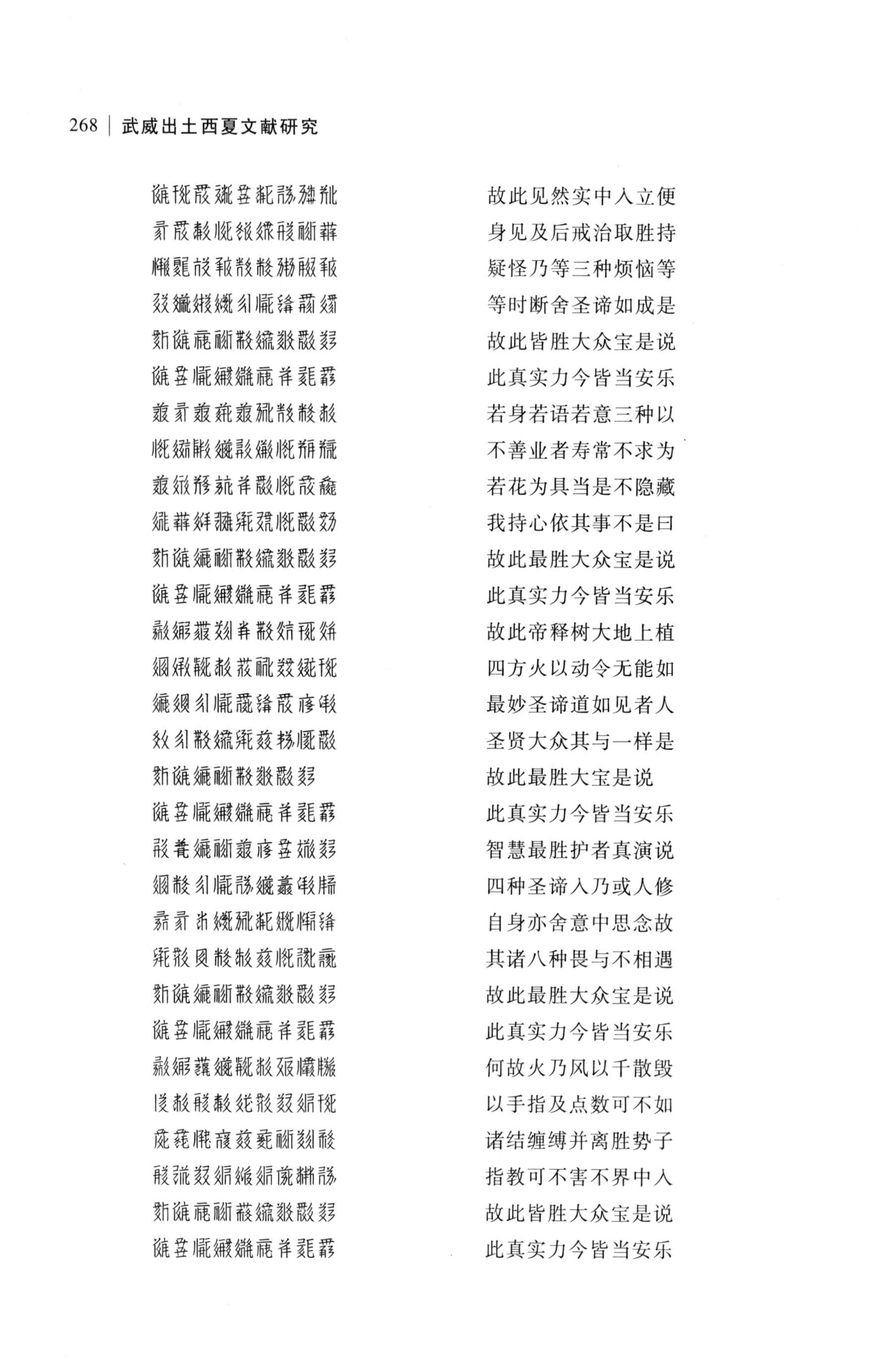

[illegible]	故此见然实中入立便
[illegible]	身见及后戒治取胜持
[illegible]	疑怪乃等三种烦恼等
[illegible]	等时断舍圣谛如成是
[illegible]	故此皆胜大众宝是说
[illegible]	此真实力今皆当安乐
[illegible]	若身若语若意三种以
[illegible]	不善业者寿常不求为
[illegible]	若花为具当是不隐藏
[illegible]	我持心依其事不是曰
[illegible]	故此最胜大众宝是说
[illegible]	此真实力今皆当安乐
[illegible]	故此帝释树大地上植
[illegible]	四方火以动令无能如
[illegible]	最妙圣谛道如见者人
[illegible]	圣贤大众其与一样是
[illegible]	故此最胜大宝是说
[illegible]	此真实力今皆当安乐
[illegible]	智慧最胜护者真演说
[illegible]	四种圣谛入乃或人修
[illegible]	自身亦舍意中思念故
[illegible]	其诸八种畏与不相遇
[illegible]	故此最胜大众宝是说
[illegible]	此真实力今皆当安乐
[illegible]	何故火乃风以千散毁
[illegible]	以手指及点数可不如
[illegible]	诸结缠缚并离胜势子
[illegible]	指教可不害不界中入
[illegible]	故此皆胜大众宝是说
[illegible]	此真实力今皆当安乐

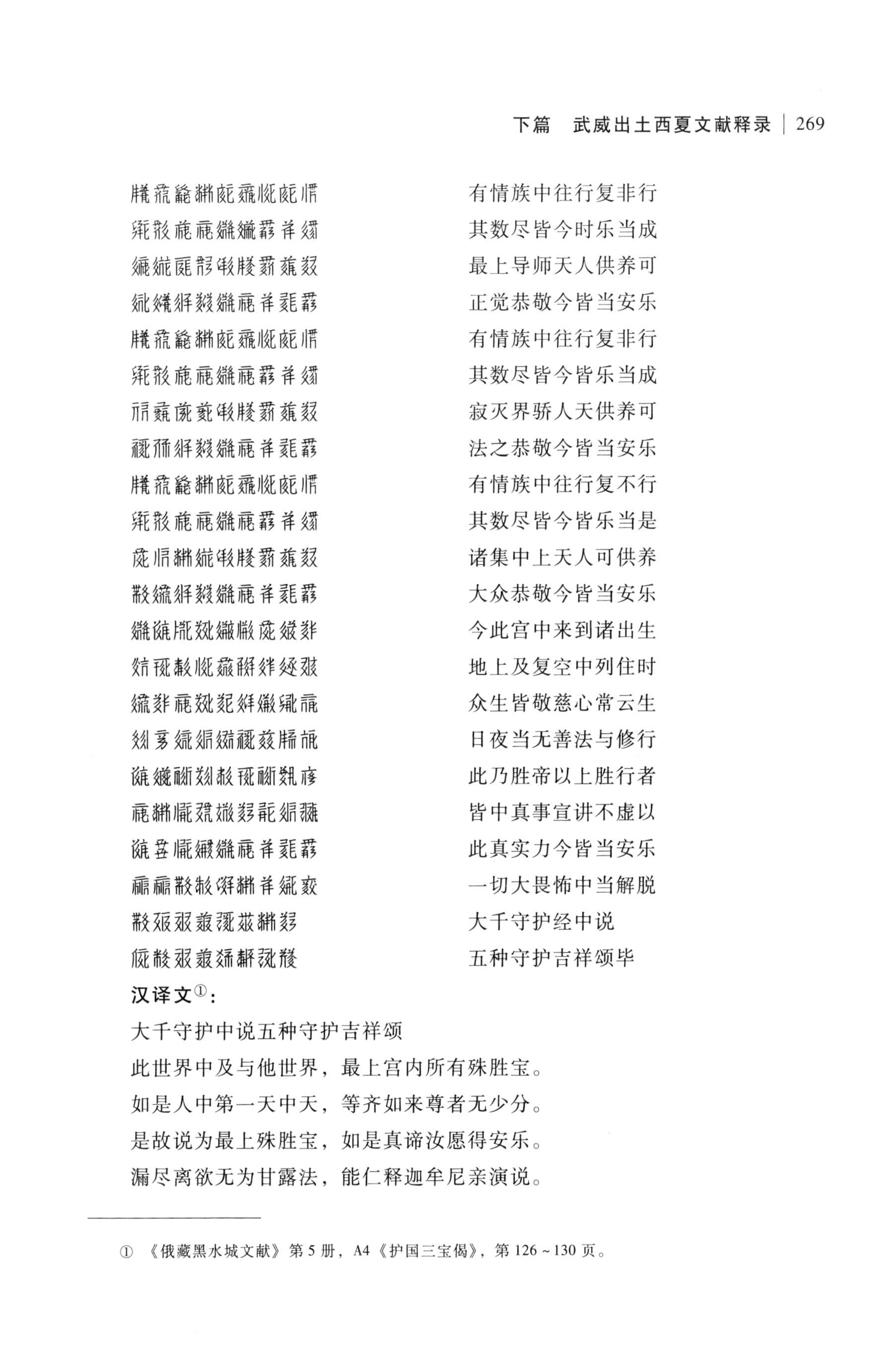

[illegible]	有情族中往行复非行
[illegible]	其数尽皆今时乐当成
[illegible]	最上导师天人供养可
[illegible]	正觉恭敬今皆当安乐
[illegible]	有情族中往行复非行
[illegible]	其数尽皆今皆乐当成
[illegible]	寂灭界骄人天供养可
[illegible]	法之恭敬今皆当安乐
[illegible]	有情族中往行复不行
[illegible]	其数尽皆今皆乐当是
[illegible]	诸集中上天人可供养
[illegible]	大众恭敬今皆当安乐
[illegible]	今此宫中来到诸出生
[illegible]	地上及复空中列住时
[illegible]	众生皆敬慈心常云生
[illegible]	日夜当无善法与修行
[illegible]	此乃胜帝以上胜行者
[illegible]	皆中真事宣讲不虚以
[illegible]	此真实力今皆当安乐
[illegible]	一切大畏怖中当解脱
[illegible]	大千守护经中说
[illegible]	五种守护吉祥颂毕

汉译文[①]**：**

大千守护中说五种守护吉祥颂

此世界中及与他世界，最上宫内所有殊胜宝。

如是人中第一天中天，等齐如来尊者无少分。

是故说为最上殊胜宝，如是真谛汝愿得安乐。

漏尽离欲无为甘露法，能仁释迦牟尼亲演说。

① 《俄藏黑水城文献》第5册，A4《护国三宝偈》，第126～130页。

如此寂灭无为真甘露，与此妙法等同无少分。
是故说为最上殊胜宝，如是真谛汝愿得安乐。
为求无上依理真实说，恒修道师无比禅定故。
如是获得不二金刚定，与此等持同等无少分。
是故说为最上殊胜宝，如是真谛汝愿得安乐。
八辈大圣人等实堪赞，及与名称四种二人者。
彼大仙人数趣无为故，是故殊胜是处善逝说。
于此布施获得大果报，犹若肥隆地中植种子。
是故说为最上殊胜宝，如是真谛汝愿得安乐。
若人用意坚固殷勤故，亦能入于牛但麻法中。
得此意者能入甘露门，速能证得离垢之涅槃。
是故说为最上殊胜宝，如是真谛汝愿得安乐。
如斯见者速入于真谛，身见及与戒禁取执胜。
疑惑等类三种之烦恼，一时弃舍现成真圣谛。
是故说为最上大众宝，如是真谛汝愿得安乐。
以与身语意中三种内，诸善不业誓愿不复造。
若以造作恶业不覆藏，我执心故此是为不可。
是故说为最上大众宝，如是真谛汝愿得安乐。
犹如谛释大树处地上，四方风起而令不能动。
亲见最妙圣帝道之人，此与贤圣大众以同等。
是故说为最上殊胜宝，如是真谛汝愿得安乐。
最大智惠尊者真实说，以修四种圣帝或修入。
若舍身命意中忆念者，是人现世不逢于八难。
是故说为最上殊胜宝，如是真谛汝愿得安乐。
大猛火聚被风吹坏散，以手取及不可知限量。
能离诸结系缚胜势子，得入不可指与无为界。
是故说为最上大众宝，如是真谛汝愿得安乐。
一切有情人与非人等，此等悉皆汝愿得安乐。
最上道师人天应供养，敬礼正觉汝愿得安乐。
一切有情人与非人等，此等悉皆汝愿得安乐。

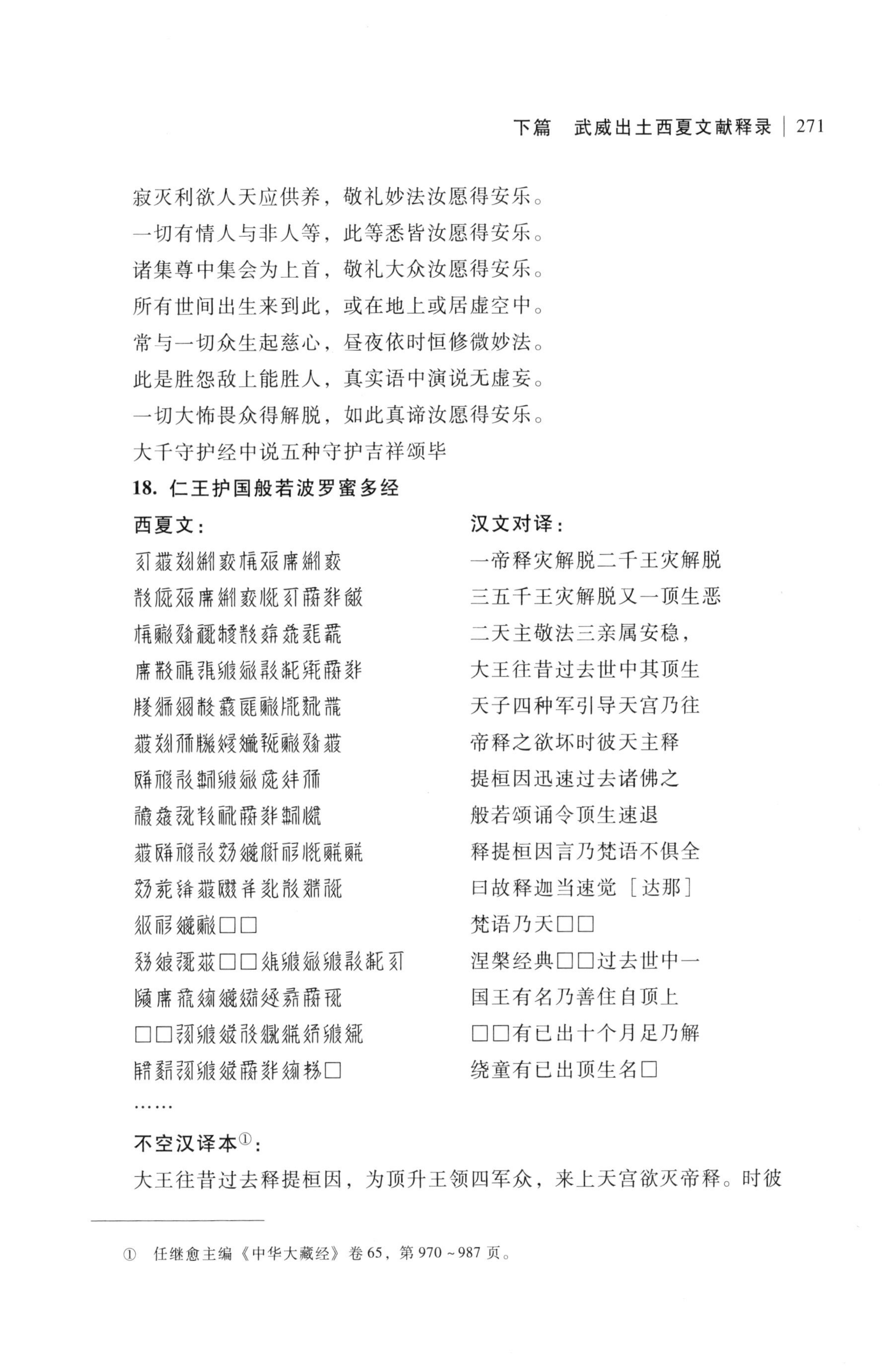

寂灭利欲人天应供养，敬礼妙法汝愿得安乐。
一切有情人与非人等，此等悉皆汝愿得安乐。
诸集尊中集会为上首，敬礼大众汝愿得安乐。
所有世间出生来到此，或在地上或居虚空中。
常与一切众生起慈心，昼夜依时恒修微妙法。
此是胜怨敌上能胜人，真实语中演说无虚妄。
一切大怖畏众得解脱，如此真谛汝愿得安乐。
大千守护经中说五种守护吉祥颂毕

18. 仁王护国般若波罗蜜多经

西夏文：

[illegible]
[illegible]
[illegible]
[illegible]
[illegible]
[illegible]
[illegible]
[illegible]
[illegible]
[illegible]
[illegible]□□
[illegible]□□[illegible]
[illegible]
□□[illegible]
[illegible]□

汉文对译：

一帝释灾解脱二千王灾解脱
三五千王灾解脱又一顶生恶
二天主敬法三亲属安稳，
大王往昔过去世中其顶生
天子四种军引导天宫乃往
帝释之欲坏时彼天主释
提桓因迅速过去诸佛之
般若颂诵令顶生速退
释提桓因言乃梵语不俱全
曰故释迦当速觉［达那］
梵语乃天□□
涅槃经典□□过去世中一
国王有名乃善住自顶上
□□有已出十个月足乃解
绕童有已出顶生名□

……

不空汉译本①：

大王往昔过去释提桓因，为顶升王领四军众，来上天宫欲灭帝释。时彼

① 任继愈主编《中华大藏经》卷65，第970～987页。

天主即依过去诸佛法，敷百高座请百法师，讲读波若波罗蜜多经，顶生即退天众安乐。

题解：

亥母洞出土，文献编号 G31.030［6732］，现存武威市博物馆。该文献为写本，土黄色麻纸，缝缋装。共 53 页 106 面，单面高 14 厘米，宽 11 厘米。每面墨写楷书 3～5 行，满行 11 字。该写本共保存了包括《大千守护经中说五种守护吉祥颂》在内的 18 个佛经、经颂和真言的内容。

该文献的装帧形式为比较特殊的"缝缋装"。关于"缝缋装"，牛达生先生曾专门著文论述并总结出其特点："第一，只有写本没有印本。第二，先装订后书写。第三，前后页文字多不相接。第四，页数成双，多为八页。第五，分迭连缀，连迭成册。折缝处穿线，多次完成。"① 亥母洞写本文献的装帧，符合缝缋装的特点。该写本由三个大小相同的册子，用黄色细麻线在书脊折缝处缝合连缀而成。册子中的每一页纸，都是两张大小相同的薄麻纸合背而成，两面书写文字。三个小册子，其中两个都是 48 面，另一个仅残余 10 面。从经文内容缺首尾的情形来看，组成该写本的小册子，每个都应该是 48 面，且写本至少由 3 个小册子组成。

该文献图版收录在《中国藏西夏文献》中，② 但是书中的图版排列顺序有误，本文在录文和译释时，按照原写本的装订顺序，和不同佛经内容，依次进行。

《大千守护经中说五种守护吉祥颂》，是该文献中保存最完整的内容，从第二本小册子的第 85 页起，到第 3 本小册子的 103 页止，共 38 面，内容完整，有经题。此经是译自藏文的佛经，与西夏文内容完全相同的汉译本，收录在《俄藏黑水城文献》中，经题为《护国三宝偈》。③ 《中华大藏经》中收录的宋施护汉译本《佛说守护大千国土经》中的颂偈部分，内容与该西夏文本大致相似。④ 西夏沿袭唐宋时期的度僧制度，对僧尼有严格的考核

① 牛达生：《从拜寺沟方塔出土西夏文献看古籍中的缝缋装》，《文献季刊》2000 年第 2 期。

② 史金波、陈育宁主编《中国藏西夏文献》，甘肃人民出版社、敦煌文艺出版社，2005，第 488～514 页。

③ 《俄藏黑水城文献》第 5 册，A4《护国三宝偈》，第 126～130 页。

④ 任继愈主编《中华大藏经》卷 63，第 704～728 页。

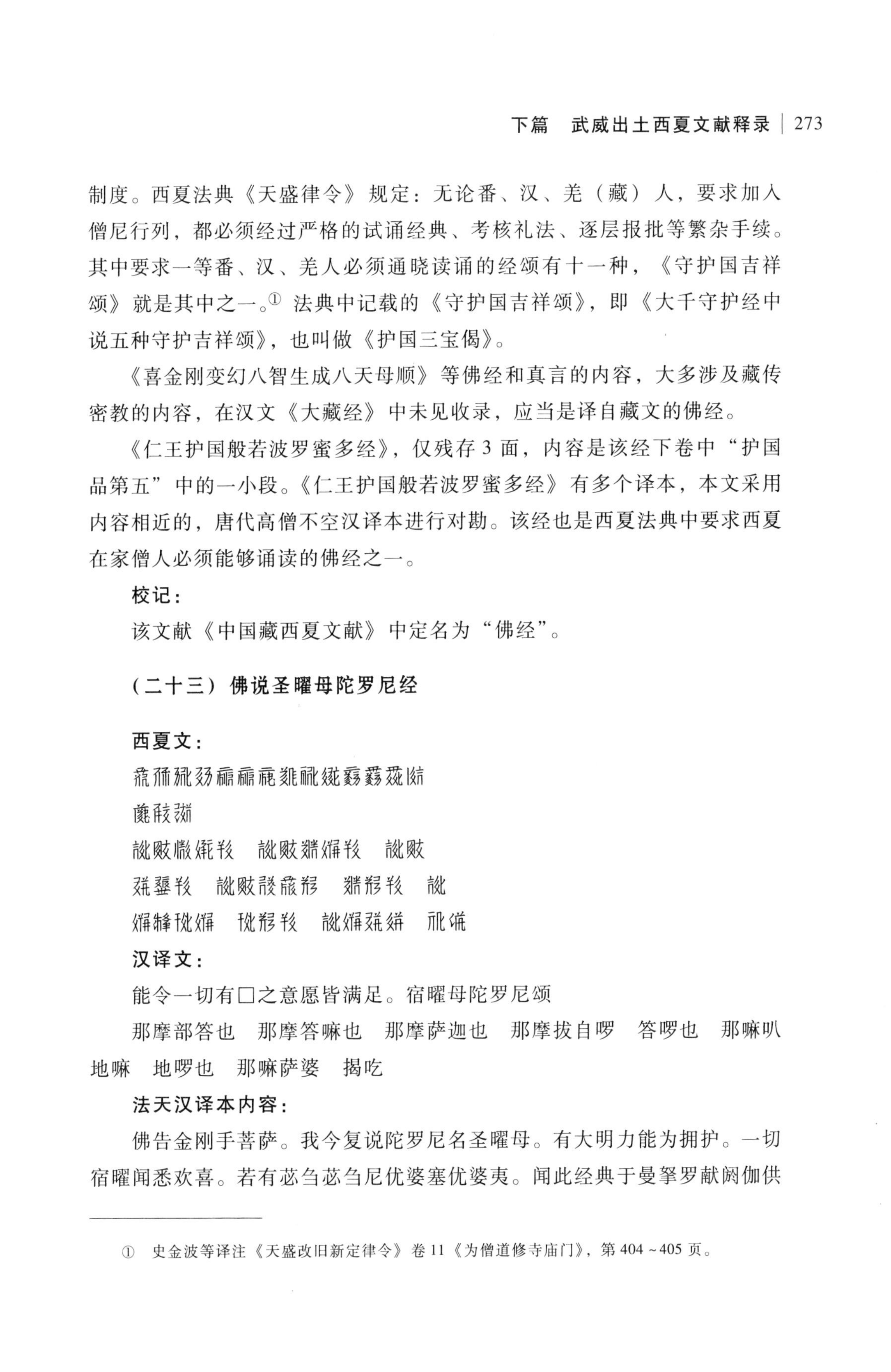

制度。西夏法典《天盛律令》规定：无论番、汉、羌（藏）人，要求加入僧尼行列，都必须经过严格的试诵经典、考核礼法、逐层报批等繁杂手续。其中要求一等番、汉、羌人必须通晓读诵的经颂有十一种，《守护国吉祥颂》就是其中之一。[①] 法典中记载的《守护国吉祥颂》，即《大千守护经中说五种守护吉祥颂》，也叫做《护国三宝偈》。

《喜金刚变幻八智生成八天母顺》等佛经和真言的内容，大多涉及藏传密教的内容，在汉文《大藏经》中未见收录，应当是译自藏文的佛经。

《仁王护国般若波罗蜜多经》，仅残存 3 面，内容是该经下卷中“护国品第五”中的一小段。《仁王护国般若波罗蜜多经》有多个译本，本文采用内容相近的，唐代高僧不空汉译本进行对勘。该经也是西夏法典中要求西夏在家僧人必须能够诵读的佛经之一。

校记：

该文献《中国藏西夏文献》中定名为“佛经”。

（二十三）佛说圣曜母陀罗尼经

西夏文：

[illegible]

[illegible]

[illegible]

[illegible]

[illegible]

汉译文：

能令一切有□之意愿皆满足。宿曜母陀罗尼颂

那摩部答也　那摩答嘛也　那摩萨迦也　那摩拔自啰　答啰也　那嘛叭地嘛　地啰也　那嘛萨婆　揭吃

法天汉译本内容：

佛告金刚手菩萨。我今复说陀罗尼名圣曜母。有大明力能为拥护。一切宿曜闻悉欢喜。若有苾刍苾刍尼优婆塞优婆夷。闻此经典于曼拏罗献阏伽供

① 史金波等译注《天盛改旧新定律令》卷 11《为僧道修寺庙门》，第 404 ~ 405 页。

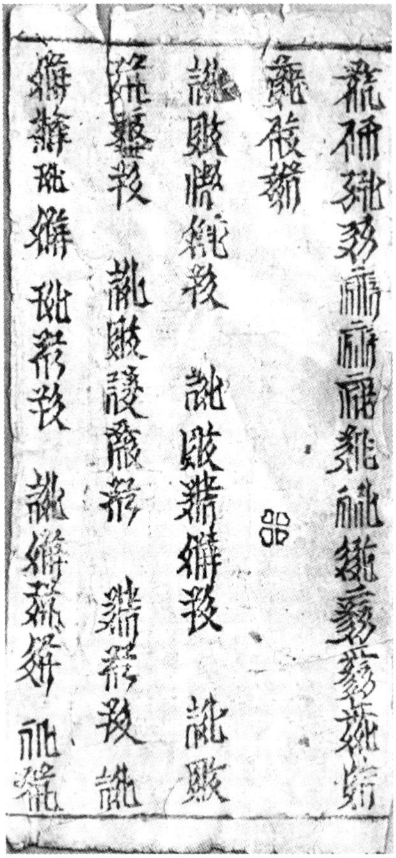

图版 85　佛说圣曜母陀罗尼经

（原图版见《中国藏西夏文献——甘肃省博物馆藏卷》第十六卷，第 394、365 页）

养。念此真言七遍。即得富贵长寿。若日日持诵彼一切宿曜。能满有情一切意愿。宿曜母陀罗尼曰

曩谟（引）啰怛曩（二合）怛啰（二合）夜野曩谟（引）没驮野曩谟（二合）嚩日啰（二合）驮啰（引）野曩谟钵捺么（二合）驮啰（引）野曩谟萨嚩仡啰（二合）贺（引）［赤＊皮］萨嚩商（引）波哩布啰迦（引）［赤＊皮］（引）曩谟（引）……

西夏文内容：

[illegible]

[illegible]

[illegible]

[illegible]

[illegible]

[illegible]

[illegible]［[illegible]］① …

[illegible]…

[illegible]…

[illegible]…

[illegible]…

[illegible]…

汉译文：

……得长寿到九十九岁，天雷闪电龙鬼诸恶星曜尽皆不能怖。复得宿命智愿皆圆满。尔时一切宿曜闻佛所说，赞言善哉善哉甚稀有也。我等受持，以头面礼世尊足，忽然不现。

---

① ［[illegible]］，汉译为“罗尼经”，此四字原文中缺，根据汉文经内容补充。

佛曰圣曜母陀［罗尼经］……

恭听四生迅速……趣杂乱轮回……急速过水……界力大因缘……是……

法天汉译本内容：

尔时世尊说此陀罗尼已。告金刚手菩萨言。今此真言最上秘密。能与众生满一切愿。若有人求长寿等。于八月七日起首。受持斋戒至十四日夜。依法供养宿曜至十五日。一昼夜中读诵此陀罗尼。彼人得长寿至九十九岁。所有雷电龙鬼诸恶星曜皆不能怖。复得宿命智所愿如意。尔时一切宿曜闻佛所说。赞言善哉善哉甚为希有。我等受持。即以头面礼世尊足忽然不现。

题解：

亥母洞出土，现藏武威市博物馆，文献编号为 G31.008［6734］的佛经。刊本，麻纸，高 18.5 厘米，宽 8.5 厘米，上下单栏，栏高 16.5 厘米。仅存 1 面，每面 5 行，行 14 字。空白处插图为一朵花瓣。

天梯山石窟出土，现藏甘肃省博物馆，文献编号为 G21.059［T21］的佛经。写本，麻纸，经折装，高 14.7 厘米，宽 8 厘米，上下单栏，栏高 13，行宽 1.3 厘米，残存 2 面，面 6 行，行 13 字。文献保存了《佛说圣曜母陀罗尼经》后半部分的内容。该经之后，还残存十余字，内容不清。陈炳应先生做过译释研究。①

该写本楷书，书法俊逸，功力深厚。西夏有一大批职业写经者，他们经过较为专门的培训，有一定的书法功力。现存的一小部分西夏写本佛经中，注明了书写者的姓名，从中可以看出，这些书写者，大多数是党项族，也有汉族，其中以僧人居多。他们为后世留下了大量佛教书籍，在西夏写本书籍的形成过程中起了很大的作用。

武威出土的两种版本的西夏文《佛说圣曜母陀罗尼经》，都是以法天汉译本为底本翻译的。法天汉译本，自梵文翻译而成，收录在《中华大藏经》中。② 法天为中印度僧人，宋朝开宝六年（公元 973 年）来中国，译出《圣无量寿经》《七佛赞》等，后宋太宗召其入京，赐紫衣，住敕造译经院，译出《大乘圣吉祥持世陀罗尼经》等多部经卷，赐号“传教大师”。

---

① 陈炳应：《天梯山石窟西夏文献译释》，载《考古与文物》1983 年第 3 期。

② 任继愈主编《中华大藏经》卷 64，第 437 ~439 页。

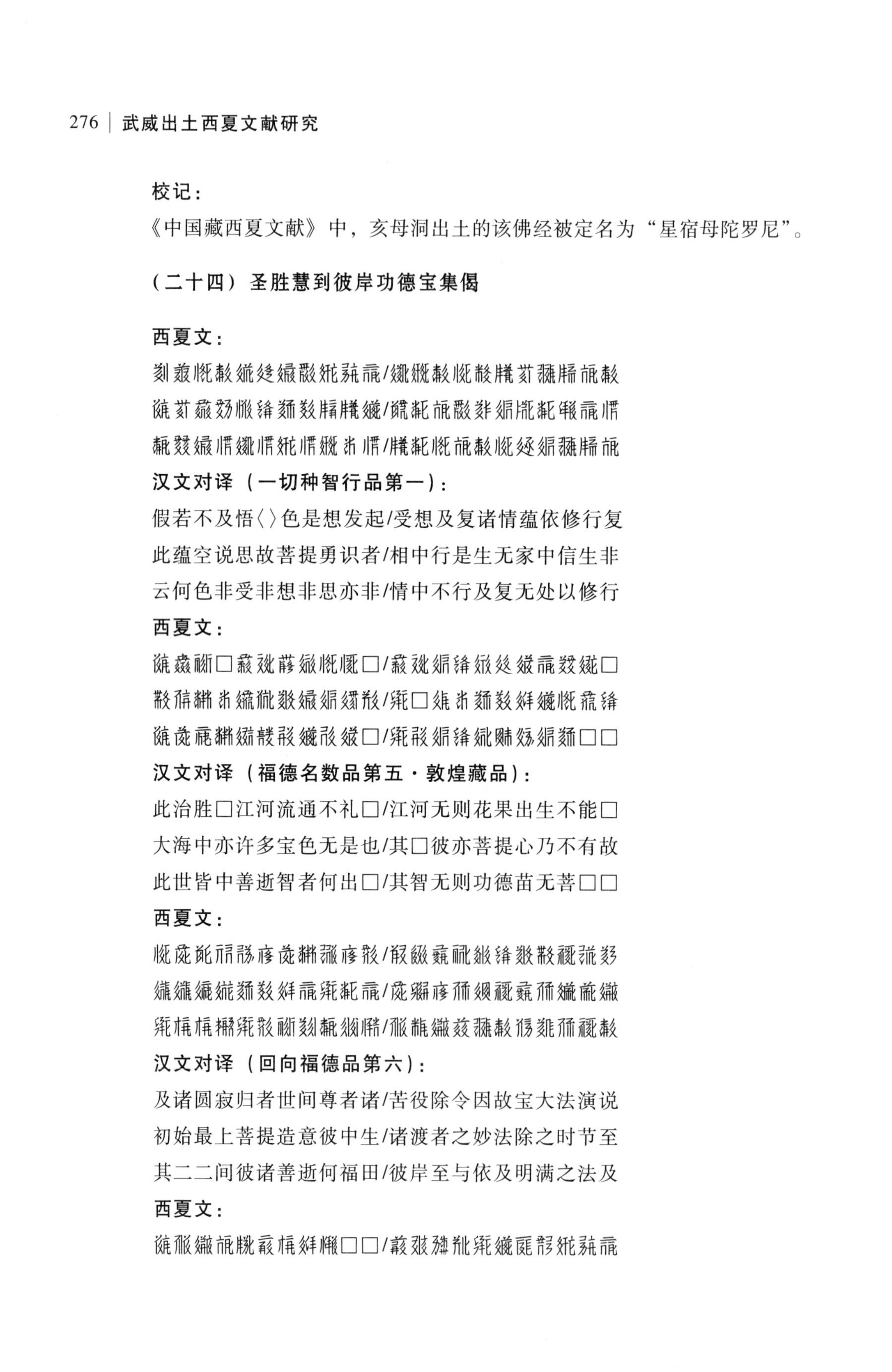

校记：

《中国藏西夏文献》中，亥母洞出土的该佛经被定名为“星宿母陀罗尼”。

（二十四）圣胜慧到彼岸功德宝集偈

西夏文：

[illegible]

[illegible]

[illegible]

汉文对译（一切种智行品第一）：

假若不及悟〈〉色是想发起/受想及复诸情蕴依修行复

此蕴空说思故菩提勇识者/相中行是生无家中信生非

云何色非受非想非思亦非/情中不行及复无处以修行

西夏文：

[illegible]

[illegible]

[illegible]

汉文对译（福德名数品第五·敦煌藏品）：

此治胜□江河流通不礼□/江河无则花果出生不能□

大海中亦许多宝色无是也/其□彼亦菩提心乃不有故

此世皆中善逝智者何出□/其智无则功德苗无菩□□

西夏文：

[illegible]

[illegible]

[illegible]

汉文对译（回向福德品第六）：

及诸圆寂归者世间尊者诸/苦役除令因故宝大法演说

初始最上菩提造意彼中生/诸渡者之妙法除之时节至

其二二间彼诸善逝何福田/彼岸至与依及明满之法及

西夏文：

[illegible]

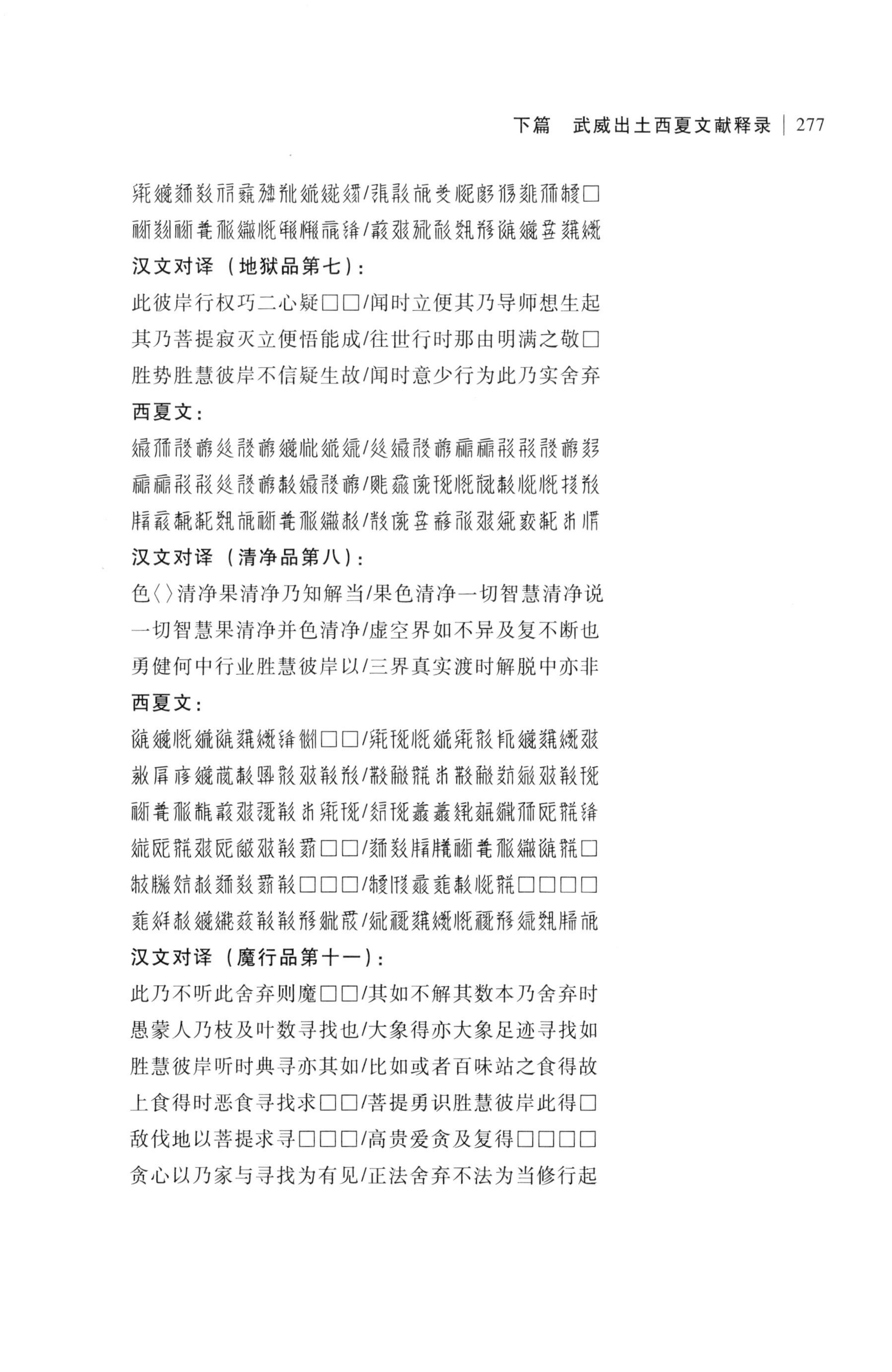

[illegible]
[illegible]

汉文对译（地狱品第七）：

此彼岸行权巧二心疑□□/闻时立便其乃导师想生起
其乃菩提寂灭立便悟能成/往世行时那由明满之敬□
胜势胜慧彼岸不信疑生故/闻时意少行为此乃实舍弃

西夏文：

[illegible]
[illegible]
[illegible]

汉文对译（清净品第八）：

色〈〉清净果清净乃知解当/果色清净一切智慧清净说
一切智慧果清净并色清净/虚空界如不异及复不断也
勇健何中行业胜慧彼岸以/三界真实渡时解脱中亦非

西夏文：

[illegible]
[illegible]
[illegible]
[illegible]
[illegible]
[illegible]
[illegible]

汉文对译（魔行品第十一）：

此乃不听此舍弃则魔□□/其如不解其数本乃舍弃时
愚蒙人乃枝及叶数寻找也/大象得亦大象足迹寻找如
胜慧彼岸听时典寻亦其如/比如或者百味站之食得故
上食得时恶食寻找求□□/菩提勇识胜慧彼岸此得□
敌伐地以菩提求寻□□□/高贵爱贪及复得□□□□
贪心以乃家与寻找为有见/正法舍弃不法为当修行起

西夏文：

[illegible]/[illegible]①[illegible]
[illegible]/[illegible]
[illegible]/[illegible]
[illegible]/[illegible]
[illegible]/[illegible]
[illegible]/[illegible]②[illegible]
[illegible]/[illegible]
[illegible]/[illegible]
[illegible]/[illegible]
[illegible]/[illegible]
[illegible]/[illegible]
[illegible]/[illegible]③[illegible]

汉文对译（方便善巧推折品第二十）：

河洲往时静思根力获得者/悲思渡得独中实如喜乐生
有情心不安乐生起令非也/比如缘往商人路本知解缘
二间墙宫家舍旷野长游行/彼亦不住广河洲中亦不住
知者家中不住道路知解如/其如菩提勇识明慧其声闻
独觉诸之识解脱中皆善处/其中不住明满智中亦不住
为有中亦不住道本知解是/何时有情处乃悲始生起时
空复相无愿无等持中行业/悲思渡者当得我言思不生
为有是言其言辞者不礼也/如化人之身不显现乃非也
其者名数以尚言辞许有如/其如菩提勇识解脱门行者
其乃名数以尚言辞许有也/假若业复全者真实最坚时
菩提勇识空复相无之法者/真实不示不悔改之地之法
不说其者传无是曰知解当/声闻地复缘以独觉之智复

---

① [illegible]，字面意思“悲思渡”，或“圆寂”。有时也作“[illegible]”。

② [illegible]，字面意思“往行”，汉译“有情”。

③ [illegible]，字面意思“敌坏地”，汉译“声闻地”。

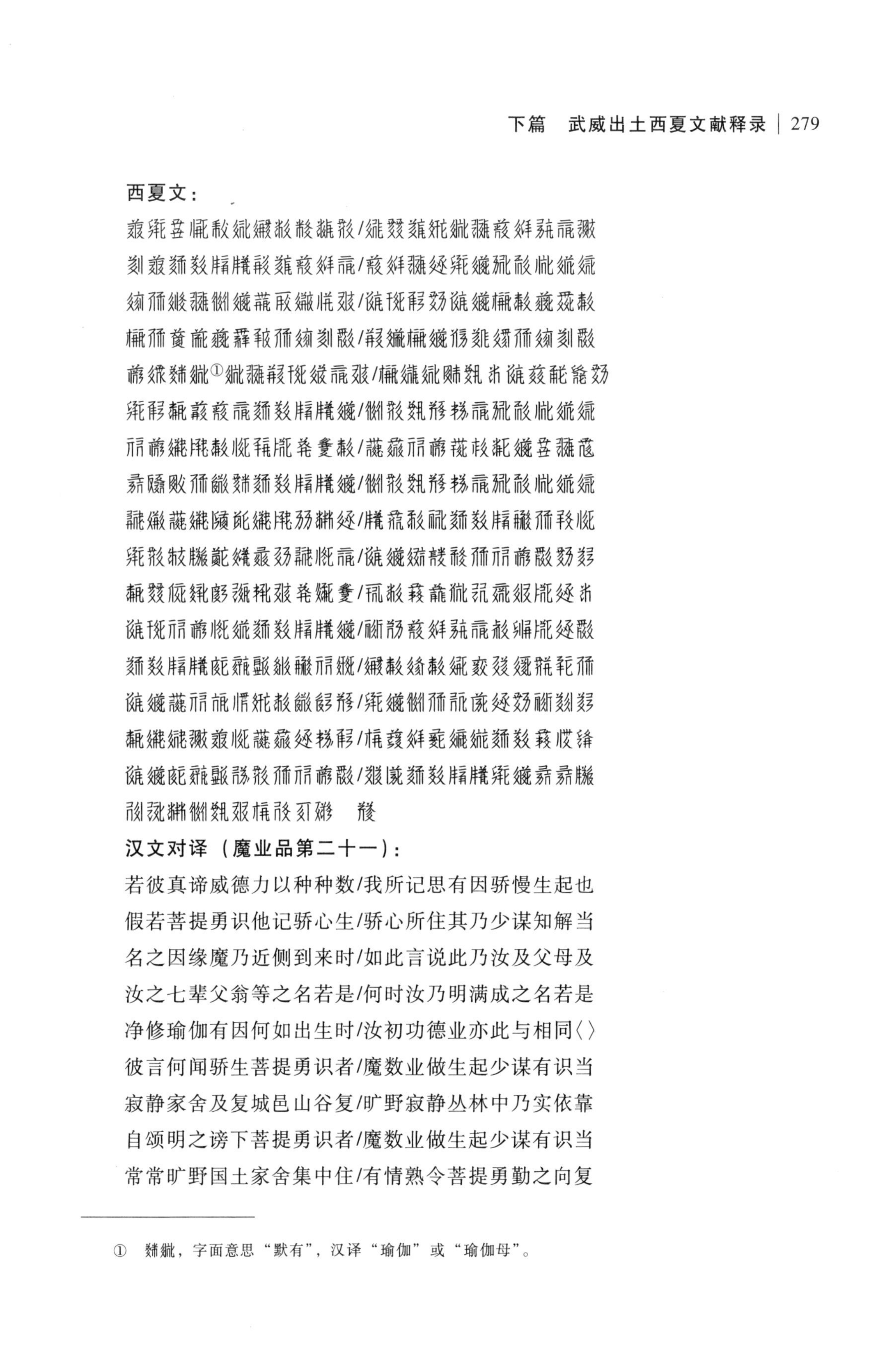

西夏文：

[illegible]

[illegible]

[illegible]

[illegible]

[illegible]①[illegible]

[illegible]

[illegible]

[illegible]

[illegible]

[illegible]

[illegible]

[illegible]

[illegible]

[illegible]

[illegible]

[illegible]

[illegible]

汉文对译（魔业品第二十一）：

若彼真谛威德力以种种数/我所记思有因骄慢生起也

假若菩提勇识他记骄心生/骄心所住其乃少谋知解当

名之因缘魔乃近侧到来时/如此言说此乃汝及父母及

汝之七辈父翁等之名若是/何时汝乃明满成之名若是

净修瑜伽有因何如出生时/汝初功德业亦此与相同〈〉

彼言何闻骄生菩提勇识者/魔数业做生起少谋有识当

寂静家舍及复城邑山谷复/旷野寂静丛林中乃实依靠

自颂明之谤下菩提勇识者/魔数业做生起少谋有识当

常常旷野国土家舍集中住/有情熟令菩提勇勤之向复

① [illegible]，字面意思“默有”，汉译“瑜伽”或“瑜伽母”。

其数声闻独觉喜乐常不生/此乃善行子之寂静是言说
何以五百由何而时山岩谷/蛇以更满多俱胝岁宫住亦
如此寂静不解菩提勇识者/殊胜骄心生起混杂家住是
菩提勇识有情利缘勤寂思/力复根复解脱等持得彼之
此乃野寂行非念于谤讥为/彼乃魔之境界住说胜势说
何家远者若复寂静住已说/二乘心离最上菩提更定故
此乃有情利入数之寂静是/察乃菩提勇识彼乃自身坏
集颂中魔业品二十一第　毕

西夏文：

[illegible]/[illegible]①[illegible]
[illegible]

[illegible]/[illegible]②[illegible]
[illegible]③[illegible]/[illegible]
[illegible]/[illegible]
[illegible]/[illegible]
[illegible]/[illegible]
[illegible]/[illegible]
[illegible]□□□[illegible]/[illegible]□[illegible]
[illegible]/[illegible]
[illegible]/[illegible]□[illegible]

汉文对译（善知识品第二十二）：

是故妙真最上菩提速希心/大乃巧勇我慢真实毁坏时
诸疾病乃修缘修者上如此/不懈怠数善知识中依靠当
明满之上菩提中入勇识数/彼岸到复自然善知识是说
彼等依然演说此乃求修宫/二种缘以明满菩提立便证
善逝过去未来十方中住数/皆之道者此彼岸是异无也

---

① [illegible]，字面意思“自骄”，汉译“我慢”。

② [illegible]，汉译“明满”。

③ [illegible]，汉译“善知识”，罗炤文中为“菩知识”。

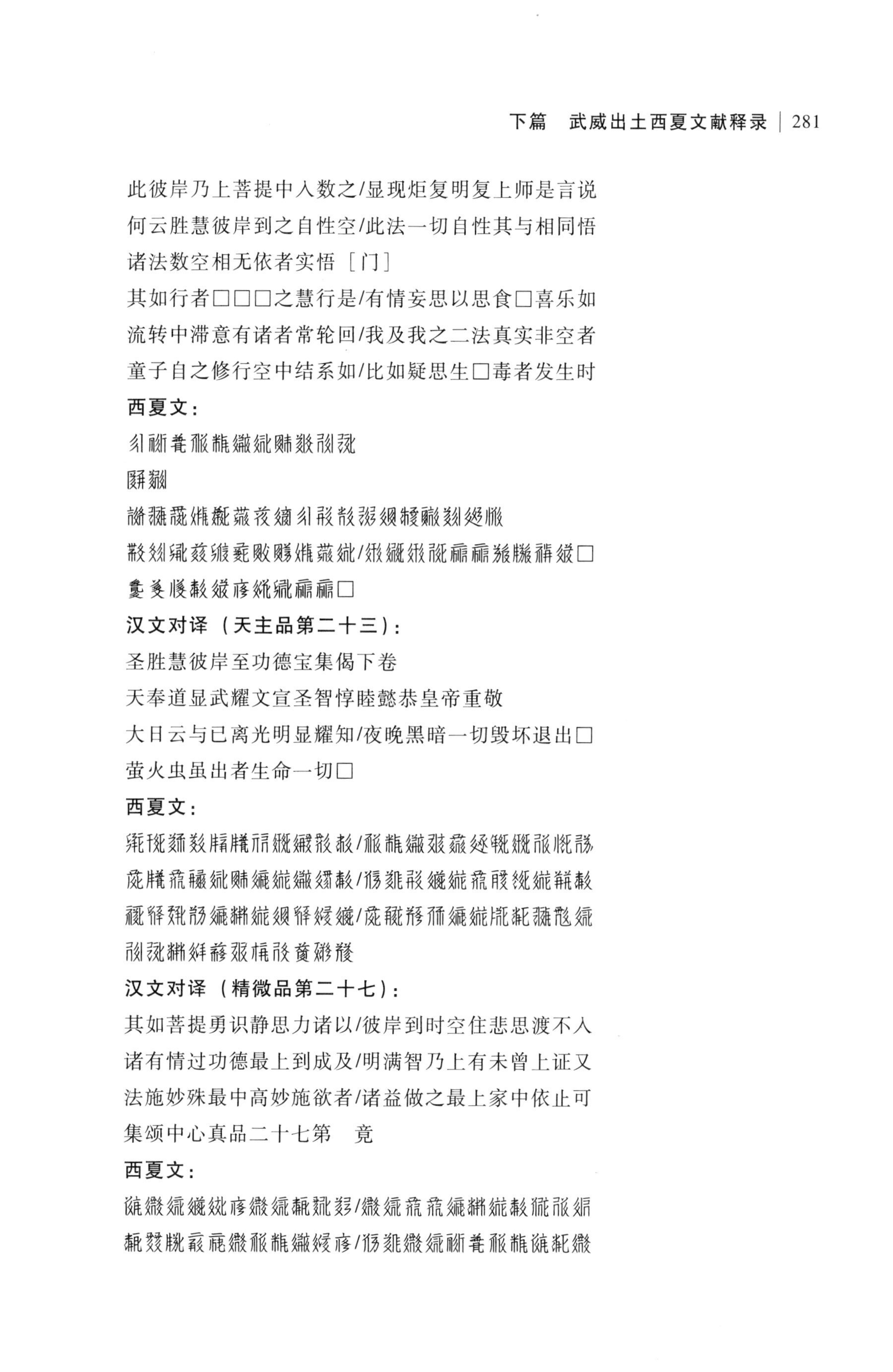

此彼岸乃上菩提中入数之/显现炬复明复上师是言说

何云胜慧彼岸到之自性空/此法一切自性其与相同悟

诸法数空相无依者实悟［门］

其如行者□□□之慧行是/有情妄思以思食□喜乐如

流转中滞意有诸者常轮回/我及我之二法真实非空者

童子自之修行空中结系如/比如疑思生□毒者发生时

西夏文：

[illegible]

[illegible]

[illegible]

[illegible]/[illegible]□

[illegible]□

汉文对译（天主品第二十三）：

圣胜慧彼岸至功德宝集偈下卷

天奉道显武耀文宣圣智惇睦懿恭皇帝重敬

大日云与已离光明显耀知/夜晚黑暗一切毁坏退出□

萤火虫虽出者生命一切□

西夏文：

[illegible]/[illegible]

[illegible]/[illegible]

[illegible]/[illegible]

[illegible]

汉文对译（精微品第二十七）：

其如菩提勇识静思力诸以/彼岸到时空住悲思渡不入

诸有情过功德最上到成及/明满智乃上有未曾上证又

法施妙殊最中高妙施欲者/诸益做之最上家中依止可

集颂中心真品二十七第　竟

西夏文：

[illegible]/[illegible]

[illegible]/[illegible]

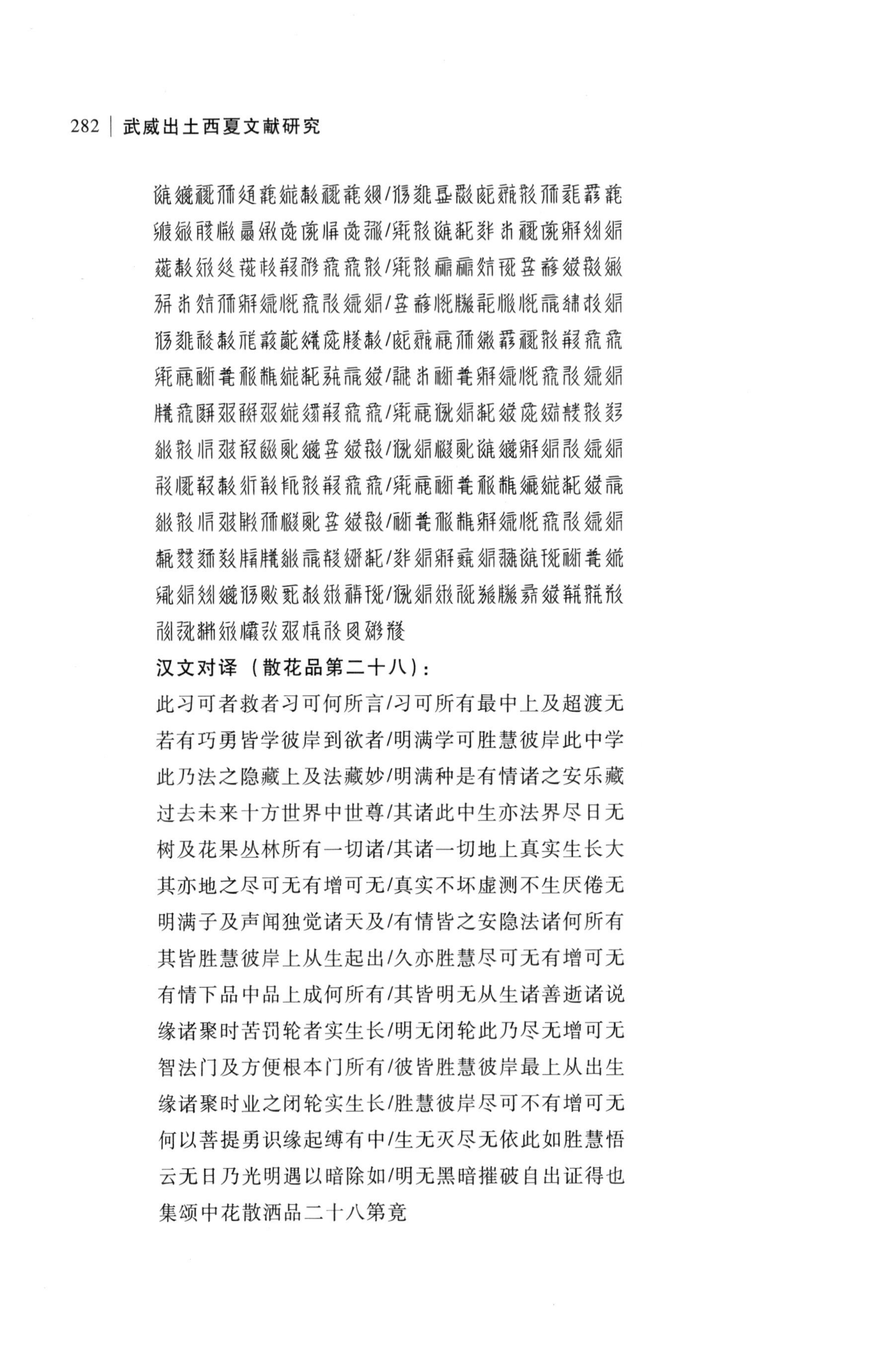

[illegible]
[illegible]
[illegible]
[illegible]
[illegible]
[illegible]
[illegible]
[illegible]
[illegible]
[illegible]
[illegible]
[illegible]
[illegible]
[illegible]

汉文对译（散花品第二十八）：

此习可者救者习可何所言/习可所有最中上及超渡无
若有巧勇皆学彼岸到欲者/明满学可胜慧彼岸此中学
此乃法之隐藏上及法藏妙/明满种是有情诸之安乐藏
过去未来十方世界中世尊/其诸此中生亦法界尽日无
树及花果丛林所有一切诸/其诸一切地上真实生长大
其亦地之尽可无有增可无/真实不坏虚测不生厌倦无
明满子及声闻独觉诸天及/有情皆之安隐法诸何所有
其皆胜慧彼岸上从生起出/久亦胜慧尽可无有增可无
有情下品中品上成何所有/其皆明无从生诸善逝诸说
缘诸聚时苦罚轮者实生长/明无闭轮此乃尽无增可无
智法门及方便根本门所有/彼皆胜慧彼岸最上从出生
缘诸聚时业之闭轮实生长/胜慧彼岸尽可不有增可无
何以菩提勇识缘起缚有中/生无灭尽无依此如胜慧悟
云无日乃光明遇以暗除如/明无黑暗摧破自出证得也
集颂中花散洒品二十八第竟

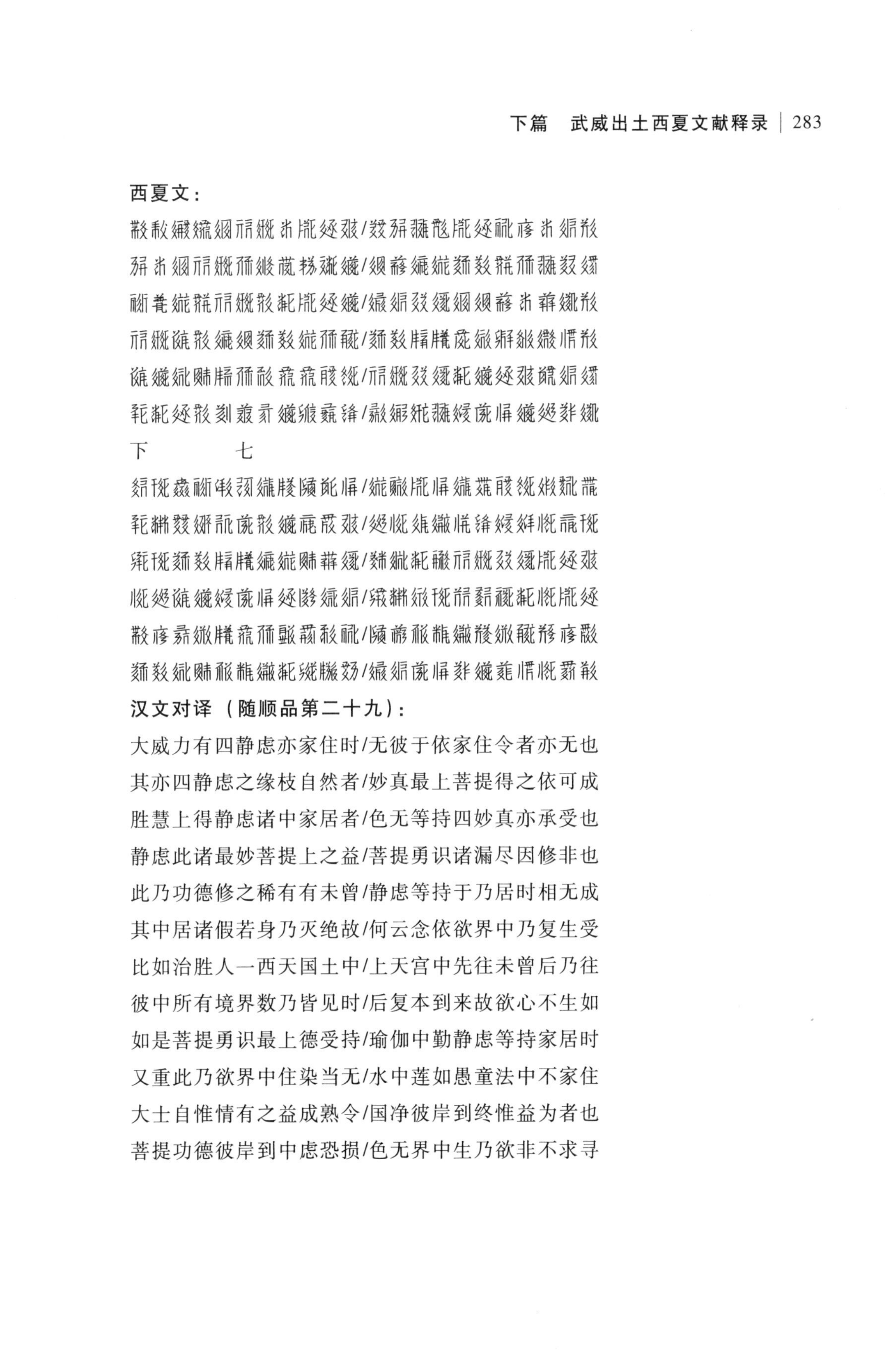

西夏文：

[illegible]

[illegible]

[illegible]

[illegible]

[illegible]

[illegible]

下　　　　七

[illegible]

[illegible]

[illegible]

[illegible]

[illegible]

[illegible]

汉文对译（随顺品第二十九）：

大威力有四静虑亦家住时/无彼于依家住令者亦无也
其亦四静虑之缘枝自然者/妙真最上菩提得之依可成
胜慧上得静虑诸中家居者/色无等持四妙真亦承受也
静虑此诸最妙菩提上之益/菩提勇识诸漏尽因修非也
此乃功德修之稀有有未曾/静虑等持于乃居时相无成
其中居诸假若身乃灭绝故/何云念依欲界中乃复生受
比如治胜人一西天国土中/上天宫中先往未曾后乃往
彼中所有境界数乃皆见时/后复本到来故欲心不生如
如是菩提勇识最上德受持/瑜伽中勤静虑等持家居时
又重此乃欲界中住染当无/水中莲如愚童法中不家住
大士自惟情有之益成熟令/国净彼岸到终惟益为者也
菩提功德彼岸到中虑恐损/色无界中生乃欲非不求寻

云居寺汉文本[①]内容：

（一切种智行品第一）：

或由不了计度如是之作意，执是色蕴受想行识依彼修。

谓此蕴空如是菩提勇识者，即是着相不能信解无生处。

若有非色非受非想亦非行，于彼识蕴无行无住而修者。

（福德名数品第五·敦煌藏品）：

此自浮提即无流澍之江河，若无江河不能出生诸花果。

大海亦无种种异色之宝贝，今亦如是若无大菩提心者。

于此世间善逝之智无所出，无彼智故无功德芽无菩提。

（回向福德品第六）：

及归圆寂所有世间尊重者，为除苦恼垂市演说大法宝。

始从创初发起最上菩提心，及至最后入于圆寂法灭尽。

于其中间彼诸善逝之功德，相应度行及彼正觉功德法。

（地狱品第七）：

行此彼岸权巧无有疑惑心，暂时得闻便能生起导师想。

彼即速能了达菩提寂灭理，往曾修行虽供那由他诸佛。

疑惑不信善逝胜慧到彼岸，由少智故闻此教时便舍弃。

（清净品第八）：

色清净故应知即是果清净，果色清净一切智智亦清净。

一切智智果清净与色清净，如虚空界即无别异无断故。

若于巧便以此胜慧彼岸行，能度三界亦复不住于解脱。

（魔行品第十一）：

弃舍于此不听受着是魔事，不达如是彼等弃舍于根本。

由愚痴故寻逐枝末及蕚叶，如有获象舍彼反求于脚迹。

闻此胜慧反求余经亦复然，譬如有人先得百味之肴饍。

得已弃舍反求弊恶之饮食，菩提勇识获此胜慧到彼岸。

于声闻地求菩提者亦复然，若为希求恭敬及与浮财利。

---

① 罗炤：《藏汉合璧〈圣胜慧到彼岸功德宝集偈〉考略》，载《世界宗教研究》1983 年第 4 期。

以贪欲心访认族戚聚落中，舍彼正法受乐行诸非法事。

（方便善巧推折品第二十）：

获得静虑及与信等之根力，于圆寂理不生染着独受用。

不令有情生起苦恼不乐心，如有商客为事缘去知本路。

不住其间城邑聚落及旷野，于彼宝洲亦不染着而久住。

善知迳路智者不住于本家，菩提勇识智慧明了亦如是。

解脱所有声闻独觉识解脱，不住于彼亦复不住正觉智。

是智本道于其有为亦不住，于诸有情若时悲愍为初首。

修行空性无相无愿三摩地，不起是念愿我获得于圆寂。

谓言有为如是施设不应理，譬如化人非不显现于身相。

于彼亦可容许施设于名所，菩提勇识行解脱门亦复然。

于彼亦应施设差别之名数，若有真实咨问信根及力等。

菩提勇识不为演说空无相，亦复不示不退转地之法门。

应知即彼非是胜势所记别，于声闻地以缘所悟独觉地。

（魔业品二十一）：

若以实谛神力所致种种相，便作是念我得记别心高举。

菩提勇识或被他记心高举，住慢心故应知即彼是少智。

依于名因欲恼乱故魔来至，作如是言汝及父母名如是。

当知是汝七代先祖之名字，汝于某时当得作佛名如是。

净行禅定由此出现于如是，汝曾所修功德之行今亦然。

若闻此语菩提勇识贡高者，应知即此魔所发起是少智。

若有依止寂静住所及城邑，山谿旷野或依寂静林薮中。

菩提勇识矜赞自能毁他者，应知即此魔所发起是少智。

恒住野宅土境村邑聚落中，勤勇唯务成熟有情求菩提。

恒不起于欣乐声闻缘觉心，是即说于善逝子之寂静心。

若有山谷广阔五百由旬量，充满毒蛇设住众多俱胝岁。

菩提勇识不了如是寂静者，起增上慢即名住于愦闹中。

菩提勇识为有情故勤精进，获得静虑根力解脱三魔地。

哂谤于彼念非行于寂静行，胜势说为即彼住于魔境界。

若住聚落无间住于寂静处，离二乘心决定希有胜菩提。

趣离他行是寂名为住寂静，菩提勇识试探彼者名自坏。

（善知识品第二十二）：

是故速希真妙最上菩提心，大智应当真实摧伏我慢时。

如诸病者为除病故凭良医，以不放逸应依伏于善知识。

菩提勇识诸有趣入上菩提，与到彼岸应知俱是善知识。

彼等显示相应之行所修处，以二种因速能证得佛菩提。

住十方界过现未来诸善逝，悉皆行此彼岸之道无有异。

所有趣口于此最上菩提心，此到彼岸说如明烛是上师。

胜慧彼岸如彼所有空自性，此一切法所了性空亦复然。

诸法皆空依无相门了达者，能行此行是行诸佛之慧行。

有情虚妄欣乐计着于饮食，诸有染意着轮回者恒流转。

我及我所二俱空无非实有，愚童无智如虚空中自作结。

如于饮食疑例起于毒药想，

（天主品第二十三）：

譬如日出离于云翳光赫奕，一切黑暗悉皆照破而显现。

所有萤光照耀物命之流类，星月诸光悉皆映蔽令不现。

（精微品第二十七）：

菩提勇识以静虑故到彼岸，得住于空不归圆寂亦如是。

超诸有情欲至最上功德聚，欲证正觉最胜希有无上智。

欲施胜法欲行真实妙施者，应当依止诸救度者胜依处。

（散花品第二十八）：

救度所说所有一切学处中，即此学处胜过一切无能及。

若有大智欲学一切到彼岸，应学于此佛所修学慧彼岸。

此即名为上法伏藏如法藏，是诸佛种一切有情安乐藏。

过去未来十方世界诸如来，皆从此出于法界体无所尽。

所有一切丛林树木花果实，无遗无余悉皆从此大地生。

于时大地无有损减无增长，实无所坏无所私念无厌恶。

诸善逝子声闻独觉人天众，及诸有情所有一切安隐法。

悉皆从此最上胜慧彼岸生，于胜慧体无有尽极亦无增。

世间所有上中下品众生类，一切皆从无明所生善逝说。

因缘和合真实生此苦轮回，于无明轮无所损减及增长。

所有智仪门及方便根本法，皆从于此最上胜慧彼岸生。

因缘和合真实所生业道轮，胜慧彼岸无有减尽无增长。

菩提勇识若于缘起相由法，慧达如是无生及与无灭尽。

譬如杲日出于云翳破诸暗，摧破无明黑暗之障证自然。

（随顺品第二十九）：

具大威德安住四种静虑时，不依于彼亦复无有安住者。

尔时所有四种静虑之支分，即能作彼真妙最上菩提依。

获上胜慧安住于诸静虑者，亦能受用四种真妙无色定。

此诸静虑能益最上胜菩提，菩提勇识非因漏尽而修学。

修此功德即为甚奇未曾有，由以无相住于静虑三摩地。

诸住于彼若复其身灭谢时，如彼所念再复受生于欲界。

譬如于此生长南瞻部洲人，于上天宫先未曾往后达彼。

见彼所有天宫所摄妙境界，后复还本于此不生于贪欲。

菩提勇识如是执持胜功德，勤于禅定安住静虑能持已。

再住欲界于此无有所染着，如莲离水即不住着愚童法。

大士唯自饶益有情令成熟，即净国土满到彼岸利益者。

虑恐损失菩提功德到彼岸，即不欣乐慕求生彼无色界。

题解：

《圣胜慧到彼岸功德宝集偈》是般若部的一部重要经典，是唯一用偈颂体写的般若类佛经，共 300 偈，每偈 11 字。该佛经目前已经发现梵、汉、藏、西夏多种译本。西夏译本则是西夏仁宗时期佛教高僧鲜卑宝源所译，其翻译所依据的底本，是藏文本。北京房山云居寺曾发现明版的汉、藏合璧本《圣胜慧到彼岸功德宝集偈》，罗炤先生曾做过全面的研究，并公布了该汉文佛经的全文内容，本文即以此为对勘本。[①]《中华大藏经》中收录的北宋高僧法贤翻译的《佛说佛母宝德藏般若波罗蜜多经》，内容与其相近。[②]

① 罗炤：《藏汉合璧〈圣胜慧到彼岸功德宝集偈〉考略》，载《世界宗教研究》1983 年第 4 期。

② 任继愈主编《中华大藏经》卷 64，第 516～530 页。

武威和敦煌都曾出土西夏文佛经《圣胜慧到彼岸功德宝集偈》，共计有29面，7种版本。两地出土的佛经内容，与北京云居寺汉文本相近，当是译自藏文的佛经。段玉泉老师曾对这些文献做过考释研究。[①] 武威天梯山石窟发现的《圣胜慧到彼岸功德宝集偈下卷》中，有“奉天显道耀武宣文圣智惇睦懿恭皇帝”的尊号，经后有题款“沙门长耶阿衲拏传，显密法师功德司副受利益沙门周慧海奉敕译”。

俄藏黑水城文献也有该经的西夏文刻本，经末题款中有西夏文译者“显密法师功德司副使周慧海”的名字。周慧海是西夏仁宗仁孝时期的汉族高僧，佛经翻译大师，曾担任西夏在家功德司副使职务，并获得显密法师的称号。西夏的法师是指有较深的佛学知识，通晓并善于讲解佛法，致力于修行传法的高僧。他们的地位也比较高，可以参加译经等重要的佛事活动，是西夏政教合一体制中较重要的一个层次。周慧海便是西夏贡献较大并较为著名的法师之一。在西夏佛经翻译史上，周慧海是一位举足轻重的人物。周慧海曾一度驻锡凉州天梯山石窟传播佛教，翻译和刊印佛经，对西夏时期凉州佛教的发展贡献卓著。周慧海对西夏佛教的贡献主要表现在佛经的翻译上。他精通梵文、汉文、藏文、西夏文等各种语言，主要承担将佛经翻译为西夏文的工作。周慧海翻译的佛经很多，现存的他参与翻译并有明确题记的佛经有《如来一切之百字要论》《圣胜慧到彼岸功德宝集偈》《圣观自在大悲心总持功德依经集》《胜相顶尊总持功能依经录》《注华严法界观门深》《佛母大孔雀明王经》等。在现存的西夏文佛教文献中，周慧海的名字通常是与西夏时期的佛经翻译大家贤觉帝师波罗显胜、印度高僧五明显密国师口拶耶阿难答、诠教法师鲜卑宝源等人一同出现。后两者均是西夏时期拥有很高政治地位、统领西夏国家佛教事务的高僧，能够参与他们的佛经翻译活动，既说明周慧海的佛学知识较为渊博，能熟练掌握和运用各民族语言文字，同时也表明了周慧海在西夏佛教领域的地位是很高的。

亥母洞出土该文献有两种版本，现藏武威市博物馆。一件文献编号G31.023［6739］，麻纸，刊本，经折装。高17.8厘米，宽8.4厘米，上下

---

① 段玉泉：《甘藏西夏文圣胜慧到彼岸功德宝集偈考释》，载《西夏学》第2辑。

单栏，栏高 14 厘米。存 10 面，面 6 行，行 11 字。内容为精微品第二十七，散花品第二十八，随顺品第二十九。另一件文献编号 G31.026［6746］，麻纸，刊本，经折装，高 18.4 厘米，宽 9.2 厘米。上下双栏，栏高 16 厘米。存 12 面，面 6 行，行 11 字。内容为方便善巧推折品第二十，魔业品第二十一，善知识品第二十二。图版见《中国藏西夏文献》第十六卷第 435～439 页和 443～450 页。

天梯山出土该文献三种版本，现藏甘肃省博物馆。一件文献编号 G21.039［T25－3］，麻纸，刊本，残存上部，高 15.7 厘米，宽 8 厘米。上有双栏，存 1 面，面 5 行，行 11 字。有经名和西夏仁宗号“奉天显道耀武宣文圣智惇睦懿恭皇帝重敬”题款。内容为天主品第二十三。另一件文献编号 G21.044［13200］，麻纸，刊本。残存下部，残高 16.8 厘米，宽 8.7 厘米。下有双栏，存 1 面，面 6 行，行 11 字。内容为回向福德品第六。第三件文献编号 G21.053［T23－2］，麻纸，刊本，高 17.5 厘米，宽 9 厘米，栏高 13.6 厘米。上下单栏，存 5 面，面 6 行，行 11 字。内容为一切种智行品第一，地狱品第七，清净品第八魔行品第十一。图版见《中国藏西夏文献》第十六卷第 303 页，307 页，和 415～319 页。

敦煌出土该文献三种版本，现藏敦煌研究院。第一件文献编号 G11.092［第 464：60］，刻本，残页，残高 17 厘米，残宽 8.7 厘米。上有双栏，存文字 6 行。内容为福德名数品第五。第二件文献编号 G11.053［第 464：54］G，和第三件文献编号 11.058［第 464：59］，从版本形式和内容可知，这是同一页文献的两个残片，刻本，残高 8.9 厘米和 14.4 厘米，宽 8.6 厘米，上下双栏，存文字 6 行。内容为善知识品第二十二。图版见《中国藏西夏文献》第十六卷第 172 页，157 页和 160 页。

校记：

该文献在《中国藏西夏文献》中多定名为“佛经残页”，本文在录文和释译时订正。本文也收录了该文献敦煌藏品的内容，作为该佛经西夏文本的补充。

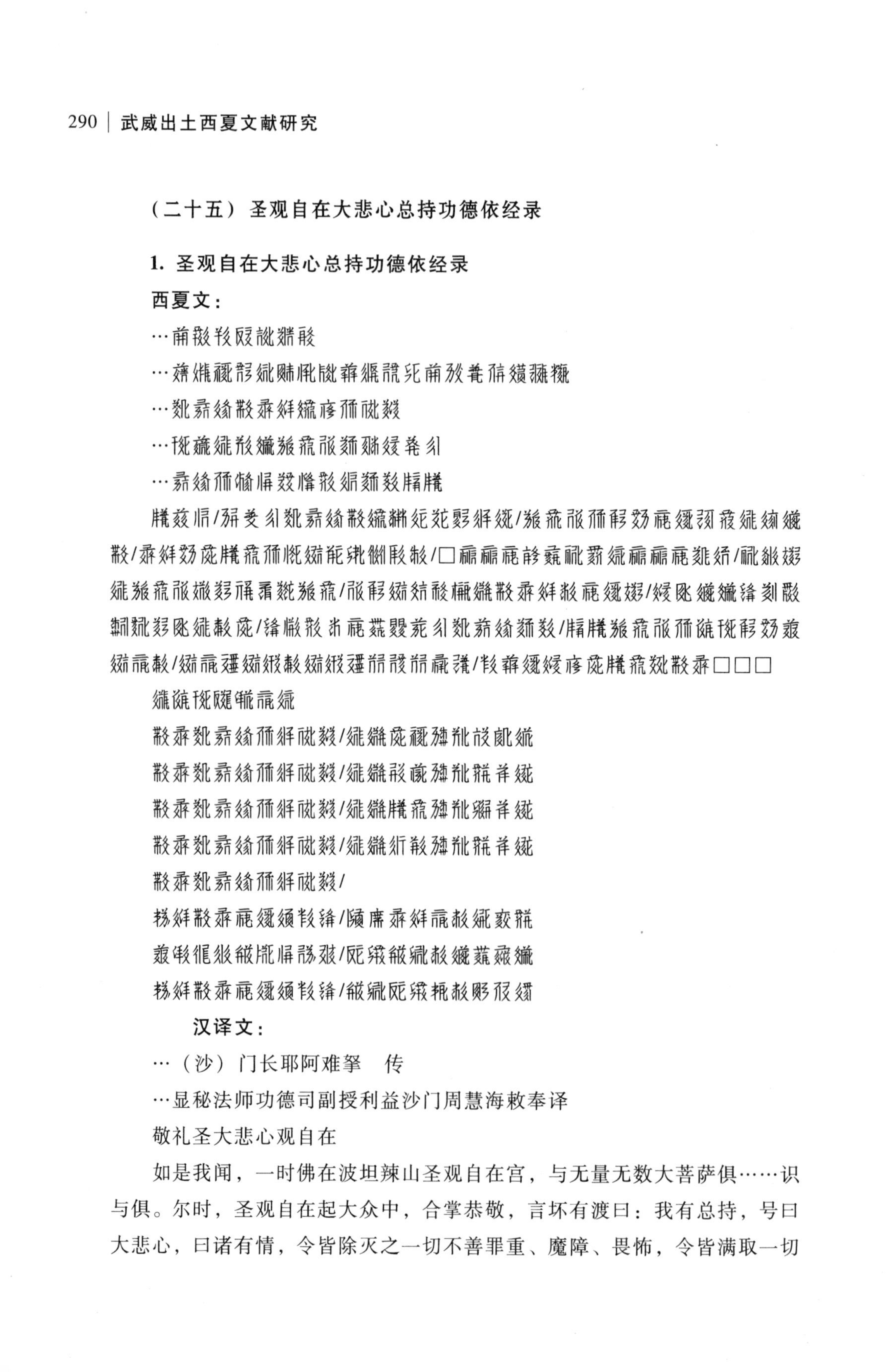

（二十五）圣观自在大悲心总持功德依经录

1. 圣观自在大悲心总持功德依经录

西夏文：

…[illegible]

…[illegible]

…[illegible]

…[illegible]

…[illegible]

[illegible]□□□

[illegible]

[illegible]

[illegible]

[illegible]

[illegible]

[illegible]

[illegible]

[illegible]

[illegible]

汉译文：

…（沙）门长耶阿难孥　传

…显秘法师功德司副授利益沙门周慧海敕奉译

敬礼圣大悲心观自在

如是我闻，一时佛在波坦辣山圣观自在宫，与无量无数大菩萨俱……识与俱。尔时，圣观自在起大众中，合掌恭敬，言坏有渡曰：我有总持，号曰大悲心，曰诸有情，令皆除灭之一切不善罪重、魔障、畏怖，令皆满取一切

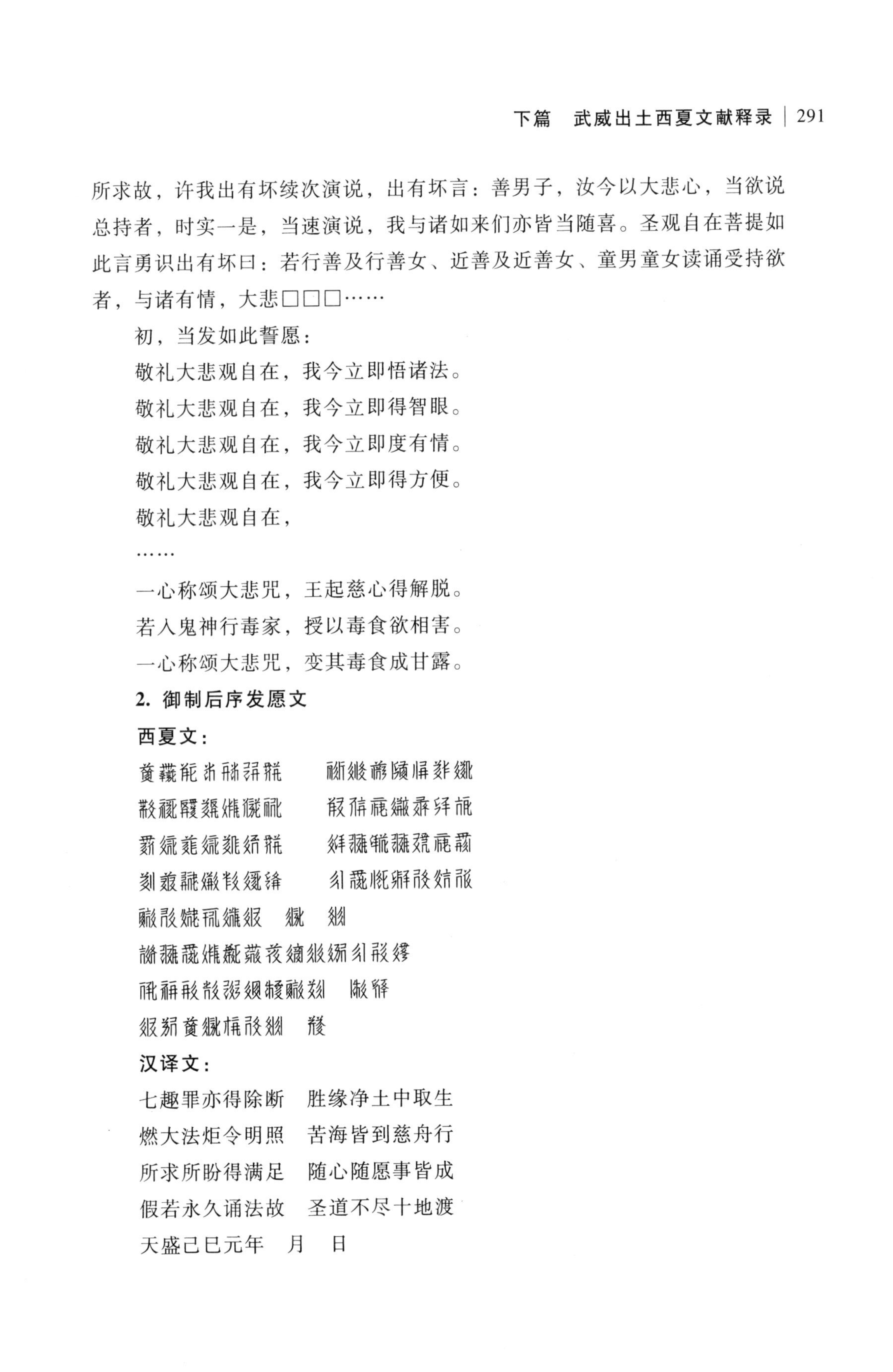

所求故，许我出有坏续次演说，出有坏言：善男子，汝今以大悲心，当欲说总持者，时实一是，当速演说，我与诸如来们亦皆当随喜。圣观自在菩提如此言勇识出有坏曰：若行善及行善女、近善及近善女、童男童女读诵受持欲者，与诸有情，大悲□□□……

初，当发如此誓愿：

敬礼大悲观自在，我今立即悟诸法。

敬礼大悲观自在，我今立即得智眼。

敬礼大悲观自在，我今立即度有情。

敬礼大悲观自在，我今立即得方便。

敬礼大悲观自在，

……

一心称颂大悲咒，王起慈心得解脱。

若入鬼神行毒家，授以毒食欲相害。

一心称颂大悲咒，变其毒食成甘露。

2. 御制后序发愿文

西夏文：

[illegible]

[illegible]

[illegible]

[illegible]

[illegible]

[illegible]

[illegible]

[illegible]

汉译文：

七趣罪亦得除断　胜缘净土中取生

燃大法炬令明照　苦海皆到慈舟行

所求所盼得满足　随心随愿事皆成

假若永久诵法故　圣道不尽十地渡

天盛己巳元年　月　日

奉天显道耀武宣文神谋圣智义制邪去惇睦懿恭皇帝　谨施

同年七月二十日　毕

3. 赎经文

西夏文：	汉文对译：
…[illegible]…[illegible]□[illegible]	…六趣…是□持德广
…[illegible]	…药是其中大悲心陀罗尼
…[illegible]	…音观誓言威神测险哉
…[illegible]	…受持不断罪重尽皆消
…[illegible]	…边无福善愿随满足此

题解：

《圣观自在大悲心总持功德依经录》，在汉文本的《大藏经》中没有收录，但是在俄藏黑水城文献中已经发现有汉、藏、西夏三种文字的多种不同版本。西夏文《圣观自在大悲心总持功德依经录》是西夏流传较广的一部佛经，不仅有官刻本，也有私人刻本。文献表明，西夏皇建元年（1210年），一个叫郭善正的西夏人曾经令人重新刻印过该经。[①] 俄藏第四册中保存了编号为 TK164 和 TK165 的两个汉文本。[②] 该佛经有题款，“诠教法师番汉三学院兼偏袒提点懐卧耶沙门鲜卑宝源奉敕译，天竺大般弥怛五明显密国师在家功德司正懐乃特沙门罗也阿难捺传”。两个编号的文献中既有《圣观自在大悲心总持功德依经录》的内容，也有《胜相顶尊总持功能依经录》的内容，还有两经的后序发愿文。鲜卑宝源的汉译本内容，与《大正新修大正藏》中收录的唐代伽梵达摩汉译本《千手千眼观世音菩萨广大圆满无碍大悲心陀罗尼经》最为接近。[③] 俄藏黑水城文献中发现该经的西夏文本，编号 NHB. No6796（6821），孙伯君和段玉泉两位老师都做过译释研究。[④]

天梯山、修行洞共出土三种版本的“圣观自在大悲心总持功德依经

① 史金波：《西夏出版研究》，第 111 页。

② 《俄藏黑水城文献》第 4 册，第 29～51 页。

③ 《大正新修大正藏》第 20 册密教部三，No. 1060，第 105～111 页。

④ 孙伯君：《西夏宝源译圣观自在大悲心总持功能依经录考》，载《敦煌学辑刊》2006 年第 2 期。段玉泉：《西夏文自在大悲心胜相顶尊后序发愿文研究》，载《宁夏社会科学》2007 年第 5 期。

录”，以及该经的“御制后序发愿文”和“赎经文”等残页，现藏甘肃省博物馆，段玉泉老师做过译释研究，从佛经中的题款可知，该经的传译者是长耶阿难挐和周慧海。[1]

文献编号为 G21.040［T25－1］的佛经，天梯山出土，刊本，残页，存 2 面，均为下段。一面残高 13.3 厘米，宽 8.2 厘米，下存双栏，存 5 行，行 13 字。一面残高 13.3，宽 8.4 厘米，下存双栏，存 5 行，行 11 字。前者是经文内容，有“□沙门长耶阿难挐傳，显密法师功德司副授利益沙门周慧海奉敕译”的题款。后者内容为“赎经文”。图版见《中国藏西夏文献》第十六卷第 303 页。

文献编号为 G21.060［20480］的佛经，修行洞出土，写本，单页，麻纸，高 17 厘米，宽 12.8 厘米。上下单栏，栏高 11.9 厘米，双面楷书，每面 12 行，行内字数不等。图版见《中国藏西夏文献》第十六卷第 367 页。

文献编号为 G21.054［T2］的佛经，天梯山出土，刊本，单页，麻纸，高 22.5 厘米，宽 11.5 厘米，上下双栏，栏高 20.5 厘米，面 6 行，行 9 字。图版见《中国藏西夏文献》第十六卷第 320 页。

文献编号为 G21.058［20480］的佛经，修行洞出土，写本，单页，麻纸，高 17 厘米，宽 12.8 厘米。上下单栏，栏高 11.9 厘米。双面楷书，每面 12 行，各行字数不等。两面所写内容不同，一面是“圣观自在大悲心总持发愿文”后的部分颂章，有“天盛己巳元年”纪年。另一面是“德王圣妙吉祥增智慧觉之总持”，已经另文介绍。图版见《中国藏西夏文献》第十六卷第 364 页。

（二十六）妙法莲华心经和龙树菩萨发愿颂

1. 妙法莲华心经

西夏文：

[illegible]/[illegible]

① 段玉泉：《中国藏西夏文文献未定名残卷考补》，载《西夏学》第 3 辑。段玉泉：《甘博藏西夏文自在大悲心经写本残页考》，载《宁夏大学学报》（人文社会科学版）2009 年第 3 期。

[illegible]

[illegible]

[illegible]

[illegible]

[illegible]

汉译文：

妙法莲华心经

尔时，释迦牟尼佛住王舍城耆阇崛山中，千二百五十大菩萨并诸比丘、比丘尼、优婆塞、优婆夷、国王、□□并诸庶民、天龙□□、一切□□，皆来会□，至心听佛说法。如来乃为诸大众说《妙法莲华心经》：

诸法从本来，常自寂灭相。佛子修行故，后来得成佛。

佛谓有缘众生、善知识曰：此四句偈者，我为心意愚昧诸老人及不识文

① [illegible]，俄藏黑水城文献中，此字为“[illegible]”。

② [illegible]，俄藏黑水城文献中，无此五字。

③ 此处俄藏黑水城文献中多“[illegible]”字。

④ [illegible]，俄藏黑水城文献中为“[illegible]”。

⑤ 此处俄藏黑水城文献中多“[illegible]”。

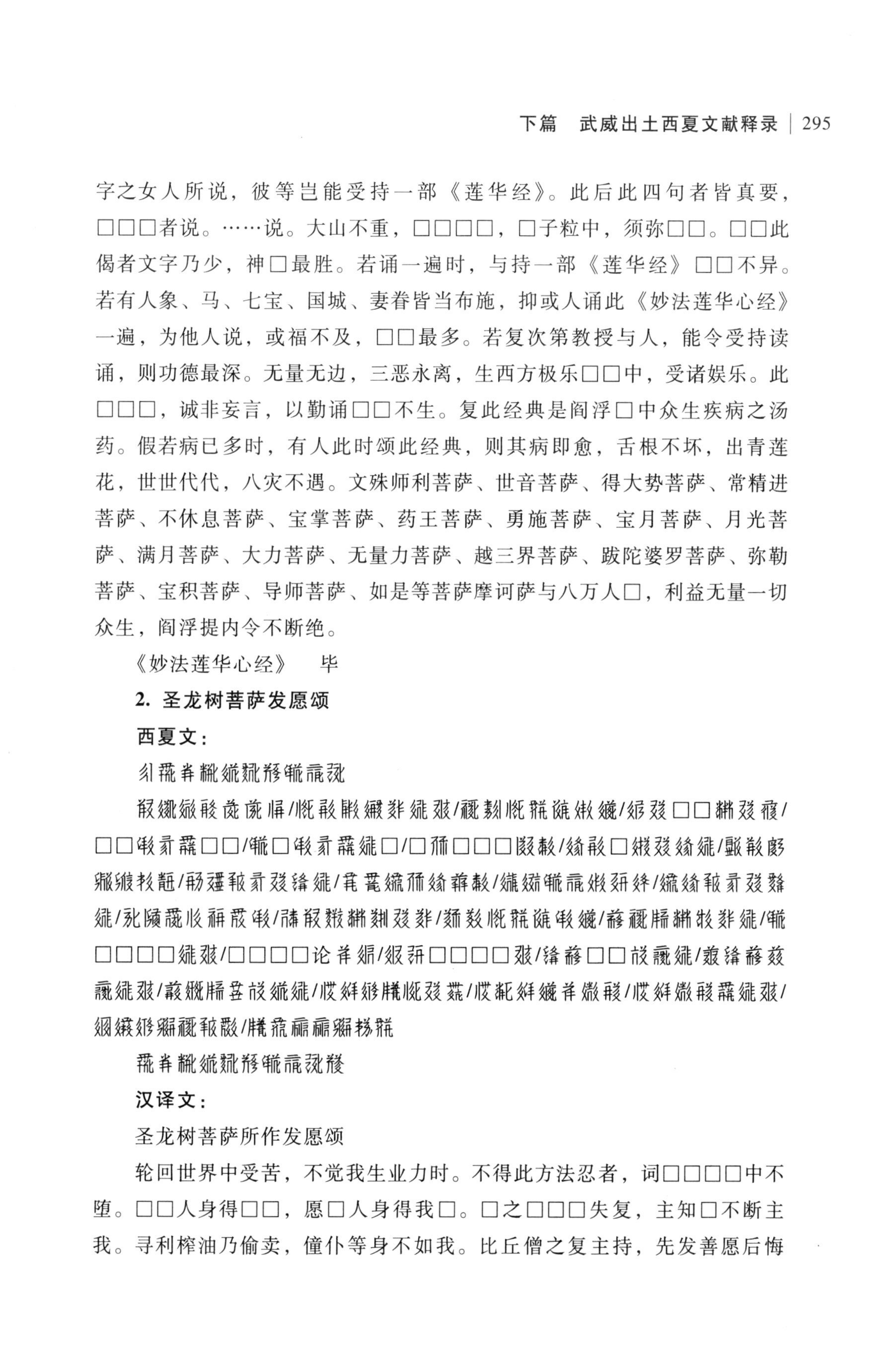

字之女人所说，彼等岂能受持一部《莲华经》。此后此四句者皆真要，□□□者说。……说。大山不重，□□□□，□子粒中，须弥□□。□□此偈者文字乃少，神□最胜。若诵一遍时，与持一部《莲华经》□□不异。若有人象、马、七宝、国城、妻眷皆当布施，抑或人诵此《妙法莲华心经》一遍，为他人说，或福不及，□□最多。若复次第教授与人，能令受持读诵，则功德最深。无量无边，三恶永离，生西方极乐□□中，受诸娱乐。此□□□，诚非妄言，以勤诵□□不生。复此经典是阎浮□中众生疾病之汤药。假若病已多时，有人此时颂此经典，则其病即愈，舌根不坏，出青莲花，世世代代，八灾不遇。文殊师利菩萨、世音菩萨、得大势菩萨、常精进菩萨、不休息菩萨、宝掌菩萨、药王菩萨、勇施菩萨、宝月菩萨、月光菩萨、满月菩萨、大力菩萨、无量力菩萨、越三界菩萨、跋陀婆罗菩萨、弥勒菩萨、宝积菩萨、导师菩萨、如是等菩萨摩诃萨与八万人□，利益无量一切众生，阎浮提内令不断绝。

《妙法莲华心经》 毕

2. 圣龙树菩萨发愿颂

西夏文：

[illegible]

[illegible]

[illegible]

汉译文：

圣龙树菩萨所作发愿颂

轮回世界中受苦，不觉我生业力时。不得此方法忍者，词□□□□中不堕。□□人身得□□，愿□人身得我□。□之□□□失复，主知□不断主我。寻利榨油乃偷卖，僮仆等身不如我。比丘僧之复主持，先发善愿后悔

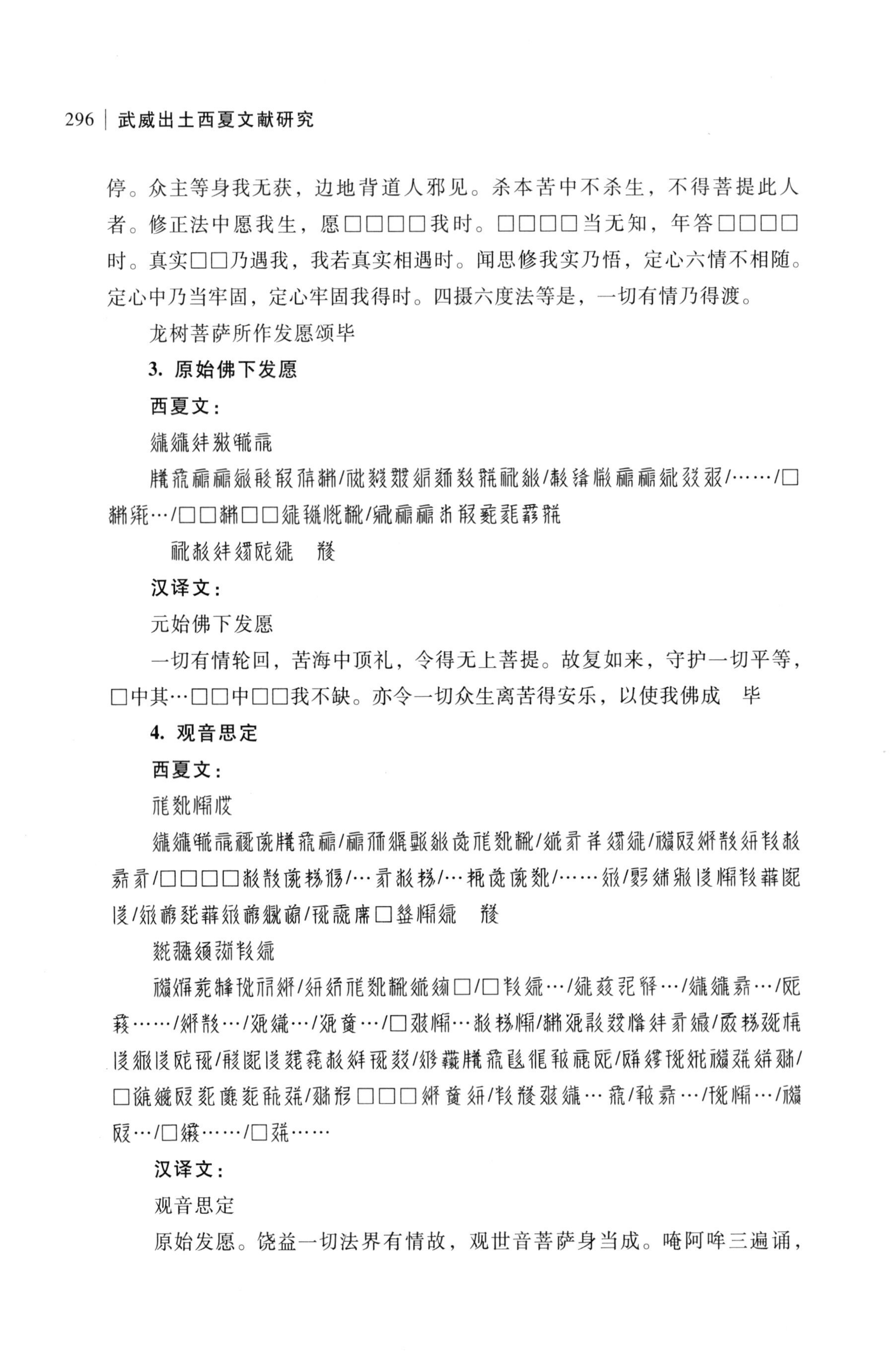

停。众主等身我无获，边地背道人邪见。杀本苦中不杀生，不得菩提此人者。修正法中愿我生，愿□□□□我时。□□□□当无知，年答□□□□时。真实□□乃遇我，我若真实相遇时。闻思修我实乃悟，定心六情不相随。定心中乃当牢固，定心牢固我得时。四摄六度法等是，一切有情乃得渡。

龙树菩萨所作发愿颂毕

3. 原始佛下发愿

西夏文：

[illegible]

[illegible]

[illegible]

汉译文：

元始佛下发愿

一切有情轮回，苦海中顶礼，令得无上菩提。故复如来，守护一切平等，□中其…□□中□□我不缺。亦令一切众生离苦得安乐，以使我佛成　毕

4. 观音思定

西夏文：

[illegible]

[illegible]

[illegible]

[illegible]

汉译文：

观音思定

原始发愿。饶益一切法界有情故，观世音菩萨身当成。唵阿吽三遍诵，

自身□□□□，三界乃明。…以身乃…变，观世界……华合下，右手执念诵，左手执红莲花，莲花月壇上，金刚王□坐当念　毕

当依次读咒颂

唵嘛呢叭第咪吽，遍足，观音菩萨名□□当诵。…我与施慈…原始身……食更……吽三……化药……化七……时念…以一念间化，无量寿佛黄色身，一面二手，右手上举，左手攥拳手心上指。六趣有情域鬼等皆食饮，作如理思。唵萨婆怛□，此者阿哇罗记低萨怛罗□□□哞七遍诵毕时，先…有等自……如念……唵阿……摄……萨……

题解：

修行洞出土的《妙法莲华心经和龙树菩萨发愿颂》，现藏甘肃省市博物馆，文献编号 G21.057［15511］。写本，缝缋装，麻纸。高 11.5 厘米，宽 9.5 厘米，四面墨线单栏，栏高 9.5 厘米，字间界栏宽 1.3 厘米，版心相叠，以单细羊毛绳装订成册，存 32 面，10 面为空白，22 面书写经文，面 7 行，行 9 字 10 字不等。有两面各书写“上面”“下面”两字。该文献中共抄录保存了《妙法莲华心经》《龙树菩萨发愿颂》《原始佛下发愿》《观音思定》等四个经颂的内容。图版见《中国藏西夏文献——甘肃省博物馆藏卷》第十六卷第 355 ~363 页。

《妙法莲华心经》，俄藏黑水城文献，大英图书馆斯坦英搜集品中，日本天理大学附属天理图书馆所藏黑水城文献中，保存了相同内容的残片，孙伯君老师曾做过详细的释读和研究。该佛经在汉文本《大藏经》中未收录。孙伯君老师研究认为，该佛经内容“撮录了《妙法莲华经》的核心偈颂和语句，并加上一些持诵要领。我们推测此经乃西夏人为普通信众编著的《妙法莲华经》的持诵简本，目的是方便信徒每日记诵”①。

《龙树菩萨发愿颂》在汉文本《大藏经》中也未见收录。龙树菩萨，又译龙猛、龙胜，在印度佛教史上被誉为“第二代释迦”，大约活跃于公元 150 年至 250 年之间，他首先开创空性的中观学说，肇大乘佛教思想之先河。龙树菩萨是大乘佛教史上第一位伟大论师，也因此成为汉传佛教和藏传佛教共同的祖师。著有大量的大乘论典，被称为“千部论主”，其中最主要

① 孙伯君：《西夏文妙法莲华心经考释》，载《西夏学》第 8 辑，第 62 页。

的有《中论》《十二门论》《大智度论》《十住毗婆沙论》等，还有《为禅陀伽王说法要偈》《广大发愿颂》等颂赞。

《原始佛下发愿》《观音思定》的内容，在汉文本《大藏经》中也未见收录。

（二十七）阿弥陀佛心咒

西夏文：

[illegible]

汉文对译：

唵啊密叻怛矴精诃啰哞

俄藏[1]汉译文：

唵啊密栗（二合）怛矴精曷啰

宝典[2]汉译文：

嗡阿弥（日）答札（巴日）白　阿弥（日）答吽

题解：

《阿弥陀佛心咒》是流行的藏传佛教真言，是《密咒圆因往生集》[3]中的内容之一。《密咒圆因往生集》是西夏僧人智广、慧真于天庆七年所编集，其中共收录了31种经咒。西夏人自己编辑的这部佛教著作，虽然不过万言，但是从序中可知，当时还请了西域和西夏的僧人，用汉本和梵本反复校译，以汉文和西夏文两种文字雕印流行。[4]在《俄藏黑水城文献》第4册中，收录的汉文本《密咒圆因往生集》，其中的《阿弥陀佛心咒》，以及《藏密真言宝典》中的《阿弥陀佛心咒》，皆可与天梯山西夏文文献内容对勘。

天梯山出土，现藏甘肃省博物馆，文献编号G21.074［21342］。写本，单页，麻纸，高16.3厘米，宽2.6厘米，墨写草书1行，行10字。图版见《中国藏西夏文献》等十六卷第377页。

---

① 《俄藏黑水城文献》第4册，TK密咒圆因往生集（9－1），编号俄TK271，第359页。

② 《藏密真言宝典》，宗教文化出版社，2001，第10页。

③ 任继愈主编《中华大藏经》卷71，第77～89页。

④ 史金波：《西夏出版研究》，第129页。

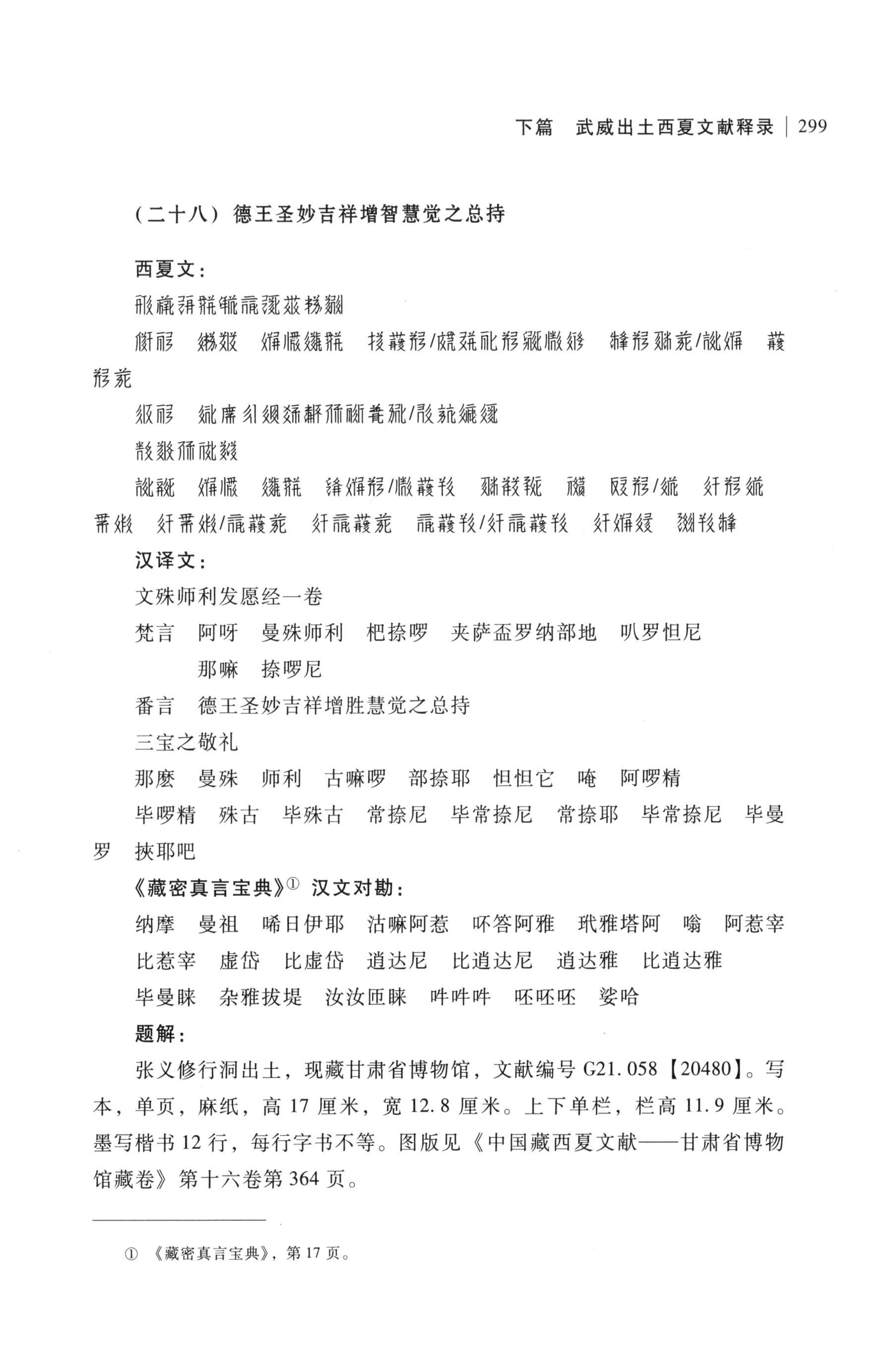

（二十八）德王圣妙吉祥增智慧觉之总持

西夏文：

[illegible]

[illegible]

[illegible]

[illegible]

[illegible]

汉译文：

文殊师利发愿经一卷

梵言　阿呀　曼殊师利　杷捺啰　夹萨盃罗纳部地　叭罗怛尼

　　　那嘛　捺啰尼

番言　德王圣妙吉祥增胜慧觉之总持

三宝之敬礼

那麽　曼殊　师利　古嘛啰　部捺耶　怛怛它　唵　阿啰精

毕啰精　殊古　毕殊古　常捺尼　毕常捺尼　常捺耶　毕常捺尼　毕曼罗　挟耶吧

《藏密真言宝典》[①] 汉文对勘：

纳摩　曼祖　唏日伊耶　沽嘛阿惹　吥答阿雅　玳雅塔阿　嗡　阿惹宰

比惹宰　虚岱　比虚岱　逍达尼　比逍达尼　逍达雅　比逍达雅

毕曼睐　杂雅拔堤　汝汝匝睐　吽吽吽　呸呸呸　娑哈

题解：

张义修行洞出土，现藏甘肃省博物馆，文献编号 G21. 058【20480】。写本，单页，麻纸，高 17 厘米，宽 12. 8 厘米。上下单栏，栏高 11. 9 厘米。墨写楷书 12 行，每行字书不等。图版见《中国藏西夏文献——甘肃省博物馆藏卷》第十六卷第 364 页。

---

① 《藏密真言宝典》，第 17 页。

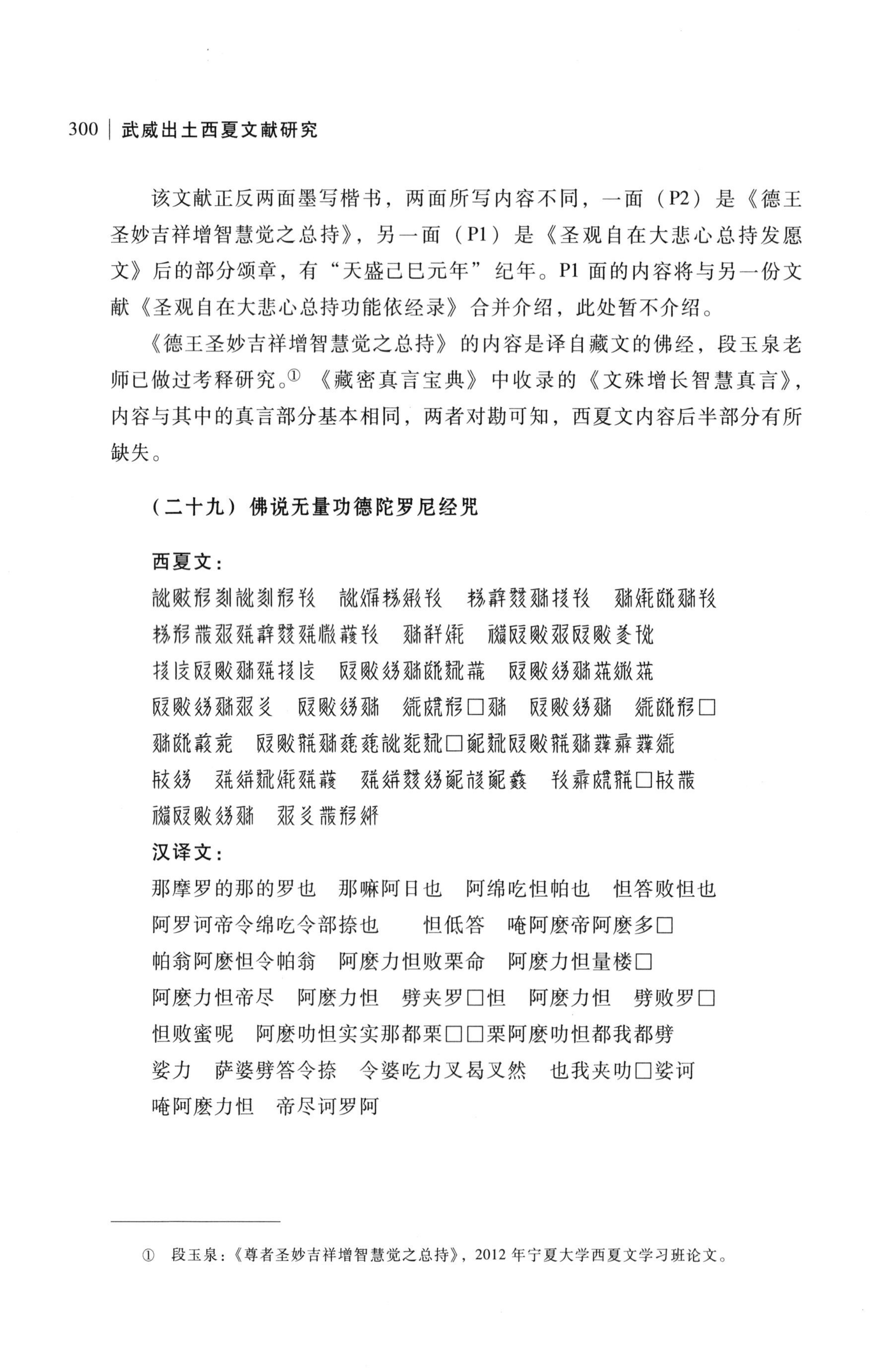

该文献正反两面墨写楷书，两面所写内容不同，一面（P2）是《德王圣妙吉祥增智慧觉之总持》，另一面（P1）是《圣观自在大悲心总持发愿文》后的部分颂章，有“天盛己巳元年”纪年。P1 面的内容将与另一份文献《圣观自在大悲心总持功能依经录》合并介绍，此处暂不介绍。

《德王圣妙吉祥增智慧觉之总持》的内容是译自藏文的佛经，段玉泉老师已做过考释研究。① 《藏密真言宝典》中收录的《文殊增长智慧真言》，内容与其中的真言部分基本相同，两者对勘可知，西夏文内容后半部分有所缺失。

（二十九）佛说无量功德陀罗尼经咒

西夏文：

[illegible]
[illegible]
[illegible]
[illegible]
[illegible]
[illegible]
[illegible]

汉译文：

那摩罗的那的罗也　那嘛阿日也　阿绵吃怛帕也　怛答败怛也
阿罗诃帝令绵吃令部捺也　　怛低答　唵阿麽帝阿麽多□
帕翁阿麽怛令帕翁　阿麽力怛败栗命　阿麽力怛量楼□
阿麽力怛帝尽　阿麽力怛　劈夹罗□怛　阿麽力怛　劈败罗□
怛败蜜呢　阿麽叻怛实实那都栗□□栗阿麽叻怛都我都劈
娑力　萨婆劈答令捺　令婆吃力叉曷叉然　也我夹叻□娑诃
唵阿麽力怛　帝尽诃罗阿

① 段玉泉：《尊者圣妙吉祥增智慧觉之总持》，2012 年宁夏大学西夏文学习班论文。

法贤汉译本[①]**：**

那谟（引）罗怛那（二合）怛罗（二合）夜（引）野那谟阿（引）哩也（二合）阿弥多（引）婆（引）野怛他（引）誐多（引）野（三）阿啰曷（二合）帝（引）三藐讫三（二合）没驮（引）野怛宁也他（引五）阿弥帝（引六）阿弥覩（引）讷婆（二合）味（引七）阿弥多三婆味（八）阿弥多尾讫蘭（二合引）帝（引九）阿弥多尾讫蘭（二合引）多誐（引）弥你（十）誐誐那计（引）哩底（二合）羯哩（引十一）萨哩嚩（二合）訖梨（二合）舍（十二）刹煬羯哩（二合）曳（引）娑嚩（二合引）賀（引十三）

题解：

天梯山出土，现存甘肃省博物馆，文献编号 G21.068［21340］。写本，麻纸，单页，保存基本完整，高 30 厘米，宽 15.4 厘米。存一面，墨写行书 7 行，满行 24 字。文献内容为佛经咒语。图版见《中国藏西夏文献——甘肃省博物馆藏卷》第十六卷第 373 页。

校记：

该文献《中国藏西夏文献》中定名为“佛经残页”。

（三十）十二因缘咒

西夏文：

[illegible]　[illegible]　[illegible]　[illegible]　[illegible]　[illegible]

[illegible]　[illegible]　[illegible]　[illegible]

[illegible]　[illegible]　[illegible]

[illegible]　[illegible]　[illegible]　[illegible]　[illegible]　[illegible]

[illegible]　[illegible]　[illegible]　[illegible]

[illegible]　[illegible]　[illegible]

汉译文：

耶答栗嘛　啰都　盃啰杷哇　啰都　帝没尼　怛答嘎多　啰哇怛

帝没擦　邕尼绕达　啰哇哇递　嘛哈　施啰嘛那　耶　娑哈

---

① 任继愈主编《中华大藏经》卷 64，第 814 页。

俄藏汉译文[①]：

唵英（口＋捺）呤麻（二合引）行?（切牙）不啰（二合）末斡（引）形（引）?（舌齿）矴善（引）怛达（引）遏多缬末捺怛（二合）矴善（引）拶（口＋养）祢（口＋浪）（口＋捺）（口＋英）梡（合口）祢（引）?（引）嘛诃（引）?啰（二合）麻捺英莎（引）诃（引）

宝典[②]汉译文：

嗡耶达（日）嘛（阿）亥嘟札（巴日）靶斡（阿）亥吨代坎　答塔（阿）噶多哈（雅）（亥雅）拔带（达答）代茨匝吆尼若达　厄旺拔（阿）底（伊）　嘛哈（阿）夏（日）嘛那耶　娑诃

题解：

《十二因缘咒》是流行的藏传佛教真言，内容收录在《密咒圆因往生集》[③] 中。《密咒圆因往生集》是西夏僧人智广等于天庆七年（1200 年）编集的一部诸经神验密咒总集，《中华大藏经》中有收录，这是存世的汉文大藏经中唯一一部由西夏僧人编集的佛经。该经卷首有西夏中书相贺宗寿所作序，并有“甘泉狮子峰诱生寺出家承旨沙门智广编集”“北五台山大清凉寺出家提点沙门慧真编集”“兰山崇法禅师沙门金刚幢译定”等题款。此书在元明清编印的各种藏经中多见收录，最初以梵、汉两种文字雕印。俄藏黑水城文献 4 册存有汉文残抄本，存有梵文原文，共录密咒 21 道。[④] 内蒙古文物考古研究所也收藏了出土于黑水城的，内容相似的西夏文文献，日本的荒川慎太郎先生曾做过考释研究。[⑤]

天梯山出土，共两件，内容完全相同，现藏甘肃省博物馆。一件文献编号为 G21.073［21341］，写本，单页，麻纸，高 20.8 厘米，宽 5.8 厘米，墨写草书 3 行，满行 17 字。另一件文献编号为 G21.076［47072］，写本，单页，麻纸，高 18.7 厘米，宽 5.4 厘米，墨写草书 3 行，满行 16 字。经释

① 《俄藏黑水城文献》第 4 册，TK 密咒圆因往生集（9－1），编号俄 TK271，第 359 页。

② 《藏密真言宝典》，第 8 页。

③ 任继愈主编《中华大藏经》卷 71，第 77～89 页。

④ 孙伯君：《普宁藏本密咒圆因往生集的八思巴字注音研究》，载《中华文史论丛》2009 年第 3 期。

⑤ 荒川慎太郎：《内蒙古文物考古所收藏的西夏文陀罗尼残片考》，载《西夏学》第 8 辑。

读、对勘，两件文献内容，与《俄藏黑水城文献》中汉文本《十二因缘咒》，以及《藏密真言宝典》中的“十二因缘真言”，内容都相似。图版见《中国藏西夏文献——甘肃省博物馆藏卷》第十六卷第377、378页。

另外，亥母洞出土的文献编号为G31.020［6762］的刻本佛经《佛说解百生冤结陀罗尼经等陀罗尼》中，也收录了《十二因缘咒》的部分内容。该文献图版见《中国藏西夏文献——甘肃省博物馆藏卷》第十六卷第421页。

（三十一）景泰写本佛经残页

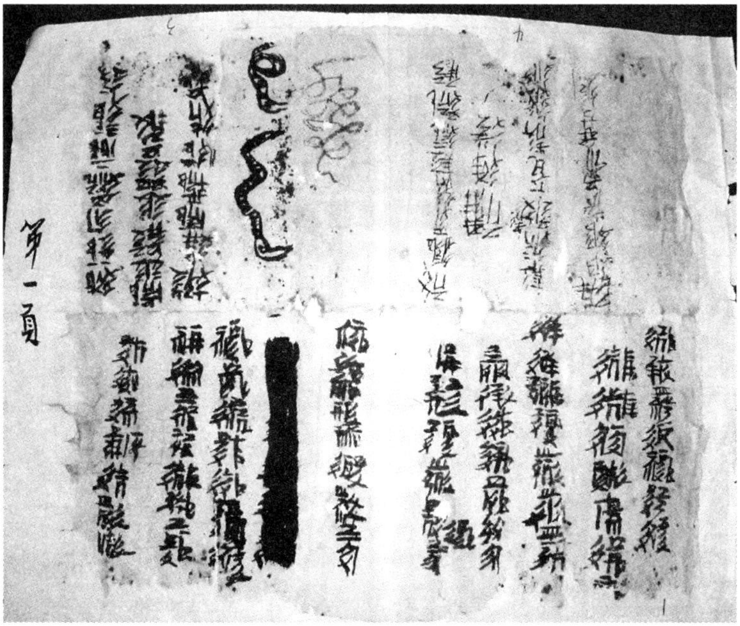

图版86　景泰写本佛经（1）

西夏文（图版86－下右－下左－上左－上右）：	汉文对译：
[illegible]	我等金口法说欲
[illegible]	原始四天王起请
[illegible]	心中依化显道场

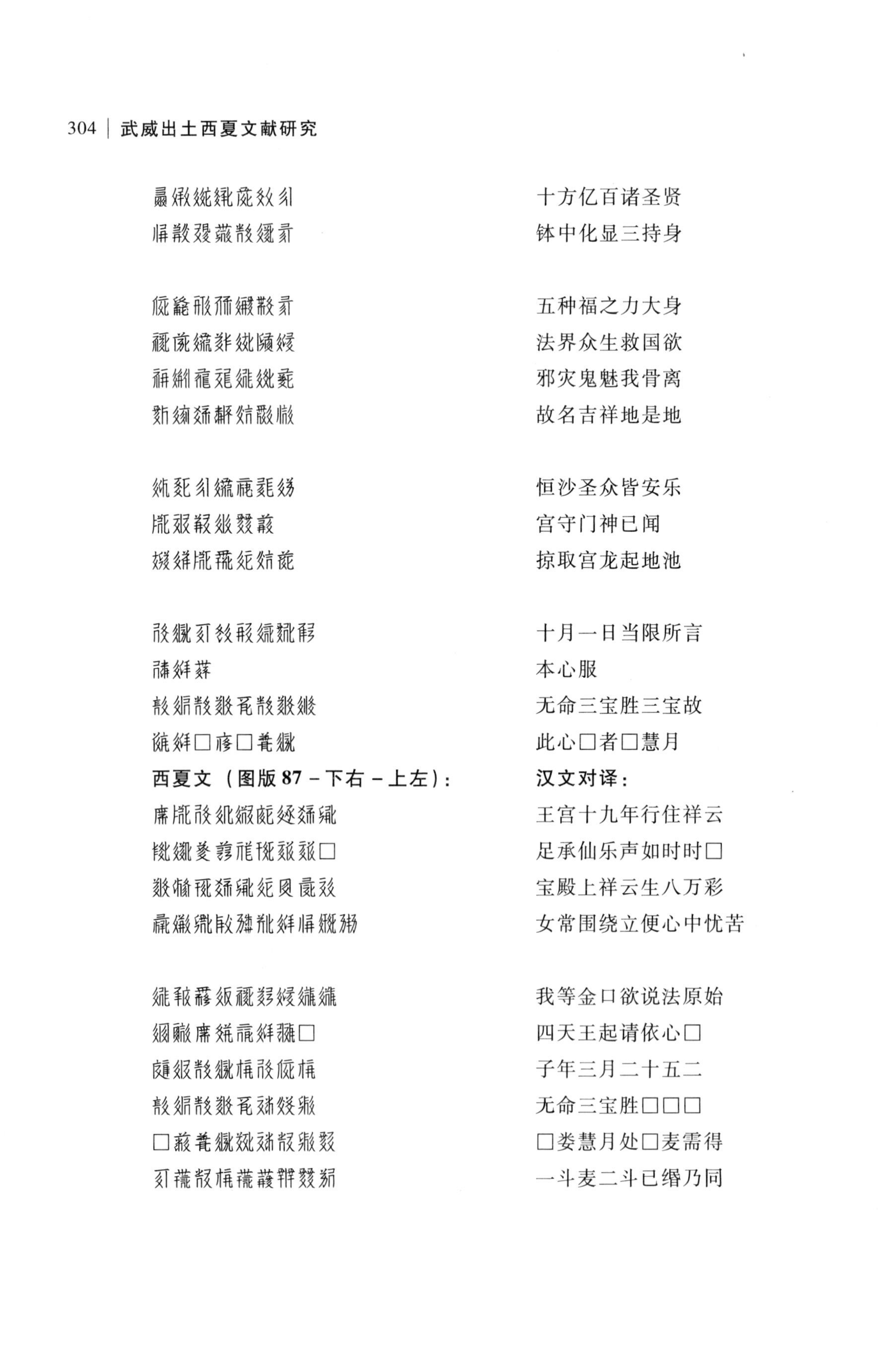

[illegible]	十方亿百诸圣贤
[illegible]	钵中化显三持身
[illegible]	五种福之力大身
[illegible]	法界众生救国欲
[illegible]	邪灾鬼魅我骨离
[illegible]	故名吉祥地是地
[illegible]	恒沙圣众皆安乐
[illegible]	宫守门神已闻
[illegible]	掠取宫龙起地池
[illegible]	十月一日当限所言
[illegible]	本心服
[illegible]	无命三宝胜三宝故
[illegible]	此心□者□慧月
西夏文（图版 87－下右－上左）：	**汉文对译：**
[illegible]	王宫十九年行住祥云
[illegible]	足承仙乐声如时时□
[illegible]	宝殿上祥云生八万彩
[illegible]	女常围绕立便心中忧苦
[illegible]	我等金口欲说法原始
[illegible]	四天王起请依心□
[illegible]	子年三月二十五二
[illegible]	无命三宝胜□□□
[illegible]	□娄慧月处□麦需得
[illegible]	一斗麦二斗已缗乃同

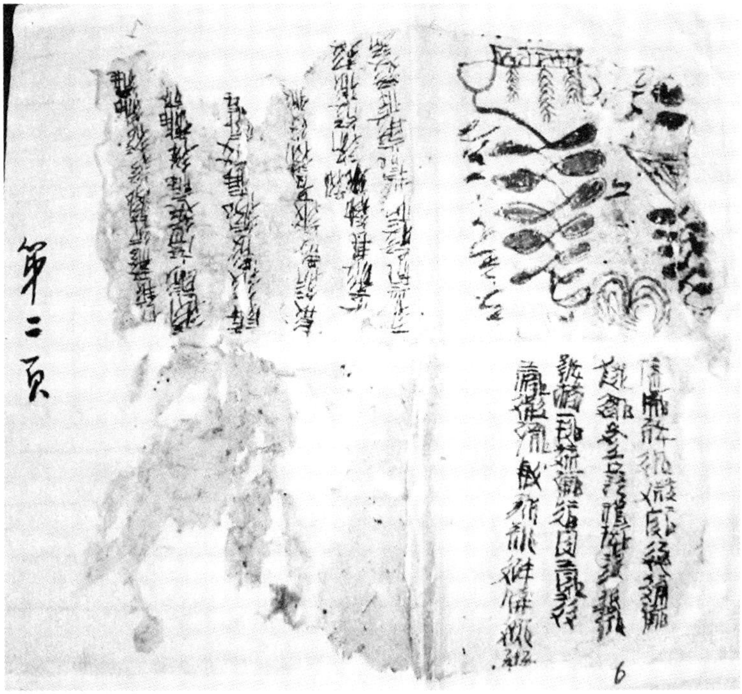

图版 87　景泰写本佛经（2）

西夏文（图版 88－下右－下左－上左－上右）：

…[illegible]…
□□[illegible]
[illegible]
[illegible]
[illegible]
[illegible]
[illegible]

[illegible]
[illegible]
□[illegible]

汉文对译：

……令彼……
□□悔可不城北□
游行苦业和尚一见
城令相昔日人与何处
下人是问□□天大
士之里家舍沙门是
说九礼立便灰色礼已敬

我之故所说为汝南无
和尚里演说人惊鬼
□不待春季阳气浮

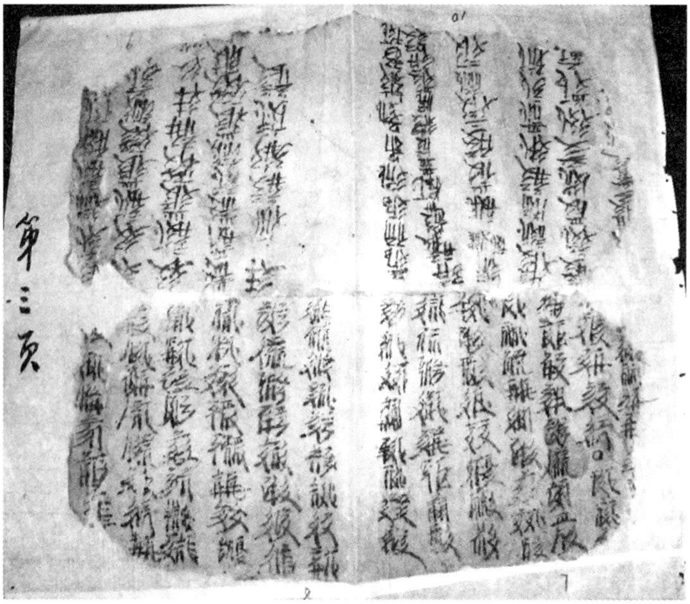

图版 88　景泰写本佛经（3）

[illegible]	云风雨露与同大士
[illegible]	闻后度宫回需无证
□[illegible]	□思量身正……
…[illegible]□[illegible]	□夜□无置城
□[illegible]	□南无释迦牟尼
[illegible]	南无释迦卫佛南无
[illegible]	大成大慈尊释迦摩
[illegible]	佛妙门游行毕
[illegible]	相之问首亦观矢狂城
[illegible]□[illegible]	彼如焰云见□中时度可
[illegible]□[illegible]	无昔城□动马行令千
[illegible]	□告西门出道边死
[illegible]	乃置见肉皮骨分离

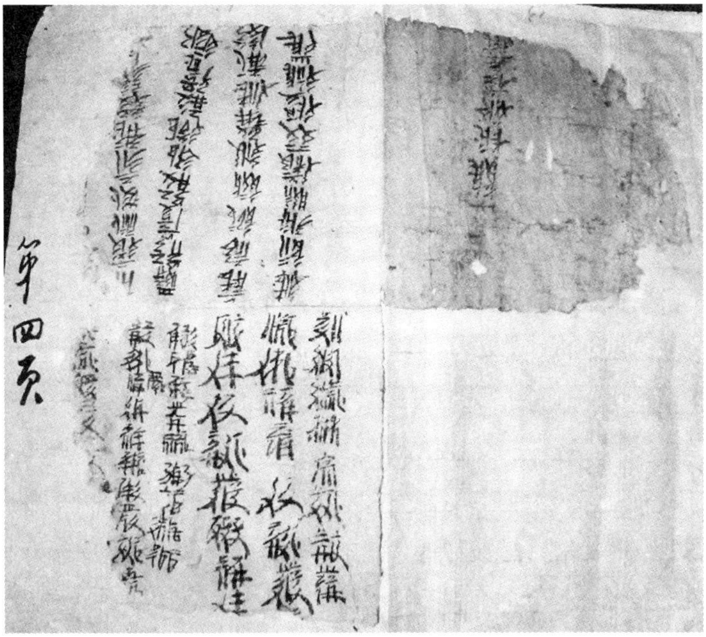

图版 89　景泰写本佛经（4）

西夏文（图版 89－下左－上左－上右）：

[illegible]
[illegible]
[illegible]
[illegible]
[illegible]□

□[illegible]□□
□[illegible]
[illegible]
[illegible]

[illegible]

汉文对译：

若日时中王处到后
宫出许求南无释
牟佛南无释迦卫佛
指挥马尾令游行先后
门出道中高白老人见面□

□行令曾身老已□□
□为南门出大闻苦涂
衣净嫉妒因故病长著
病吟草室卧美□先往

此本主人慧德

题解：

1976年出土于景泰，原收藏者为景泰县芦阳镇农民马世魁，现藏于景泰县档案局。存四页，每页上下对折后，再左右对折，各成为四个小页面，成16面，现存15面。该经刚发现时是一本小型书籍，页面相互粘连，后经保存者清洁整理，成为现在的形状。根据刚发现时书籍的形状描述，和页面上对折的痕迹分析，应当是缝缋装佛经。该佛经每个页面或书写文字，或墨绘纹饰，或残损无字。第四页末尾有题款“此本主人慧德”。

第一页，四边残，高20.5厘米，宽24厘米。保存四面文字，每面文字3至5行，楷书。一面绘有两条小蛇。

第二页，残损严重，高19.5厘米，宽20厘米。保存两面文字，第一面存四行，第二面文字六行。另外两面，一面残损严重，一面墨绘两排连续的鱼纹等图案。

第三页，四边残缺，高20厘米，宽22厘米。保存四面文字，每面文字5至7行。

第四页残存三面，高20厘米，宽21.5厘米。保存三面文字，每面文字1至6行。

说明：

该文献《中国藏西夏文献》中未收录。

（三十二）考古所藏写本佛经残页

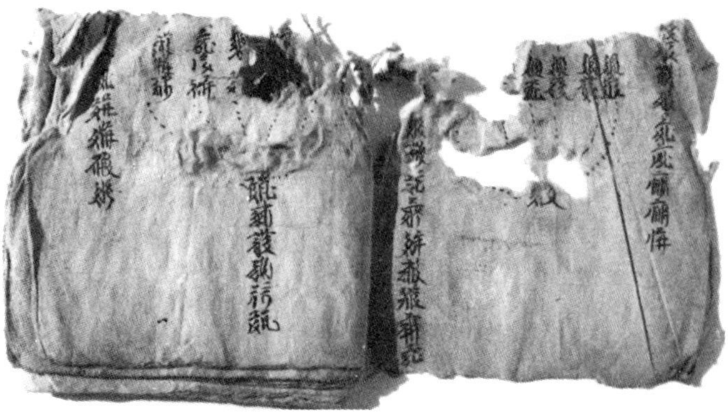

图版90 考古所藏写本佛经残页（1）

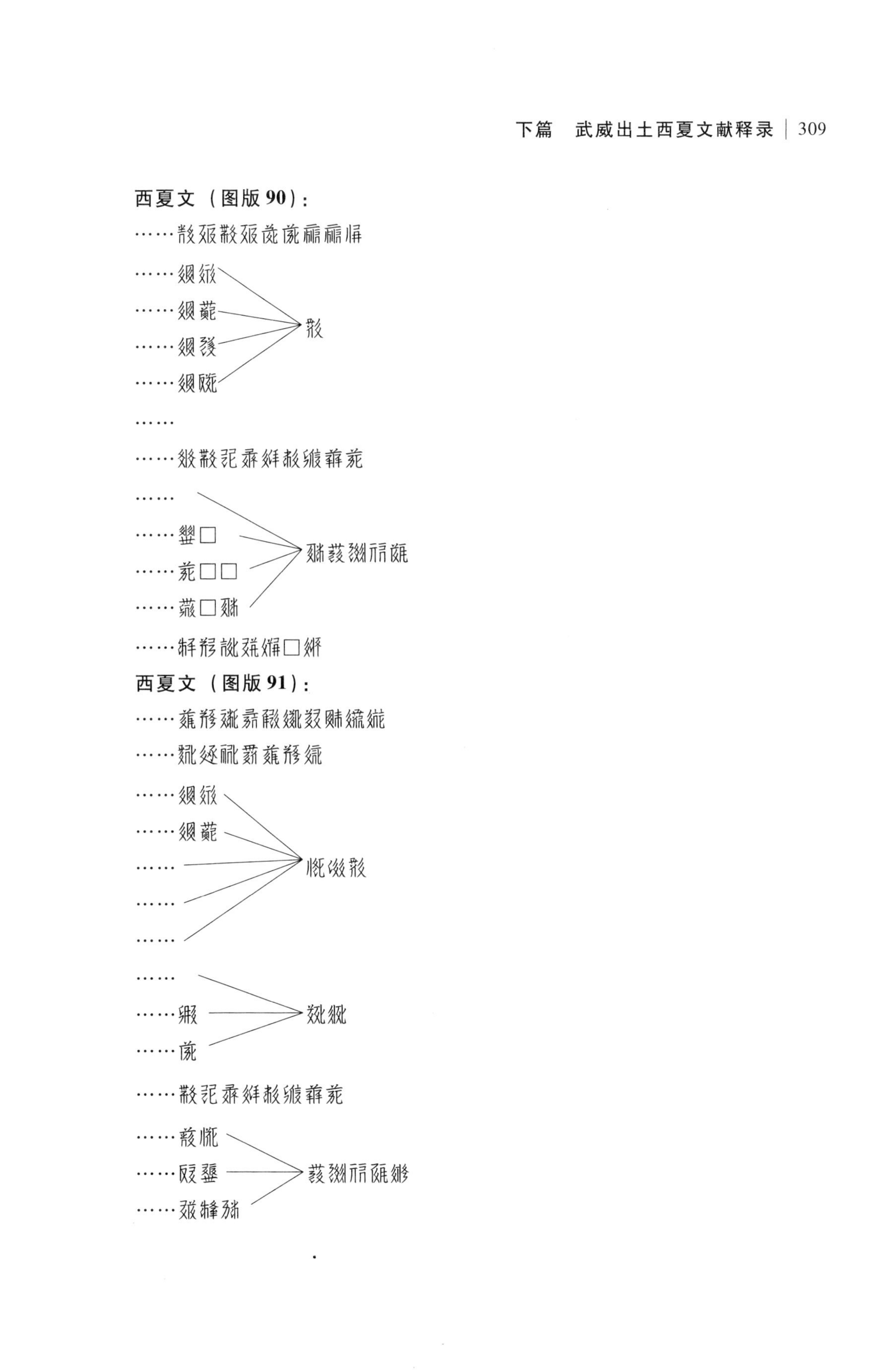

西夏文（图版 90）：

……[illegible]

……[illegible]

……[illegible]

……[illegible]

……[illegible]

[illegible]

……

……[illegible]

……

……[illegible]□

……[illegible]□□

……[illegible]□[illegible]

[illegible]

……[illegible]□[illegible]

西夏文（图版 91）：

……[illegible]

……[illegible]

……[illegible]

……[illegible]

……

……

……

[illegible]

……

……[illegible]

……[illegible]

[illegible]

……[illegible]

……[illegible]

……[illegible]

……[illegible]

[illegible]

图版 91　考古所藏写本佛经残页（2）

图版 92　考古所藏写本佛经残页（3）

西夏文（图版 92）：

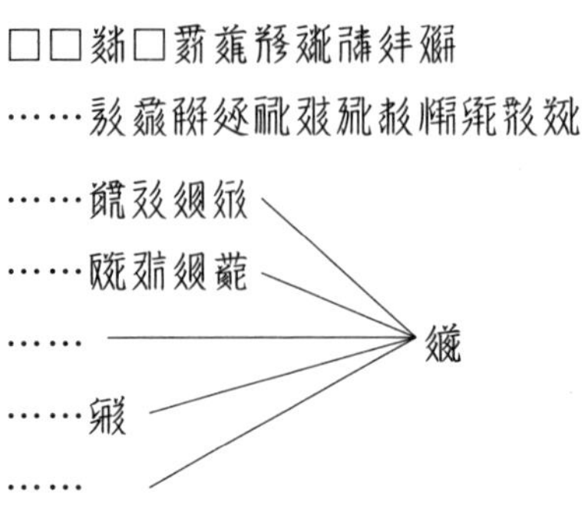

……[illegible]

……[illegible]

……

……[illegible]□[illegible]□□[illegible]

……[illegible]（[illegible]）[illegible]

……　　　　　　　　　　[illegible]

……[illegible]（[illegible]）[illegible]

……[illegible]……[illegible]　[illegible]

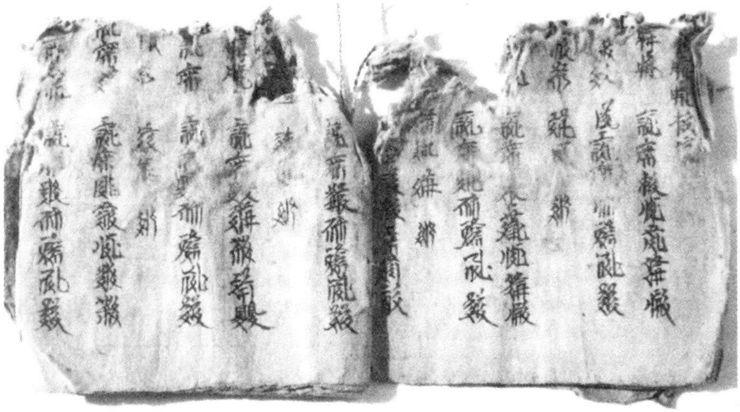

图版 93　考古所藏写本佛经残页（4）

西夏文（图版 93）：

[illegible]

[illegible]　[illegible]

□[illegible]　[illegible]

□[illegible]　[illegible]□□[illegible]

……　[illegible]□[illegible]

……　[illegible]□[illegible]

……　□□[illegible]　[illegible]

……　[illegible]

……　[illegible]

…… □□[illegible]

……[illegible] [illegible]

……[illegible] [illegible]

…… [illegible]□[illegible]

……[illegible]□ [illegible]

……[illegible] [illegible]

图版 94 考古所藏写本佛经残页（5）

西夏文（图版 94）：

…… [illegible] [illegible]

……[illegible] [illegible]

…… [illegible] [illegible]

…… [illegible] [illegible]□[illegible]

…… [illegible] [illegible]

…… [illegible]

…… □□[illegible]

…… [illegible]

…… [illegible]

……[illegible] [illegible]

……[illegible]　[illegible]□[illegible]

……[illegible]　[illegible]□[illegible]

……[illegible]　□[illegible]

……[illegible]□　[illegible]

图版 95　考古所藏写本佛经残页（6）

西夏文（图版 95）：

……[illegible]　[illegible]

……[illegible]□　[illegible]□□[illegible]

……[illegible]　[illegible]□[illegible]□□[illegible]

……[illegible]　[illegible]□[illegible]

……[illegible]□□[illegible]

……　[illegible]□

……　[illegible]

……[illegible]

……　□□[illegible]

……　[illegible]□[illegible]

……　[illegible]□[illegible]

……[illegible]

……[illegible]　[illegible]□[illegible]

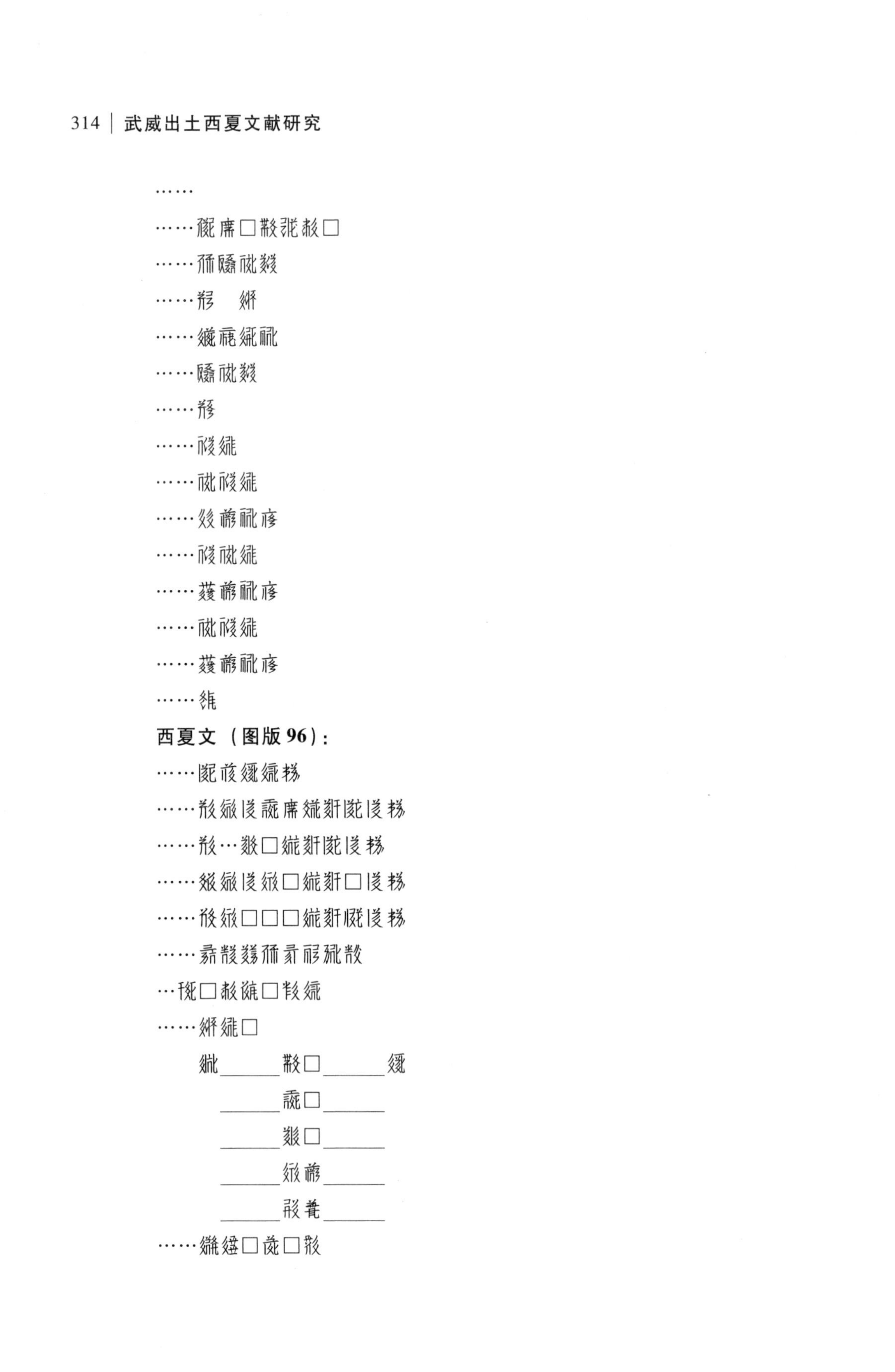

……

……[illegible]□[illegible]□

……[illegible]

……[illegible]

……[illegible]

……[illegible]

……[illegible]

……[illegible]

……[illegible]

……[illegible]

……[illegible]

……[illegible]

……[illegible]

……[illegible]

……[illegible]

西夏文（图版96）：

……[illegible]

……[illegible]

……[illegible]…[illegible]□[illegible]

……[illegible]□[illegible]□[illegible]

……[illegible]□□□[illegible]

……[illegible]

…[illegible]□[illegible]□[illegible]

……[illegible]□

[illegible]______[illegible]□______[illegible]

______[illegible]□______

______[illegible]□______

______[illegible]______

______[illegible]______

……[illegible]□[illegible]□[illegible]

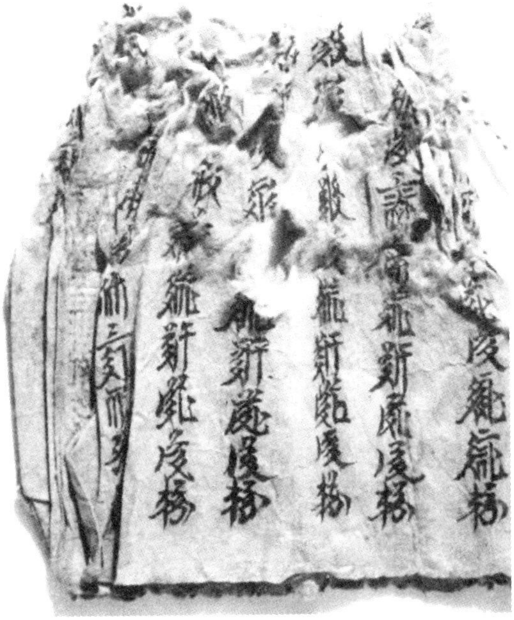

图版 96　考古所藏写本佛经残页（7）

…[illegible]

……[illegible]

[illegible]______[illegible]______□□[illegible]

______[illegible]______

……[illegible]□[illegible]

[illegible]□□[illegible]

[illegible]□□□[illegible]

[illegible]□□□[illegible]

[illegible]

[illegible]□[illegible]□□[illegible]

[illegible]□[illegible]□□[illegible]

[illegible]

[illegible]□[illegible]□[illegible]

……[illegible]

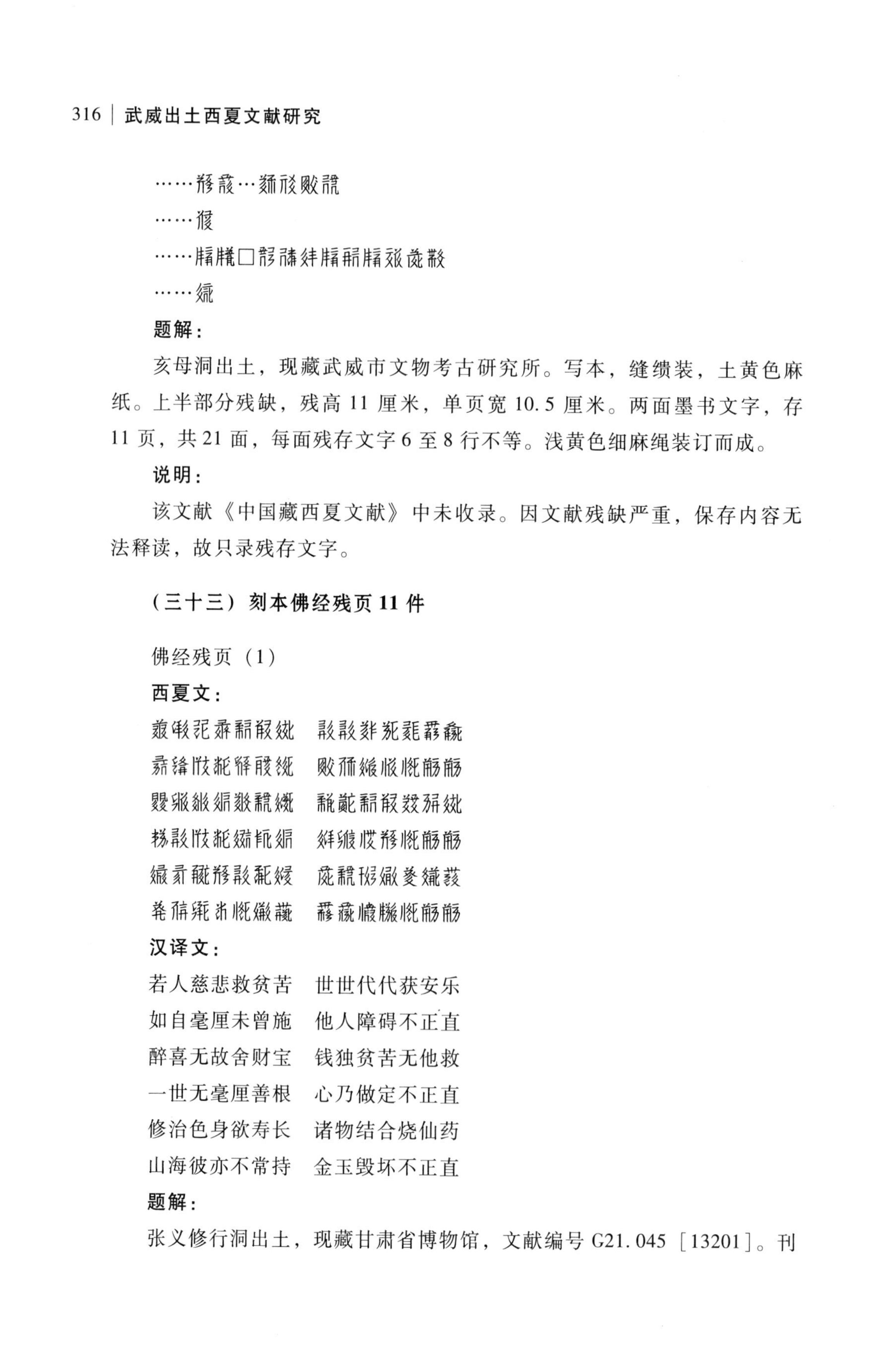

……[illegible]

……[illegible]

……[illegible]

……[illegible]

题解：

亥母洞出土，现藏武威市文物考古研究所。写本，缝缋装，土黄色麻纸。上半部分残缺，残高 11 厘米，单页宽 10.5 厘米。两面墨书文字，存 11 页，共 21 面，每面残存文字 6 至 8 行不等。浅黄色细麻绳装订而成。

说明：

该文献《中国藏西夏文献》中未收录。因文献残缺严重，保存内容无法释读，故只录残存文字。

（三十三）刻本佛经残页 11 件

佛经残页（1）

西夏文：

[illegible]

[illegible]

[illegible]

[illegible]

[illegible]

[illegible]

汉译文：

若人慈悲救贫苦　世世代代获安乐

如自毫厘未曾施　他人障碍不正直

醉喜无故舍财宝　钱独贫苦无他救

一世无毫厘善根　心乃做定不正直

修治色身欲寿长　诸物结合烧仙药

山海彼亦不常持　金玉毁坏不正直

题解：

张义修行洞出土，现藏甘肃省博物馆，文献编号 G21.045［13201］。刊

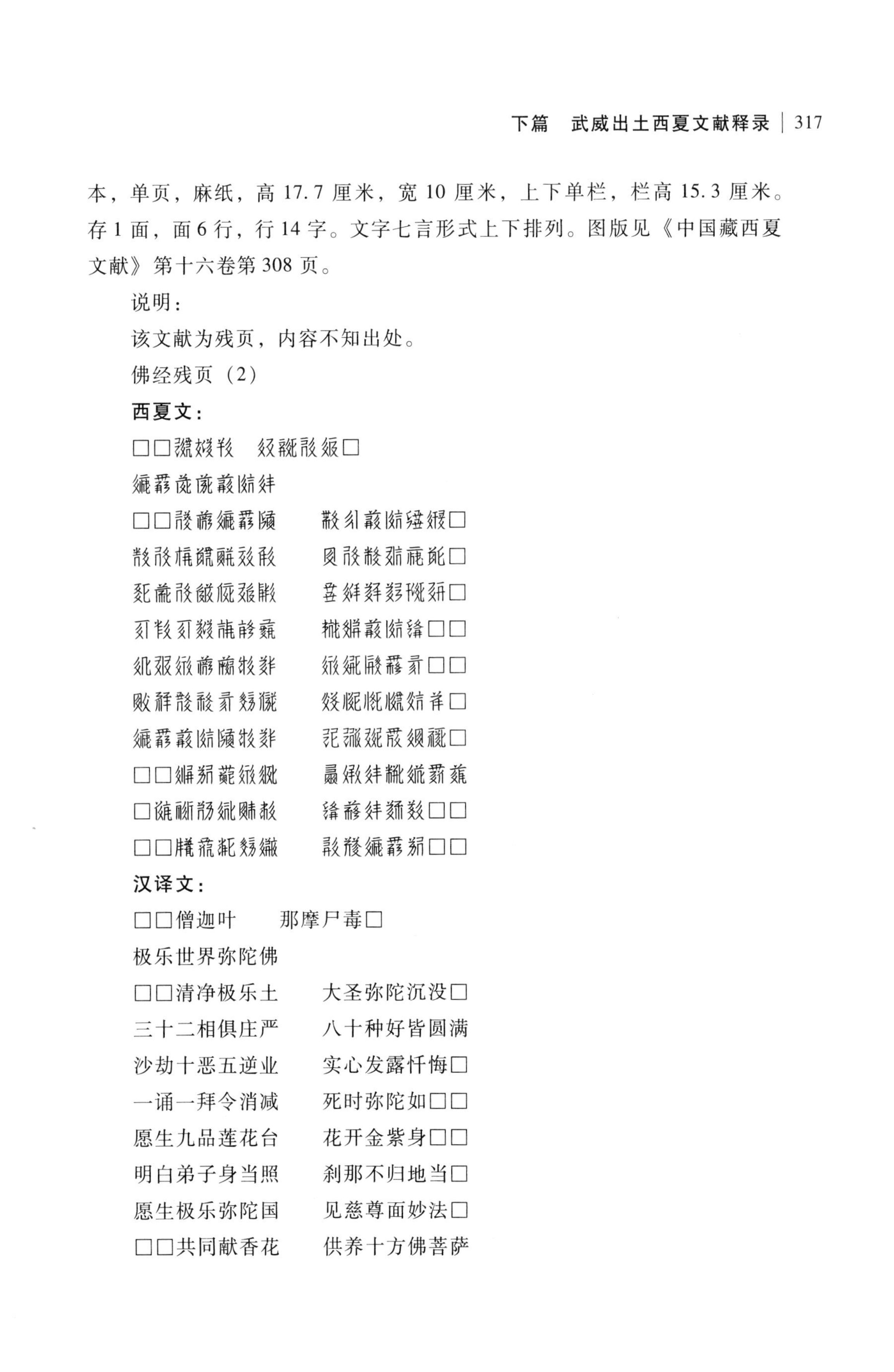

本，单页，麻纸，高 17.7 厘米，宽 10 厘米，上下单栏，栏高 15.3 厘米。存 1 面，面 6 行，行 14 字。文字七言形式上下排列。图版见《中国藏西夏文献》第十六卷第 308 页。

说明：

该文献为残页，内容不知出处。

佛经残页（2）

西夏文：

□□[illegible]　[illegible]□

[illegible]

□□[illegible]　[illegible]□

[illegible]　[illegible]□

[illegible]　[illegible]□

[illegible]　[illegible]□□

[illegible]　[illegible]□□

[illegible]　[illegible]□

[illegible]　[illegible]□

□□[illegible]　[illegible]

□[illegible]　[illegible]□□

□□[illegible]　[illegible]□□

汉译文：

□□僧迦叶　那摩尸毒□

极乐世界弥陀佛

□□清净极乐土　大圣弥陀沉没□

三十二相俱庄严　八十种好皆圆满

沙劫十恶五逆业　实心发露忏悔□

一诵一拜令消灭　死时弥陀如□□

愿生九品莲花台　花开金紫身□□

明白弟子身当照　刹那不归地当□

愿生极乐弥陀国　见慈尊面妙法□

□□共同献香花　供养十方佛菩萨

□以此殊胜功德　　如实佛菩提□□

□□有情中同到　　寿终极乐共□□

题解：

张义修行洞出土，现存甘肃省博物馆，文献编号 G21.047［13213］。经折装，刊本，麻纸，残页，下边残缺，残高 13 厘米，宽 7.6 厘米，上边存单栏。共 2 面，6 行，行 13 字，文字七言形式上下排列。图版见《中国藏西夏文献》第十六第 310 页。

说明：

该文献为残页，内容不知出处。

佛经残页（3）（图版 97）

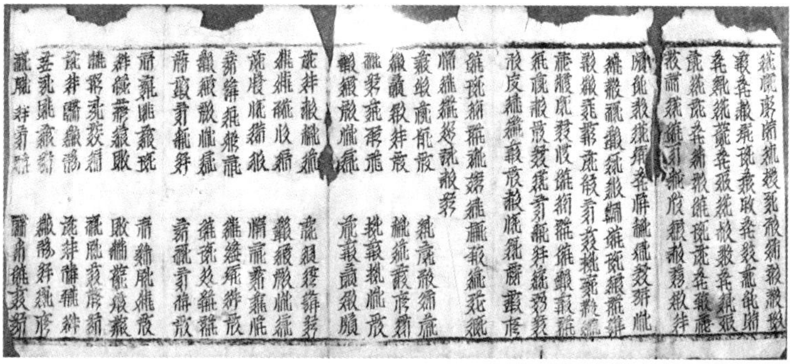

图版 97　佛经残页（3）

（原图版见《中国藏西夏文献——甘肃省博物馆藏卷》第十六卷，第 377 页）

西夏文：	**汉文对译：**
[illegible]	亿那由他恒河沙微尘数大须
[illegible]	弥山复彼如铁围山目真邻陀
[illegible]	山百亿香山千亿杂宝山百千
[illegible]	万亿众山小数此如众山等皆
[illegible]	动摇能此一毫厘力以彼方佛
[illegible]	国土迁能彼山中众生无他知
[illegible]	觉大法印持缘速此如力得如
[illegible]	寿长安乐众苦身与远离大众

[illegible]　皆恭敬必定此福得此印闻得

[illegible]　难眼以见不能身上悬者说可

[illegible]　何有我今闻听及又持顶戴者

[illegible]　此如福得然说我你等闻听思

[illegible]　念我今再颂以说

[illegible]　若人眼本见　百万微尘劫

[illegible]　常十方佛见　菩萨侍者成

[illegible]　法说言语声　远闻远知见

[illegible]　信力是知所　耳闻十方国

[illegible]　诸佛并菩萨　深妙义如讲

[illegible]　显达违背无　信力是知所

[illegible]　诸天并善神　生念供养来

[illegible]　自如问答生　先圣其心见

[illegible]　信力是知所　如此果证得

[illegible]　顶戴身上挂　自法身海见

[illegible]　寂灭虚空如　寂默性明见

[illegible]　心照金色光　光中香水显

[illegible]　随波边际无　法性与漂同

[illegible]　诸佛体遍入　诸佛本源心

[illegible]　实边虚空同　遍入悬持者

[illegible]　法性佛身得　体亦此与同

汉译文：

……亿那由他恒河沙微尘数大须弥山、复彼如铁围山、目真邻陀山，百亿香山、千亿杂宝山、百千万亿众小山数。如此众山等皆能动摇，以此一毫厘力，能迁彼方佛国土。彼山中众生无他知觉，持大法印故，速得如此力。实长寿安乐，远离诸苦。大众必定悉皆恭敬。得此福难得闻此印，不能眼见，挂身上者何有。我今闻见，及复持顶戴者此如得福，汝等闻听、思念我所解说，我今再次颂说：

若人眼见本　百万微尘劫　常见十方佛　菩萨为侍者

法说言语声　远闻远知见　信力是知所　耳闻十方国

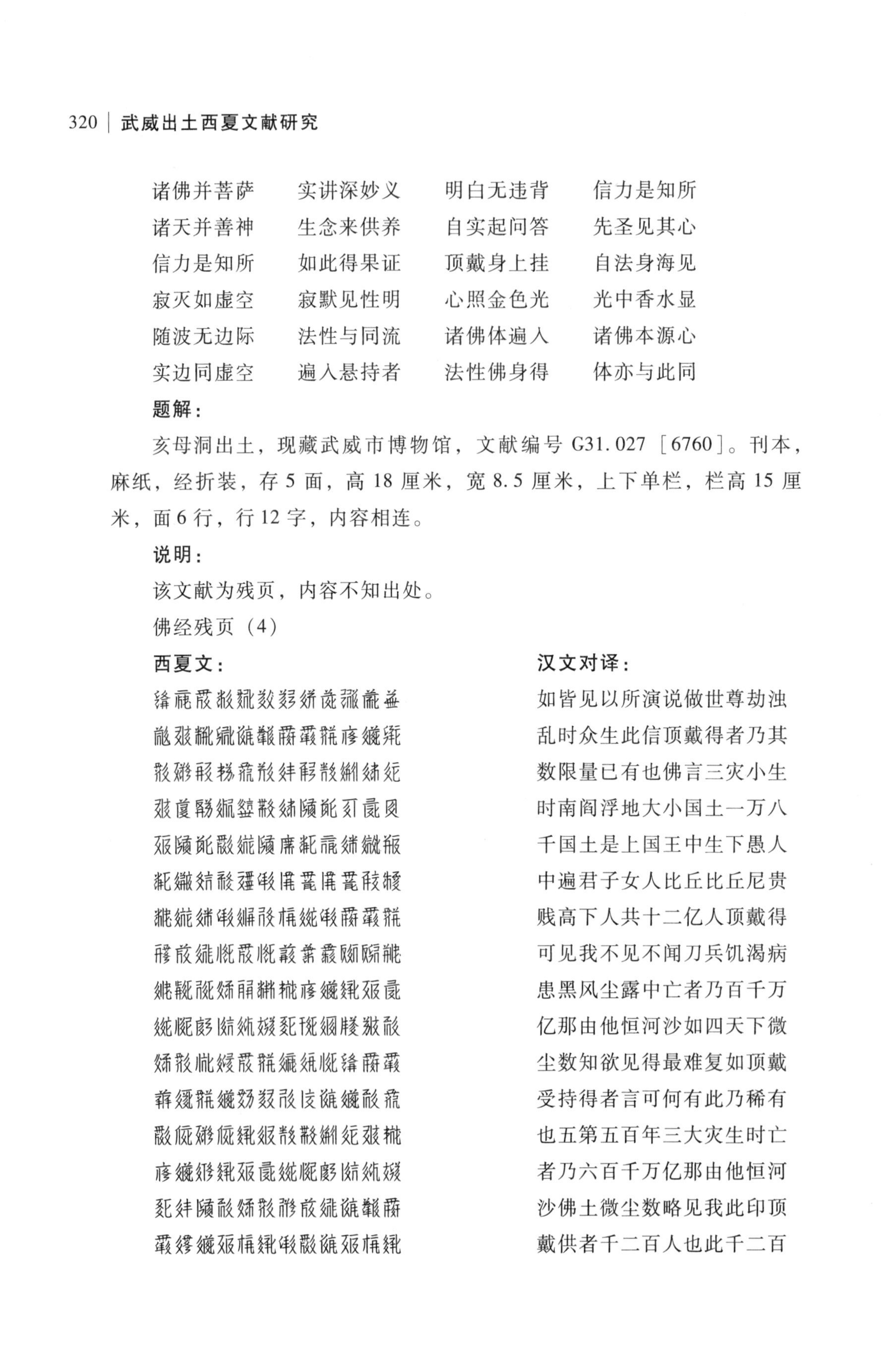

诸佛并菩萨　实讲深妙义　明白无违背　信力是知所
诸天并善神　生念来供养　自实起问答　先圣见其心
信力是知所　如此得果证　顶戴身上挂　自法身海见
寂灭如虚空　寂默见性明　心照金色光　光中香水显
随波无边际　法性与同流　诸佛体遍入　诸佛本源心
实边同虚空　遍入悬持者　法性佛身得　体亦与此同

题解：

亥母洞出土，现藏武威市博物馆，文献编号 G31.027［6760］。刊本，麻纸，经折装，存 5 面，高 18 厘米，宽 8.5 厘米，上下单栏，栏高 15 厘米，面 6 行，行 12 字，内容相连。

说明：

该文献为残页，内容不知出处。

佛经残页（4）

西夏文：	汉文对译：
[illegible]	如皆见以所演说做世尊劫浊
[illegible]	乱时众生此信顶戴得者乃其
[illegible]	数限量已有也佛言三灾小生
[illegible]	时南阎浮地大小国土一万八
[illegible]	千国土是上国王中生下愚人
[illegible]	中遍君子女人比丘比丘尼贵
[illegible]	贱高下人共十二亿人顶戴得
[illegible]	可见我不见不闻刀兵饥渴病
[illegible]	患黑风尘露中亡者乃百千万
[illegible]	亿那由他恒河沙如四天下微
[illegible]	尘数知欲见得最难复如顶戴
[illegible]	受持得者言可何有此乃稀有
[illegible]	也五第五百年三大灾生时亡
[illegible]	者乃六百千万亿那由他恒河
[illegible]	沙佛土微尘数略见我此印顶
[illegible]	戴供者千二百人也此千二百

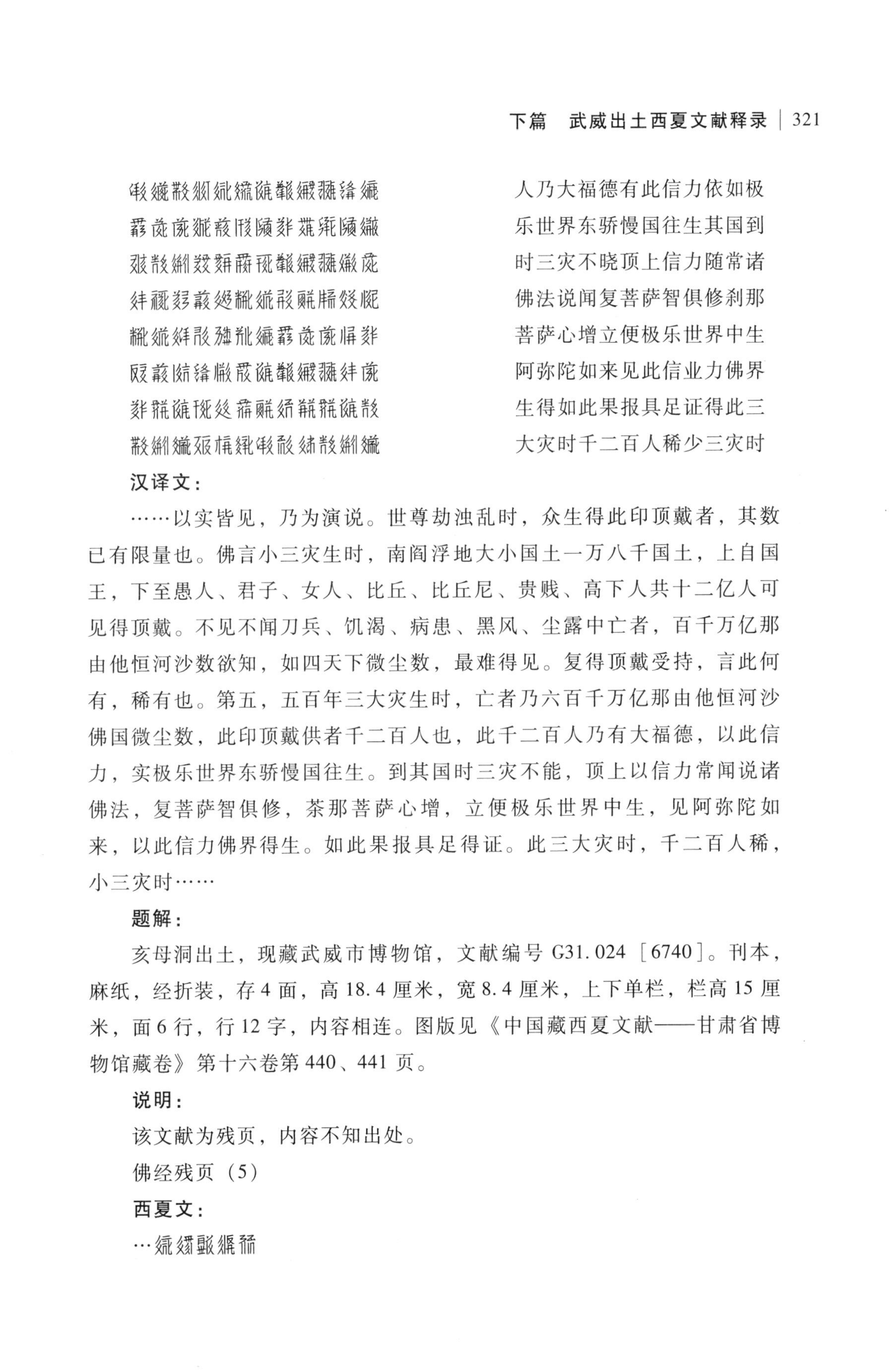

[illegible]	人乃大福德有此信力依如极
[illegible]	乐世界东骄慢国往生其国到
[illegible]	时三灾不晓顶上信力随常诸
[illegible]	佛法说闻复菩萨智俱修刹那
[illegible]	菩萨心增立便极乐世界中生
[illegible]	阿弥陀如来见此信业力佛界
[illegible]	生得如此果报具足证得此三
[illegible]	大灾时千二百人稀少三灾时

汉译文：

……以实皆见，乃为演说。世尊劫浊乱时，众生得此印顶戴者，其数已有限量也。佛言小三灾生时，南阎浮地大小国土一万八千国土，上自国王，下至愚人、君子、女人、比丘、比丘尼、贵贱、高下人共十二亿人可见得顶戴。不见不闻刀兵、饥渴、病患、黑风、尘露中亡者，百千万亿那由他恒河沙数欲知，如四天下微尘数，最难得见。复得顶戴受持，言此何有，稀有也。第五，五百年三大灾生时，亡者乃六百千万亿那由他恒河沙佛国微尘数，此印顶戴供者千二百人也，此千二百人乃有大福德，以此信力，实极乐世界东骄慢国往生。到其国时三灾不能，顶上以信力常闻说诸佛法，复菩萨智俱修，荼那菩萨心增，立便极乐世界中生，见阿弥陀如来，以此信力佛界得生。如此果报具足得证。此三大灾时，千二百人稀，小三灾时……

题解：

亥母洞出土，现藏武威市博物馆，文献编号 G31.024［6740］。刊本，麻纸，经折装，存 4 面，高 18.4 厘米，宽 8.4 厘米，上下单栏，栏高 15 厘米，面 6 行，行 12 字，内容相连。图版见《中国藏西夏文献——甘肃省博物馆藏卷》第十六卷第 440、441 页。

说明：

该文献为残页，内容不知出处。

佛经残页（5）

西夏文：

…[illegible]

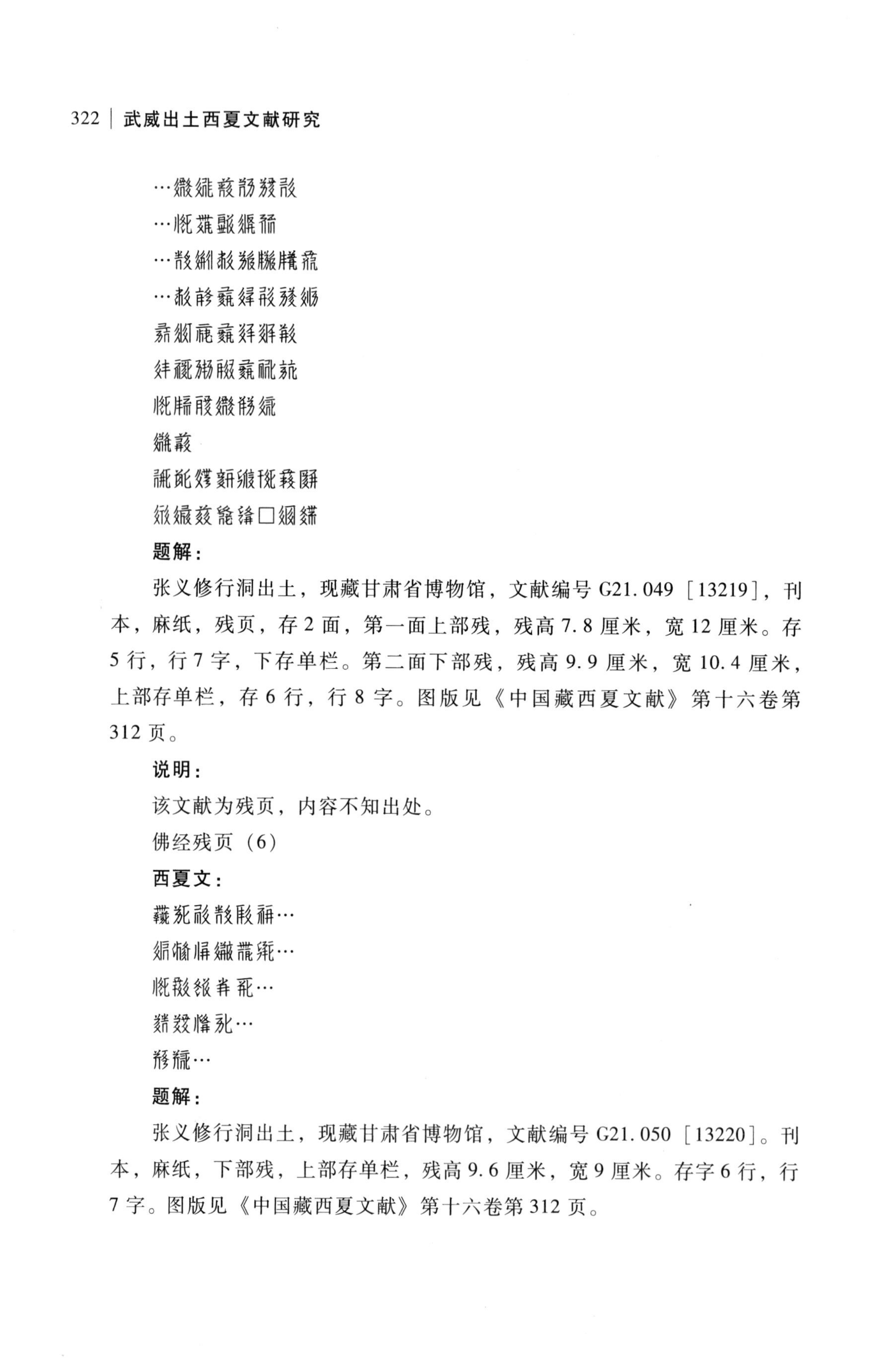

…[illegible]

…[illegible]

…[illegible]

…[illegible]

[illegible]

[illegible]

[illegible]

[illegible]

[illegible]

[illegible]□[illegible]

题解：

张义修行洞出土，现藏甘肃省博物馆，文献编号 G21.049［13219］，刊本，麻纸，残页，存 2 面，第一面上部残，残高 7.8 厘米，宽 12 厘米。存 5 行，行 7 字，下存单栏。第二面下部残，残高 9.9 厘米，宽 10.4 厘米，上部存单栏，存 6 行，行 8 字。图版见《中国藏西夏文献》第十六卷第 312 页。

说明：

该文献为残页，内容不知出处。

佛经残页（6）

西夏文：

[illegible]…

[illegible]…

[illegible]…

[illegible]…

[illegible]…

题解：

张义修行洞出土，现藏甘肃省博物馆，文献编号 G21.050［13220］。刊本，麻纸，下部残，上部存单栏，残高 9.6 厘米，宽 9 厘米。存字 6 行，行 7 字。图版见《中国藏西夏文献》第十六卷第 312 页。

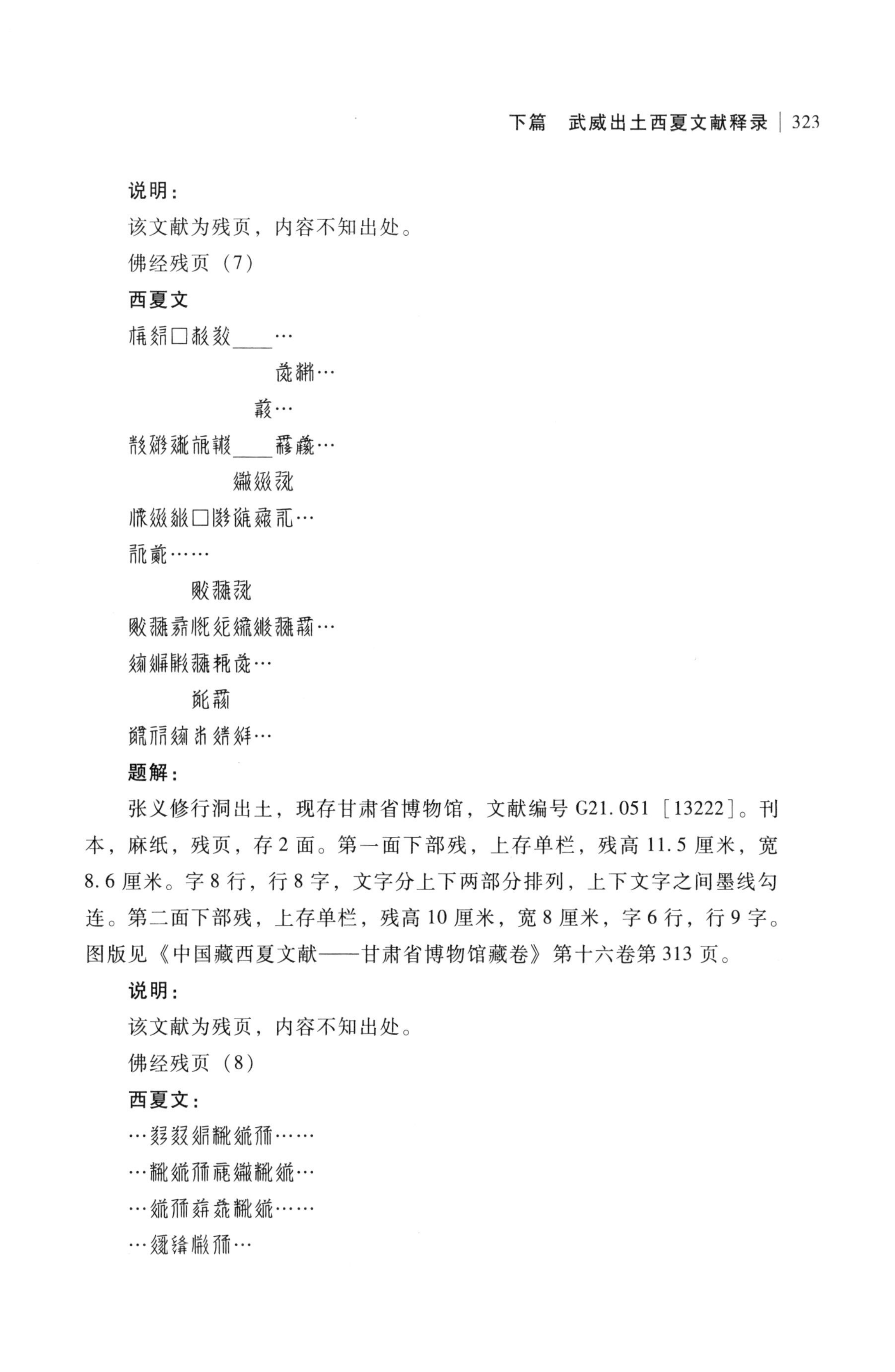

说明：

该文献为残页，内容不知出处。

佛经残页（7）

西夏文

[illegible]□[illegible]____…

[illegible]…

[illegible]…

[illegible]____[illegible]…

[illegible]

[illegible]□[illegible]…

[illegible]……

[illegible]

[illegible]…

[illegible]…

[illegible]

[illegible]…

题解：

张义修行洞出土，现存甘肃省博物馆，文献编号 G21.051［13222］。刊本，麻纸，残页，存 2 面。第一面下部残，上存单栏，残高 11.5 厘米，宽 8.6 厘米。字 8 行，行 8 字，文字分上下两部分排列，上下文字之间墨线勾连。第二面下部残，上存单栏，残高 10 厘米，宽 8 厘米，字 6 行，行 9 字。图版见《中国藏西夏文献——甘肃省博物馆藏卷》第十六卷第 313 页。

说明：

该文献为残页，内容不知出处。

佛经残页（8）

西夏文：

…[illegible]……

…[illegible]…

…[illegible]……

…[illegible]…

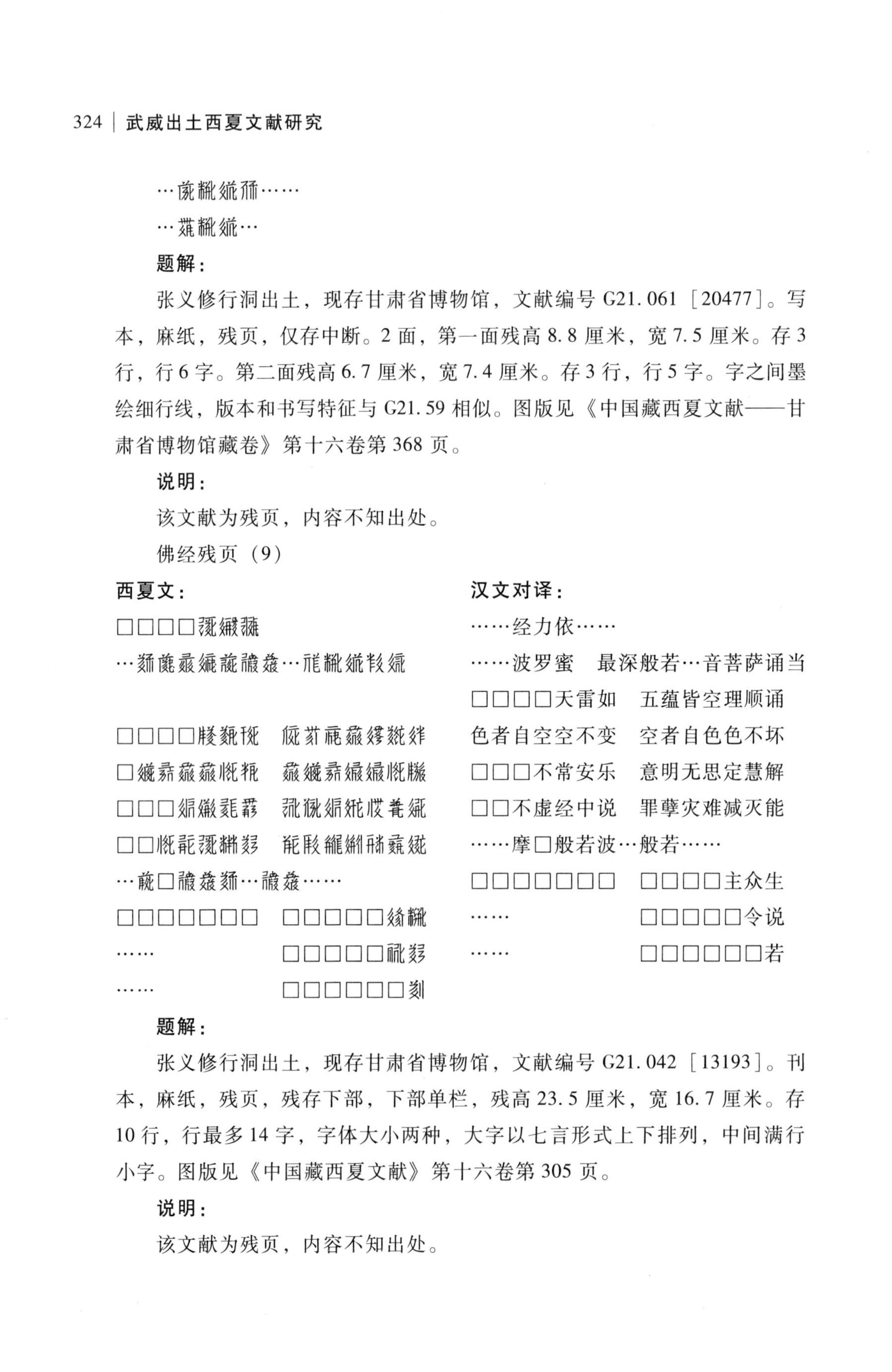

…[illegible]……

…[illegible]…

题解：

张义修行洞出土，现存甘肃省博物馆，文献编号 G21.061［20477］。写本，麻纸，残页，仅存中断。2 面，第一面残高 8.8 厘米，宽 7.5 厘米。存 3 行，行 6 字。第二面残高 6.7 厘米，宽 7.4 厘米。存 3 行，行 5 字。字之间墨绘细行线，版本和书写特征与 G21.59 相似。图版见《中国藏西夏文献——甘肃省博物馆藏卷》第十六卷第 368 页。

说明：

该文献为残页，内容不知出处。

佛经残页（9）

西夏文：

□□□□[illegible]

…[illegible]…[illegible]

□□□□[illegible]　[illegible]

□[illegible]　[illegible]

□□□[illegible]　[illegible]

□□[illegible]　[illegible]

…[illegible]□[illegible]…[illegible]……

□□□□□□□　□□□□□[illegible]

……　□□□□□[illegible]

……　□□□□□□□[illegible]

汉文对译：

……经力依……

……波罗蜜　最深般若…音菩萨诵当

□□□□天雷如　五蕴皆空理顺诵

色者自空空不变　空者自色色不坏

□□□不常安乐　意明无思定慧解

□□不虚经中说　罪孽灾难减灭能

……摩□般若波…般若……

□□□□□□□　□□□□主众生

……　□□□□□令说

……　□□□□□□若

题解：

张义修行洞出土，现存甘肃省博物馆，文献编号 G21.042［13193］。刊本，麻纸，残页，残存下部，下部单栏，残高 23.5 厘米，宽 16.7 厘米。存 10 行，行最多 14 字，字体大小两种，大字以七言形式上下排列，中间满行小字。图版见《中国藏西夏文献》第十六卷第 305 页。

说明：

该文献为残页，内容不知出处。

佛经残页（10）

西夏文：

[illegible]

□□[illegible]

□□[illegible]

□□[illegible]

□[illegible]　　三

[illegible]

[illegible][1]

□□[illegible]……

汉文对译：

辣毗揆□娑诃　说三遍或七遍

□□一遍□八遍等诵以典行乎

□□本佛真言诵以已得才因

□□当乃至典行毕时三遍敬礼

□彼复

诸佛正法菩萨众　菩提中到因置我

我以善根颂此经　饶益有情当成佛

□□遍诵以善根回向为当花树

□令不□

题解：

张义修行洞出土，现存甘肃省博物馆，文献编号 G21.043［13199］。刊本，麻纸，残页，上部残。残高 17 厘米，宽 13.2 厘米，下部单栏，存 9 行，行 14 字。图版见《中国藏西夏文献——甘肃省博物馆藏卷》第十六卷第 306 页。

说明：

该文献为残页，内容不知出处。

佛经残页（11）

西夏文：

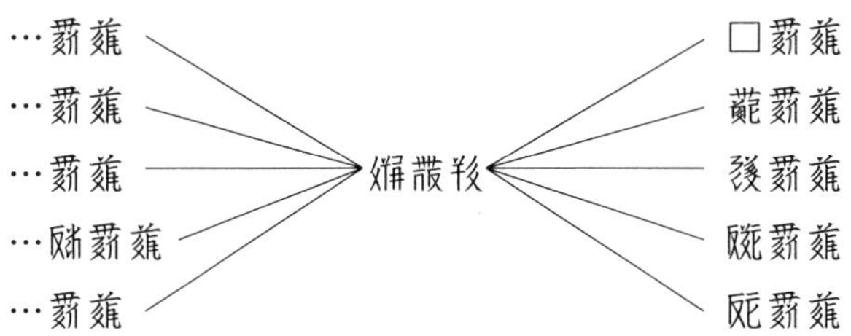

---

① 亥母洞出土相同内容的文献（编号为 G31.020［6762］），二者不同在于，该经中“[illegible]”，亥母洞文献中为“[illegible]”。

汉译文：

……供养　　　　　　　□供养
……供养　　　　　　　香供养
……供养　　嘛诃耶　　火供养
……食供养　　　　　　食供养
……供养　　　　　　　食供养

题解：

张义修行洞出土，现藏甘肃省博物馆。刻本，残页，残存文字5行，空白处有香炉图案。

说明：

此残页《中国藏西夏文献》中未收录。该文献为残页，内容不知出处。

（三十四）写本佛经残页12件

写本佛经残页（1）（图版98）

图版98　写本佛经残页（1）

（原图版见《中国藏西夏文献——甘肃省博物馆藏卷》第十六卷，第523页）

西夏文：　　　　　　　　　　　　**汉文对译：**

□□□□□[illegible]□　[illegible]□[illegible]□[illegible]　　□□□□□数□　粗相最□生□是

[illegible]□[illegible]□□[illegible]　[illegible]□□　　最□少□□和故　此合和有乃□□

□□□□[illegible]	[illegible]	□□□□肋有□	合和不成说当不
□□[illegible]	[illegible]□□	□□方分差别有	此乃一是来□□
□□[illegible]	[illegible]	□□骂者何故成	粗相异无彼其非
□□□□□[illegible]	[illegible]	□□□□□不成	取时观又不观非
□□□□[illegible]	[illegible]	□□□□一室住	目以不见最细深
[illegible]	□[illegible]□[illegible]□□[illegible]	如前情乃观等不	□亦□乃□□上
□[illegible]□[illegible]□[illegible]□	[illegible]	□之□乃□有□	此乃如前何故是
[illegible]	[illegible]	比如其显寿识长	言毕何时彼时上
[illegible]□[illegible]	[illegible]	梦怨送见□是也	不睡眠此方□者
□□[illegible]□□	[illegible]□□	□□亲有情□□	情乃自有各□□
□□□□□[illegible]□	[illegible]□[illegible]□□□□	□□□□□树□	故□梦□□□□
□□□□□□□	亚谍肇茫嘻□□	□□□□□□□	亡之命断以□□

题解：

亥母洞出土，现藏武威市博物馆，文献编号 G31. 034［6753］。写本，麻纸，单页，残件，高 18. 5 厘米，宽 31 厘米。残存文字 14 行，每行两句，每句七言，上下排列，字体楷书和草书兼有。

说明：

该文献为残页，内容不知出处。

写本佛经残页（2）

西夏文：

…[illegible]□□□[illegible]□□[illegible]…

…[illegible]…

…[illegible]□[illegible]…

…[illegible]…

…[illegible]…

…[illegible]…

…[illegible]…

…[illegible]…

…[illegible]…

…[illegible]…

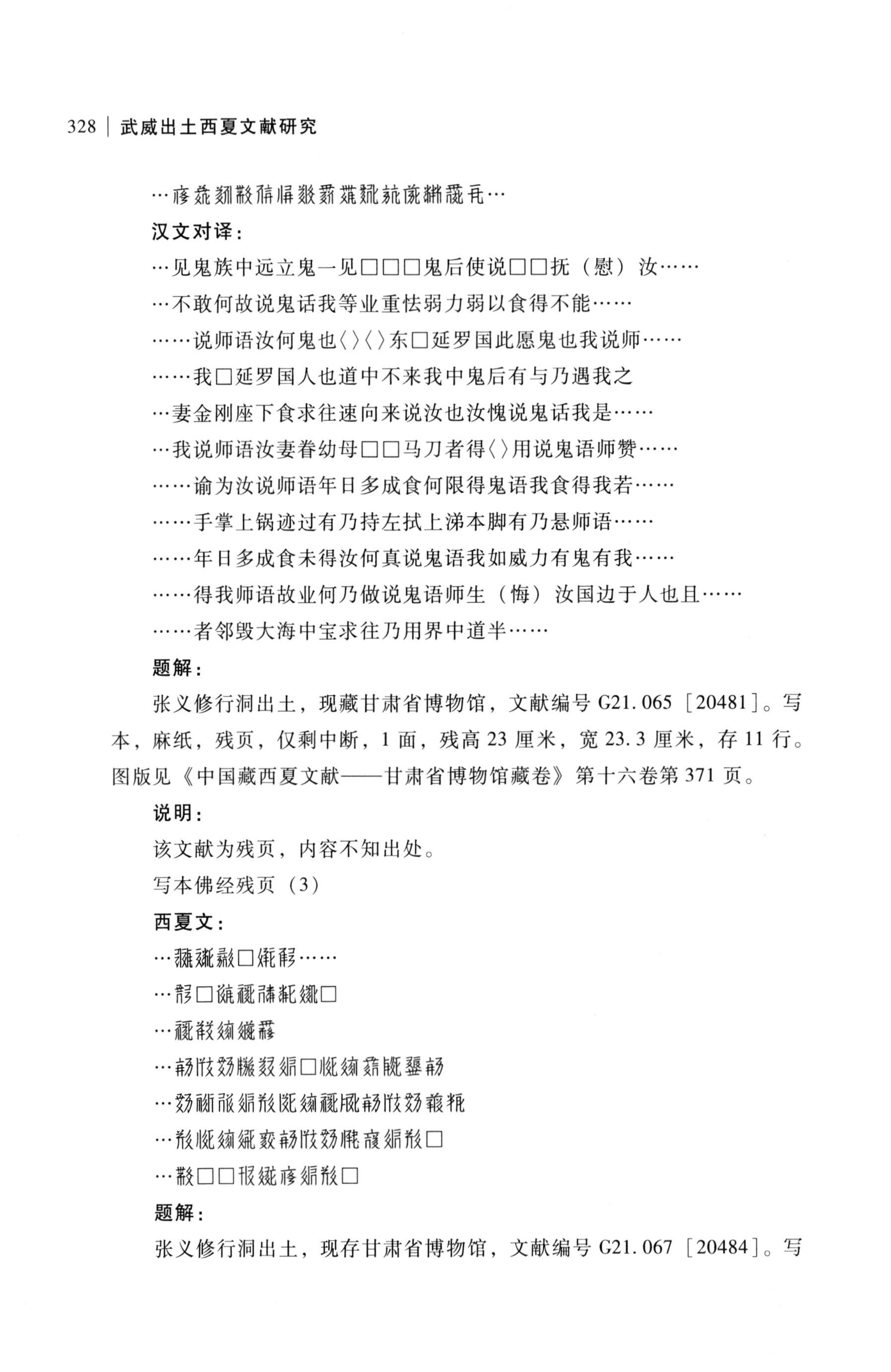

…[illegible]…

汉文对译：

…见鬼族中远立鬼一见□□□鬼后使说□□抚（慰）汝……

…不敢何故说鬼话我等业重怯弱力弱以食得不能……

……说师语汝何鬼也〈〉〈〉东□延罗国此愿鬼也我说师……

……我□延罗国人也道中不来我中鬼后有与乃遇我之

…妻金刚座下食求往速向来说汝也汝愧说鬼话我是……

…我说师语汝妻眷幼母□□马刀者得〈〉用说鬼语师赞……

……谕为汝说师语年日多成食何限得鬼语我食得我若……

……手掌上锅迹过有乃持左拭上涕本脚有乃悬师语……

……年日多成食未得汝何真说鬼语我如威力有鬼有我……

……得我师语故业何乃做说鬼语师生（悔）汝国边于人也且……

……者邻毁大海中宝求往乃用界中道半……

题解：

张义修行洞出土，现藏甘肃省博物馆，文献编号 G21.065［20481］。写本，麻纸，残页，仅剩中断，1 面，残高 23 厘米，宽 23.3 厘米，存 11 行。图版见《中国藏西夏文献——甘肃省博物馆藏卷》第十六卷第 371 页。

说明：

该文献为残页，内容不知出处。

写本佛经残页（3）

西夏文：

…[illegible]□[illegible]……

…[illegible]□[illegible]□

…[illegible]

…[illegible]□[illegible]

…[illegible]

…[illegible]□

…[illegible]□□[illegible]□

题解：

张义修行洞出土，现存甘肃省博物馆，文献编号 G21.067［20484］。写

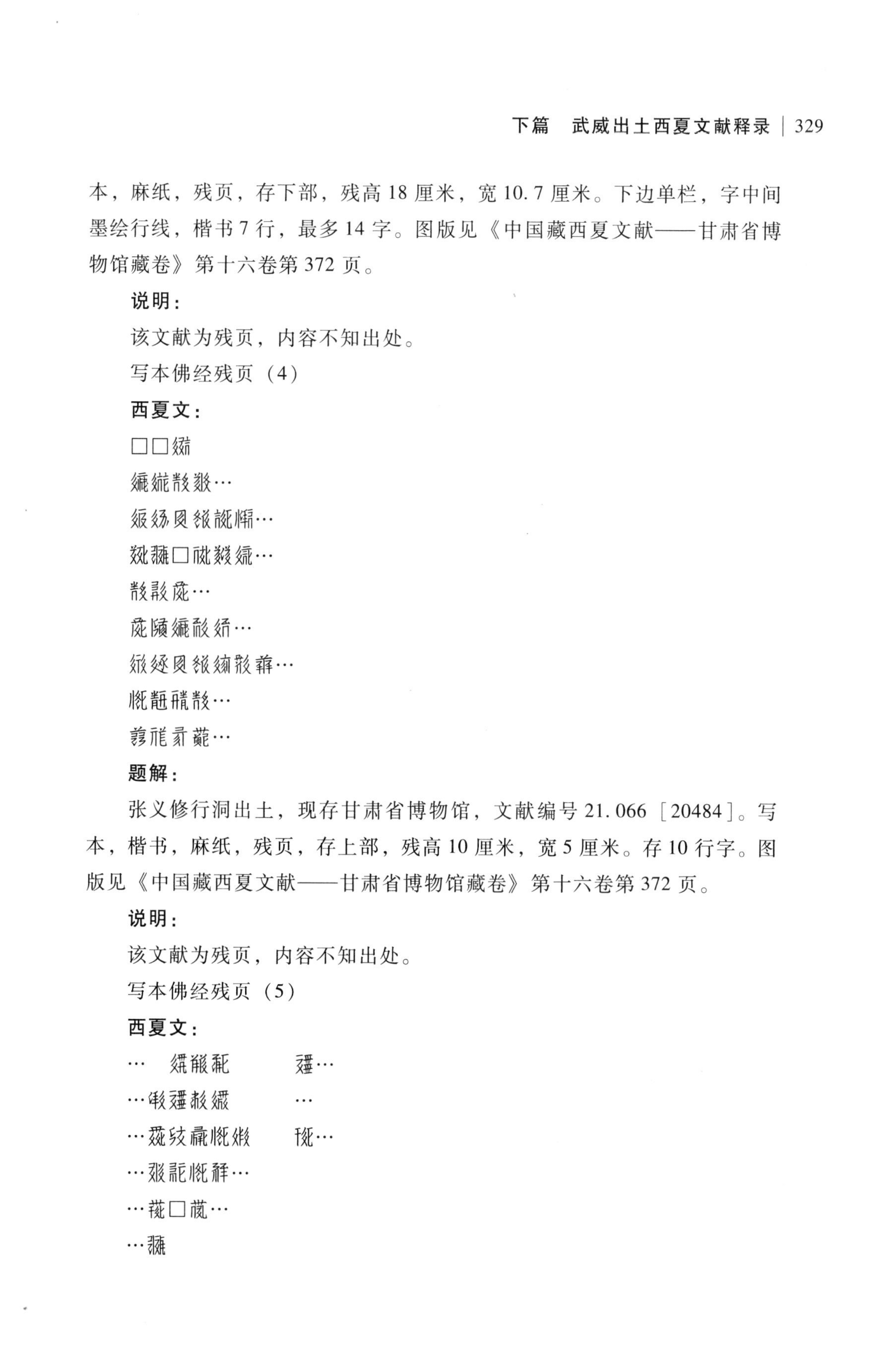

本，麻纸，残页，存下部，残高 18 厘米，宽 10.7 厘米。下边单栏，字中间墨绘行线，楷书 7 行，最多 14 字。图版见《中国藏西夏文献——甘肃省博物馆藏卷》第十六卷第 372 页。

说明：

该文献为残页，内容不知出处。

写本佛经残页（4）

西夏文：

□□[illegible]

[illegible]…

[illegible]…

[illegible]□[illegible]…

[illegible]…

[illegible]…

[illegible]…

[illegible]…

[illegible]…

题解：

张义修行洞出土，现存甘肃省博物馆，文献编号 21.066［20484］。写本，楷书，麻纸，残页，存上部，残高 10 厘米，宽 5 厘米。存 10 行字。图版见《中国藏西夏文献——甘肃省博物馆藏卷》第十六卷第 372 页。

说明：

该文献为残页，内容不知出处。

写本佛经残页（5）

西夏文：

…　[illegible]　　[illegible]…

…[illegible]　　…

…[illegible]　　[illegible]…

…[illegible]…

…[illegible]□[illegible]…

…[illegible]

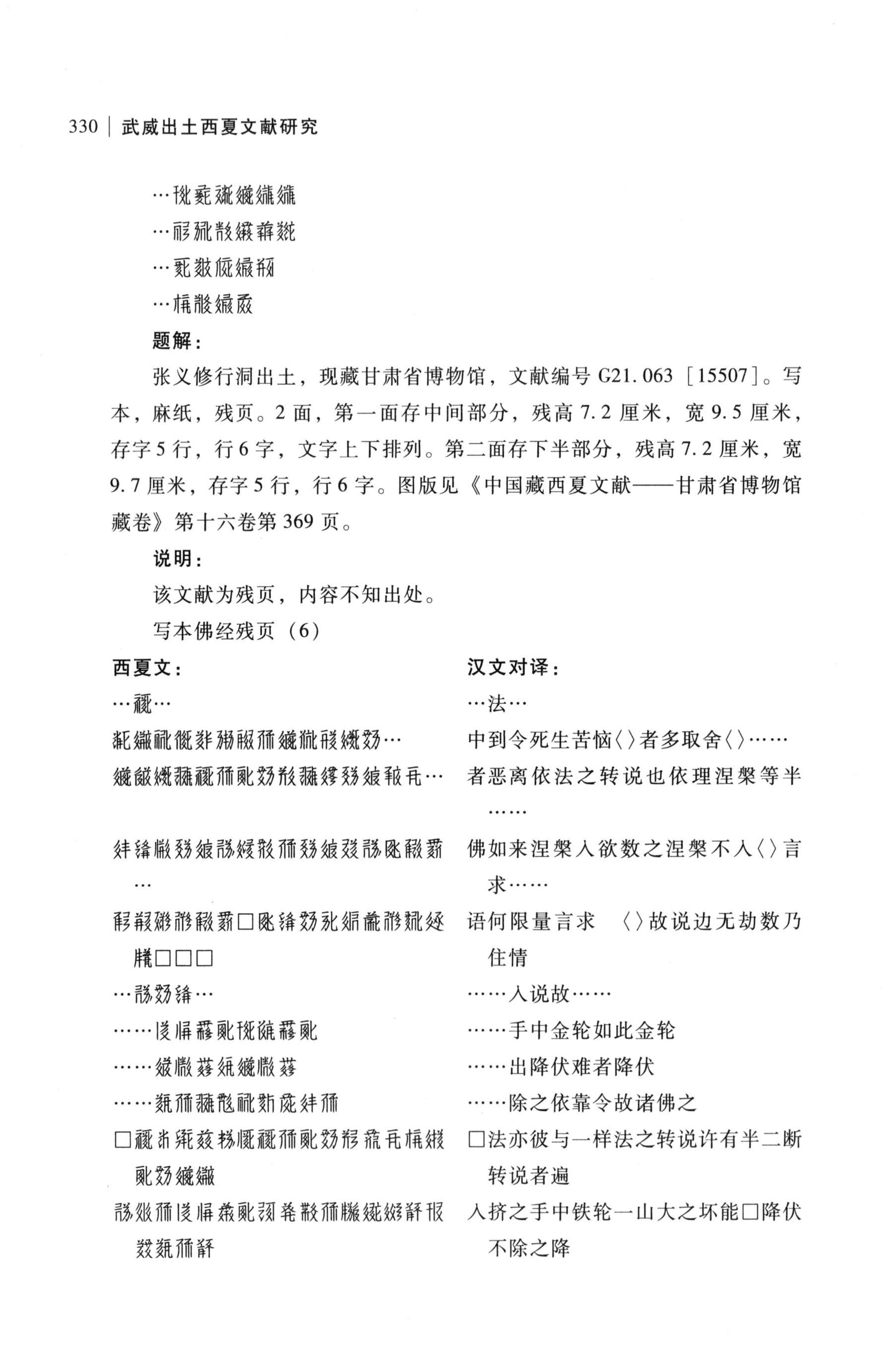

…[illegible]

…[illegible]

…[illegible]

…[illegible]

题解：

张义修行洞出土，现藏甘肃省博物馆，文献编号 G21.063［15507］。写本，麻纸，残页。2 面，第一面存中间部分，残高 7.2 厘米，宽 9.5 厘米，存字 5 行，行 6 字，文字上下排列。第二面存下半部分，残高 7.2 厘米，宽 9.7 厘米，存字 5 行，行 6 字。图版见《中国藏西夏文献——甘肃省博物馆藏卷》第十六卷第 369 页。

说明：

该文献为残页，内容不知出处。

写本佛经残页（6）

西夏文：	**汉文对译：**
…[illegible]…	…法…
[illegible]…	中到令死生苦恼〈〉者多取舍〈〉……
[illegible]…	者恶离依法之转说也依理涅槃等半……
[illegible]…	佛如来涅槃入欲数之涅槃不入〈〉言求……
[illegible]□[illegible]□□□	语何限量言求　〈〉故说边无劫数乃住情
…[illegible]…	……入说故……
……[illegible]	……手中金轮如此金轮
……[illegible]	……出降伏难者降伏
……[illegible]	……除之依靠令故诸佛之
□[illegible]	□法亦彼与一样法之转说许有半二断转说者遍
[illegible]	入挤之手中铁轮一山大之坏能□降伏不除之降

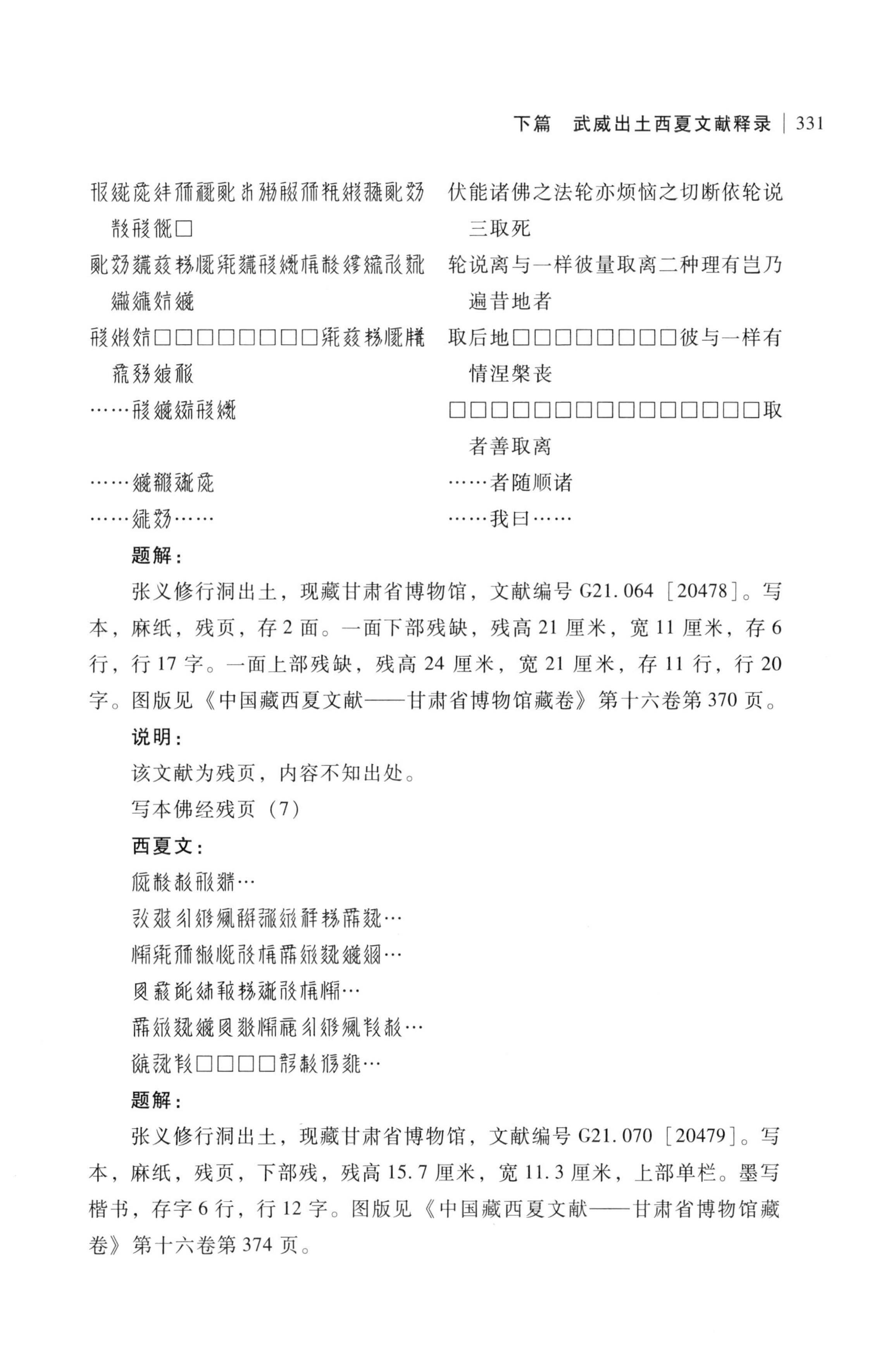

[illegible]□	伏能诸佛之法轮亦烦恼之切断依轮说三取死
[illegible]	轮说离与一样彼量取离二种理有岂乃遍昔地者
[illegible]□□□□□□□□□[illegible]	取后地□□□□□□□□□彼与一样有情涅槃丧
……[illegible]	□□□□□□□□□□□□□□□□□取者善取离
……[illegible]	……者随顺诸
……[illegible]……	……我曰……

题解：

张义修行洞出土，现藏甘肃省博物馆，文献编号 G21.064［20478］。写本，麻纸，残页，存 2 面。一面下部残缺，残高 21 厘米，宽 11 厘米，存 6 行，行 17 字。一面上部残缺，残高 24 厘米，宽 21 厘米，存 11 行，行 20 字。图版见《中国藏西夏文献——甘肃省博物馆藏卷》第十六卷第 370 页。

说明：

该文献为残页，内容不知出处。

写本佛经残页（7）

西夏文：

[illegible]…

[illegible]…

[illegible]…

[illegible]…

[illegible]…

[illegible]□□□□[illegible]…

题解：

张义修行洞出土，现藏甘肃省博物馆，文献编号 G21.070［20479］。写本，麻纸，残页，下部残，残高 15.7 厘米，宽 11.3 厘米，上部单栏。墨写楷书，存字 6 行，行 12 字。图版见《中国藏西夏文献——甘肃省博物馆藏卷》第十六卷第 374 页。

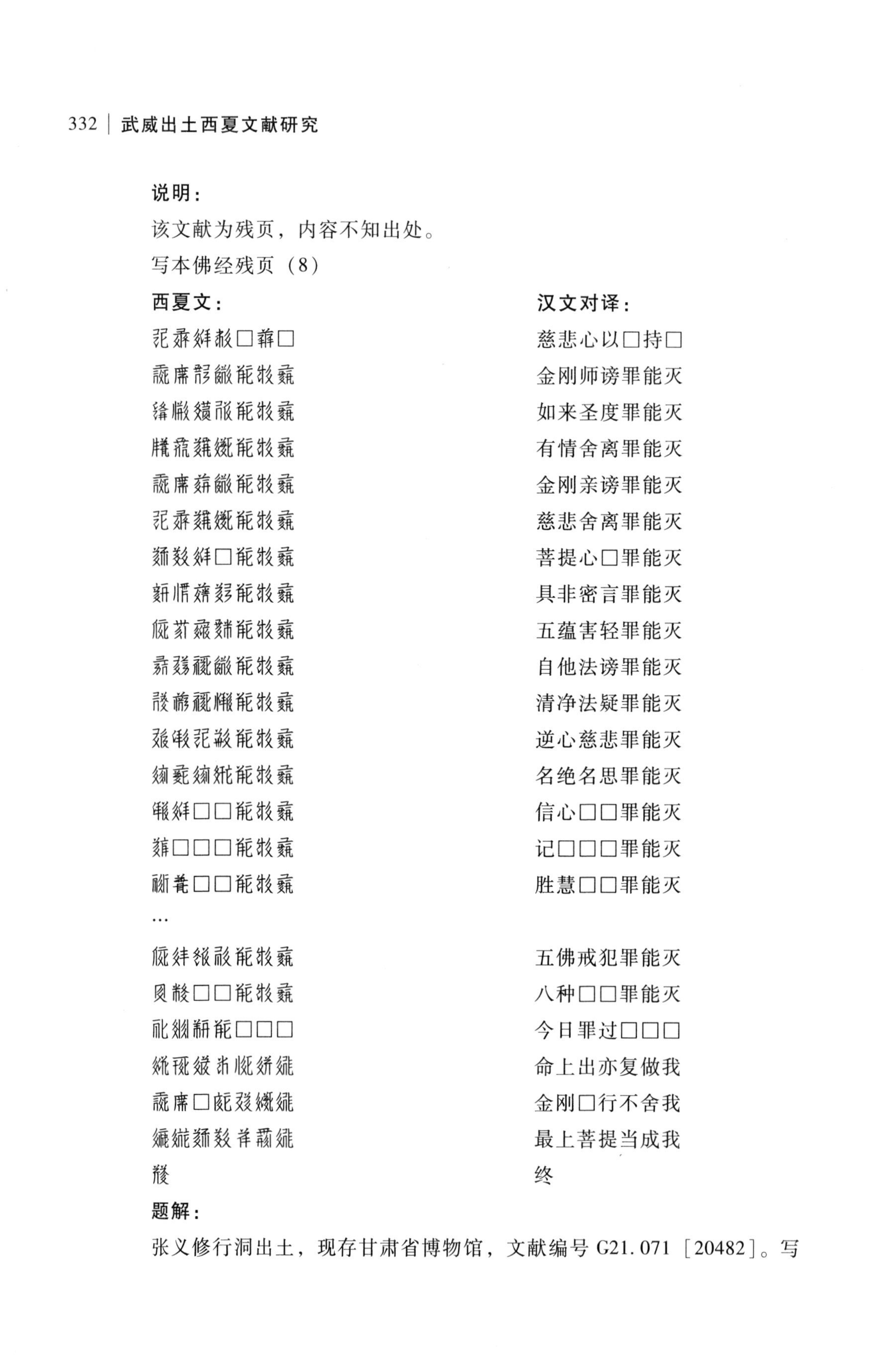

说明：

该文献为残页，内容不知出处。

写本佛经残页（8）

西夏文：	汉文对译：
[illegible]	慈悲心以□持□
[illegible]	金刚师谤罪能灭
[illegible]	如来圣度罪能灭
[illegible]	有情舍离罪能灭
[illegible]	金刚亲谤罪能灭
[illegible]	慈悲舍离罪能灭
[illegible]	菩提心□罪能灭
[illegible]	具非密言罪能灭
[illegible]	五蕴害轻罪能灭
[illegible]	自他法谤罪能灭
[illegible]	清净法疑罪能灭
[illegible]	逆心慈悲罪能灭
[illegible]	名绝名思罪能灭
[illegible]	信心□□罪能灭
[illegible]	记□□□罪能灭
[illegible]	胜慧□□罪能灭
…	
[illegible]	五佛戒犯罪能灭
[illegible]	八种□□罪能灭
[illegible]	今日罪过□□□
[illegible]	命上出亦复做我
[illegible]	金刚□行不舍我
[illegible]	最上菩提当成我
[illegible]	终

题解：

张义修行洞出土，现存甘肃省博物馆，文献编号 G21.071［20482］。写

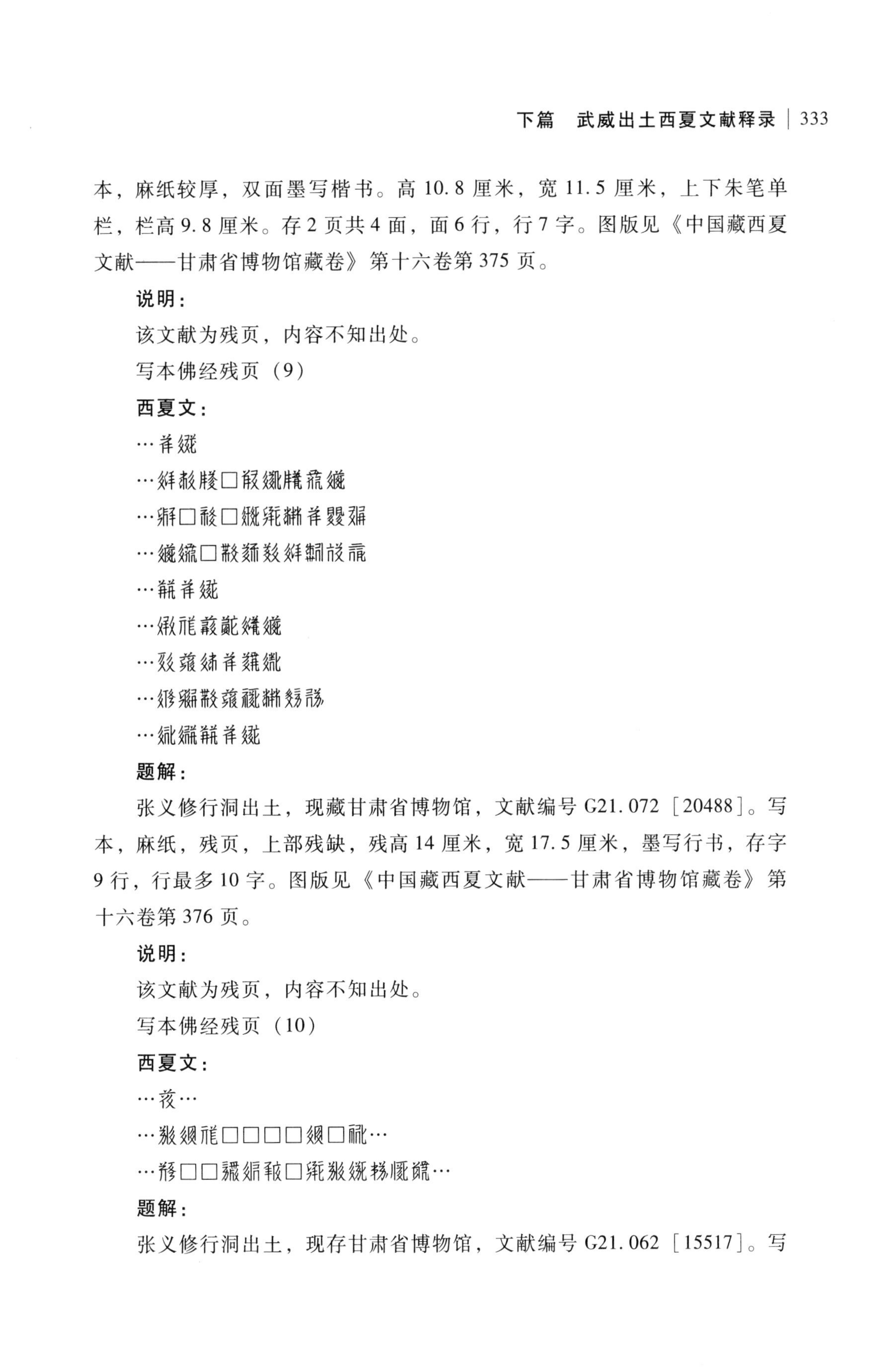

本，麻纸较厚，双面墨写楷书。高10.8厘米，宽11.5厘米，上下朱笔单栏，栏高9.8厘米。存2页共4面，面6行，行7字。图版见《中国藏西夏文献——甘肃省博物馆藏卷》第十六卷第375页。

说明：

该文献为残页，内容不知出处。

写本佛经残页（9）

西夏文：

…[illegible]

…[illegible]□[illegible]

…[illegible]□[illegible]□[illegible]

…[illegible]□[illegible]

…[illegible]

…[illegible]

…[illegible]

…[illegible]

…[illegible]

题解：

张义修行洞出土，现藏甘肃省博物馆，文献编号G21.072［20488］。写本，麻纸，残页，上部残缺，残高14厘米，宽17.5厘米，墨写行书，存字9行，行最多10字。图版见《中国藏西夏文献——甘肃省博物馆藏卷》第十六卷第376页。

说明：

该文献为残页，内容不知出处。

写本佛经残页（10）

西夏文：

…[illegible]…

…[illegible]□□□□[illegible]□[illegible]…

…[illegible]□□[illegible]□[illegible]…

题解：

张义修行洞出土，现存甘肃省博物馆，文献编号G21.062［15517］。写

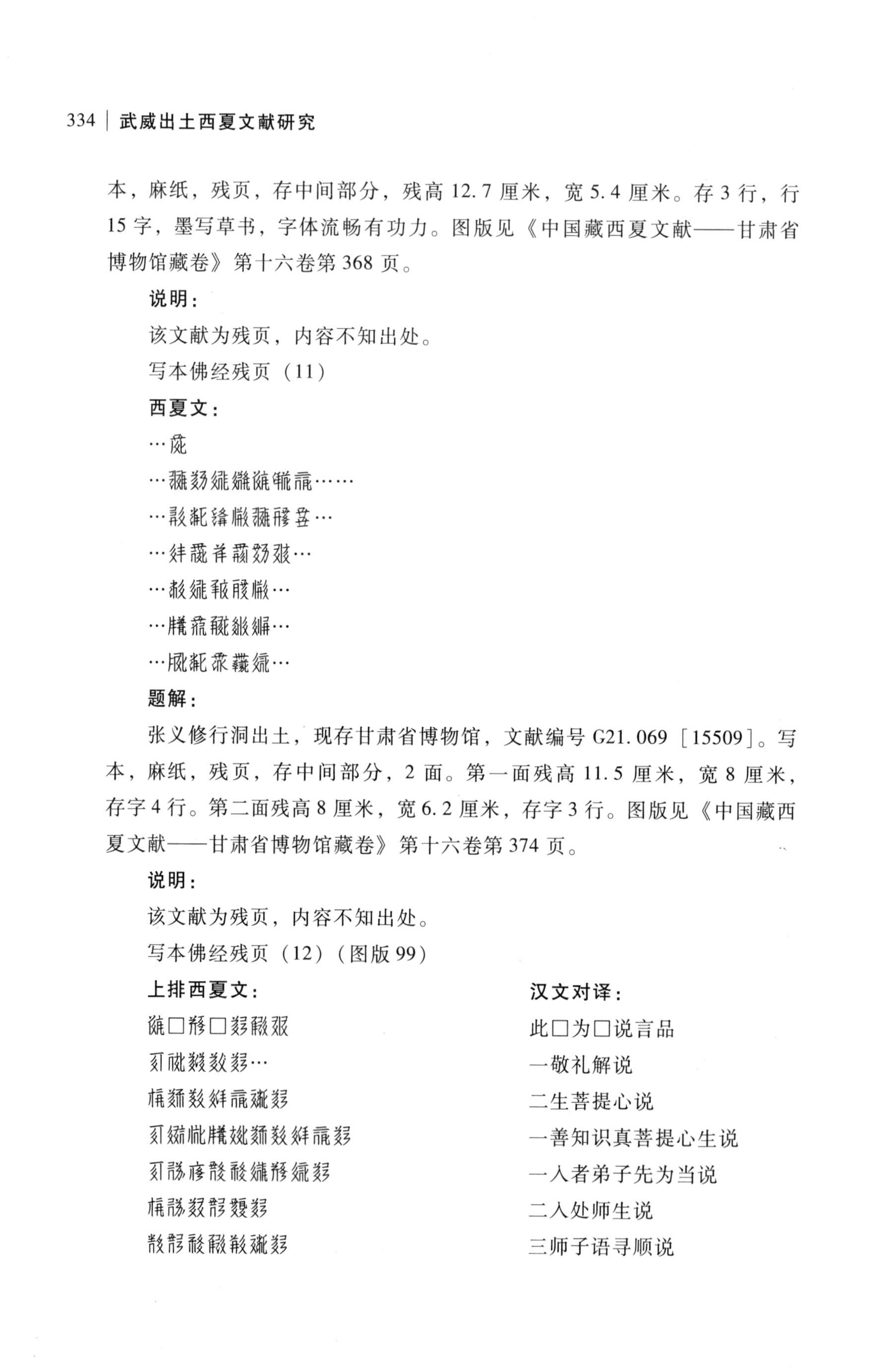

本，麻纸，残页，存中间部分，残高 12.7 厘米，宽 5.4 厘米。存 3 行，行 15 字，墨写草书，字体流畅有功力。图版见《中国藏西夏文献——甘肃省博物馆藏卷》第十六卷第 368 页。

说明：

该文献为残页，内容不知出处。

写本佛经残页（11）

西夏文：

…[illegible]

…[illegible]……

…[illegible]…

…[illegible]…

…[illegible]…

…[illegible]…

…[illegible]…

题解：

张义修行洞出土，现存甘肃省博物馆，文献编号 G21.069［15509］。写本，麻纸，残页，存中间部分，2 面。第一面残高 11.5 厘米，宽 8 厘米，存字 4 行。第二面残高 8 厘米，宽 6.2 厘米，存字 3 行。图版见《中国藏西夏文献——甘肃省博物馆藏卷》第十六卷第 374 页。

说明：

该文献为残页，内容不知出处。

写本佛经残页（12）（图版 99）

上排西夏文：	汉文对译：
[illegible]□[illegible]□[illegible]	此□为□说言品
[illegible]…	一敬礼解说
[illegible]	二生菩提心说
[illegible]	一善知识真菩提心生说
[illegible]	一入者弟子先为当说
[illegible]	二入处师生说
[illegible]	三师子语寻顺说

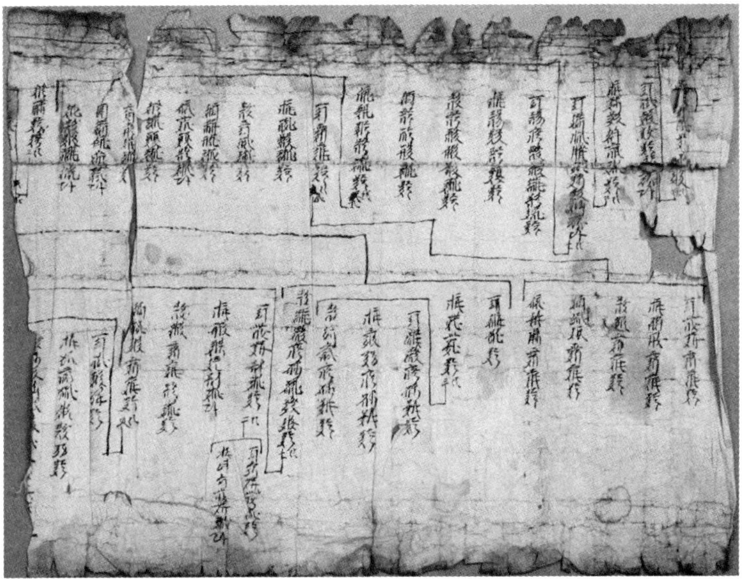

图版 99　写本佛经残页（12）

（原图版见《中国藏西夏文献——甘肃省博物馆藏卷》第十六卷，第 521、522 页）

[illegible]	四师言取顺说
[illegible]	五行增为顺说
[illegible]	一供养说
[illegible]	二敬礼说
[illegible]	三献身说
[illegible]	四罪□说
[illegible]	五随喜做说
[illegible]	六□喜说
[illegible]	七劝请说
[illegible]	八善根空趣□说
[illegible]	九三宝归依说
[illegible]	六体事义
下排西夏文：	**汉文对译：**
[illegible]	一洗浴供养说

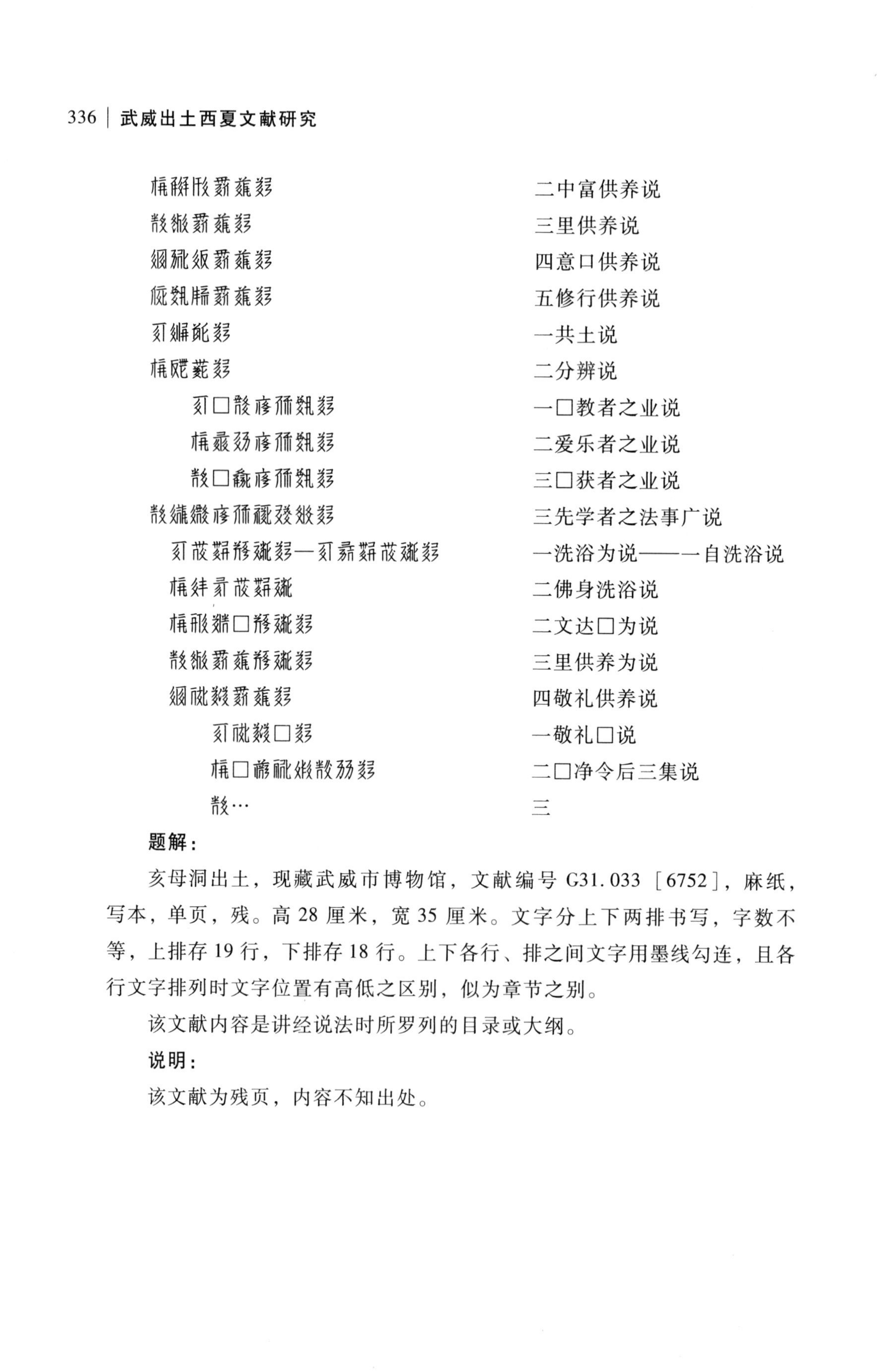

[illegible]	二中富供养说
[illegible]	三里供养说
[illegible]	四意口供养说
[illegible]	五修行供养说
[illegible]	一共土说
[illegible]	二分辨说
[illegible]	一□教者之业说
[illegible]	二爱乐者之业说
[illegible]	三□获者之业说
[illegible]	三先学者之法事广说
[illegible]	一洗浴为说——一自洗浴说
[illegible]	二佛身洗浴说
[illegible]	二文达□为说
[illegible]	三里供养为说
[illegible]	四敬礼供养说
[illegible]	一敬礼□说
[illegible]	二□净令后三集说
[illegible]…	三

题解：

亥母洞出土，现藏武威市博物馆，文献编号 G31.033［6752］，麻纸，写本，单页，残。高 28 厘米，宽 35 厘米。文字分上下两排书写，字数不等，上排存 19 行，下排存 18 行。上下各行、排之间文字用墨线勾连，且各行文字排列时文字位置有高低之区别，似为章节之别。

该文献内容是讲经说法时所罗列的目录或大纲。

说明：

该文献为残页，内容不知出处。

附录一　武威出土西夏文献中的姓氏目录索引

在西夏，党项族姓氏称为“番姓”，汉族姓氏称为“汉姓”。黑水城出土的西夏蒙学课本《三才杂字》，分别有“番姓”和“汉姓”，其中“番姓”收录了包括西夏皇族“嵬名”氏在内的244个西夏姓氏，138个汉姓[①]。西夏文《新集碎金置掌文》中，也收录了西夏姓氏数十个，汉姓120个。西夏辞书《文海》中也收录了大量番、汉姓氏。还有的西夏人名中既有番姓，也有汉姓。在各种西夏文书籍、文契、碑刻、印章中也出现了相当数量的西夏人名。将这些西夏姓氏人名汇总后，西夏姓氏越来越丰富，研究西夏宗族和民族历史、文化的资料也越来越多。武威西夏文献、碑刻等各种文物上也出现了很多的西夏文和汉文姓氏，归纳起来共有汉文姓氏11个，西夏文姓氏44个。

（一）汉文姓氏

郭善狗，这是塔儿湾瓷窑遗址出土的瓷片上墨书的汉文姓名，是瓷器的所有者人名。

高践苟，汉文姓名，见“汉文请假条残页”。

刘，汉文姓，见“汉文布告残页”。

白，汉文姓，见“汉文经略司文书残页”。

曹铁驴，汉文姓名，见“乾祐十六年汉文木板买地券”。

---

① 史金波：《西夏社会》，第35页。

窦依，汉文姓名，见“乾祐二十三年汉文木板木板买地券”。

咩步勒嵬，汉文党项姓名，见“乾祐二十三年汉文木板木板买地券”。

李半初，汉文姓名，见“汉文欠款条残页”。

刘的的，汉文姓名，见“汉文欠款条残页”。

刘德仁，汉文姓名，见“木缘塔汉文题记（1）”。

刘仲达，汉文姓名，见“木缘塔汉文题记（2）”。

（二）西夏文姓氏

[illegible]，汉译“讹”，党项姓氏，见“乾定申年典糜契约”。

[illegible]，汉译“没施隐藏犬”，党项姓氏，见“乾定申年典糜契约”。

[illegible]，汉意“李祥瑞善”，党项姓氏，见“乾定申年典糜契约”。

[illegible]，汉译“李氏祥瑞金”，党项姓氏，见“乾定申年典糜契约”。

[illegible]，汉译“李显令犬”，党项姓氏，见“乾定申年典糜契约”。

[illegible]，汉译“韦寿长山”，党项姓氏，见“乾定酉年卖牛契约”。

[illegible]，汉译“命屈般若铁”，党项姓氏，见“乾定酉年卖牛契约”。

[illegible]，汉译“韦慧茂”，党项姓氏，见“乾定酉年卖牛契约”。

[illegible]，汉译“梁八月犬”，党项姓氏，见“乾定酉年卖牛契约”。

[illegible]，汉译“祥瑞善”，党项姓氏，见“乾定戌年卖驴契及账”。

[illegible]，汉译“笛佛鸠”，党项姓氏，见“乾定戌年卖驴契及账”。

[illegible]，汉译“魏常住”，党项姓氏，见“乾定戌年卖驴契及账”。

[illegible]，汉译“若游”，党项姓氏，见“乾定戌年卖驴契及账”。

[illegible]，汉译“吴舅乙善”，党项姓氏，见“乾定戌年卖驴契及账”。

[illegible]，汉译“讹命小犬宝”，党项姓氏，见“天庆寅年会款单”。

[illegible]，汉译“漥喽”，党项姓氏，见“天庆寅年会款单”。

[illegible]，汉译“播杯阿昔纪”，党项姓氏，见“天庆寅年会款单”。

[illegible]，汉译“吟介达家义”，党项姓氏，见“天庆寅年会款单”。

[illegible]，汉译“苏达酩布达家宝”，党项姓氏，见“天庆寅年

会款单”。

[illegible]，汉译“讹六氏孤金”，党项姓氏，见“天庆寅年会款单”。

[illegible]，汉译“家铁”，党项姓氏，见“天庆寅年会款单”。

[illegible]，汉译“漟喽氏齐引”，党项姓氏，见“天庆寅年会款单”。

[illegible]，汉译“佘氏犬麻宝”，党项姓氏，见“天庆寅年会款单”。

[illegible]，汉译“移和讹慧宝”，党项姓氏，见“移合讹慧宝文书”。

[illegible]，汉译“八月犬”，党项姓氏，见“移合讹慧宝文书”。

[illegible]，汉译“老房铁”，党项姓氏，见“移合讹慧宝文书”。

[illegible]，[illegible]，汉译为“嵬罗善积，善势”，党项姓氏，见“题记”。

[illegible]，汉译“韦吉祥”，党项姓氏，见“木棺题记”。

[illegible]，汉译“龙夷氏”，党项姓氏，见“文书残页（6）”。

[illegible]，汉译“细金”，党项姓氏，见“文书残页（6）”。

[illegible]，汉译“宝明”，党项姓氏，见“光定午年告牒残页”。

[illegible]，汉译“没细苗盛”，见“乾定酉年增纳草捆文书”。

[illegible]，汉译“库守郝”，见“乾定酉年增纳草捆文书”。

[illegible]，汉译“文书钟”，见“乾定酉年增纳草捆文书”。

[illegible]，汉译“圣龙树菩萨”，见“妙法莲华心经和龙树菩萨发愿颂”。

[illegible]，汉译“（沙）门长耶阿难挐”，见“圣观自在大悲心总持功德依经录”。

[illegible]，汉译“显秘法师功德司副授利益沙门周慧海”，见“圣观自在大悲心总持功德依经录”。

[illegible]，汉译“道园宗师”，见《志公大师十二时歌注解》。

[illegible]，汉译“韦勒般若华”，见“五更转”。

[illegible]，汉译“慧德”，见“景泰写本佛经残页”。

[illegible]，汉译“慧月”，见“景泰写本佛经残页”。

[illegible]，汉译“林峰岭寂真国师”，见“净国求生礼佛盛赞颂”。

[illegible]，汉译“安全国师沙门”，见“金光明最胜王经流传序”。

[illegible]，汉译“盛明皇帝”，见“金光明最胜王经流传序”。

附录二　武威西夏大事记

996 年（宋至道二年），李继迁劫掠西凉府，被知州丁惟清与押蕃落副使、凉州吐蕃首领折逋喻龙波拼力打退。（《宋史》卷 492《吐蕃传》）

1001 年（宋咸平四年），凉州兵力最强的六谷吐蕃首领潘罗支派兵讨伐李继迁，继迁明白凉州吐蕃不易力取，于是遣使诱降潘罗支，未果。（《宋史》卷 492《吐蕃传》）

1003 年（宋咸平六年）冬十月，李继迁用声东击西之计，扬言屯兵盐州，将攻环庆，趁凉州防守懈怠而破之，占领西凉府，杀宋西凉府知府丁惟清，驱赶居民于城外，尽取府库物资运回西平。六谷族首领潘罗支见凉州城破，诈降李继迁，暗中联合六谷与者龙族兵数万，突然攻击，继迁大败，中流矢亡，凉州得而复失。（《西夏纪事本末》卷 6《六谷歼渠》）

1004 年（宋景德元年），继迁死，李德明继位，设离间计，使者龙六族依附自己，又佯攻者龙，诱潘罗支来援而杀之，复取凉州。六谷余众拥潘罗支之子厮铎督为首领，宋授其为朔方节度使，继续抗夏。又追封潘罗支为武威郡王。（《西夏纪事本末》卷 6《六谷歼渠》）

1008 年（宋大中祥符元年）三月，德明遣万子等族袭取六谷，进图甘州。军至西凉，见六谷兵盛，不敢攻，径趋甘州，袭回鹘，回鹘迎战，败夏军于甘、凉间。（《宋史》卷 490《回鹘传》）

1011 年（宋大中祥符四年）九月，德明派军校苏守信率吐蕃骑兵袭击凉州样丹族，大都督厮铎督会集六谷诸部兵迎战，苏守信败退。（《宋史》卷 490《回鹘传》）

1012 年（宋大中祥符五年），德明力战，夺取西凉府，派苏守信守凉州，有兵七千余，马五千匹。诸蕃见夏军实力强大，不敢轻举妄动。

1016年（宋大中祥符九年）十一月，凉州守将苏守信死，其子啰麻自领府事，部族不服，甘州回鹘可汗夜落隔乘机遣兵攻占凉州，掳其族帐百余，斩级三百，杀马匹甚众，苏守信子啰麻弃城走，凉州属回鹘所有。（《西夏书事校正》卷10，《续资治通鉴长编》卷85、86）

1017年（宋天禧元年）秋八月，德明大将啰麻请取凉州。入沙漠，潜遣人至凉州，约旧时蕃卒内应，请德明出兵赴援。回鹘联络六谷诸部拒之，啰麻不能克。（《西夏书事校正》卷10，《续资治通鉴长编》卷85、86）

1032年（宋明道元年）九月，李德明命元昊率兵夺取甘州后，又采取声东击西的战术，突袭凉州，回鹘势力孤单不能拒，德明最终夺取凉州。（《西夏书事校正》卷11，《续资治通鉴长编》卷111）

1036年（宋景祐三年，西夏广运二年），元昊在西夏重要地区设置监军司，共设十二监军司，以为军事攻防区划，委贵戚豪右分统其众，其中在凉州设置右厢朝顺军司。（《宋史》卷485、486《夏国传》）

1037年（宋景祐四年，西夏大庆元年），元昊始制蕃书，改元大庆，升州郡，益边防，升凉州为西凉府。（《西夏书事校正》卷12）

1038年（宋宝元元年，西夏大庆二年）十月，元昊称帝建国，国号大夏，改元天授礼法延祚，定都兴庆府。十一月，元昊率众前往凉州祀神。（《宋史》卷485《夏国传》）

1039年（宋宝元二年，西夏天授礼法延祚二年），宋遣唃厮啰率兵四万五千出击西凉，不克。（《宋史》卷492《吐蕃传》）

1059年（宋嘉祐四年，西夏奲都三年）冬十月，契丹约唃厮啰西蕃兵共取凉州，不果。（《西夏书事校正》卷20）

1068年（宋熙宁元年，西夏乾道元年），西夏对西凉府及周围堡寨进行大规模加固维修。

1073年（宋熙宁六年，西夏天赐礼盛国庆四年）夏五月，西夏梁氏以中国城武胜，又复河州洮西地，恐兵从西蕃入，修凉州城及旁近诸寨为守计。（《续资治通鉴长编》卷244，神宗熙宁六年四月丁酉条。）

1075年（宋熙宁八年，西夏大安二年），凉州感通塔柱脚塌陷，皇帝、皇太后命工准备修缮。

1081年（宋元丰四年，夏大安八年）六月，宋集五路大军攻西夏，并约吐蕃董毡助攻凉州。凉州大云寺感通塔显瑞。

1082年（宋元丰五年，夏大安九年），西夏梁氏自三月中点集河内、西凉府、啰庞界及甘、肃、瓜、沙等地州民，十人发九，齐赴兴州，议大举。（《续资治通鉴长编》卷326、327）

1085年（宋元丰八年，西夏大安十一年）秋七月，银、夏诸州大旱，自三月无雨，民饥馑，群臣咸请赈恤，惠宗秉常令运甘、凉诸州粟接济。（《续资治通鉴长编》卷360）

同年五月一日，原籍凉州的西夏人多乙，到沙洲寻找矿料，并清理莫高窟积沙。（莫高窟第65窟西壁龛南侧墨书西夏文题记）[①]

1092年（宋元祐八年，西夏天祐民安三年）冬，凉州地大震，城内护国寺感通塔被震斜。（《凉州重修护国寺感通塔碑》碑铭）

1093年（宋元祐八年，西夏天祐民安四年），梁太后和11岁的崇宗皇帝李乾顺发愿，诏令重修凉州大云寺及塔。（《凉州重修护国寺感通塔碑》碑铭）

1094年（宋绍圣元年，夏天祐民安五年），凉州护国寺及感通塔修缮竣工，梁太后及皇帝举行盛大法会，度僧、赦死罪、赐钱、斋粥、派中书正梁行者也等祝赞，立夏、汉合璧的“重修凉州护国寺感通塔碑”庆赞。（《凉州重修护国寺感通塔碑》碑铭）

1130年（宋建炎四年，西夏正德四年），西夏在今武威新华乡开凿藏传佛教金刚亥母洞石窟寺。（清乾隆十四年《武威县志》）

1139年（宋绍兴九年，西夏大德五年），西夏灵武某人至凉州圣容寺礼佛，并留题记“大德己未五年二月二十九日灵武人巡礼到千佛阁”。（圣容寺题记）

1146年（宋绍兴十六年，西夏人庆三年）三月，夏尊孔子为文宣帝，令州郡立庙祭祀。（《宋史》486《夏国传》）

1159年（宋绍兴二十九年，西夏天盛十一年），西藏佛教大师都松钦巴派弟子臧索布携经像来夏，途径凉州，停留传法。

1174年（宋淳熙元年，西夏乾祐五年）冬十月，克烈部长汪罕自契丹

① 史金波、白滨：《莫高窟榆林窟西夏文题记研究》，载《考古学报》1982年第3期。

还，道经河西中路粮绝，纵其部下大掠。（《宋史》卷1《太祖纪》）

1176年（宋淳熙三年，西夏乾祐七年）七月，凉、甘、肃、瓜、沙等河西诸州旱蝗大起，食稼殆尽。（《西夏书事校正》卷28）

同年，西夏皇帝仁宗仁孝御驾西行，亲临甘州祭神，途经凉州。（张掖《黑水河建桥碑》碑铭，俄藏黑水城西夏文文献宫廷诗集《御驾巡行烧香歌》）

1185年（宋淳熙十二年，西夏乾祐十六年），印施西夏文佛经，并刻印发愿文，为皇帝求福祈寿，祝愿皇帝、皇族、大臣等共成佛道。（武威修行洞出土的西夏文"乾祐乙巳年施经愿文"）

1193年（宋绍熙四年，西夏乾祐二十四年），仁宗去世，在他的"三七"之时，西经略使在凉州组织大法会悼念，"延请禅师、提举、副使、住家、出家诸大众等三千余员"，并请匠人雕印《拔济苦难陀罗尼经》番、汉文二千余卷散施，并作法会七日七夜。（俄藏黑水城文献 HHB. N0. 117《拔济苦难陀罗尼经》发愿文）

1200年（宋庆元六年，西夏天庆七年），西凉府西经略司都案刘德仁于天庆五年亡，建木缘塔。（武威出土木缘塔题记）

1201年（宋嘉泰元年，西夏天庆八年），西凉府西经略司兼安排官□两处都案刘仲达亡殁，建木缘塔。（武威出土木缘塔题记）

1206年（宋开熙二年，西夏天庆十三年），罗太后与镇夷郡王安全废桓宗纯祐，立安全为帝，是为襄宗。在甘州任镇夷郡王的安全，到首都中兴府继皇帝位时，途经凉州。

1217年（宋嘉定十年，西夏光定七年）十二月，蒙古成吉思汗兵攻西夏，围首都中兴府，遵顼命太子德任据守，自己出走西凉府，后夏遣使请降，蒙古兵退。

1226年（宋宝庆二年，西夏乾定四年）三月，河西诸州大旱，草木旱黄，民无所食。（《金史》卷17《哀宗纪》）

同年七月，蒙古军围攻西凉府，取搠罗、河罗等县，守将斡扎篑率领军民拼死抵抗，力屈而降，自此，凉州为蒙元政权所统治。（《西夏纪事本末》卷36《夹攻覆亡》）

1227年（宋宝庆三年，西夏宝义二年），西夏末主睍投降蒙古被杀，西夏灭亡。

附录三　参考文献目录

专著

（宋）道原著《景德传灯录》，顾宏义译注，上海书店出版社，2009。

（宋）沈括著《梦溪笔谈》，明汲古阁刊本。

（宋）郭茂倩编《乐府诗集》，文学古籍刊行社，1955。

（元）脱脱著《宋史》，中华书局，1985。

（清）吴广成撰《西夏书事校证》，龚世俊等校注，甘肃文化出版社，1995。

（清）张鉴撰《西夏纪事本末》，龚世俊等校点，甘肃文化出版社，1998。

（清）张昭美总修《五凉全志校注》，张克复等校注，甘肃人民出版社，1999。

马端临著《文献通考》，山西古籍出版社，2003。

陈垣著《二十史朔闰表》，中华书局，1978。

范文澜著《中国通史简编》，人民出版社，1965。

王静如著《西夏研究》丛书《王静如专辑》，中国社会科学出版社，2007。

史金波、陈育宁主编《中国藏西夏文献》，甘肃人民出版社、敦煌文艺出版社，2005。

史金波、聂鸿音、白滨译注《天盛改旧新定律令》，法律出版社，2000。

史金波著《西夏社会》，上海人民出版社，2007。

史金波著《西夏出版研究》，宁夏人民出版社，2004。

史金波、雅森·吾守尔著《中国活字印刷术的发明和早期传播——西夏和回鹘活字印刷术研究》，社会科学文献出版社，2000。

史金波著《西夏佛教史略》，宁夏人民出版社，1988。

陈炳应著《西夏探古》，甘肃文化出版社，2002。

陈炳应著《西夏文物研究》，宁夏人民出版社，1985。

陈炳应译著《西夏谚语》，山西人民出版社，1993。

杜建录、史金波著《西夏社会文书研究》，上海古籍出版社，2010。

王其英主编《武威金石录》，兰州大学出版社，2000。

赵彦龙著《西夏公文写作研究》，宁夏人民出版社，2012。

谢继胜著《西夏藏传绘画》，河北教育出版社，2001。

震华法师编《中国佛教名人大辞典》，上海辞书出版社，1999。

任半塘编著《敦煌歌辞总编》，上海古籍出版社，2006。

洲塔、乔高才让著《甘肃藏族通史》，青海人民出版社，2006。

梁思成著《中国的艺术与建筑——梁》，中国青年出版社，2013。

牛达生著《西夏活字印刷研究》，宁夏人民出版社，2004。

任继愈主编《中华大藏经》，中华书局，1994。

俄罗斯科学院东方研究所圣彼得堡分所、中国社会科学院民族研究所、上海古籍出版社编《俄藏黑水城文献》，上海古籍出版社，1999。

武宇林、荒川慎太郎编《日本藏西夏文文献》，中华书局，2010。

《法藏敦煌西夏文献》，北方民族大学和上海古籍出版社，2007。

〔日〕高楠顺次郎、渡边海旭发起，小野玄妙等编辑校勘《大正新修大正藏》，1934。

中国藏语系高级佛学院研究室、中国佛教文化研究所编《藏密真言宝典》，宗教文化出版社，2001。

论文

王静如：《西夏文木活字版佛经与铜牌》，《文物》1972 年第 11 期。

王静如：《甘肃武威发现的西夏文考释》，《考古》1974 年第 3 期。

黄振华：《读者来信》，《考古》1974 年第 6 期。

黄振华：《西夏文天盛二十二年卖地文契考释》，《西夏史论文集》，宁夏人民出版社，1984。

史金波：《甘肃武威发现的西夏文考释质疑》，《考古》1974 年第 6 期。

史金波：《西夏佛教新探》，《宁夏社会科学》2001 年第 5 期。

史金波：《西夏汉文本杂字初探》，《中国民族史研究》（二），中央民族学院出版社，1989。

史金波、聂鸿音：《俄藏西夏文世俗文献目录》，《传统文化与现代化》1998 年第 2 期。

史金波：《中国藏西夏文文献新探》，《西夏学》第 2 辑，上海古籍出版社，2007。

史金波：《西夏时期的武威》，《西夏学》第 7 辑，上海古籍出版社，2011。

史金波、白滨：《莫高窟榆林窟西夏文题记研究》，《考古学报》1982 年第 3 期。

史金波：《泥活字印刷研究的新发现和新进展》，《中国印刷》2007 年第 8 期。

史金波：《黑水城出土西夏文卖地契研究》，《历史研究》2012 年第 2 期。

史金波：《英藏黑水城文献定名刍议及补正》，《西夏学》第 5 辑，上海古籍出版社，2010。

史金波：《敦煌莫高窟北区出土西夏文文献新探》，《敦煌研究》2000 年第 3 期。

史金波：《西夏粮食借贷契约研究》，《中国社会科学院学术委员会论文集》第 1 辑，社会科学文献出版社，2005。

陈炳应：《天梯山石窟西夏文佛经译释》，《考古与文物》1983 年第 3 期。

陈炳应：《金书西夏文大方广佛华严经》，《文物》1989 年第 5 期。

牛达生：《西夏泥活字印本〈维摩诘所说经〉及其学术价值》，《中国印刷》2000 年第 12 期。

牛达生：《从拜寺口方塔出土西夏文献看古籍中的缝缋装》，《文献》2000 年第 2 期。

牛达生:《元刊木活字版西夏文佛经〈大方广佛华严经〉第76卷考察记》,《北京图书馆馆刊》1997年第1期。

罗炤:《藏汉合璧〈圣胜慧到彼岸功德宝集偈〉考略》,《世界宗教研究》1983年第4期。

聂鸿音:《西夏文〈五更转〉残叶考》,《宁夏社会科学》2003年第5期。

聂鸿音、史金波:《西夏文三才杂字考》,《中央民族大学学报》1995年第6期。

杜建录:《中国藏西夏文献叙录》,《西夏学》第3辑,上海古籍出版社,2008。

张思温:《活字版西夏文华严经卷十一至卷十五介绍》,《文物》1979年第10期。

胡若飞:《英藏黑水城文献概述》,《固原师专学报》(社科版)2005年第5期。

〔日〕荒川慎太郎:《内蒙古文物考古所收藏的西夏文陀罗尼残片考》,《西夏学》第8辑,上海古籍出版社,2011。

聂历山、石滨纯太郎:《西夏语译大方广佛华严经入不可思议解说》,1933。

〔日〕西田龙雄:《西夏文华严经》,京都大学文学部,1977。

〔俄〕克恰诺夫著《唐古特西夏国的藏族和藏族文化》,杨元芳,陈宗祥译,《甘肃民族研究》1985年第2期。

Peter zieme(次默):《回鹘文五更转》,刘进宝、高田时雄主编《转型期的敦煌学》,上海古籍出版社,2007。

熊文彬:《从版画看西夏佛教艺术对元代内地藏传佛教艺术的影响》,《中国藏学》2003年第1期。

陈庆英:《西夏及元代藏传佛教经典的汉译本——简论大乘要道密集》,《西藏大学学报》2000年第5期。

韩小忙:《西夏官印略说》,《固原师专学报》(社会科学版)2002年第2期。

周丕显:《敦煌俗曲分时联章歌体再议》,《敦煌学辑刊》1983年第1期。

冯丹阳:《五更调歌乐系传播的历史脉络》,《沈阳音乐学院学报》2010

年第 3 期。

许生根：《日本藏西夏文刊本大方广佛华严经考略》，《宁夏社会科学》2009 年第 4 期。

刘景云：《法藏敦煌西夏文文献的考订》，《敦煌研究》2008 年第 3 期。

曾叔文、何义壮：《谈美国普林斯顿大学藏木活字本大方广佛华严经》，《文物》1992 年第 4 期。

于业勋：《英藏西夏文华严普贤行愿品残页考》，《西夏学》第 8 辑，上海古籍出版社，2011。

俄军：《甘肃省博物馆馆藏西夏文献述略》，《考古与文物》2006 年第 6 期。

孙伯君：《西夏宝源译圣观自在大悲心总持功能依经录考》，《敦煌学辑刊》2006 年第 2 期。

孙伯君：《普宁藏本密咒圆因往生集的八思巴字注音研究》，《中华文史论丛》2009 年第 3 期。

孙伯君：《西夏文妙法莲华心经考释》，《西夏学》第 8 辑，上海古籍出版社，2011。

段玉泉：《甘藏西夏文〈佛说解百生冤结陀罗尼经〉考释》，《西夏研究》2010 年第 4 期。

段玉泉：《中国藏西夏文文献未定名残卷考补》，《西夏学》第 3 辑，上海古籍出版社，2008。

段玉泉：《甘博藏西夏文——自在大悲心经写本残页考》，《宁夏大学学报》（人文社会科学版）2009 年第 2 期。

段玉泉：《甘藏西夏文圣胜慧到彼岸功德宝集偈考释》，《西夏学》第 2 辑，上海古籍出版社，2007。

段玉泉：《武威亥母洞遗址出土的两件西夏文献考释》，《西夏学》第 8 辑，上海古籍出版社，2011。

段玉泉：《西夏佛教发愿文初探》，《图书馆理论与实践》2008 年第 1 期。

段玉泉：《西夏文自在大悲心胜相顶尊后序发愿文研究》，《宁夏社会科学》2007 年第 5 期。

段玉泉：《尊者圣妙吉祥增智慧觉之总持》，宁夏大学西夏文学习班论文，2012。

崔红芬：《西夏金光明最胜王经信仰研究》，《敦煌研究》2008 年第 2 期。

崔红芬：《英藏华严经普贤行愿品残页释读》，《文献》2009 年第 2 期。

崔红芬：《武威博物馆藏西夏文〈金刚经〉及赞颂残经译释研究》，《西夏学》第 8 辑，上海古籍出版社，2011。

宁笃学、钟长发：《甘肃武威西郊林场西夏墓清理简报》，《考古与文物》1980 年第 3 期。

孙寿岭：《西夏乾定申年典糜契约》，《中国文物报》1993 年第 5 期。

孙寿岭：《西夏泥活字版佛经》，《中国文物报》1994 年 3 月 27 日。

孙寿岭：《武威亥母洞出土的一批西夏文物》，《国家图书馆学刊》2002 年增刊（西夏研究专号）。

孙寿岭：《我印制新版泥活字西夏文维摩诘所说经下集的由来及意义》，《中国印刷》2003 年第 4 期。

孙寿岭：《武威发现最早的泥活字版本西夏文佛经》，《陇右文博》1997 年第 1 期。

沈渭显、寇宗栋：《西夏文化在景泰的遗存》，《景泰与丝绸之路历史文化》，甘肃文化出版社，2002。

甘肃省博物馆：《甘肃武威发现一批西夏文物》，《考古学报》1974 年第 1 期。

王荣飞：《甘肃省博物馆藏天庆寅年七五会集款单再研究》，《宁夏社会科学》2013 年第 5 期。

朱安、钟雅萍：《武威西关西夏墓清理简报》，《陇右文博》2001 年第 2 期。

姚永春：《武威西郊西夏墓清理简报》，《陇右文博》2009 年第 2 期。

于光建、徐玉萍：《武威西夏墓出土冥契研究》，《西夏研究》2010 年第 3 期。

于光建、黎大祥：《武威市博物馆藏西夏文维摩诘所说经上集残叶考释》，《西夏研究》2010 年第 4 期。

于光建、黎大祥：《武威市博物馆藏 6746 号西夏文佛经〈圣胜慧到彼岸功德宝集偈〉考释》，《敦煌研究》2011 年第 5 期。

于光建：《武威博物馆藏西夏文佛经定名新考》，《西夏学》第 8 辑，上海古籍出版社，2011。

高辉：《武威市博物馆藏西夏文献的装帧》，《版本目录学研究》，国家图书馆出版社，2012。

梁继红：《武威藏西夏文五更转考释》，《敦煌研究》2013 年第 5 期。

梁继红：《武威藏西夏文乾定酉年增纳草捆文书初探》，《西夏学》第 10 辑，上海古籍出版社，2014。

梁继红、陆文娟：《武威藏西夏文〈志公大师十二时歌注解〉考释》，《西夏学》第 8 辑，2011。

梁继红、寇宗栋：《景泰藏西夏文金光明最胜王经考释》，《宁夏师范学院学报》2012 年第 4 期。

梁继红：《西夏时期藏传佛教在凉州的传播及其影响》，《西北民族大学学报》2007 年第 5 期。

梁继红：《武威出土的西夏文韵书〈同音〉》，《陇右文博》2006 年第 1 期。

梁继红、高辉：《武威亥母洞石窟遗址调查报告》，《陇右文博》2010 年第 2 期。

梁继红：《武威文书菩萨像唐卡辨析》，《陇右文博》2011 年第 2 期。

梁继红：《武威亥母洞石窟出土西夏唐卡初探》，《西夏历史与文化》，甘肃人民出版社，2010。

梁继红：《武威元墓清理简报》，《陇右文博》2003 年第 2 期。

梁继红、米玉梅：《试论武威西夏文献的版本特点及价值》，《丝绸之路》2012 年第 24 期。

后　记

2011年5月，国家社科基金特别委托项目“西夏文物文献研究”正式启动实施，该项目是由中国社会科学院西夏文化研究中心和宁夏大学西夏研究院牵头，全国的西夏学研究专家参与，整合国内西夏文物文献资源，开展的一次西夏文化研究领域最大规模的研究行动。我有幸也加入了他们的行列，在此次研究活动中，全身心地投入其中，将自己扎扎实实地考验和历练了一把。

《武威出土西夏文献研究》是“西夏文物文献研究”项目的子课题，经过了三年的磨砺，终于能够交出答卷了，欣慰的同时，内疚和感激之情也是不言而喻的。

我对西夏学研究的兴趣源自陈炳应先生。那时候，陈先生是甘肃省博物馆的研究员，而我则是刚毕业不久在武威博物馆任职的文物保管员。从事西夏学研究的陈先生，常常会造访我们馆，因为我们馆收藏了很多西夏文物和文献，只是因为自己的无知，长时间守着那些宝贝却熟视无睹。一次一次陪同陈先生观看西夏文物文献，聆听他耐心细致的解说和孜孜不倦的启发，我终于尝试着走进其中——这个神秘的、枯燥的、诱人的研究领域。因为缺乏系统的专业知识学习，我对于西夏学的研究仅限于皮毛，经常会因为迷茫和懒惰而浅尝辄止。陈先生的鼓励和引导总是在最需要的时候出现，他先指导我从简单的器物研究入手，告诉我如何查阅资料，查阅哪些资料，甚至为我列好了研究的标题和纲目，为我邮寄各种相关资料。陈先生在兰州的家成了我常常光顾的“资料室”，那里有我用之不竭的各种文献资料。而陈先生每一次来我们馆里，都会撇开大小领导的陪同，在我们简陋的办公室里，和我们聊一聊他对我们馆藏西夏文物的认识，聊一聊他在西夏学研究方面的新发现、新成果。是陈先生指引我走上了西夏学研究的道路，我一生都感激他的教导。

很多后学都有同感：越是学养深厚、德高望重的学术大家，越是容易亲近。史金波先生就是这样一位平易近人的学者。当我还在西夏学研究的道路上跌跌撞撞地蹒跚学步，还在中国社会科学院西夏文化研究中心和宁夏大学联合举办，史先生亲自授课的“西夏语文学”培训班里学习西夏文字时，听说了“西夏文献文物研究”项目的事情，我便不假思索地站在了史先生面前，要求加入研究行列。史先生微笑着望着我这已近“知天命”之年的初生牛犊，略一沉思，答应了我。虽然，相同的研究课题我曾经在国家文物局申报过，但是，随着课题研究工作一步一步地深入，我逐渐意识到自己当初的莽撞、唐突和不自量力，我因为强烈的自卑而害怕了，想退缩了。我向史先生诉说我的苦恼和无助，史先生依然微笑着对我说：不着急，慢慢来，有什么困难大家一起帮你。接下来的研究工作，从选题的确定，到结构安排，参考资料的提供和使用，甚至文献考释、行文用字，史先生都悉心指导，提出中肯的指导意见。课题完成后，史先生又不厌其烦，一遍一遍审阅、检校，指出文中的讹误，给出修改意见。一个初入西夏学研究学门，尚无任何建树的后学，能够得到史先生这样在国际西夏学界都声望赫赫的大家的指导和帮助，我觉得自己真的是世界上最幸运的人。课题成果得以顺利完成，离不开史先生的信任、指导和帮助，我无以为报，只有更加投入地学习、研究，才能对得起史先生的那份信任。

孙寿岭先生是我身边的西夏研究专家，也是本课题组的学术顾问。孙先生在武威西夏文献研究特别是西夏文泥活字研究方面做出过很大贡献。他参考沈括《梦溪笔谈》中关于泥活字印刷的记载，克服重重困难，硬是在自家做饭的火炉上烧制出了西夏文泥活字，又在实践的基础上，写出实验报告，得出“武威西夏文维摩诘所说经是泥活字版本”的研究结论。我曾参观过孙先生烧制泥活字的窑炉，只是在狭窄的厨房一角，用砖砌成的一个简单的做饭用的土炉子。何其简陋、何其狭小！不只是我，凡是见过这个“窑炉”的人，都会发出这样的感叹。开朗乐观的孙先生，总是嘿嘿笑着，打趣着：毛爷爷都说了，人定胜天嘛！在我向他谈了本课题研究中，打算专门做一节泥活字研究专题的想法后，他很高兴，立即为我寻找他发表的相关文章的资料，并给出撰写指导意见。按照孙先生的意见，我把他烧制泥活字的实验过程和以实验为基础的研究过程，在课题中进行了较为详尽的阐述，再与专家们的研究成果进行比较，最后论述研究结果和意义。这样的研究和表述方式，为本章节增色不少。

景泰县博物馆的寇宗栋、武威市考古研究所的何金兰，还有我的同事卢朝、张利、于光建、高辉、杨瑞、陆文娟、吴海、李晓明、张建强、刘伟等同志，他们为课题研究也做了大量工作，搜集文献、录入文献、查找资料等这样最基础、最枯燥的工作，他们不厌其烦、不计报酬，默默无闻地付出了很多。在此也对他们表示衷心感谢。

本课题中吸收和借鉴了很多前人的有关著述中的成果，或者利用其著述中的材料，或者采纳其中的观点，甚或原文引用，这些都在书中做了备注。有些未能注出但在书后的参考文献目录中相应的著述中可以查找。这里谨对有关著述的作者表示衷心的感谢。

由于本人水平有限，书中难免会有许多错误，对部分文献还不能准确解读，对本课题所涉及的相关研究也有待进一步深入。希望在不久的将来，随着知识储备的增加，资料的积累，认识能力的提高，对于武威西夏文献的研究会有新成果呈现给大家。

图书在版编目（CIP）数据

武威出土西夏文献研究/梁继红著. —北京：社会科学文献出版社，2015.12
（西夏文献文物研究丛书）
ISBN 978-7-5097-7840-1

Ⅰ.①武… Ⅱ.①梁… Ⅲ.①出土文物-文献-研究-武威市-西夏 Ⅳ.①K877.904

中国版本图书馆CIP数据核字（2015）第167103号

·西夏文献文物研究丛书·
武威出土西夏文献研究

著　　者／梁继红

出 版 人／谢寿光
项目统筹／宋月华　李建廷
责任编辑／宋淑洁

出　　版／社会科学文献出版社·人文分社（010）59367215
地址：北京市北三环中路甲29号院华龙大厦　邮编：100029
网址：www.ssap.com.cn
发　　行／市场营销中心（010）59367081　59367090
读者服务中心（010）59367028
印　　装／北京季蜂印刷有限公司

规　　格／开　本：787mm×1092mm　1/16
印　张：22.75　字　数：369千字
版　　次／2015年12月第1版　2015年12月第1次印刷
书　　号／ISBN 978-7-5097-7840-1
定　　价／98.00元

本书如有破损、缺页、装订错误，请与本社读者服务中心联系更换

版权所有 翻印必究